U0588535

DA HUA ZHEN ZHI

大划镇志

四川省崇州市大划镇志编纂委员会 编

中国文史出版社

图书在版编目（CIP）数据

大划镇志 / 四川省崇州市大划镇志编纂委员会编.
—北京：中国文史出版社，2020.12
ISBN 978-7-5205-2821-4

Ⅰ.①大… Ⅱ.①四… Ⅲ.①乡镇—地方志—崇州
Ⅳ.①K297.15

中国版本图书馆 CIP 数据核字（2020）第 250817 号

责任编辑：赵姣娇

出版发行：**中国文史出版社**

社　　址：北京市海淀区西八里庄路 69 号　　邮编：100142
电　　话：010-81136606　81136602　81136603（发行部）
传　　真：010-81136655
设计制作：成都圣立文化传播有限公司　　028-86783136
印　　装：四川西南彩色印务有限公司
经　　销：全国新华书店
开　　本：889mm×1194mm　　1/16
印　　张：24.5
字　　数：580 千字
版　　次：2021 年 4 月北京第 1 版
印　　次：2021 年 4 月第 1 次印刷
印　　数：1—1500 册
定　　价：198.00 元

三江镇

羊马镇

大邑县

审图号：川S（2012）71号

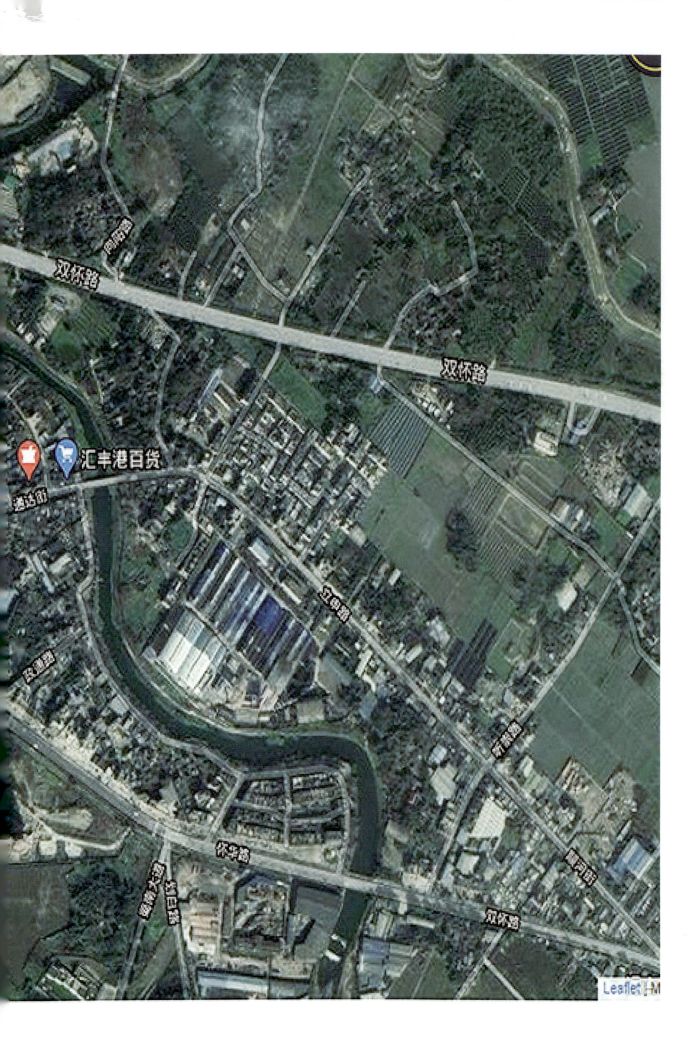

水墨画／王聪

隶书／袁志广

同在此山中／夏铭见

大划镇人民政府

青年公苑全貌　郭迎伟／摄

场镇社区

民心苑居民集中区

青年公苑

大划·捷普共享社区综合服务大楼

大划概貌　郭迎伟／摄

大划立交桥　秦志伟／摄

白马河绿道

农业综合服务站

综合文化站　徐小玲／摄

大划敬老院

村（社区）日间照料中心

大划卫生院

市人民代表选举投票

成都市城管委市政总公司与大划镇德寿村签订帮扶协议

成都市高新区肖家河街道扶贫资金捐赠仪式

基干民兵防汛应急演练

战国错金银青铜带钩

1987年1月，崇镇村15组（万寿村3组）李水全家建房，挖出文物共4件，经成都市博物馆、崇州市文管所鉴定为战国时期的文物。　市文管所／提供

战国铜斤

战国铜钺

戚家桅杆　古鸣清／摄

战国铜剑

大划仓库遗迹　丁志学／摄

石敢当（吞狗儿）　罗天林／摄

大划农场石灰窑遗存　罗天林／摄

升子　徐小玲／摄

石磨

砂碓

斗篷、簑衣　王虎／摄

大蒜

水稻

人工种植的食用菌

油菜花

栽秧　冯强／摄

机器插秧　冯强／摄

水稻收割

鸬鹚捕鱼

合作社烘储中心

乡村打米厂　罗天林／摄

鱼塘　罗天林／摄

规模化养猪场　冯强／供

南平铝业（福蓉科技）

下班的人流　邓建福／摄

大划建筑公司　建筑公司／供

成都立申实业有限公司　罗天林／摄

成都冰奇步有限公司车间

成温邛快速路（大划段）

成都第二绕城高速（大划段）

灾后重建的大划小学新貌

大划小学旧貌
（原载大划乡志稿）

公立大划中心幼儿园　罗天林／摄　　　　私立童馨幼儿园　罗天林／摄

西蜀南湖牌坊

西蜀南湖　徐小玲／摄

明湖安置区俯瞰图

场镇上的酒店　范铭／摄

场镇上的停车场　范铭／摄

场镇道路清扫　古鸣清／摄

大划供销社旧貌　　　　　　　　划石街老房一角

农家门庭（雕塑）　罗天林／摄

街巷一角

新建的大划大桥

老旧的大划大桥

王石桥

白马河上大桥　范铭／摄

夜市街景

名中医张远谋诊所　罗天林／摄

交巡警巡逻　彭文琪／摄

逢场　罗天林／摄

叶子烟摊点　罗天林／摄

茶馆　罗天林／摄

弹棉花

编篼篼 罗天林／摄

扎扫帚

打草鞋 罗天林／摄

鸡公车

麻刀　罗天林／摄

农耕工具　罗天林／摄

风谷机　罗天林／摄

晒垫　罗天林／摄

推谷耙　罗天林／摄

背式喷雾器　罗天林／摄

犁头　　　　　　　　　　　耙　罗天林／摄

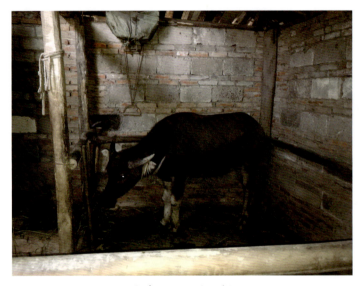

水牛　罗天林／摄　　　　　　人力打谷机　罗天林／摄

残存的石碾　罗天林／摄

机动脱粒机　罗天林／摄

铁桶粮仓　罗天林／摄

手扶拖拉机　罗天林／摄

蜀南杯全民运动会　徐小玲／摄

大划小学举行崇州市
第一届空竹大赛

"礼赞祖国·活力大划"国庆文艺晚会　徐小玲／摄

"捷普杯"运动会　徐小玲／摄

文化经济交流演出会　徐小玲／摄

庆元宵·包汤圆　徐小玲／摄

场镇社区中秋手作月饼活动

端午节包粽子活动

市政协送春联下乡　徐小玲／摄

"农村孩子梦想书架计划"捐赠仪式　徐小玲／摄

1978年庆"十一大"文宣队

网吧　古鸣清／摄

中华寺

崇镇寺

黑石河罗家渡枢纽　古鸣清／摄

保护水环境　打捞漂浮物　　　　　　　　　千年白果树

竹茗园春光

大划镇志编纂委员会评审会

（以上图片除已署名外均由党政办简双双提供）

《大划镇志》编纂工作委员会

（2018）

主　　任：雷文全

副 主 任：张红良　宋丽华

委　　员：戴金福　黄　斌　萧均铭　罗　建　邓建福　付文敏
　　　　　文秀云　俞文明　李　丹　肖永刚　谢红勇　曹　洪
　　　　　王道忠　李　杰

编辑部

主　　编：罗天林

副 主 编：胡文甫

编辑部办公室主任：罗天林（兼）

编　　辑：丁志学　杨正邦　王加玉　刘继明　王光明

电子编辑：简双双　黄润兰

《大划镇志》编纂工作委员会

（2020）

主　　任：雷文全
副 主 任：王　成　马春彦
委　　员：戴金福　黄　斌　邓建福　熊艳菊　王　涛　马洪泉
　　　　　周　浩

编辑部

顾　　问：陈柏青
特邀主编：周　英
主　　编：罗天林
副 主 编：胡文甫
编　　辑：丁志学　焦绍文　沈国祥　陈志刚　黄　樟　王　虎
　　　　　徐小玲　冯义成　刘　星　魏　璐
特邀编辑：范　铭　古鸣清　彭文琪
电子编辑：简双双　许晓燕　陈　优

《大划镇志》评审组

组　　长：雷文全
副 组 长：王　成　马春彦
成　　员：戴金福　黄　斌　邓建福　熊艳菊　王　涛　马洪泉
　　　　　焦绍文　陈志刚　沈国祥

前　言

地灵人杰划石地，扬帆奋进创智城。在中华人民共和国成立71周年，大划镇撤销之际，新编《大划镇志》脱稿了，这是全镇人民的一件大喜事。

"国有史，邑有志"，中华素称"方志之国"，具有"盛世修志"的历史传统。大划镇地处成都平原之平坝，位于崇州市之东南，黑石河、白马河、西河三江之水纵流全境，上有"旧有盘石，仙人划之"的耆彦凤传，20世纪八九十年代有"鱼米之乡"之美誉，近有"创智小镇，花香大划"的愿景，深蕴中华传统精华。于20世纪80年代初期，编纂《大划乡志》，开启了"文化自信"的先导。

而今承先启后，新修《大划镇志》，得市、镇方家里手之鼎力支持，历时三年之功，殚精竭虑，广征博采，去伪存真，去芜存菁，三易纲目，五易志稿，终于在今年编成大划第一部镇志，计50余万字，由中国文史出版社出版，为大划镇建置的结束画上了一个完美的句号。

《大划镇志》横排竖写，体例完备，志传图表，拾遗补阙，详近略远，多说共存，突出特色，理应是"大划一方"的资料性小百科全书，但由于编者们的学识素养和历史局限，未能尽善尽美。可值得欣慰的是，由于党政领导的重视和邑底民众的支持，本志还算特点突出，编年体叙事是为一大特色，有深厚的文化积淀。

参考民国《崇庆县志·江源文征》的操作方式，设置了《大花枝文征》专篇，诗文书画、史志逸闻，体裁颇丰。乡土风情，录在其中，兴衰成败，展卷可得。愿《大划镇志》成书传世，能资政、教化，造福桑梓，激励里人建设今朝，创造未来，为把大划建成创智城镇，谱写出更加绚丽的篇章。

编辑部

2020年10月

凡　例

一、本志以马克思列宁主义、毛泽东思想、邓小平理论、"三个代表"重要思想、科学发展观和习近平新时代中国特色社会主义思想为指导，广征博采，秉笔直书。

二、本志以传承中华文明，留住大划的历史文化和乡愁，更好地造福桑梓为宗旨，力求编纂一部大划一方的资料性小百科全书，为大划的建设、发展提供历史智慧和现实借鉴。

三、本志上限至事物发端，下限至大划镇撤销之时，境域范围内的自然风貌和人文历史。

四、本志以《大划乡志》志稿为基础，结合古今资料，根据自身实际，设置10个大篇，详今略古，于志前冠大事记，后殿附录，组成整体。

五、本志以志为主，编年体、本末体二体并用，以志、记、述、传、图、表、录等各种体裁，诸体配合，横排竖写，多侧面、多方式反映事物的表象和内涵。

六、本志采用语体文记述，使用简化字，规范的标点符号。文字力求朴实、严谨，语言简洁流畅、条理清楚。

七、本志纪年：中华人民共和国成立之前，一律采用历史纪年，后面括注公元纪年；中华人民共和国成立后（简称新中国成立后），直书公元纪年。本志"××年代"第一次出现加世纪，凡未加注者，均指20世纪的年代。

八、本志人物界定在采写乡以上产生过影响的人物，坚持生不立传的原则，在世人物用简介、名录、表等形式以事系人。

九、本志涉及的地名、机构、职称等，均以记事时代的称谓为准。古今地名有异者，首次出现时加注今地名，余后不注。物具名称，除引文外，一般使用今名。所有说明性注解，一律使用文末注。

十、本志涉及的计量单位，一律按当时使用的计量单位记载。需要说明的，第一次出现时括注，余后不注。

十一、本志数字使用，一般用阿拉伯数字，同一个阿拉伯数字的数据不能移行，年份数字要写全，不能只写后面的两个数字。

十二、本志为积淀本土地域文化，特设文征篇，入志标准一律界定在乡以上产生过影响的作品。

十三、本志资料来源很广，有史书资料，有档案资料，有前期所修志稿和现任编辑采集的口碑实录资料。使用任何一件资料均需甄别核实，去伪存真，宁缺毋滥，绝不杜撰。珍稀资料，原文照录（或摄印），资料摘录用于行文，一般不再单独注明出处，只在后记列名称谢。照片一律署名，实在无法署者，亦应署供稿人。非本志编辑撰文，若被成篇采用，文尾括号署名，以示不敢掠人之美。

目　录

概　述 001

大事记 005

第一篇　建置沿革

第一章　建置 032

　　第一节　追溯 032

　　第二节　新中国成立后的建置 033

第二章　大划场 035

　　第一节　大划场的由来 035

　　第二节　大划场（镇）的变化 035

第二篇　自然地理

第一章　地形　地质 037

　　第一节　地形　地貌 037

　　第二节　土壤 038

　　第三节　地质 038

第二章　河流　渠堰 039

　　第一节　河流 039

　　第二节　渠堰 040

　　第三节　湖泊 041

第三章　气候 042

　　第一节　气温　降雨　湿度 042

　　第二节　日照　风霜 042

第四章　自然资源 044

　　第一节　植物资源 044

　　　　一、林木 044

　　　　二、竹类 044

　　　　三、蔬菜 044

　　　　四、药材 045

　　第二节　动物资源 045

　　第三节　地质资源 046

第五章　自然灾害 047

第六章　环境保护 048

　　第一节　大气环境 048

　　第二节　水环境 048

　　第三节　土壤环境 049

第三篇　政治

概　况 050

第一章　党派 052

　　国民党 052

　　三青团 052

　　中国共产党 052

第二章　乡（镇）人民代表大会 064

　　一、人民代表大会 064

　　二、人大主席团 064

　　三、历届普选和差额选举 065

第三章　乡（镇）政府 066

　　第一节　行政建置 066

　　　　一、乡人民政府 066

　　　　二、乡人民委员会的建立 067

　　　　三、人民公社管理委员会的建立 067

　　　　四、人民公社"革命委员会"的建立 067

　　　　五、人民公社管理委员会的恢复 068

　　　　六、乡人民政府的恢复 068

　　　　七、镇人民政府 068

　　第二节　机构设置 072

一、政府机关 072

二、其他部门 073

第四章　社会协商 078

第五章　社会组织 080

第一节　协会 080

一、工会 080

二、农会 080

三、妇女联合会 081

四、商会 082

五、中苏友好协会 083

六、老年协会 083

七、残疾人联合会 083

第二节　共青团　少先队 084

第六章　政治运动 086

一、基本完成社会主义改造的七年 086

二、开始全面建设社会主义的十年 088

三、"文化大革命"的十年 089

四、历史的伟大转折 090

五、全面进行社会主义现代化建设新时期 091

第四篇　经济

第一章　农业 097

第一节　生产关系 097

一、小农生产 097

二、互助合作 098

三、人民公社 098

四、联产承包生产责任制 099

第二节　大田农业 099

一、主要农作物 099

二、耕作制 106

三、农田基本建设 106

四、品种改良 107

五、栽培技术 108

六、肥料使用 110

七、病虫害防治 110

八、农业机具 113

九、农经、农技推广服务 116

第三节 养殖业 117

一、家禽、家畜 117

二、养鱼 118

三、养蜂 119

四、养蚕 119

第四节 其他种植业 119

一、蔬菜 119

二、花卉、苗木 120

三、水果 120

四、竹木种植 120

第五节 副业 120

一、农副产品加工 120

二、手工编织 120

三、建材 121

四、运输 121

五、加工服务 121

第六节 若干农业政策的贯彻 121

一、互助合作运动 121

二、农业发展纲要草案的颁布实行 122

三、"十二条""六十条"的实施 122

四、"农业学大寨" 122

五、1979年贯彻关于农业的两个文件 122

六、建立健全各种形式的生产责任制 122

七、惠农政策的实施 123

八、实施土地整理 推进新农村建设 123

九、农村承包土地确权颁证 123

第二章 工业 125

第一节 手工业作坊 125

第二节 乡镇企业 126

一、集体企业 126

二、民营企业 132

第三节 现代企业 134

一、福蓉科技 …………………………………………………………… 134

二、捷普科技 …………………………………………………………… 134

三、白果村粮食烘焙收储中心 ………………………………………… 134

第三章　商贸 …………………………………………………………… 135

第一节　商贸 …………………………………………………………… 135

第二节　服务业 ………………………………………………………… 136

第四章　金融 …………………………………………………………… 138

民间借贷 ……………………………………………………………… 138

第五章　邮电 …………………………………………………………… 140

第六章　交通运输 ……………………………………………………… 141

一、民国时期 …………………………………………………………… 141

二、新中国成立后 ……………………………………………………… 142

第七章　电力　能源 …………………………………………………… 143

第一节　电力 …………………………………………………………… 143

第二节　能源 …………………………………………………………… 143

一、加油站 ……………………………………………………………… 143

二、清洁能源 …………………………………………………………… 144

第五篇　文化

第一章　群众文化 ……………………………………………………… 145

第一节　文化建设 ……………………………………………………… 146

一、广播站 ……………………………………………………………… 146

二、文化站 ……………………………………………………………… 146

三、电影放映和影剧院 ………………………………………………… 147

四、通信网络 …………………………………………………………… 147

五、影视光纤 …………………………………………………………… 147

第二节　传统文化 ……………………………………………………… 147

一、灯耍 ………………………………………………………………… 147

二、春联、楹联 ………………………………………………………… 148

三、雕刻、泥塑 ………………………………………………………… 148

四、音乐 ………………………………………………………………… 148

五、花鼓词 ……………………………………………………………… 149

第三节　文化活动 ……………………………………………………… 149

一、大划公社文工团 …………………………………………………… 149

二、腰鼓队 149

三、广场舞 149

四、百姓故事 149

第二章 教育 150

　第一节 追溯 150

　　一、私塾 150

　　二、公立学校 150

　第二节 新中国成立后的学校教育 151

　　一、幼儿园 151

　　二、小学 151

　　三、大划中学 157

　　四、农业中学 159

　　五、红专校 159

　　六、成人教育 160

第三章 卫生 161

　　一、卫生院 161

　　二、社会办医 162

　　三、妇幼保健 163

　　四、防治血吸虫病 163

　　五、爱国卫生 163

第四章 体育 164

　　一、学校体育 164

　　二、群众体育 164

第六篇　社会风土

第一章 社会组织 165

　第一节 宗族　宗祠 165

　　一、宗族 165

　　二、宗祠 165

　　三、家谱 166

　第二节 行会 170

　第三节 帮会 171

　　　袍哥组织 171

　第四节 会馆 171

第二章　宗教信仰 172

　　第一节　佛教 172

　　第二节　道教 173

第三章　风俗习惯 175

　　第一节　婚姻 175

　　第二节　丧葬 176

　　第三节　祭扫 177

　　第四节　祝贺 177

　　第五节　饮食 178

　　第六节　服饰 179

　　第七节　住宅 180

　　第八节　节日 180

　　　　一、传统节日 180

　　　　二、法定节日 181

　　第九节　礼俗 183

　　　　一、庆典祝贺 183

　　　　二、招呼应酬 183

　　　　三、礼貌待人讲规矩 184

　　第十节　庙会 184

　　第十一节　禁忌 184

　　第十二节　陋习 186

第四章　新风尚 188

第五章　民间文学 195

　　第一节　称谓 195

　　　　一、亲属亲戚专称 195

　　　　二、人际关系通称 196

　　第二节　方言 197

　　第三节　歇后语 200

　　第四节　谚语 202

　　　　一、民谚 202

　　　　二、农谚 204

　　第五节　谜语 206

　　第六节　歌谣 208

　　第七节　故事传说 211

　　　　养尸地里活死人 211

王胆大赶了趟阴间场 213

女孩吞珠化身龙 214

李先生销魂 215

憨女婿见丈母娘 217

桂贵阳的传说 218

第七篇　村（社区）概况

崇镇村 220

　　基本情况 220

　　建置沿革 220

　　自然资源 221

　　人文特色 221

　　基层组织 221

　　公共服务 222

石桥村 223

　　基本情况 223

　　建置沿革 223

　　自然资源 223

　　人文特色 224

　　基层组织 224

　　公共服务 225

德寿村 226

　　基本情况 226

　　建置沿革 226

　　自然资源 226

　　人文特色 227

　　基层组织 227

　　公共服务 227

登田村 228

　　基本情况 228

　　建置沿革 228

　　人文特色 229

　　基层组织 229

　　公共服务 229

灰窑村 230
　　基本情况 230
　　建置沿革 230
　　人文特色 230
　　基层组织 230
　　公共服务 231
划石村 231
　　基本情况 232
　　建置沿革 232
　　自然资源 232
　　人文特色 233
　　基层组织 233
　　公共服务 233
净居村 234
　　基本情况 234
　　建置沿革 234
　　自然资源 235
　　人文特色 235
　　基层组织 235
　　公共服务 235
　　特色工作 236
白果村 236
　　基本情况 236
　　建置沿革 236
　　自然资源 237
　　人文特色 237
　　基层组织 237
　　公共服务 237
场镇社区 238
　　基本情况 238
　　建置沿革 238
　　人文特色 239
　　基层组织 239
　　公共服务 239

第八篇 人物

第一章 人物传 240

第二章 人物简介 246

第三章 人物表 252

第九篇 杂志

崇庆县大划乡农家经济状况调查（摘录）............................... 268

开创全省先例的崇州第一所敬老院 272

"七七"剧队成立了 273

同志会暴动 275

兰茂延 275

周炳文火烧王石桥 276

戚家桅杆 277

李桅杆 277

净居寺 278

文物出土 279

第十篇 大花枝文征

第一章 文案卷宗 280

三江镇人民政府、大划乡人民政府联合勘定的行政区域界线协议书 280

大划乡与集贤乡（大集线）行政区域界线勘定工作总结 282

中共大划镇委员会第三次代表大会报告（摘要）..................... 283

大划镇人民政府第四届人民代表大会报告（摘要）................. 286

大划镇党员积分制管理实施方案（摘要）................................. 290

关于2017年度重点工作任务完成情况的报告 293

大划镇2018—2019年蓝天保卫战冬季战役方案 295

关于成立大划·捷普"共享社区"综合党委的请示 298

大划镇2016—2019年工作主要成效 299

第二章 媒体留存 301

用"人造水面"养绿萍 301

党委书记在家里 301

稻田养鱼出新招 ……………………………………………………… 303

大划"蜀州"牌音响健身球远销深圳 ………………………………… 303

昔日打工仔　今朝科技郎　万德兵研制出彩色波形瓦 …………… 304

沈汝君——老鸹林的捕鱼人 ………………………………………… 304

张远谋，你咋这么红 ………………………………………………… 306

大划镇小学校：小空竹抖出大健康 ………………………………… 308

一领四联三融合　努力推动形成共建共享新型社区发展共同体 … 308

崇州市大划镇积极建设"共享社区" ……………………………… 309

第三章　里人作品选 …………………………………………………… 316

　乡间楹联 ……………………………………………………………… 316

　川西民居大划镇 ……………………………………………………… 316

　我的书屋　我的梦 …………………………………………………… 317

　花香创智世人惊（外一首）………………………………………… 318

　我的家乡美 …………………………………………………………… 319

　爱心、耐心和责任心是转化后进生的法宝 ……………………… 321

　传承经典文化，让经典润泽人生 ………………………………… 323

　课外阅读指导，让阅读之旅有效而美好 ………………………… 324

　常回家看看（小演唱）……………………………………………… 326

　书画作品 ……………………………………………………………… 327

　　（一）杨白泉作品 ………………………………………………… 327

　　（二）夏氏父子书画作品 ………………………………………… 328

　　（三）张慎履书画作品 …………………………………………… 330

第四章　客籍作品选 …………………………………………………… 331

　第一节　楹联诗词 …………………………………………………… 331

　第二节　散文杂记 …………………………………………………… 349

　第三节　曲艺小品 …………………………………………………… 358

附　录 …………………………………………………………………… 368

后　记 …………………………………………………………………… 369

概　述

　　民国《崇庆县志·方舆·山水》记载：白马河"水又经登瀛桥至大划石，耆彦夙传，旧有盘石，仙人划之。今虽弗存，事熟俗耳。兹地市集，故籍是名矣"。这就是大划之名的由来，谐音出一种诗意的联想，又尽皆称"大花枝"（域地先民传闻：白马河与黑石河溢洪道汇流处，有一大奇石矗立于江中，甚是巍峨奇特，有仙人慕名云游至此，即点而划之，得名"大划之"。因石质纹理如花，亦名"大花（划）石"，又名"大花枝"，事为同一也），实在是中国地名学上的一朵奇葩。

　　大划地处崇州城区之东南，位于北纬30° 34′ 21″—30° 34′ 59″，东经103° 43′ 15″—103° 44′ 28″，平均海拔高度489—510米，西北地势较高，东南偏低，区域总面积22.483平方千米。周边东与三江镇古泉村、舒桥村接壤，南靠西河与集贤乡、大邑董场镇相望，西与崇阳街道工业区相连，北与羊马镇双桂、白鹤村、江源镇桅杆村相邻。全镇辖八村一社区，134个居民小组，计有户籍居民户7508户，23640人，常住人口70778人，镇政府所在地为人和路68号。

　　大划之名始于清初，处县东仁、南和之交界。清末属集贤乡，跨有东二甲、南一甲、南二甲的辖区。1935年，国民政府推行政区新政，建大划联保。1940年，废联保，建立大划乡。1953年8月，选举产生第一届大划乡人民政府。1958年10月2日，建立大划人民公社管理委员会，与乡人民政府同时行使职权。1983年4月复乡，2001年10月撤乡建镇。2019年12月，撤销镇建置，成立崇州市人民政府大划街道办事处。

一、人文历史——创智探路，逐梦争先，代有人出

　　一方水土养育一方人。世世代代以水为邻，以土为伴，日出而作，日落而息的农耕生活，大划人养成了勤劳简朴的习惯，耕读为本、孝悌传家的家教家风延传不息。居民家家住房堂屋都供有家神——或为"天地君亲师"，或为"历代高曾祖"，或为"历代高曾祖昭穆"，或为"历代高曾祖昭穆文武夫子福禄财神"。配联"香结平安二字，烛开福寿双花""香结平安字，烛开富贵花""三纲五常治平本，八德十义修其规"等，教化民众积德行善，孝敬父母，敬亲孝亲，和睦邻里，爱国尊师，勤劳简朴。吸吮着清冽甘甜的黑石白马河水，闻着青灰色泥土芬芳的大划人，品行端庄和善，性情纯良质朴。

20世纪60年代，"学雷锋，树新风"蔚然成风，人人为我、我为人人深入人心。80年代，卫生村、文明村建设中，德寿村5组的沼气化建设成果，引来众多国内外友人参观考察，"三户"评选活动使农村社会秩序和农民精神面貌发生了深刻的变化。90年代，"两个文明"一起抓，大力推进社会主义精神文明建设，尊老爱幼、礼貌谦让、团结互助、邻里和谐、家庭和睦成为风尚；文明经商、文明消费成为时尚；崇尚科学、反对迷信成为共识。广大群众的情趣爱好、审美观念健康向上，人民群众的精神面貌焕然一新。21世纪，以人为本，大力弘扬践行"富强、民主、文明、和谐、自由、平等、公正、法治、爱国、敬业、诚信、友善"社会主义核心价值观，用新思想引领新时代，新理念引领新征程，大划人民内心执着，真抓实干，脚步坚实，锐意进取。一家有事，百家帮忙，人与人之间，邻与邻之间，村与村之间，天然长存，和睦相处。2008年，汶川"5·12"地震时，域内志愿者奔赴灾区参加救援，全镇人民自发捐款捐物，按分散和集中方式，接纳安置市内外灾民600余人，解决他们的吃、穿、住、就业和子女入学等问题。从1911年同盟会会员黄树幡与其子黄步清保路反清，到抗日战争、解放战争、抗美援朝、中印反击战、对越自卫反击战，大划人民都做出了自己的贡献。老红军戴春山，拥军模范徐惠彬，劳动模范李敬良、张世康、邓志强、严海等，享誉大划，百姓敬仰。

大划人崇尚文化，崇尚科学，儒释道相融，教化子民，传承弘扬中华民族优良传统，坚持文化创新，科学创新，创智探路。1957年，创办全省第一所幸福院；1960年，大划"五四"养蜂场首创中蜂饲养过箱技术改良；1980年，沼气能源示范村建设成功；1983年，大划乡农场率先修建精养鱼池，当年水面每亩平均产成鱼600斤；1992年，食用菌种植呈规模化发展，建成全省最大的生产基地；1993年，农民万德兵研制的特种彩色波形瓦获得国家专利；1995年，灰窑村孙兆平与省建三公司合作，研制试验成功碎石砼的材料组合；2005年，石桥村张勇刚创办刚毅机械厂，生产、销售微耕机、轮式拖拉机、农用挂车，成为成都市唯一的农机生产企业；2009年，在石桥村19个组试点农村承包土地实测确权，成功经验于全镇、全市推广；2019年，政企联合开创"大划·捷普共享社区综合体"。随着历史前进的步伐，伴随时代的鼓点，大划人扬帆前行，逐梦争先。

二、人文风光——花香大划景色宜人，川西福地生态宜居

大划地处成都平原西部之平坝，属都江堰自流灌区，自然条件得天独厚，平畴绿野。全域位于西河（文井江）以东，黑石河、白马河自北向东南穿越其间，农田灌溉、排水系统完善。"三河两湖"的生态环境，适合水稻生产及各类作物生长，属典型的平原农业生产区。气候属亚热带湿润季风气候，四季分明，雨量充沛，夏多冬少，无霜期长（290—310天），年均降雨量约970毫米，平均相对湿度84%，年均日照1250小时，冬无严寒，夏无酷暑，为域内经济事业发展提供了良好的基础。

大划是农业乡镇，旱涝保收。大田农业主产水稻，次为小麦、玉米，经济作物以油菜为主，兼有大麻、川芎、土烟，工业经济居于次位。农村经济总量增长主要来源于乡镇企业的起步发展，来源于经济作物、家庭种养（殖）业。渔业由江河捕鱼、稻田养鱼发展到池塘养鱼千余亩，至1990年，大划享有"鱼米之乡"之美誉。农民外出务工、经商，或者就地开办商贸、物流、餐饮、"农

家乐"也是增加收入的重要渠道。随着经营观念更新和科技应用能力增强，农村正逐步朝现代农业过渡，1998年，获得"小康乡镇"称号。

大划地肥水丰物弥，天蓝地绿路净，人们喜在河渠、道旁、林盘、庭院，遍植竹树，栽花种草，处处花香四溢，风景迤逦，让人流连忘返，饱享田园之美。千年白果枝叶常青，生机盎然；灵瑞盛唐花果观赏园四季芬芳，花果满园；西蜀南湖碧波荡漾，水天一色；黑石河、白马河流水潺潺；戚家湾梅林、王湾仲犁农业合作社的花卉园林吸引着远近来客，更为大划增色生辉。乡村休闲广场星罗棋布，树影婆娑，康体健身的人们随歌起舞，乐得安闲。散落乡间的蜀南晓筑、竹茗苑、太明苑、周三味园、兰庭盛宴、码头大院等"农家乐"和加勒比探险乐园，以及普具川西林盘风貌的王家、李家、陈家、宋家林盘，让休闲的人们领略了川西福地、花香大划的迷人风光，大划正成为人们安居乐业的生态家园。

三、道网城建——企兴业旺，助推经济腾飞

大划的交通。新中国成立前，大划的陆运全靠肩挑背磨和鸡公车载运，大宗货物的输出运入，则靠孙家渡、陈家渡至新津沿西河航道上的木船。新中国成立后，扩建了崇三公路（经大划），修通了大划至江源的公路，逐渐由公路取代了水路运输。20世纪70年代渠系改造后，兴修村组道路，改革开放后，大力新扩改建公路，提高路面等级，铺筑水泥路、柏油路，实现了乡、村、组、户路通汽车。现域内县、乡道路有怀华路、崇双货运大道、大江路3条，长13千米。成都第二绕城高速、成温邛快速公路、成蒲铁路过境，崇双货运大道、成温邛快速路互通立交，第二绕城高速与成温快速路互通立交，形成了四通八达的公路交通网络。

大划的经济。新中国成立前后，全乡仅有石灰窑、染坊、造纸作坊、麻布作坊、织布坊、酿造作坊、铁匠铺、水碾磨坊、榨油坊等。农业合作化、公社化后，办起了缝纫社、水电厂、养蜂场、菜蔬农场、木器厂、巢础厂、砖瓦厂、建筑队、小煤窑、铸造厂、农机厂、农场、酒厂、渔场、面粉厂、预制构件厂、机械制造厂、制革厂、水泥（玻纤）石棉瓦厂等小型民营、集体企业。90年代中后期，立申公司、里辉公司、刚毅公司、预制厂、电瓶厂、冰奇步、小蝌蚪制鞋、加油站等民营企业从"异军突起"到"二次创业"，再到"结构调整"，走上了"发展—调整—优化"的路子，具备了较强的市场竞争能力和发展后劲。2004年，区域农业生产总值7110万元，乡镇企业总产值31880万元。2012年，规模以上企业总产值21000万元，中小企业增加值12541万元。2011年，崇州市经济开发区拓展，以南平铝业为代表的富士康配套企业入驻大划，赓即全球五百强的捷普科技成都生产基地建成投产，为来自全国各地的7万余名产业工人提供就业岗位，地处崇州城市核心功能服务区的大划人开启了创智城镇建设之旅。2019年，仅捷普项目就实现产值116.7亿元。智能制造和消费电子产业的快速发展，为崇州绿色生态经济做出了重大贡献。

大划城镇建设日新月异，迅猛发展。昔日的"大花枝"仅有正街和河街，有居住户100多户，崇三公路穿街而过。1984年起，先后扩改新建通达路、杨柳街、顺河街、新欣街、万丰街、天竺街、金华街、立申路、通源路、政通街、人和街、文化路、画江大道及北二巷、北三巷等街道共17条，在场镇区域内建民心南北苑，戚家苑，阳光新堰，青年公苑一期、二期等居民集中居住区。大

划场镇历经30多年的扩改新建，如今已旧貌变新颜，街道店铺林立，楼厦场馆巍然高耸。2019年，画江大道标准化改造，场镇建成区面积达2平方千米，现有场镇居民2000余户，6500余人，外来务工常住人口高达6万余人，助推第三产业的快速发展。场镇餐饮、酒店、网吧等服务业小微主体近300家，加速地域经济腾飞。新建群众性文体广场25个，全域旅游，黑石河、白马河乡村休闲、观光服务产业发展带初步成型，展现出大划宜业宜居的优美环境。

大划历史近500年，建置110年，与时代同步前行。尤其是新中国成立后，在政治、经济和文化方面都取得了长足的进步，50年代就为全国拥军优属模范乡镇。2013年，获评创建全国农村中医药工作先进集体、文明城市先进集体。2014年，获评国家生态乡镇。2018年，获成都市先进党组织、三星级平安乡镇、人防警报先进设备单位等荣誉称号。如今，大划人在习近平新时代中国特色社会主义思想指引下，不忘初心，奋勇前行。

一个石头开花的传说，一个创智新城的传奇，圆融砥砺，锐意进取，正在谱写更加辉煌壮丽的史诗。

大事记

清宣统三年（1911）

6月，四川保路同志会暴动。

9月18日，大划黄金村黄树藩、黄步清父子应江源贺相成（邓公举人）邀约，召集青壮年数百人攻打金马河三渡水，把巡防军阻在东岸。李银水、沈布云、文殿云、乌方子等三四十人，围击巡防军有功，被留驻县城。

10月7日，黄树藩等在崇庆州城举事，逼知州薛宜璜交出信印，夺得政权。

民国十二年（1923）

8月14日，周炳文（三江杀猪坎人，行伍出身，曾任国民革命军护国军营长，驻守松潘县，因部队改编，率残部返回三江，增募兵员）率四五十人，头缠红巾，寻仇张明清（东二甲总保，兼崇庆东门联防队大队长），火烧王石桥桥楼，烧毁张姓宅院20余家，沿河到张板桥蓝家林张明清的岳父家点燃几处房子。事后清点，火烧30多户，烧毁民房100余间，桥楼1座。

民国十七年（1928）

秋，始建崇双（崇庆—双流）、崇新（崇庆—新津）公路，后于民国二十一年（1932）和民国二十四年（1935）秋，予以两次填补。1956年改建碎石路，1963年予以补修。1977年秋，铺筑沥青黑色路面。

民国二十一年（1932）

由文姓捐资补修白马河罗家渡石桥，此桥始建于清乾隆八年（1743），于1970年秋拆毁。

7月，黑石河涨大水，冲开白鱼嘴，沿途大划桥、青石桥损毁，沙淤水冲毁农田不计其数，马路基本中断。划石村中华寺沈明远、沈德元弟兄二人，有良田20多亩，连遭几次洪水，竟被冲毁干净。

民国二十二年（1933）

8月25日，叠溪（今茂汶境）发生7.5级地震，波及县境。

10月10日，叠溪地震塌方，堰塞岷江的积水溃决，泛洪至黑石河，再次涨大水（叠溪水暴发）。大划场水深至膝，历时3天，又冲开大划桥东岸，交通中断，来往行人赶场，只能乘船渡河，从此，大划桥摆开渡口。

民国二十四年（1935）

黑石河三次涨大水，水毁机槽堰，大划场上水深几乎齐腰，后农田干裂，数百亩绝收，下游沙淤农田数以千计。

民国三十年（1941）

秋，大划场镇关帝庙设立小学，开设2个班。

民国三十二年（1943）

农历三月初三，天降白头霜，厚且冷，小春作物遭受冻害，土烟（叶子烟）、大麦、小麦、胡豆、豌豆等作物基本无收，较为轻者可收1.5—2升（每升约重3.2斤）。大麻、油菜受灾较轻。当年米贵如珠，凡佃户之家，十有八户断炊，次年春季，四处闹粮荒。

民国三十三年（1944）

黑石河四次涨大水，大划桥被洪水冲毁半截，故又重新摆渡撑船，直至新中国成立之前。

民国三十六年（1947）

7月，先后两次连日大雨，白马、黑石二河齐涨大水，大划场上水深齐胸，农田、庄稼、房屋、树木损毁无数。

杨朴如、简瑞林互竞乡长，时达一个月之久，圈选未成，利用袍哥组织，实行"炮选"。杨、简势力均衡，经一天一夜竞选，未得结果而散。

民国三十七年（1948）

夏，白马、黑石二河连发百年罕见大水，历时7天，大划场上水深齐胸，农田被冲毁，桥梁垮塌。

1949年

10月，简瑞林募集应变兵员40余人，到双流辖黄堰头编入新12军起义。

12月21日，大划乡解放。四川省主席王陵基委任匪首李泽儒为保安25团团长，李命令大划乡组织300个青壮年去成都武侯祠拿枪，预谋叛乱，乡长张渔洋则命每保派20人前去。

1950年

1月8日，崇庆县军管会派以宿茂满为代表的征粮工作队到大划，接管双流县保安队中队长徐石麟新修的楼房作为办公地址，撤销原国民党大划乡公所"守护队"。2月9日，征粮工作队撤返回县。

2月18日，解放军兵分三路，进剿三江镇土匪，经大划舒家林，在舒家坟坝侧，当场击毙叛匪李旭明，李德钊、何玉廷、李伯良等率残部溃逃到三江。

3月，以崔桂林为代表的征粮工作队来大划，成立区政府，崔桂林任区长，游万和任秘书，区办公地址设在徐石麟楼房内。在区政府的领导下，成立大划乡临时治安委员会，办公地址设在药王庙内。

3月30日"大清乡"，解放军奉命进剿大划地区土匪，捕获叛匪李德钊、何玉廷。翌日中午到大划场时，共捉获土匪200余人。

6月，中苏友好协会大划乡分会成立。

6月25日，抗美援朝大划乡分会成立，乡长陈治华任主任。

8月，成立大划乡农民协会，行使基层政权职能。废治安委员会，改保为农协分会，甲为农协小组。开始在全乡开展减租、退押、清匪、反霸"四大运动"。

秋，选址于净居寺，修建大划仓库。历时8个月，新修仓库24间，参建泥工、木工、解（gai）工150余人。

成立大划乡工商联合会，推选杨国治为主任，李世良为副主任，杨因故未就职，由副主任一并代理行使职权。1953年改选，由胡培根任主任，1958年撤销。

1951年

6月5日，在土改工作队的领导下，开展土地改革运动。9月，"土改"结束。次年5月，颁发县人民政府土地所有证。

6月10日，召开乡农民代表大会，改选乡人民政府成员。

6月20日，召开大划乡第二届农民代表大会，检举反革命分子，清算血债。于25日前，首次召开全乡在新中国成立前20年间死难的农民追悼大会。

10月，大划乡人民政府成立，办公地址设在药王庙内。

秋，成立大划乡供销合作社，设监事会、理事会。1956年，下属工商联合会。1970年，成立贫下中农管理委员会，取代监事会、理事会。

成立大划卫生协会（前系医筹医协，组长胡顺清）。

1952年

1月，建立大划乡临时党支部，俞德成任书记。次年7月，正式建党支部。

1月23日，开展"反对贪污、反对浪费、反对官僚主义"的"三反运动"，8月基本结束，10月至次年5月进行复查。

4月至5月，根据县禁烟禁毒委员会的指示，大划开展劝诫和惩处种植、贩运、制造、吸食鸦片烟的查处工作。

8月，为支援解放黑水，大划乡组织支前队，由副乡长王炳成率队，从灌县石羊乡运大米、饼干至马河坝，返至汶川，奉命运大米至沙河坝，历时48天，完成支前任务。

土地改革后，农民在自愿互助原则下，组织互助合作生产。中华村12家贫农在徐惠彬的领导下，组织建立了大划乡第一个常年性生产互助组，年底获县委、县政府奖励黄牛1头，三江区委、区政府奖励良马2匹。

成立联合诊所，主任李伯铭。1953年，联合诊所与兽防站合并，主任罗元安。1958年夏，联合诊所更名为大划公社医院。

秋，建立大划乡邮电所。

同年，大划小学由关帝庙迁至黄金村。

1953年

7月1日，以零时为标准时间，全乡进行第一次人口普查。

8月，大划乡实行第一次普选，成立大划乡人民委员会。金鸡乡黑石村、德寿村、登田村划入大划。

秋，大划信用社成立。

新建大划场镇上场和下场头石礅木桥。

成立大划乡合作商店，辖饮食店、副食店、综合店、理发店4个点。1956年，"一化三改造"后，行政上由乡人民委员会领导，业务上属供销社统管。下属饮食、棉百、茶旅、副食、肉案、理发等合作商店，主任胡培根。

10月4日，模范军属徐惠彬参加中国人民志愿军第三届赴朝慰问团。次年2月底回国后，先后在县内及成都市、名山县和温江专区部分县作慰问传达报告。

11月，在县委驻大划工作队领导下，开展粮食统购统销工作。

1954年

春，全乡开展农业合作化运动。崇镇村1组、12组、13组成立了大划乡第一个初级农业生产合作社，甘吉轩任社长，羊庆文任会计。同年，各村都建立了互助组。

4月，实行油料统购。

7月11日至12日，徐惠彬出席崇庆县第一届人民代表大会第一次会议，同庞汉元、易学昌、王显文一道，被选举为省第一届人民代表大会代表。

9月15日，开始实行棉布计划供应。

1955年

10月26日，开始开展粮食定产、定购、定销工作。

12月，撤区并乡，仅保留城关区，改设大划为工作点，全县共1区4镇32乡。开始开展内部肃反运动，至1959年6月底基本结束。

1956年

3月，建立大划乡党支部，李茂昌任书记，徐旭成任副书记。

9月至10月，大划乡乡长、军属代表徐惠彬在京出席全国烈属，军属，革命残疾军人，复员、退伍、转业军人社会主义建设积极分子会议，并作大会发言。

同年，改建崇双、崇新路为碎石路。

1957年

4月，机关、厂矿、部队、学校，农民、居民、学生全体动员，分片包干，把守林盘，吆喝麻雀，开展除"四害"运动。

9月2日，县委召开干部动员大会，开展整风运动。到10月17日，运动转为反击右派，小学教职员工也先后参加"整风反右"运动。

9月，大划乡于板桥村4组兴办了全县第一所幸福院，供养50余名孤寡老人和孤儿。次年3月，更名为敬老院。

10月，开始在全县农村开展社会主义教育，先在大划试点，先后分两批在各乡镇开展。通过鸣放和辩论，全乡有数十名基层干部和社员被视为"反社会主义分子"，受到批判斗争或处分。

1958年

5月，掀起农业"大跃进"高潮，种"高产试验田"，开展评比竞赛活动。

8月，武装队更名为人民武装部。

9月，成立大划人民公社。

青壮年上山集中于方店子等处大炼钢铁。9月底，号召献废铜、废铁、废锡，不少家庭将日用金属器皿一并献出。

举办大划公社农业中学，招生110人，开设2个班。

10月，组织建立大划公社红专学校。

成立大划公社管理委员会，办公地址设在宋秋帆屋内（系土改没收），并将辖区内18个村划为9个管理区。管理区以下设生产队，实行组织军事化、行动战斗化、生活集体化。各生产队办起了"公共食堂"，进一步掀起了"大跃进"高潮和全民性的炼钢运动。

建立大划公社党委。

成立大划公社文工团。

11月，实行大兵团作战，采取"鹞子大翻身"办法，深耕农田两三尺，打乱了活土层，破坏了土壤肥力，同时烧草架柴熏土，毁了不少竹木。

12月，公社成立民兵团，管理区成立民兵营，生产队成立民兵连，下设民兵排。

1959年

3月3日至12日，生产队以上干部参加县6500人的干部大会，批判"富裕农民思想"。

3月20日至4月3日，大划公社三级干部参加由崇庆、温江二县在白头、王场工地召开的7498人五级干部大会，听取传达中央"三级所有、队为基础"的方针，以整顿和巩固农村人民公社。

5月4日至10日，社队干部和社员代表参加县万人算账大会。会后，清理1958年的各种账目，"落实产量"，至7月底结束。

10月，开展"反右倾"运动，一部分对"大跃进""大炼钢铁"等提过意见的干部受到批判斗争。随后，在教师中开展"拔白旗"运动，部分教师受到批判。又在农村开展社会主义教育，部分基层干部受到打击。

1960年

3月20日，农业部在县召开改良饲养中国蜂现场会，22省市的114名代表参观公社五四养蜂场的过箱现场表演，听取高产经验介绍。会议拍摄了纪录片《中国养蜂》，《四川日报》《大公报》等媒体先后载文报道。

4月21日，公社总结工作部署春耕生产会，进行"反右倾"斗争，当场处理干部19人，次年下半年，进行逐个甄别。

5月，金鸡与大划合并，称为大划人民公社，次年5月分治。

7月，开展新"三反"（反贪污、反浪费、反官僚主义）运动，至12月结束。

年底，贯彻中共中央《关于农村人民公社当前政策问题的紧急指示信》（《十二条》），开展整风整社运动。次年，又贯彻中共中央《农村人民公社工作条例（草案）》（《六十条》），实行三级所有、队为基础的体制，纠正"一平二调"的错误，解决和纠正共产风、浮夸风、强迫命令风、瞎指挥风、干部特殊化风。秋，撤销公共食堂，划自留地给社员，允许社员经营家庭副业。

1961年

11月，对生产队实行土地、劳力、耕牛、农具"四固定"和"三包一奖"措施。

1962年

12月，大划与全县同步，开展以"阶级斗争为纲"的社会主义教育，于次年春结束。

1963年

3月，响应毛泽东主席"向雷锋同志学习"的号召，组织全社人民开展学雷锋、树新风活动。

10月，贯彻中共中央《关于目前农村工作中若干问题的决定（草案）》（《前十条》），开展以"清工分、清账目、清财物、清仓库"（"小四清"）为主要内容的社会主义教育运动。后又贯彻中共中央《关于社会主义教育运动中一些具体政策的规定（修正草案）》（《后十条》），进行"扎根串联""夺权斗争"，运动强调"重新组织革命的阶级队伍"，大批基层干部受到打击。

1964年

7月1日，以零时为标准时间，全社进行第二次人口普查。

12月15日至次年1月，历时48天，公社干部参加县三级干部会，开展"小四清"运动。

当年，全社掀起"农业学大寨"运动高潮。

1965年

1月26日，公社、大队、生产队三级干部参加县委召开的五级干部大会，宣读中共中央关于《农村社会主义教育运动中目前提出的一些问题》（《二十三条》）和中共中央西南局书记、四川省委书记李井泉的讲话记录稿。

11月下旬，社会主义教育运动在大划全面展开，运动贯彻中共中央《二十三条》，进行清政治、清经济、清组织、清思想的"大四清"。运动于次年6月结束。

1966年

6月6日，"文化大革命"运动在大划展开。开展破"四旧"（旧思想、旧文化、旧风俗、旧习惯）和"大鸣、大放、大字报、大辩论""横扫一切牛鬼蛇神"。一时，大字报充斥各机关、学校。到7月底，基本达到"火烧百分之百"。

10月，大搞"红海洋"（场镇的街道门面、墙壁，全用红土或红油漆涂刷，上书大幅标语或毛主席语录），大划大部分古建筑、文物、书籍被视为"四旧"遭毁。

同年，大划公社将古城桥水碾改建为水力发电站，装机容量30千瓦。

1967年

年底，将1953年所建大划场上、下桥头的石磴木桥改建为钢筋混凝土拱桥（上桥拱桥2洞，下桥拱桥5洞），次年春竣工。

1968年

5月，县抓革命促生产指挥部提出进一步开展"农业学大寨"的意见，大划所有生产队先后取消定额管理制度，推行大寨式的"政治工分"。

10月，经崇庆县"革命委员会"批准，建立大划人民公社"革命委员会"。

1969年

1月，全社掀起"三忠于""四无限"（忠于毛主席、忠于毛泽东思想、忠于毛主席革命路线；对毛主席无限热爱、无限敬仰、无限崇拜、无限忠诚）活动。实行"早请示、晚汇报"，跳"忠"字舞。

同月，知识青年上山下乡，到大划"接受贫下中农的再教育"。至1978年，共安置知识青年

223人，到1980年先后回城。

3月，大划开展"清理阶级队伍"，一部分干部群众被"群众专政"。

4月1日晚，全社隆重庆祝中共九大开幕。

秋，六大队自筹资金4000元建德寿小学。

12月，城镇居民、社会青年到农村插队落户。安置城镇成户下乡居民6户，14人。

年底，大划第一小学开办初中班。

1970年

2月，遵照县上指示，开展打击反革命破坏活动，反对贪污盗窃、反对投机倒把和反对铺张浪费的"一打三反"运动，层层举办"学习班"。

春，少数大队小学办"戴帽"初中班，公办小学下放到大队去办。

8月，大划各大队建立起合作医疗站。

大划开展整党建党工作，至次年6月底结束，恢复了各级党组织和党员的组织生活。

9月初，开展改渠工作，于次年1月结束。新挖支、斗、农、毛渠，改造低产下湿田4230亩。

同年，开始条田规划和建设，建条田1500多块，约3250亩。至1981年底，共改建条田4472块，面积达11180亩。

1971年

春，组织建立大划公社建筑队。

5月，于十二大队（现黑铅村6组、7组）选址，规划拆迁黄金村小学部分校舍，建大划中学，至1972年春迁址始业，始名崇庆县大划公社中学。

6月上旬，开展"一批双清"（批判"极左思潮"，清查"五一六"和"三老会"分子）运动。

11月4日，在乡政府会议室传达"九一三"事件，向群众传达贯彻中央关于批林整风的文件，开展批判林彪反党集团罪行的活动。

12月，公社建立广播站。

1972年

2月，组织全社人民和机关单位职工，突击修建向阳水库筑坝工程。

3月，全社各单位学习《毛泽东在外地巡视期间和各地负责人的谈话纪要》，倡导和实行"三要""三不要"（要团结，不要搞分裂；要光明正大，不要搞阴谋诡计；要社会主义，不要搞资本主义）原则。

拆迁黄金村小学至场镇九大队8队新建九大队、十二大队小学。

7月至8月，3次暴雨，黑石河漫堤至五大队（黑石村），5队、6队农户全部被淹，沙淤水稻田100余亩，8支渠被冲毁。

1973年

4月，公社在万家山区斗棚沟办的小煤窑发生瓦斯爆炸，死亡9人。

7月，县教育局拨款2万元，自筹3000元，次年拨款2000元，自筹1000元，修建白果小学。

1974年

2月，部分人员参加县召开的5000余人的群众大会，动员开展"批林批孔"运动。至8月，大划各单位都建立起理论学习小组，成立"大批判组"，批判所谓"否定文化大革命""否定社会主义新生事物""复辟倒退"。

4月，在城关中学召开全县中小学教师会，传达"马振扶中学事件"。接着又学习《一个小学生的来信和日记摘抄》，一时全社学校纷纷"反复辟、反回潮""反师道尊严"，造成教师不敢管、学生不愿学的混乱局面。

7月，板桥小学由东岳庙迁址于二大队3队新建板桥小学。

1975年

春，组织动员全社社员挑沙面土，改造张渡儿、陈家渡河滩地，建大划农场。

7月，黑石小学由五大队3队（碉堡处）迁至5队界，新建黑石小学。

1976年

6月至8月，县防震抗震指挥部通知，在一两月内，龙门山中南段可能发生6级左右地震，要求开展群众性的防震抗震工作。大划公社成立防震抗震指挥部，指挥部设公社内，微观点设在大划中学内，各大队设宏观点。机关、单位、学校和乡村居民都搭建了防震棚。8月16日至23日，松潘、平武连续发生地震，大划境内有较强震感。震后，防震抗震工作结束。

9月9日，毛泽东主席逝世，党委在公社电影院设立灵堂，举行吊唁活动。18日，在电影院隆重举行追悼大会。各单位、大队派代表参加，就地收听广播电台转播北京追悼大会的实况。

9月，大划中学校开设高中班1个，学生55名。次年秋，又招生110名，2个班，学制二年。1979年，停办高中，仍为初中。

10月23日，全乡召开万人大会，热烈欢呼党中央粉碎江青反革命集团的胜利，书写大小标语，积极拥护党中央一举粉碎"四人帮"，开展揭批江青反革命集团的斗争。

1977年

1月10日至20日，三级干部参加县召开的8000人的"农业学大寨"会议，传达贯彻第二次全国农业学大寨会议精神，提出"三年建成大寨县"的号召。

4月，大划开展整党整风工作，重点整顿和建设各级领导班子。

秋，改建崇双、崇新路为沥青黑色路面，同时改建大江路（大划—江源）。

废除"文化大革命"期间实行的"推荐制"，恢复统一考试、择优录取的招生制度。

同年，全社深入揭批江青反革命集团，联系实际清查帮派体系，清查与"四人帮"阴谋活动有牵连的人和事。同时，又以揭批"四人帮"为主，开展"斗敌批资"，继续进行党的基本路线教育，推动"农业学大寨"。

1978年

3月，经县文教局申报，确定九大队、十二大队小学为省属农村重点小学——大划小学。大划白果小学确定为中心校，更名为大划公社小学校。

12月18日至22日，中共中央举行十一届三中全会，确定把党的主要工作重点由以阶级斗争为纲，转移到社会主义经济建设上来。

年底，根据上级指示，大划公社为已改造好的地主、富农、反革命、坏分子摘帽子。1980年，对余下的全部摘帽。

1979年

1月，大划开展落实政策、纠正冤假错案的工作，1981年底结束。

2月下旬，大划公社、大队、生产队以上三级干部，参加县委召开的5000余人的四级干部会，传达贯彻中共十一届三中全会精神。

春，大划开始推行大田分组作业联产计酬生产责任制，以定额计酬为主。

4月，学习邓小平代表党中央关于"坚持四项基本原则"的讲话。

5月30日，对越自卫反击英模报告团成员（驻王场工地部队），到大划公社电影院向大划中学师生作报告。

10月，大划公社领导参加县委召开的关于真理标准问题的讨论的培训会。会后，大划组织机关单位、学校班子中的党员干部，开展了真理标准问题的学习讨论，以实践是检验真理的唯一标准，批判"两个凡是"的观点。

1980年

8月20日，大划进行县、社两级选举工作，改间接选举为直接选举，改等额选举为差额选举。

9月，公社召开第八届人民代表大会，选举产生大划公社管理委员会，撤销大划公社"革命委员会"。

1981年

2月10日，全社开始发放林权证，至1984年10月发放完毕。

3月，经温江地区行政公署对全县扫盲工作进行检查验收，全县农村人口，年龄在12—40岁之间的共217724人，其中非文盲占88.16%，基本完成扫盲任务。

4月，新修公社办公楼，至年底竣工。

1982年

3月，全社开展第一个"全民文明礼貌月"活动。

7月1日，以零时为标准时间，全社进行第三次人口普查。

10月，全社生产队实行包干到户、包产到户。

1983年

1月4日，按照县委指示，大划社队企业开始普遍推行经济承包责任制。

3月，大划公社党委改称大划乡党委。4月，选举张志明为乡党委书记，柯友明、赵成生为副书记。

4月，大划公社政社分设，成立乡人民政府。大队改为村，成立村民委员会，生产队改为村民小组。大划乡召开第九届人民代表大会，选举赵成生为乡长，羊富荣、代泽成为副乡长。

1984年

春，改大划农场修建精养鱼塘96亩，投放生产。

4月，乡政府组建成立商业、工业、农业、水产四大公司。刘康全任总经理，李世全任商业公司经理，朱应良任工业公司经理，徐太祥任农业公司经理，康泽清任水产公司经理。

10月，崇双、崇新公路大划过境段加宽工程动工，同时拓宽大划大桥人行道。次年3月告一段落。

1985年

年初，利用世界银行淡水养鱼项目贷款，修建精养鱼池116亩，5月投放生产。

4月，大划改粮食统购任务为合同定购。同时，根据上级指示，调整了粮食购销价格。

9月10日，召开第一个教师节庆祝会。

11月，崇双路场镇段改道（绕避划石街），新修道路1.5千米，拆迁安置15户居民。同时分解落实土石填方、路面碎石浇结任务至村、组。次年秋，县养路段铺油面路。

1986年

8月，召开大划乡第六届党员代表大会，选举张志明为书记，柯友明、羊富荣、徐毅、李玉坤为副书记。

9月，召开大划乡第十届人民代表大会，选举柯友明为乡长，张永安、彭文炳、陈建英为副乡长。

同月，撤并登田、德寿小学，于登田村10组、德寿村5组处新建登田小学。规划新建杨柳街（始名万商街）。

10月4日，全乡农村整党工作开始，为期3个月。包括村一级党组织、企事业单位党组织支部21个，党员600多人。以"统一思想、整顿作风、加强纪律、纯洁组织"16字，对党员进行思想作风、组织纪律和宗旨教育，于次年结束。

1987年

1月，大划小学和大划中心小学合并，称崇庆县大划乡中心小学校，下辖板桥、石桥、万寿、黑石、登田、白果6所村小。

1月8日，万寿村3组李水全家建房，挖出古代青铜器共4件，经鉴定为"战国错金银青铜带钩"。形状略呈"S"形，鸭首，凹型折沿呈匙状，中心有圆钮。凸面腹部微凹，阴刻勾连窃曲纹，采用错金银工艺填充，凹陷处形成美丽图案，至今光彩熠熠。其余3件分别为铜斤、铜剑、铜钺。

3月，全乡开展"三户"评选活动。次年初，按县委"坚持、巩固、发展、提高"8字方针，不断将"三户"活动引向深入。

4月，划石村6组发生"谢驼背命案"，公安干警数十人驻乡侦案，十余日破案。5月，于电影院公捕犯罪嫌疑人谢兴全。

利用世界银行淡水养鱼项目贷款，修建精养鱼池140亩，5月投放生产。同年国庆，全乡人均分得半斤鱼。

7月，中学校干打垒教室裂缝排危，新建二楼一底教学楼。

10月，利用世界银行改水项目贷款，于划石村8组修建中心水厂，次年竣工投运，命名为黑铅村中心水厂。

同月，成立大划乡农村合作基金会（1999年3月，按《崇州市清理整顿农村合作基金会的实施意见》，清盘关闭）。

11月，大划卫生院升格为大划中心卫生院。

1989年

5月，拆除大划中学南端干打垒教室，原址修建二楼一底的第二教学楼。

12月，大划乡召开第七届党员代表大会，选举张志明为书记，柯友明、张康林为副书记。

同月，大划乡召开第十一届人民代表大会，选举柯友明为乡长，张永安、杨淑群为副乡长。

1990年

7月1日，以零时为标准时间，进行第四次全国人口普查。

同年，乡党委把"三户"活动与党员"三带"活动、创建文明村镇结合起来，在全乡开展"三户三带一建设（文明村）"的"三三一"系统工程。

秋，青羊河开发区于崇镇、板桥、石桥31个村民组，实施农业综合开发，改造中低产田工程，至1992年底结束。

1991年

11月5日，社会主义思想教育工作队进驻大划，成都市、崇庆县工作队队员下乡驻村，开展社会主义思想教育活动。次年4月结束。

1992年

7月至8月，黑石小学改建，将水泥瓦房改建为小青瓦砖木结构教室、办公室。

10月，崇庆县电力公司在崇镇村11组征地，新建3000千伏安变电站及大划供电所。

11月1日，取消粮食凭票供应。

12月4日，大划乡召开第八届党员代表大会，选举柯友明为书记，周碧英、张康林为副书记。选举徐海清为纪委书记，戴泽成、马永生为纪委委员。

12月22日，大划乡召开第十二届人民代表大会，选举张康林为乡长，杨淑群、何相元为副乡长。

1993年

10月，石桥小学迁址石桥村1组、万寿村3组，新建石桥小学，万寿村小学与石桥小学合并。

10月30日，里辉实业有限公司石棉瓦厂举行开业典礼。

10月31日，大划中学校举行教学实验楼竣工落成典礼。

同月，经四川省和成都市人民政府高标准扫盲验收，全市青壮年非文盲率达98.08%。

11月，乡电影院排危加固改造，拆除条石凳，安装600把翻板座椅。

12月，大划乡开通程控电话。

1994年

6月10日，国务院批准同意撤销崇庆县，设立崇州市（县级）。

8月23日，崇州市委、市政府为崇州市大划乡党委、人大主席团、政府、纪委、人武部颁发印章和吊牌。

9月23日，崇州市举行撤县设市庆祝大会，大划各单位和村的名称从此改"崇庆县"为"崇州市"。

同年，大划建筑安装工程有限公司升级为"二级企业"。

1995年

8月11日，白马河、黑石河涨洪水，大划场镇划石街、杨柳街、通达路被淹，水深齐腰，场镇交通中断，次日恢复。

同月，大划乡成立基本农田保护工作领导小组，进行基本农田保护区的规划编制。

11月14日，四川省、成都市普及实验教学检查组一行44人，对崇州市进行为期3天的"普实"验收检查，全市各类学校以总平均分107.19分（满分为110分）和附加分2.19分的成绩，被评为四川省中小学普及实验教学合格市。

11月下旬，成都立申实业有限公司于崇镇村12组征地建制革厂。

12月22日，四川省普及九年义务教育验收检查团一行60多人，对崇州市进行为期4天的检查验收，崇州市圆满、高标准地完成了普及九年义务教育的历史任务。

12月，大划乡召开第九届党员代表大会，选举盛志祥为书记，谢忠良、王建华、徐海清为副书记，徐海清为纪委书记，戴泽成、马永生为纪委委员。

同月，大划乡召开第十三届人民代表大会，选举谢忠良为乡长，董泽清、刘启蓉、杨文全为副乡长，盛志祥为人大主席团主席，杨淑群为人大副主席。

1996年

3月，大划乡政府获崇州市委、市政府颁发"普及九年制义务教育合格证"。

5月，因成都立申实业有限公司于崇镇村12组征地建厂，该组村民阻止拦路（崇双路），阻断交通，政府机关工作人员、公安干警到现场劝释疏散恢复。

1997年

2月19日21时，党和国家第二代领导核心，"一国两制""建设有中国特色社会主义"的倡导者，中国"改革开放"的总设计师邓小平逝世，大划全乡人民以各种方式沉痛哀悼。

7月1日，香港回归，大划人民热烈庆祝这一盛大的日子。

10月，拆除电影院、文化站，搬迁居民4户，修建政府综合办公楼及党员培训中心，次年6月竣工。10月18日，举行落成庆典。

下半年，全国开展第一次农业普查，大划普查工作积极有序进行，如期普查完毕。

1998年

5月，怀华路崇州段开工仪式在大划举行。

同月，于划石村5组、10组征地3.5亩，修建大划公立卫生院。10月动工，次年竣工。

12月4日，大划乡召开第九届党员代表大会，选举王志鹏为书记，杨文全、邓文为副书记。邓文为纪委书记，陈刚、高应成为纪委委员。

同月，大划乡召开第十四届人民代表大会，选举杨文全为乡长，罗天林、沈群芳、罗启明为副乡长。

1999年

9月，大划乡成立计划生育指导站。

12月20日，澳门回归，大划人民热烈庆祝。

2000年

9月至11月，全乡在党员干部中开展与党同心、与群众贴心、让人民放心，保持共产党员先进性的"三心"教育。

11月1日，以零时为标准时间，大划进行全国第五次人口普查。

同月，规划新建新欣街。

2001年

1月，根据中央、省、市及崇州市部署，大划在基层党组织和党员中，全面开展学习江泽民总书记"三个代表"重要思想的教育和实践活动。

4月，农村税费改革在大划全面铺开。5月初，根据上级通知精神，税费改革工作暂缓。

4月至6月，根据中央、省、市的要求，大划乡镇机构改革与全市同步，分流乡镇富余人员，实行财政编制定员，政企、政事分开。

6月，大划场镇开办闭路电视，与崇州市光纤有线电视连通，至此，大划开始收看崇州市广播电视局传输的光纤有线电视节目。

10月6日，大划撤乡建镇，更名为崇州市大划镇，大划各单位和村的名称从此改"大划乡"为"大划镇"称谓。

12月初，召开大划镇第一届党员代表大会，选举熊继红为书记，杨文全、邓文、付晓奇为副书记，罗天林、陈刚、陈志刚、沈国祥、张世康为成员。选举邓文为纪委书记，陈刚、高应成为成员。

12月12日，召开大划镇第一届人民代表大会第一次会议，选举杨文全为镇长，罗天林、沈群芳、罗启明为副镇长，熊继红为人大主席团主席。

12月20日，召开大划镇第一届妇女代表大会第一次会议，选举沈小敏为妇联主席。

12月21日，召开共青团大划镇第一届代表大会，选举刘利萍为团委书记。

2002年

5月，成都立申实业有限公司于划石村、净居村、黑铅村征地210余亩建新厂。

2003年

8月28日，大划镇场镇社区居委会成立，选举朱应良为书记，付文敏为主任，王艳为成员。

2004年

1月16日，大划镇被评为2003年度国土管理"三无乡镇"达标单位（崇府发〔2004〕2号）。

2月6日，成立防治高致病性禽流感工作领导小组，组长熊继红，副组长罗天林、沈群芳。

4月，场镇新修十字街，申请命名为"天竺街""金华街"，并改原"万商街"为"杨柳街"。

5月15日，成立大划镇全国第一次经济单位普查领导小组，开展全国第一次经济普查。

8月4日，成立新型农村合作医疗领导小组，组长熊继红，副组长邓文、沈群芳、李绍忠。

8月26日，调整2000年8月成立的食用菌生产工会联合会班子成员，主席徐平元，常务副主席舒华德，副主席徐泽高、黄志强。

2005年

3月下旬至4月2日，镇公推直选党委书记，杨文全当选。

4月12日，成立粮食直补工作领导小组，组长杨文全，成员罗天林、陈刚。

5月，成立大划镇食用菌协会1个，建净居食用菌合作社1个。

5月17日，合村并组为八村一社区，即崇镇（辖原崇镇、万寿）、石桥（辖原板桥、石桥）、德寿（辖原黑石、德寿）、登田、灰窑、划石（辖原划石、黑铅）、净居、白果8个村和大划场镇社区。

5月至7月，公推直选合村并组（社区）"两委"班子。

同月，中心小学征地6亩，新建综合教学楼和扩建操场，进行标准化建设。

同月，整合教育资源，处置板桥、石桥、黑石、白果4所小学。

6月2日，撤销工业支部、供销支部、企业总支。

7月14日，全面开展"永葆先进性，做新时代合格党员"为主题的先进性教育活动。

10月，成都市路桥经营管理有限公司对口帮扶崇镇村（万寿村），修建村水泥砼路面工程1.9千米，浆砌渠道1090米，建成村科技文化活动中心1座，投入资金160万元。

11月，建于1986年的大划中心水厂停产关闭。

2006年

3月初，崇州市市容环卫局下派3名工作人员到大划镇，成立了城镇环境整治小组，沿华怀路和场镇建垃圾池9个，实行无害化垃圾处理。

3月20日，成立大划镇工会工作委员会，选举焦绍文为主席，陈刚为副主席，沈国祥为委员。

4月，通达路修建花台和栽植行道树。

6月，修建了食用菌加工厂，占地面积4000余平方米，投入资金170万元。至此，全镇拥有食用菌种植户193户，占地面积490余亩，种植规模达2600万袋。

9月，成都市援助西部大开发"一村一名大学生"工作在崇州市各乡镇陆续实施。9月底，8名志愿者来到大划进行援助活动。

10月，开始全国第二次农业普查工作，大划镇所属8个涉农行政村，认真按照农普领导小组的工作部署和要求完成各个阶段的工作。

10月，在2005年中心小学标准化建设的基础上，动工完成操场平整规划建设，撤并白果小学，学生纳入大划镇中心小学集中教学。

同月，实施场镇光亮工程，新欣街安装路灯5盏，立申路路灯3盏。

11月23日，召开第二届党员代表大会，选举产生中共大划镇第二届委员会和纪律检查委员会领导班子。同时，选举杨文全等9位同志为出席崇州市第十一次党员代表大会的代表。

12月5日，召开大划镇第二届人民代表大会，选举产生大划镇第二届人民政府领导班子和第二届人大主席团成员。周正祥任镇长，陈刚、罗启明为副镇长。杨文全当选为人大主席团主席，沈群芳为副主席。杨文全等6位同志当选为出席崇州市第十六届人民代表大会的代表。选举高应成、易强为人民陪审员。

12月26日，召开大划镇妇女委员会代表大会，选举产生大划镇妇女委员会第二届领导班子，李桂芹任主席。

12月27日，共青团大划镇委员会召集全镇共青团代表，选举产生了第二届委员会班子，易强任大划镇团委书记。

2007年

1月，大划开展第二次农业普查。

1月28日，开工修建登田、灰窑、净居、白果村党群活动室。活动中心建筑面积123平方米，工程造价为380元/平方米。砖木结构小青瓦，市拨3万元，其余16740元由镇、村负责投入。

2月至3月，以邓小平理论和"三个代表"重要思想为指导，开展干部作风整顿建设活动。

3月23日，召开大划镇机关工会第二次会议，选举焦绍文为主席，陈刚为副主席，沈国祥、邓建福、陈强、冉斌、宛永贵为成员。选举沈国祥为经费审查委员会主任，邓建福、陈强、冉斌、宛永贵为委员。

7月至9月，开展全镇、村（社区）党组织换届选举工作。

9月6日，根据崇州市人民政府《崇州市乡镇司法所标准化建设实施方案》（崇府发〔2017〕69号）文件精神，大划建立标准化司法所，易强担任所长，陈强、李桂芹为成员。

2008年

4月，净居食用菌专业合作社集资100万元，投资建成精加工车间，金针菇休闲食品成功上市销售，年销售总额1065.5万元，利润63.74万元，基地种植面积580亩，带动农户数508户，助农增收2010元，全镇种植双孢地蘑菇820亩。

同月，石桥村新建四平生猪养殖生产合作社，成员15户。

5月12日，汶川发生特大地震。经评估鉴定，对镇域内房屋建筑受损的2344户（其中，轻微损坏2142户，中等破坏200户，严重损毁修复后可居住的2户）和房屋倒塌的15户进行灾后修复和重建。对苟家及汶川、都江堰、什邡、绵竹、汉旺等地受灾群众，于域内8个行政村和高山流水受灾群众集中安置点进行安置，共安置600余人。组织专、兼职队伍进行消毒、杀虫、灭菌工作，确保了镇域内灾后无疫病发生。

5月13日至16日，党委、政府组织应急民兵抢险突击队60人，党委委员、武装部部长陈志刚带队，分三批奔赴重灾区抢险。

"5·12"汶川特大地震，大划中学校教学楼倾斜，学校师生于临时搭建的板房中教学一年，至次年9月停办，教职工整体并入三江中学，学生分流并入江源中学、三江中学。

9月，大划镇对登田村、灰窑村、划石村、净居村、白果村实施土地整理项目，次年9月4日，经省国土资源厅验收合格。

11月，大划镇党委、政府受崇州市委、市人民政府表彰，荣获"抗震救灾先进集体"称号。

12月，中心小学教学办公用房、乡镇卫生院、大划派出所灾后重建，分别于次年8月、9月、10月竣工并交付使用。

12月31日，大划镇政府机关被命名为"三星级卫生单位"（崇府发〔2008〕66号）。

2009年

4月，着力城乡环境综合整治，共投入资金126.2万元，建垃圾收集房72座，垃圾中转房2座，15个垃圾桶点。按优美化标准，拆除了所有违规乱搭乱建，于崇双路场镇段、通达路、杨柳街栽植行道树680棵，华怀路场镇段修建花台、新增绿地800平方米，硬化华怀路大划场镇段人行道2000米，划石街街道路面310米，江源路与华怀路接口段街道路面230米，修建公共厕所1座，增建停车场2个，修建座地标语2个。

4月22日，召开由国土局，农发局，统筹局，镇、村和其他乡镇相关负责同志共同组成的实测工作组动员培训会，会议由国土局牵头，将市统筹局、农发局、各乡镇参加试点的工作人员及驻村干部整合成19个工作小组，安排到石桥村19个村民小组，深入到该村1172户，负责承包地实测工作的政策解释、疑难问题的梳理、处理、指导，领导村民组进行确权方案的讨论制定，协助完成表册资料的填写、审核，总结经验，推广全镇和全市各乡镇。同年底，全镇完成承包地实测确权6655户，人口21022人，地块总数30442块，承包合同面积18451.628亩，集体建设用地和房屋所有权确权颁证6845户。

4月，大划镇综合文化站动工修建。次年9月竣工并交付使用。

6月，崇州蜀南农业观光有限公司在大划镇国有河滩地投资打造"四川崇州市蜀南湖生态观光农业园"（简称"蜀南湖"项目）。

6月，天然气和水厂及供气供水管网动工实施，次年春节开通。

7月30日，大划中学、大划中心小学党组织关系划归教育局党工委管理。

9月22日，开展深入学习实践科学发展观活动。

10月，崇双货运大道大划镇域内宽50米、长5365米的征地和46户176人拆迁工作启动，并于年底完成。

11月2日，撤销大划渔场支部。

2010年

2月6日，召开大划镇第二届人民代表大会第四次会议，选举肖瑶为大划镇人民政府镇长。

3月27日公推，4月2日，直选黄进为中共大划镇党委书记。

3月，灾后重建镇政府办公用房动工。次年5月竣工，7月1日，迁址办公。

3月至6月，全镇深入开展农村工作"四大基础工程""走千家、进万户"主题活动。

4月5日，经审核，白果村率先获得成都市小城投资有限公司首笔融资贷款150万元，在全市率先开展了村级公共服务和社会管理改革融资试点工作。

5月29日，镇承包地实测确权颁证工作整体通过市上预验收。

8月6日，镇农村房屋及宅基地确权颁证工作通过崇州市综合检查验收。

11月1日，大划开展全国第六次人口普查。

11月，启动富士康配套园区项目起步区域内所涉德寿村3组、4组、11组和登田村3组、4组、11组农户的征地拆迁工作。

同月，按程序完成8个行政村和1个场镇社区居民委员会的党组织班子成员的公推直选工作。

11月11日，召开大划镇第二届人民代表大会第五次会议，选举黄进为大划镇人民代表大会主席团主席。

12月14日，大划镇划石村社区教育工作站被命名为崇州市级示范社区教育工作站。

12月18日，完成全镇8个行政村和1个场镇社区居民委员会的换届选举工作。

2011年

4月，镇政府投入165万元，用于场镇新欣街、杨柳街、通达街、金华街、天竺街共1400米街道的彩砖铺设。

5月，大划供电所并入江源供电所。

10月，启动"第二绕城"大划过境段征地拆迁项目，征地280亩，拆迁农户53户。至2014年，全面完成过境段征地拆迁工作。

同月，万丰农业开发公司流转白果村110户400余亩土地，用于发展特色种植及乡村旅游，以150亩农用地39年土地承包经营权作抵押，向成都农商银行贷款300万元，开创公司类土地经营权向银行抵押融资的先河。

2012年

2月，城乡环境综合整治，引入市场机制，探索企业管理模式，由欣欣保洁公司、杰心保洁公司分担场镇和农村片区保洁、清运工作。

3月，大划镇第三届人民代表大会第一次会议召开，选举黄进为镇人大主席团主席，宋建兴为镇人民政府镇长，刘绍良、陈翔、易强、徐晓斌为副镇长。

4月1日，启动捷普项目征地拆迁工作。

6月8日，举行捷普项目厂区建设开工仪式。

9月，大划镇完成8个行政村、1个场镇社区和2个农民集中区广播室建设。

9月18日，组建崇州市大划镇白马河土地股份合作社。

2013年

4月，青年公苑建设项目举行开工仪式。

5月，工业区污水处理厂于净居村5组、13组河坝地开建，同时铺设污水管线。

7月9日，大划及上游区间暴雨，造成白马河涨大水，场镇大面积过水，崇镇村11组、12组河段，水毁河堤700余米，有7户农户的15间房屋损毁，后5户集中异地安置，2户就地安置。

10月，建8个社区教育工作站。

11月，对民心苑小区崇双货运大道至顺河街，铺筑水泥路面工程430米。

2014年

4月2日，镇召开第二批党的群众路线教育实践活动动员大会。10月13日，召开党的群众路线教育实践活动群众测评会。

5月，配合市交通局、国土局，启动并完成成温邛快速通道征地工作，需拆迁农户95户，签约88户，拆迁87户。完成成蒲快铁过境段征地，拆迁户11户。

10月，镇6个土地股份制合作社工商登记注册，全镇土地合作社入社面积8300亩，规范社面积2350亩，示范社面积820亩。

同月，成都市教育局评估检查，确定大划镇划石村社区教育工作站为成都市级社区教育工作站，大划镇石桥村社区教育工作站为崇州市级教育工作站，并授牌。

10月11日，大划镇社会协商第一届第一次会议召开，会议内容包括"7·9"洪灾白马河水毁河堤修复、文化活动广场修建和路灯管理维护等三大议题。社会协商会议成员55人参会，列席代表及相关职能部门共计79人。会议由镇党委副书记陈刚主持。

12月31日下午，召开大划镇社会协商第一届第二次会议。

2015年

1月27日，召开中共大划镇第三届代表大会第二次会议，选举雷文全为中共大划镇第三届委员会书记。

1月30日，崇州市人力资源和社会保障局局长文国洪、副局长蔺成俊一行，到大划镇调研划石村就业和社会保障服务站工作开展情况。

2月16日，召开大划镇第三届人民代表大会第三次会议，雷文全当选为大划镇第三届人民代表大会主席团主席。

4月1日，市委常委、统战部部长郑继良率市国土局、电力局、国投公司相关负责人，到成温邛快速通道大划安置点，调研项目建设推进工作。

4月7日，市食品药品监督管理局局长徐根国检查捷普集团餐厅卫生工作。

4月7日，召开大划镇第三届人民代表大会第四次会议，选举宋丽华为大划镇第三届人民代表大会主席团副主席。

4月16日下午，成都市文明办未成年人处处长刘颖、副处长刘纯，成都市文化广播新闻出版局徐志平一行，到大划镇划石村部署将于4月23日开展的以"快乐阅读·农村孩子梦想书架计划"之点亮梦想为主题的全民阅读启动仪式。

4月23日，由成都市委宣传部、市文明办、市文广新局主办，成都志愿者全媒体平台、成都晚报社承办，成都市文广新局、新华文轩出版传媒股份有限公司协办的"快乐阅读·农村孩子梦想书架计划"之点亮梦想现场捐赠仪式，在大划镇划石村举行。成都市文明办副主任李晓阳，崇州市委常委、宣传部部长刘嘉聪等领导出席活动。

5月20日，崇州市副市长冯卫康、市民政局局长黄来远一行调研大划镇民政工作。

6月2日，市委副书记、市长欧昭到大划镇调研检查工作。

6月8日，召开大划镇第三届人民代表大会第五次会议，选举华斌为大划镇人民政府镇长。

6月17日，召开大划镇社会协商会议第一届第三次会议。

6月30日，召开"大划镇庆祝建党94周年暨'七一'表彰大会"。

7月28日，国家民政部规划财务司副巡视员刘健、基建处处长缪丽、规统处副调研员罗海平一行，到大划镇崇镇村居家养老服务中心调研。

8月4日，市委常委、宣传部部长廖冬雪一行到大划镇调研指导工作。

8月5日，副市长、市公安局局长杨文良率市法治办相关工作人员，到大划镇督查依法治市和"六五"普法工作。

8月28日，泸定县委副书记和县民政局领导一行，在崇州市副市长冯卫康和民政局局长黄来远陪同下，参观大划镇崇镇村居家养老服务中心和日间照料中心。

9月2日，市委常委、市统战部部长郑继良，副市长毛向阳深入施工一线，督查成温邛第三快速通道建设。

10月21日，副市长肖瑶、市安全生产监督管理局局长宋志斌、市交通局副局长朱海军一行，到大划镇调研三通道二标段建设。

11月4日，崇州市人大常委会副主任谢艳华率30余名市人大代表，到大划镇考察崇镇村日间照料中心。

11月27日，召开大划镇社会协商会议第一届第四次会议。

12月30日下午，市委副书记、市经开区党工委书记杨火清到大划镇调研重点工作。

2016年

1月25日，市委常委、宣传部部长廖冬雪到大划镇场镇社区调研基层文化建设工作。

2月14日，市委副书记、市长欧昭率队，到大划镇调研捷普集团、南平铝业节后开工生产情况。

4月27日，成都市城管委相关负责人到大划镇德寿村调研扶贫开发、精准扶贫工作，市委副书记、市长欧昭，市委常委王峻昆及大划镇党委书记雷文全陪同。

5月10日，成都高新区经贸发展局综合处勒文端处长与高新区国土局、社会事务局、肖家河街道办事处、芳草街街道办事处相关领导一行，到崇州市大划镇调研扶贫工作。

5月13日，市委副书记杨火清率经开区、教育局、公共资源交易中心等有关部门负责人，到大划镇指导"两学一做"工作。

6月13日，大划镇召开第三届人民代表大会第六次会议，宋丽华当选为大划镇人大主席团主席，罗建当选为副主席，闫斌、王涛当选为大划镇人民政府副镇长。

6月20日，成都市城管委机关党委书记范国刚、专职副书记谭立刚一行，到大划镇德寿村调研精准扶贫工作。

6月24日，召开中国共产党大划镇第四次代表大会，雷文全当选为新一届党委书记，华斌、陈文雅、闫斌当选为党委副书记，宋丽华、萧钧铭、邓建福当选为党委委员；陈文雅当选为纪委书记，苟发辉当选为纪委副书记，刘继林、李丹、魏璐当选为纪委委员。

6月28日，市委副书记杨火清在建党95周年来临之际，到大划镇划石村、登田村看望慰问老党员和困难党员。

6月30日，大划镇召开庆祝建党95周年表彰大会。现场表彰了6个先进基层党组织、14名优秀党务工作者、42名优秀共产党员。

7月1日，成都市副市长刘宏葆率有关部门负责人，到大划镇德寿村贫困党员、精准扶贫对象彭汉忠家中走访慰问。

7月4日下午，市委书记赵浩宇率市委常委、常务副市长赵卫东，市规划局、市国土局、市建设局、市交通局等部门主要负责人，到大划镇调研青年公苑二期保障房建设。

7月19日，成都市审计局副局长何敏、农业处处长刘军、成都市委统筹委社会处处长吴琦一行，到大划镇崇镇村调研村级公共服务和社会管理改革工作。

7月29日，大划镇召开社会协商会议第一届第五次会议。

8月2日，成都市城管委党组成员、总工程师谢进，机关党委书记范国刚一行，到大划镇德寿村调研扶贫工作。

8月29日，市委副书记杨火清、人大常委会副主任张年福，以及崇州市对口帮扶部门、隆腾公司负责人一行，到大划镇调研脱贫攻坚工作。

9月1日，副市长冯卫康一行，莅临大划镇小学校检查新学期开学工作。

9月12日，大划镇举行"党内关怀基金"启动仪式，全体镇村干部参加并积极响应党委号召，踊跃捐款。

9月13日，市委副书记骆良云到大划镇调研，市委办副主任杨成军陪同。

9月21日，崇州市政协副主席黄志文、陈刚、罗红蕾、张志新一行，莅临大划镇指导大划学校工作。

9月28日，成都市高新区管委会副主任鲜荣生一行，到大划镇贫困村德寿村调研精准扶贫工作推进情况。

10月11日，市委常委、组织部部长余家洪一行，到大划镇调研村（社区）活动场所"提档升级"建设工作。

10月22日，大划镇召开中国共产党大划镇第四次代表大会第二次会议，选举产生出席崇州市第十三次党员代表大会代表8名。

11月2日，市委书记赵浩宇一行，到大划镇实地调研人大换届选举工作。市人大常委会主任柳宁、党组书记易孔盛、副主任谢艳华陪同调研。

11月10日，市委常委、组织部部长余家洪到大划镇调研基层党建和人大换届选举工作。

11月20日，大划镇召开市、镇两级人大代表换届选举大会。

11月24日，大划镇第四届人民代表大会第一次会议召开，宋丽华当选为大划镇第四届人大主席团主席，罗建当选为副主席。华斌当选为大划镇第四届人民政府镇长，闫斌、萧钧铭、王涛当选为副镇长。

同日下午，市政协党组书记杨火清一行，到大划镇督查换届选举工作。

11月25日上午，成都市民政局相关负责人及崇州市副市长冯卫康、民政局局长王勇一行，到大划镇对民政系统高标准精准扶贫进行专项督查。

12月9日下午，大划镇召开社会协商会议第一届第六次会议。

12月20日，市人大常委会主任易孔盛一行，到大划镇调研人大工作。市人大常委会副主任陈志贤、李超等相关领导，以及大划镇党委、人大、政府主要负责同志参加调研。

12月28日，成都市城管委副主任李书建、机关党委书记范国刚一行，到德寿村"走基层、送温暖"，慰问困难群众。

同日，成都市高新区肖家河街道办事处副调研员唐远贵带队，到大划镇德寿村开展对口扶贫资金捐赠活动。

2017年

1月3日，市委常委、政法委书记张泽林到大划镇，督查企业环保整顿工作。

1月10日，市政协主席杨火清带队，检查大划镇落实党风廉政建设主体责任工作情况。

1月11日，统筹委指导大划镇"小组微生"项目建设工作。

3月7日，市委副书记骆良云调研大划镇第三快速通道居民安置点项目工作。

3月13日，大划镇举办第四届"蜀南杯"运动会。

3月24日，成都市政法委副书记、综治办主任何淼，综合处副处长李小平，社建指导处副处长李永健一行，到大划镇调研综治工作。

4月13日，成都市征地事务中心调研大划镇自主模拟搬迁工作。

4月25日，大划镇召开第四届人民代表大会第二次会议，选举张红良为大划镇人民政府镇长。

5月9日，省文化厅检查组到大划镇综合文化站审议公共文化开放情况。

5月19日，大划镇顺利召开共青团大划镇第四次代表大会，审议通过了题为"凝心聚力，共谋发展——为打造新型工业特色小镇贡献青春力量"的共青团大划镇委员会工作报告，选举产生共青团大划镇第四届委员会委员9名，以及出席共青团崇州市第十五次代表大会代表3名。

5月23日，市委常委、统战部部长毛向阳带领相关部门负责人，到大划镇白马河李家堰段调研督导"河长制"工作，实地查看并了解白马河流域河长制工作的推进情况。

6月9日，市委副书记、市长欧昭率队，到大划镇调研督查"三无"企业、作坊整治情况。

6月20日，市人大常委会副主任李超率队，实地督查大划镇环保整治和"三无"企业整顿工作推进情况。

6月21日，市政府副市长、公安局局长程志宏督查大划镇专项治理"微腐败"工作。

7月5日，市委书记赵浩宇到大划镇调研自主搬迁工作推进情况。

7月7日，大划镇召开社会协商会议第一届第七次会议。

7月24日，大划镇召开第四届人民代表大会第三次会议，选举黄斌为大划镇人民政府副镇长。

8月11日，崇州市副市长文国洪督查大划镇"河长制"工作。

9月4日，文国洪副市长率队，督导大划镇环保督察案件。

9月8日，副市长冯卫康一行，到大划小学看望慰问教师。

9月25日，四川省民政厅相关部门负责人，到大划镇调研民政党建和干部队伍建设工作。

10月13日，大划镇举行扶贫保险首例赔付仪式。

10月27日，由大划镇党委、政府主办，大划镇文化站、老年人协会承办的"真情系老人·文化暖重阳"文艺演出，在大划镇敬老院举行。

11月14日，四川省综治办综治重点工作调研督导组到大划镇进行专项督查。

12月7日，大划镇召开社会协商会议第一届第八次会议。

12月25日，成都市扶贫验收组对大划镇德寿村扶贫工作进行验收。

2018年

1月15日，市政协主席杨火清率队，检查大划镇党风廉政建设主体责任落实情况。

3月21日，市委常委、组织部部长、社治委主任余家洪，实地调研大划镇基层党建和社区发展治理工作。

6月20日上午，市委书记赵浩宇率队，到大划镇调研重点工作推进情况。

6月28日，市政协主席杨火清率队，到大划镇开展"大学习、大讨论、大调研"活动蹲点调研。

6月30日，大划镇召开社会协商会议第一届第九次会议。

8月22日，市政协主席杨火清到大划镇宣讲四川省委、成都市委、崇州市委全会精神。

9月13日，市政协主席杨火清率队，对大划镇扫黑除恶专项斗争工作进行督导。

12月2日，大划镇召开社会协商会议第一届第十次会议。

12月5日，市委常委毛向阳到大划镇视察220千伏变电站项目施工情况。

2019年

5月30日，成都市文明办副主任陈永刚调研大划·捷普"共享社区"新时代文明实践中心建设试点工作。

7月3日，成都市信访局副局长付绍传、副巡视员虞小兵一行，调研指导"群众工作之家"建设工作。

8月5日，成都市政协副主席郝康理率队，调研大划·捷普"共享社区"服务保障重点企业情况。

9月26日，成都市政府副秘书长、市信访局局长林旭一行，到大划·捷普"共享社区"群众工作之家调研指导建设工作。

9月27日，大划镇举办"不忘初心·和谐共享"文艺晚会，庆祝新中国成立70周年。

10月15日，崇州市委第三巡察组进驻大划，开展为期一个月的巡察工作。

12月23日，经四川省人民政府批准，撤销大划镇，设立崇州市人民政府大划街道办事处。31日，市委、市政府第十一指导组到大划授牌、授印。

（胡文甫　执笔）

第一篇　建置沿革

大划镇位于崇州市东南，北纬30°34′21″—30°34′59″，东经103°43′15″—103°44′28″，海拔495—510米。沿怀华路，离市区中心约9000米。东与江源镇交界，东南与三江镇接壤，南与大邑县董场镇毗邻，西至西河界，隔河与集贤乡相望，北与崇阳、羊马镇相连，面积22.483平方千米。截至2019年，人口2.3715万人，少数民族70人（其中：藏族34人，羌族11人，白族6人，彝族4人，苗族、高山族各3人，土家族、壮族、回族、瑶族各2人，佤族1人）。辖崇镇、石桥、德寿、登田、灰窑、划石、净居、白果8个村民委员会，134个村民小组和1个居民委员会——大划场镇社区居民委员会。

第一章　建置

第一节　追溯

据崇庆县志记载，清初，崇庆县分东仁、南和、西熙、北丰，大划处于东仁、南和之交界处。

清末，全县改为二镇六乡，大划属集贤乡管辖，是三大甲区的交界处，跨有东二甲、南一甲、南二甲的辖区。

民国元年（1912）至民国二十四年（1935），大划地区属第八区（归三江区管辖）。按古甲区域划分，大划属东二甲、南一甲、南二甲。

民国二十四年（1935），全乡统一编保，大划建立联保，有2个联保（东岳联保、净居联保）。行政区域分15个保，属第三区管辖（三江区）。

民国二十九年（1940）至1949年，实施新县制，分乡定保，废联保建大划乡，舒永叔任乡长。乡公所设在大划场上，归属三江区，辖15个保。

第二节　新中国成立后的建置

1949年12月21日，大划乡解放。1950年1月8日，崇庆县军管会派来以宿茂满为代表的征粮工作队，开展征粮工作近一个月，2月9日撤离回县。3月，以崔桂林为代表的征粮工作队来大划，成立区政府，崔桂林任区长，游万和任秘书，区办公地址设在徐石麟楼房内（原供销社）。组建了大划乡治安委员会，仍辖原15个保的行政区域，办公地址设在药王庙。治安委员会帮助解放军催收军粮和马草，维护社会治安秩序，动员叛乱人员自行缴械。同年8月，大划15个保组建成15个农协分会，成立大划乡农民协会，废除治安委员会，改保、甲为农协分会和农协小组，实行一切权力归农会。1951年8月，土改完毕后，建立乡村政权，15个农协分会改为15个行政村。1953年8月，在进行第一次全国人口普查的基础上，进行了第一次普选，召开第一届乡人民代表大会，选举出乡人民委员会委员，产生了乡人民政府。乡以下单位仍然为村，村以下为小组。同时，将金鸡乡的登田、德寿（部分）、黑石3个村划入大划。10月，按照中央人民政府《省、市、县各级人民代表大会组织原则》，成立了大划乡人民政府，乡、村两级人民政府与农民协会并存，职责各异，合署办公。农民协会是农民的群众组织，人民政府是政府机构，乡、村两级农民协会主席与乡长、村长共同行使权力。乡人民委员会成立后，领导全乡人民进行社会主义建设，全乡共组建起45个农业生产合作社。

1958年10月2日，经县委批准，建立大划人民公社管理委员会，办公地点设在宋秋帆住宅内（系土改没收）。同时将15个行政村划为9个管理区，管理区以下是生产队。公社建立后，实行组织军事化、行动战斗化、生活集体化，以连、排、班作为编制，农业生产上实行大兵团作战。各生产队办起了公共食堂及其他生活福利事业，掀起了"大跃进"高潮和全民性的炼钢运动。

在人民公社化高潮中，掀起了把工、农、商、学、兵结合成"五位一体""一大二公"联乡并社的热潮。1960年3月，根据县委、县人民委员会指示，大划、金鸡合二为一，称大划人民公社。办公地址设大划场上，管理区更名为大队，全社分大划片、金鸡片管理，大划9个管理区即9个大队。并社后，建置顺序不变。

1961年，党中央制定了《农村人民公社工作条例草案》（简称农村六十条）。为贯彻中共中央

"调整、巩固、充实、提高"的方针，纠正社队规模过大的倾向，实行精兵简政，大划与金鸡分乡建政，恢复原来的大划公社管理委员会，将原来的9个大队（管理区）划分为11个大队进行管理。

1968年10月，成立大划人民公社革命委员会，相应成立大队革命委员会和生产队革命领导小组，其行政区域按原建置不变。

1976年10月，党中央粉碎"四人帮"后，结束十年"文化大革命"。1979年下半年，废除"革命委员会"，恢复大划公社管理委员会、大队管理委员会和生产队管理委员会。1980年9月，经大划公社人民代表大会差额选举，产生了新一届大划公社管理委员会班子成员，新组建了大划人民公社管理委员会。

随着改革开放的不断深入，1983年4月，大划废除公社、大队管理委员会，建立大划乡人民政府，大队改为村，成立村民委员会，生产队改为村民小组，并按原地名命名村委会。

表1-1　　　　　　　　　　　　　　　　大队更村一览表

一大队	二大队	三大队	四大队	五大队	六大队	七大队	八大队	九大队	十大队	十一大队	十二大队
崇镇	板桥	石桥	万寿	黑石	德寿	登田	灰窑	划石	净居	白果	黑铅

2001年10月9日，经四川省人民政府川府民政〔2001〕62号文件批准，撤销大划乡，新建大划镇。镇人民政府驻大划场，辖所属行政区域，下属村民委员会、村民小组名称不变。翌年，于场镇新设大划镇场镇社区居民委员会。

2005年5月，大划实行合村并社，由12个行政村合并为崇镇、石桥、德寿、登田、灰窑、划石、净居、白果8个村民委员会，134个村民小组和场镇社区居民委员会。2008年地震，镇政府办公楼灾后易址重建。2011年7月1日，迁址至人和街68号办公。

2019年12月23日，经四川省人民政府批准，成都市人民政府成府函〔2019〕133号文件批复，撤销大划镇，设立崇州市人民政府大划街道办事处，办公地点：大划场镇人和街68号。所辖行政区域、下属村（居）民委员会不变。

第二章 大划场

第一节 大划场的由来

大划场，原名大划石，又名大花枝，滨白马河西岸。据民国《崇庆县志·方舆·山水》记载：白马河"水又经登瀛桥至大划石，耆彦凤传，旧有盘石，仙人划之。今虽弗存，事熟俗耳。兹地市集，故籍是名矣"。原来只有镇江王爷庙一所，住有傅、潘、崔三姓，系通往江源县之小道，乃"幺店子一所"。明末清初，由湖南、陕西二地迁来大量人口，垦荒种地，安居乐业。为了不受外地人欺负，亲属来访能更好地取得联系，故在王爷庙左侧上方修建湖南会馆一所，王爷庙右侧下方修建陕西会馆一所。当时，来插业落户的有萧、喻、邹、徐、舒、王姓等30余户，到清乾隆八年（1743），已成初具规模的小镇。清嘉庆十三年（1808），黑石河发大水，冲毁白鱼嘴，划石场停赶。据《崇庆州志》记载，划石场大废，于道光末年（1850）重兴"万寿场"，距今已一百多年历史了。清光绪三年（1877），大花枝场已聚居100余户人家。

第二节 大划场（镇）的变化

民国时期，大划场有正街（今划石街）和河街（今临江街）2条街道，住户100多户，处于三江、江源、听江到崇庆县城的途经之路。1949年以前，集市贸易除各种杂货外，其大宗商品有土布、菜油、大米、麦类、各种杂粮和大麻、土烟。场内烟馆、赌场、酒馆、茶铺、茅房云集。每年农历五月十三还要演10多本大戏，是大划的政治、经济、文化中心。

民国二十四年（1935），四川军阀混战，24军败经大划场抓丁拉夫，社会治安混乱。

民国二十五年（1936），江源匪首陈明武、三江匪首李泽儒争夺势力范围，大划场沦为土匪斗杀的地盘。

民国二十八年（1939），简瑞林独霸大划政权后，与李泽儒、陈明武两边通好，社会秩序稍微安定。

民国三十三年（1944），杨朴如、简瑞林争当大划乡乡长，实行"炮选"，最后是"鹬蚌相争，渔人得利"，由张栋良出任。乡公所设在大划场街上，至新中国成立。

新中国成立后，大划办起了供销合作社、信用合作社、卫生院、兽防站、邮电所、广播站、电影院、文化站、缝纫社、木器加工厂、建材预制厂、农机管理修配站。中心小学迁至场北头，场南头新建大划中学。公社办公大楼、供销社营业大楼、信用社营业大楼相继建成，崇双公路贯穿场镇正街。

20世纪90年代中后期起，场镇建设步伐加快，场镇面积不断扩大。1985年，崇双路改道，新建通达路街；1986年，新建杨柳街；2000年，新建新欣街、万丰街；2001年，新建天竺街、金华街、政通街、立申路街、大江南路；2010年，新建人和街；2012年至2015年，新建画江大道北三巷；2013年，新建文化路；2015年，命名建设画江大道。截至2019年，场镇区域建成面积已达2.5平方千米，有街道17条，沿街门面900余间，本镇户籍人口6000余人，外来务工居住人口45000余人。按崇州城市核心功能区建设规划，为世界五百强企业捷普科技公司和国内百强企业南平铝业（福蓉科技）公司提供服务保障。

（胡文甫　执笔）

第二篇　自然地理

第一章　地形　地质

第一节　地形　地貌

　　大划镇地处四川盆地成都平原西部，崇州市城区东南，全镇辖区面积22.483平方千米，属冲积平原，西北地势较高，东南偏低，自然地形有2‰左右的比降，个别地方有小幅（2—3米）的坡坎起伏变化。场镇中心地理坐标为北纬30° 34′ 60″、东经103° 44′ 1″，平均海拔489—510米。周边东与三江镇古泉村、舒桥村接壤，南靠西河与集贤乡、大邑董场镇相望，西与崇阳街道工业区相连，北与羊马镇双桂、白鹤村、江源镇桅杆村相邻。区域轮廓略呈四边形，周边界西南沿西河较为端直，其余三面与毗邻犬牙交错，呈极不规则的曲线。

　　全域位于西河（文井江）以东，黑石河、白马河自北向东南穿越其间，支、斗、农、毛排水系完善，适合水稻生产及各类作物生长。崇双货运大道、成温邛快速路互通立交、成都第二绕城高速与成温邛快速互通、成蒲铁路过境内，公路交通四通八达，距离崇州中心城区约8千米。

第二节　土壤

图 2-1　大划乡土壤结构

全镇地处龙门山脉东南的冲积平原区域，都江堰（岷江）和西河（文井江）中上游。因水源地不同，土壤形成差异较大，全镇地质分为两大类土种。白马河以东崇镇、石桥、德寿、划石村的部分，属灰色冲积土，其中，变异土质6个，油沙土4063亩，占耕地面积的23.5%；半泥沙2950亩，约占17.1%；大土1115亩，约占6.6%；中位半沙泥85亩；二漕田297亩；浅层半沙泥147亩，约占3%，质地中等，土壤酸碱度7.5左右，属油渣子田，易耕作，肥力高，保水、保肥能力中等。

白马河以西的登田、灰窑、净居、白果及德寿、划石村部分，属紫灰色冲积土，其中变异土质6个，大土3291亩，约占18.9%；夹沙泥1219亩，约占7%；中位夹沙泥1025亩，约占6.9%；浅层夹沙泥240亩，约占1.4%；下湿田1006亩，约占5.7%；沙土1705亩，约占9.8%。以上属烈土田，耕作难，肥力中等，保水、保肥能力较强，能排、能灌，旱涝保收，在综合农科技术、用肥、用水的栽培条件下可获高产。

第三节　地质

全镇境内地质构造属九顶山华夏系和青城—青霞新华夏系构造，处于成都凹陷区，沉积了深厚的第四系冰水堆积、冲洪积的松散堆积物。除西河、黑石河、白马河现代河床及河床浅滩沉积为单一砾石外，沉积皆由表部细粒沉积层及下伏砾石层组成二元结构层组。上覆细粒沉积为亚沙土或亚黏土，呈黑色、灰褐色，表部亚沙土或亚黏土层普遍多含砾石，层中偶见瓦砾及陶瓷碎片。其表层为耕作层，以疏松多孔、富含腐殖物为特征，厚度为20—30厘米。

第二章　河流　渠堰

第一节　河流

大划境内主要河流有西河（文井江）、白马河、黑石河，其次是低漕归集水之泉水河（因低漕，泉水涌点多而得名）。

西河：起源于本市域内苟万家山区，途径大划，流经新津县汇入岷江水域。上接崇阳街道徐家渡村起，下至大邑董场镇辖韩河心止，境内长度约4300米。20世纪70年代，西河治理，该段河床端直，有3‰左右的比降，宽度达300余米。现今平时流量50立方米/秒，最大径流量4500立方米/秒。渠改前灌溉面积5700亩，现主要为过境排洪。

白马河：上从西北方向崇阳街道原水陆村起，沿德寿、划石、白果村流经东南方向，进入三江村舒桥村止，境内长度4560米，有2.5‰

图2-2　大划乡渠改前水系（1970年）

左右的比降。沿线设有罗家渡、拦坎堰、李家堰三处引水工程，补充黑石河八支渠及划石、白果、石桥村部分农田灌溉2200亩。该河道最大过水流量约350立方米/秒，具有境内区域排洪功能。

黑石河：属都江堰外江灌区之干渠，上自羊马镇双桂村（安阜电站）起，流经德寿、崇镇、石桥村，至三江镇牂牁村境止，流经长度4570米，最大水流量约150立方米/秒。在境设有罗家渡七、八支渠节制闸工程，及戚家湾泄洪节制闸引水工程，并设有管理站房和常年值守人员。

第二节　渠堰

八支渠：从东向在黑石河罗家渡七、八支大闸引水起，经境内德寿、登田村，落水进入西河，流经长度3020米，有1.5‰左右的比降，设计最大过水3立方米/秒，是境内主要农田灌溉渠系。

一斗渠：由北向南，从支渠德寿村18组段起，经德寿村19组，划石村1、2、3组至崇镇村1组，流经长度1000米，灌溉面积900亩。

二斗渠：由北向南，从登田村2组起，经登田村1组、灰窑村4组，划石村6、7组，净居村8、9组，白果村1、10、11、5、8、6、7组，落水在白马河末段，流经长度3216米，灌溉面积4800亩左右。1970年改渠后，原七分堰老龙、麦黄、园嘴、周堰子落水汇入二斗渠。由于流域长，灌溉面积大，白果村尾端每年用水季节水源不足部分，由泉水河雷大堰引余水补充调节。

三斗渠：由北向南，从登田村4组起，流经登田村11、8、7组，灰窑村1、2、3、8、3、7组，净居村5、6、14组，白果村12、9、14、8、13组，至大邑董场镇韩河心交界，流经长度3017米，灌溉面积1560亩。改渠后，原筒车沟、瓢儿堰落水并入三斗渠内。

随着改革开放的深入和区域经济发展，2010年至2012年，富士康配套项目及捷普项目征地，二斗渠登田、划石、灰窑村段，三斗渠登田村，灰窑村1、2组以上段，改道并二斗渠，沿创新大道于灰窑路以南，分水至二斗渠、三斗渠尾段，灌溉面积1500余亩。

图2-3　大划公社灌溉渠系（1972年）

七支渠：由西向东，在黑石河罗家渡七、八支大闸起水，流经江源镇、三江镇（原听江）、双流金桥镇，落水入金马河。由于改渠，原村子堰封闭，截断了水源，故在崇镇村（原万寿村）由北向南开设一斗渠，灌溉崇镇18、25、17、19、20、22、13、14、16组及石桥村1组，面积约2200亩。崇镇、石桥部分面积，由二斗渠及黑石河朱氏堰引水解决不及部分灌溉。

刘宝堰引水渠：由北向东南，从德寿村12组黑石河（老河道）刘宝堰起，流经德寿村12、13、14、15、18、19组，落水进入八支渠，流经长度1500米，灌溉面积1200亩。

拦坎堰引水渠：由北向南，从德寿村9组段白马河拦河堰起，流经德寿村9、6组，划石村4、

图2-4　大划镇渠改前水系（2010年）　　　　图2-5　大划镇水系现状（2017年）

5、11、10、13、17、18、19、26、14、15组，白果村3组，落水入白马河白果村段，流经长度1900米，灌溉面积含净居村1、10组共约2250亩。

高家堰引水渠：由西向东南，从黑石河崇镇村1组段戚家湾节制闸引水，流经崇镇村1、2、12、3、4、5、7、8、9组，石桥村5、3、2、1组，落水进入三江镇古泉村十支渠，流经长度2800米，灌溉面积2783亩。

李家堰引水渠：由西向东，从白马河崇镇村10组段起，流经石桥村18、19组，进入三江镇古泉村，落水于十支渠，流经长度1200米，境内灌溉面积128亩。

金鸡堰引水渠：由西向东，从白马河崇阳街道水陆村、白河村交界，流经崇阳街道水陆村（金鸡部），进入德寿村1、2、8组，全长约800米，灌溉境内面积470亩。

第三节　湖泊

域内有原大划渔场改造而成的蜀南湖水上运动公园，占地面积1000亩，水面面积600余亩，水深度15—20米，引水源自八支二斗及白马河崇新堰。

北面位于德寿村12组顶端与崇阳、羊马交界处有一人工湖——明湖，湖面面积300余亩，湖水深度3—8米，作为崇州经开区搬迁居民安置点，大划拆迁居民绝大多数在此安置。

第三章　气候

第一节　气温　降雨　湿度

大划镇属亚热带平原气候，四季较为分明，气候温和，常年平均气温16.5℃左右，最热为7月、8月份，平均气温26℃，最高温度达35℃。最冷为1月、2月份，平均气温4℃—6℃，最冷为-4℃。

全年平均降雨量970毫米左右，常年春冬两季雨量较少，偶有短时干旱。夏秋两季雨量较多，年最大降雨量1200毫米。每年5月至9月，为易发生区间降水量大时段，导致区域内洪涝灾害发生。

春末夏初季节，局部地区偶有短时冰雹天气发生，雹粒直径1—2厘米，危害程度极低。

大划地处平坝，受大气压影响，常年有1/3时间天空云层较低，不利于水汽升腾，空气湿度60%—80%，最高时达90%。

第二节　日照　风霜

本地常年日照1250小时左右，其余均为间阴或小雨天气，日照时间分布不均，5月至10月日照较多。

由于气候温和，无霜期较长，有的年份甚至全年无霜，适宜各种温带作物生长，特别适宜种植水稻和春性小麦、油菜。冻霜期一般是上年的11月至次年2月，霜冻把小春田表土炸泡后，抑制小春作物徒长，促进营养物质积累，冻死入土育冬的害虫，减少农作物病虫害。

常年冬春二季易受北方冷空气影响形成寒潮，其中影响较大的要数3月20日至4月10日期间的倒春寒，对小春作物有一定危害。

全年受风的影响不大，一般风速在1米/秒左右，偶有大风天气发生，风速最高达5—7米/秒，造成房屋倒塌、竹树折断、农作物倒伏等灾害。时间主要是4月至8月，区域分布不均。

水雾天气，一般在每年11月至次年3月发生。主要是晴好天气的晚间至次日早上气温较低，地表气压低，水汽蒸腾难以上升扩散而成水雾，能见度20—50米，严重时能见度仅10米左右，沿河道、沟渠为重，加之各类建设和生产活动产生粉尘，造成雾霾天气。一般在上午9时左右散去，严重时至11时才能散去。

第四章　自然资源

第一节　植物资源

　　大划地处平坝区，适宜各类农作物和林木生长，主要农作物有水稻、小麦、油菜、豆类、玉米、绿肥等，其次有大麻、土烟、川芎、甘蔗。自然植被覆盖主要是各类竹树木、水果蔬菜和花木杂草，调节气候，保持水土，维持生态平衡。植物资源主要有竹、木、果、草类，品多量少。人工种植辅以野生，遍植于林盘、房前屋后、河、沟、路旁及河滩、田园、苗木花卉园林。

一、林木

　　乔木类：桤木、麻柳、香樟、白果、柏树、楠木、酸枣、水杉、雪松、杨树、柳树、槐树、皂角、梧桐、苦楝子、桑树、构树、桉树、棕树、鸡屎树、椿尖树、黄桷树、天竺葵、桂花树、枹格枣、紫荆、玉兰树、红叶李、黄柏树、楮子树、珙桐、水冬瓜、罗汉松、红豆杉、芙蓉树、枹桐、海棠、蓝花楹、樱花等。

　　果木类：核桃、板栗、柿子、无花果、石榴、枇杷、雷爪爪、马线子、桃树、李子、杏树、梨树、樱桃、柚子、橘子、刺梨等。

　　灌木类：海棠、万年青、水槿枝、木槿花、檫腊、玫瑰、茉莉、牡丹、杜鹃、月季花、梅花、三角梅、红栀木、栀子花、茶花、含笑梅、黄角兰、铁树等。

二、竹类

　　慈竹、广东竹、苦竹、麻竹、斑竹、箭竹、棕竹、荆竹、蓝天竹等。

三、蔬菜

　　蔬菜品种有五六十种，可分为豆角类、调料类、瓜类、薯芋块茎、苞叶类。

　　豆角类：二季豆（四季豆）、豇豆、软豆（扁豆）、刀豆、嫩豌豆、青豆（毛格豆）、花生、胡豆等。

调料类：生姜、葱、蒜、藿香、芫荽、茴香、韭菜、海椒、花椒、椿芽等。

瓜类：冬瓜、黄瓜、葫瓜（南瓜）、苦瓜、丝瓜、笋瓜、六棱瓜、瓠子、割当子（葫芦）、番茄、土耳瓜、金瓜等。

薯芋块茎类有：洋芋、红苕、胡萝卜、圆根萝卜、白萝卜、红皮萝卜、藠头、大头菜、高笋、洋姜、洋葱、藕、苣蓝、魔芋等。

苞叶类：莲花白、紧心白、青菜、芥菜、冬苋菜、芹菜、厚皮菜、菠菜、筒蒿菜、红油菜、苕菜、江西苕、茄子、四季菜、蔓须、苋菜、莴笋、花菜、慈竹笋、白菜苔、软浆子、蕹菜（空心菜）、瓢儿菜、猪鼻拱、白油菜等。

野生菜：水葱子、鹅脚板、棉花草、白脸蒿、白刺尖、干油菜、灰灰菜、蛮油菜、竹叶菜、地木耳等。

四、药材

主要品种：黄柏、刺黄柏、桑根、枇杷叶、陈皮、刺黄芩、金钱草、车前草、夏枯草、金银花、陈艾、青蒿、马齿苋、黄连、紫苏、益母草、荨麻（红）、散血草、三七、荆芥、川芎、蒌蒌花、菖蒲、仙人球、枸地芽、薏仁、地肤子、野蓼子、香附子草、蒲公英（灯笼花）、蘩脐参、竹芯、芦篙、菊花、薄荷、马鞭梢（草）、虎耳草、十八曲草、稠腊子草、茵陈、芦荟、舒筋草等。

第二节　动物资源

大划的动物资源主要为人工饲养的畜、禽、鸟类。

生猪　以积猪粪为肥和食肉为目的，大划家庭生猪养殖普遍采取圈养方式，一般家庭少则2头，多则数十头。2000年后，形成规模化养殖，存栏50头以上的近百户，全乡存栏量2万头以上，年出栏五六千头，现存栏千余头。

牛　大划养牛以水牛为主，是农民耕地的主要畜力，兼以食肉为途。全乡养牛最多时达数百头，现仅存二三十头。

羊　仅有少量饲养，圈养、散养结合，现全镇存栏50余只。

鸡、鸭、鹅、兔　这是农村家庭养殖的主要饲养项目之一。多数农户仅养鸡，有水源条件的再养点鸭、鹅，单品数量在数只至数十只，以散养和圈养相结合，全镇常年存栏量在3万只以上。养兔的农户全镇有100余户，存栏量有3000余只。2000年前后出现有规模养殖鸡、鸭、鹅的大户或养殖场，小的每户几百只至数千只，大的每户数万只存栏。鸡分为蛋鸡和肉鸡，鸭分为蛋鸭和肉鸭，年出栏量达百万只以上。

狗 绝大多数以养看家狗和宠物狗为目的，现养狗的农户达60%左右，犬只存栏有三四千只。

猫 养猫防鼠是大多数农家的习惯，全镇养有家猫千只以上，有部分家庭养猫作为宠物。

鸽子 全镇有五六十户养鸽，存栏量2000余羽，肉鸽和信鸽皆有。

蜜蜂 全镇农家养蜂的有40余户，一般的家养1—5箱，所产蜂蜜仅供自用或馈赠亲友，专业养殖的有6户，均有蜂群几十箱至百余箱，常年外出放飞采蜜为生。

水产资源 大划域内水资源丰富，野生鱼捕捞和湖塘养鱼年产量达数十万公斤，主要品种有鲤鱼、草鱼、鲫鱼、鲢鱼，野生的还有土凤、麦鲦、鲇鱼、麻鱼、石耙子、黄辣丁以及河虾等，但其量少。域内有一户养有鱼鹰（鱼老鸹）12只。

第三节　地质资源

石灰石、砂石资源 大划镇地处成都平原西部，岷江流域中上段，境内的西河源头苟万山区属石灰岩地质，主要地质资源为石灰石、花岗岩卵石、粗细砂，含泥量低，品质优良，是地方建筑的主要材料。20世纪六七十年代，西河沿岸建有6家石灰厂利用石灰石资源立窑烧制石灰，80年代后陆续关闭石灰厂，沿岸村民农闲时节人工采挖分筛沙石，用作建材。

1990年，村民孙兆平投资百万元，开办大划砂石厂。1995年崇州供电局在灰窑村开办采砂场。20多年间，境内沿河建有机械化砂石场4个，砂石资源开采量约3000万立方米。现今资源开采殆尽，河床深度降低10余米。白马河、黑石河流域也有小规模砂石资源开发利用。2012年，市政府加强砂石资源管理，砂石厂逐渐关闭。

水资源 全镇属都江堰流域，地表水、地下水资源较为丰富。占耕地面积10%左右的低洼农田常年被水淹浸，不能种小春作物，居民饮用水也是开凿4—5米深水井即可，甚至低洼处1—2米即可取水，水质偏硬。近年来，随着都江堰流域灌溉面积扩大，地表径流水减少，工农业用水开采地下水，致地下水位下降，但仍开凿6—8米即可。

第五章　自然灾害

洪涝灾害　由于大划所处地理位置，每年5月至9月为雨水多发生时段，过去数十年间，降雨造成洪涝灾害概率约30%。1985年8月11日发生洪涝灾害，24小时降雨量243毫米。加之上游境内大面积降雨，西河、白马河、黑石河均大超警戒水位，致使全镇60%区域被淹，场镇90%区域被水淹达10多个小时，最深处水位达1.2米。其次是2013年7月9日，24小时降雨量280毫米，全镇大面积受灾，白马河场镇段堤防损毁达800余米。

霜冻灾害　据气象资料记载，1939年三月初三打霜，其时恰遇小麦抽穗扬花，大麦灌浆阶段，致使小春作物遭受严重损失，大多数小麦颗粒无收。

风灾　全镇境内无大面积明显大风天气，偶有局部地区短时发生5—6级大风，主要发生在4月至8月。如风雨结合，则容易造成农作物倒伏和居民房舍及竹树倒折损失。

冰雹灾害　全镇少有冰雹天气，偶有下冰雹，其直径也在1—2厘米以下，且短时局部，不足以造成大的灾害。

地震灾害　大划地处成都平原，发生地震灾害概率极小。2008年，"5·12"汶川特大地震发生，震中距崇州市仅80余千米，震感强烈。此次地震造成全镇4户土坯房倒塌，2400余户房屋出现轻微裂痕，无人员伤亡。2013年4月20日，芦山县发生7.8级地震，大划有较明显的震感，无人员伤亡和财产损失。

第六章　环境保护

第一节　大气环境

大划历来是传统农业生产区，农村改革以来，随着农业耕作新技术的推广应用，免耕法和农作物秸秆焚烧还田作为农业增产的一项措施，给大气环境造成了极大的污染，甚至影响双流机场航班起降。1998年，开始推行大、小春农作物秸秆禁烧，宣传大气环境保护。2000年后，露天焚烧秸秆的现象基本得到遏制。居民生活用能也由柴草、蜂窝煤向用电、液化气、天然气转变。2010年以后，开始对工业企业废气排放、建工建材扬尘、养殖业废气进行治理，在场镇安设了大气质量监测仪，实时监控区域空气质量。近年来，随着人们环保意识的增强，大气环境有了极大的改善。

第二节　水环境

随着工业企业发展、城市规模扩大以及农村畜禽养殖规模发展，水源水质受到污染，生态日趋恶化，部分居民生产生活用水亦受影响，域内池塘养鱼更是深受其害。由于水体氨氮、重金属超标，致每年死鱼多达数十万斤。2010年后，大划加强水污染治理，强化执法监督，关闭排污企业，实行"河长制"管水治污，开展城乡环境综合整治。严格执行主要河道区间出入口水质监测制，严控污水乱排放，场镇雨污管网分设，建起了生活污水和工业污水处理厂各一座，环境与镇域经济协调发展，实现了环境质量全面改善，城乡环境优美和生态良性循环。

第三节　土壤环境

由于近代农业的发展，大量施用化肥、农药，渐致农田土壤板结和有害物质残留超标。2000年后，大划强化治理农业生态环境，通过推进科学用肥，减少用量，配方施肥，使农民种田化肥使用量减少40%。推广农作物秸秆还田，增加土壤有机质，培肥地力。推广无公害、低残留的有机农药、生物农药，减少土壤无机物药害残留。加强土地植绿、绿化覆盖，实行土地轮作，让土地休养生息，逐渐实现了人与自然的和谐发展。

（罗天林　执笔）

第三篇　政治

新中国成立后，进行社会主义改造，实现了生产资料在农村的集体所有制和按劳分配。改革开放后，大划以经济建设为中心，社会事业全面发展。党的十八大以来，在习近平新时代中国特色社会主义思想的指引下，大划人民开拓创新，紧紧围绕"四个全面"战略布局，深入践行"五大发展理念"，着力打造"创智小镇、花香大划"。

概　况

清朝宣统初年，县境诸甲改二镇六乡，大划处东仁、南和之交界处。据县志载，白马河之东属三江镇东二甲辖内万寿场、王石桥，甲设行政长官"团正"（人称总保），办公地点为东岳庙（今石桥村12、13组交界处）。

原七分埝支流沿嘴沟之西，从北到南，上至金鸡乡辖内郑家营，下至净居村辖内郑巷子侧"大界口"属南二甲辖。至民国二十四年（1935）春，改称联保。

表3-1　　　　　　　　　　　　　　　　　大划地区团正任职表

民国元年（1912）至民国二十四年（1935）														
东二甲团正姓名						南一甲团正姓名						南二甲团正姓名		
李陞堂	李登武	李照黎	羊必泉	羊芝泉	李茂森	胡彦范	宋秋帆	蒋华斋	陈茂修	蒋华斋	徐海如	简秀山	简克仁	简克明	简瑞林

民国二十五年（1936），国民政府军事委员会推行新区新政，废二镇六乡建立联保，大划设东岳联保和净居联保。下设联保主任办公室和户籍、文书、总务、警察等办事人员，下属15保。

表3-2　　　　　　　　　　　　　　　　　联保主任任职表

任职时期	民国二十四年（1935）至民国二十八年（1939）
联保主任姓名	简瑞林　佘季直

民国二十九年（1940），国民政府复令整编保甲，废联保制为乡保制，始建大划乡，乡长由舒永叔担任。下设办公室，办公地点设在场上。全乡辖15个保。乡行政机构内设民政、财粮、教育、建设、民警等组织。乡的最高权力机构是乡民代表大会，由15个保代表组成，设主席1人，主持乡民大会事宜，监督乡长工作并行使任免职权。

表3-3　　　　　　　　　　　　　　1940—1949年乡保长任职一览表

时期	1940—1949年									
姓名	舒永叔	佘季直	杨朴如	张栋良	杨弼生	张建秋	张西铭	简瑞林	张渔洋	肖道永

第一章　党派

国民党

民国二十五年（1936），大划地区实行国民党新政宪，改总保制为联保制，乡设联保主任。佘季直被任命为大划区分部书记，发展舒永叔、杨弼生、张西铭、简瑞林为委员，共有党员人数33人。

三青团

民国三十三年（1944），崇庆县成立"三民主义青年团"。民国三十五年（1946）8月，张建秋代任崇庆县三青团干事长。翌年，张建秋被正式任命为分团干事长，三青团崇庆分团并入国民党崇庆县党部，张建秋任县党部副书记。

中国共产党

1. 组织建设

1952年春，乡人民政府选拔一批积极分子到地区党校学习40天。学习期间，喻德成、徐惠彬、杨兴普、郑吉成、甘吉轩、陈吉安、任子成7位同志成为预备党员，同年7月转正，建立起中共大划乡临时支部委员会，喻德成任支部书记。支部成立后，进行大生产运动，实行互助合作，引导全乡农民走集体化共同富裕的道路。

1953年，在党支部的领导下，再次选派一批积极分子到县委党校进行为期40天的学习，佘仲伦、戚继良、陈子君、程敬林、罗文新、罗宇良、王晓清7位同志加入中国共产党。同年，又发展从部队转业回乡的戴春山等2位同志加入，至此，共有党员16人。经过互助合作运动，党组织逐步发展到农业互助组、初级农业社、信用社、供销社、乡完全小学校等基层单位，至1955年末，共有党员54人。

1956年3月，建立了中共大划乡总支委员会，李茂昌任总支书记，徐旭成、杨兴普任总支副书记，佘仲伦、羊庆文、郑清廷、徐碧如等任党总支委员，有党支部8个。

1958年，建立了中共大划公社委员会，有党支部12个，党员182人。公社党委率领全体党员和全社人民，投入了全民大炼钢铁和人民公社化运动。

1962年，根据党中央指示精神，党委针对在反右倾运动中，遭受错误批判和处分的党员、干部，实事求是地进行甄别平反。

1966年"四清"运动，经过整党、建党，对党员进行重新登记。

"文化大革命"中，"踢开党委闹革命"的浪潮波及全社，1967年2月，公社党组织陷于瘫痪状态。

1971年，县委党的核心领导小组派来整党建党工作组，对党员重新教育。以"斗私批修"为内容，由党员自我总结检查，逐个恢复组织生活。1972年2月，公社党委恢复了组织生活。1977年，进行整党建党，按"抓纲治国"首先要治党的精神，紧密联系全社实际，开展"揭""批""查"，整顿党的组织，吸收新党员。

1981年，党的十一届六中全会通过《关于建国以来党的若干历史问题的基本决议》（以下简称《决议》），公社党委组织党员学习公报和《决议》，正确总结新中国成立32年来，党在正反两方面的经验教训。充分认识毛泽东思想的历史地位和指导作用，明确了前进方向，使全社党员和党中央保持了政治上的一致。

根据1983年4月中央《整党决定》，大划乡在1986年1月至1987年2月，按照"统一思想、整顿作风、加强纪律、纯洁组织"的任务要求，开展整党工作。全乡参加整党的党员，通过学习，对照检查，总结提高，重新进行党员登记。

20世纪80年代中后期，乡党委根据上级党委的要求，在全乡开展以带头勤劳致富、带头带领群众致富、带头搞好社会主义精神文明建设、帮助困难户脱贫致富的"三带一帮"活动，着力搞好以党支部为核心的村组织建设。

按照"创先争优"（创先进党支部、争当优秀共产党员）和建设"四好"（学习、团结、勤政、廉洁）班子的要求，大划乡党委狠抓基层支部班子建设和党员教育、培训、管理，结合实际，组织党员干部学习党的各项方针政策，学习党章和邓小平建设有中国特色的社会主义理论，学习社会主义市场经济知识，进行科学和实用技术培训。积极抓好所属党支部班子及村级组织建设，同时，重视抓好在生产、工作第一线的优秀分子的培养和发展新党员工作。

根据《中共中央关于加强党的建设几个重大问题的决定》及上级部署，乡党委组织党员和干部学习，努力抓好基层党支部班子建设。全乡各支部争创"五好"（一个好的领导班子、一支好的队伍、一条经济发展的好路子、一个好的经营体制、一个好的管理制度）班子，带领群众进行改革和建设。

党的十五大以后，乡党委在每年的干部学习和党员培训中都始终坚持把开展学习邓小平理论作为指导各项工作，深入进行改革开放，努力发展全乡经济的重要指导思想。特别是以"三个有利于"（有利于发展社会主义的生产力，有利于增强社会主义国家的综合国力，有利于提高人民的生活水平）为标准，来检验各项工作。

2000年9月至11月，乡党委在开展学习江泽民总书记"三个代表"重要思想的同时，根据崇州市委《关于在全市党员中开展"与党同心、与群众贴心、让人民放心，保持共产党员先进性"教育活动的意见》（简称"三心"教育）的要求，在全乡党员中全面开展"三心"教育活动。结合"三心"教育，在机关和单位中开展"首问责任"和"六个一"（保持一张笑脸、让出一个座位、递上一杯热茶、明确一个答复、承诺一个时限、道别一声再见）活动，有效地促进了机关和单位作风的大改变，增强了同人民群众的联系，提高了机关人员的素质和办事效率。

2009年至2010年2月，镇党委按中央、四川省、成都市、崇州市的部署，在全镇开展深入学习科学发展观活动。

2012年7月，开展以保持党的先进性、纯洁性为主题的干部作风教育实践活动。党的十八大以来，镇党委组织干部和党员学党章，学习贯彻习近平总书记系列讲话精神。

2013年5月，按省、市和崇州市安排部署，开展"实现伟大中国梦，建设美丽和谐繁荣四川"主题教育活动，扎实开展"七大行动"，加快建设"产业新城、品质崇州"。集中开展"走基层、解难题、办实事、惠民生"党的群众教育实践活动和党风廉政建设、反腐倡廉教育，学习习近平新时代中国特色社会主义思想，全镇干部和党员坚定"四个意识"（政治意识、大局意识、核心意识、看齐意识），增强"四个自信"（道路自信、理论自信、制度自信、文化自信），使广大党员干部的思想信念进一步坚定，思想意识进一步统一，理论水平进一步提升，政治责任进一步明确，大局意识进一步增强，工作作风进一步转变，精神品质进一步纯洁，把讲话精神贯彻落实到现代化建设各个领域，体现到党的建设各个方面，转化为武装头脑、指导实践、推动工作的强大正能量，为实现"两个一百年"奋斗目标，实现中华民族伟大复兴的中国梦而努力奋斗。

自新中国成立以来，大划镇党组织不断发展壮大，党员人数由1952年的7名发展到2017年的766名，党组织由1952年1月的1个临时支部发展到9个农村党支部，1个机关支部，2个"两新"党组织。2017年12月28日，经崇州市委组织部批准，德寿村、崇镇村、划石村、石桥村、白果村党支部升格为党委，净居村党支部升格为党总支。

2018年6月，大划镇党委被成都市委表彰为"成都市先进党组织"。

2019年12月25日，成都市人民政府成府函〔2019〕133号文件批复，"经省人民政府批准，撤销大划镇，设立大划街道办事处"，以原大划镇所属行政区域为大划街道的行政区域，中国共产党崇州市大划街道工作委员会成立。

表3-4　　　　　　　　　　　　　　大划镇党组织机构成员任职表

大划乡党支部（临时） 1952.1—1953.7	经县委批准，1952年1月，成立大划乡临时党支部，次年7月，正式建立党支部。		
	书记	喻德成	1952.1—1953.7
大划乡党支部 1953.7—1956.3	书记	杨兴普	1953.7—1954.7
	书记	徐旭成	1954.7—1955.7
	副书记	杨兴普	1954.7—1955.7
	书记	魏立民	1955.7—1956.3
	副书记	徐旭成	1955.7—1956.3
		李茂昌	1955.7—1956.3
		杨兴普	1955.7—1956.3
大划乡党总支 1956.3—1958.10	1956年3月，建立大划乡党总支		
	书记	李茂昌	1956.3—1958.10
	副书记	徐旭成	1956.3—1958.10
大划公社党委 1958.10—1960.5	1958年10月，建立大划公社党委		
	书记	李茂昌	1958.10—1960.5
	副书记	徐旭成	1958.10—1960.5
		徐惠彬（女）	1958.10—1960.5
大划公社党委 1960.5—1966.5	书记	李绍云	1960.5—1961.10
	副书记	王旭成	1961.5—1961.12
		徐惠彬（女）	1960.5—1961.10
		徐旭成	1960.5—1961.10
		程敬林	1960.5—1961.10
		余绍清	1960.5—1961.5
		高如中	1960.5—1961.5
	书记	喻德成	1961.10—1962.9
	副书记	徐旭成	1961.10—1962.9
		程敬林	1961.10—1962.7
		张学英	1961.10—1962.7
	书记	佘仲伦	1962.9—1966.5
	副书记	徐惠彬（女）	1962.9—1966.5
		杨兴普	1962.9—1966.5
		刘月生	1962.9—1966.5

大划公社党委 1966.5—1967.2	"文化大革命"开始后，公社党委遭受冲击，1967年2月，停止工作。		
	书记	佘仲伦	1965.5—1967.2
	副书记	刘月生	1965.5—1967.2
大划公社党委 1971.6—1976.10	经中共崇庆县革委核心小组批准，1971年6月，恢复大划公社党委		
	书记	余文明	1971.6—1973.8
	副书记	佘仲伦	1971.6—1973.8
		刘玉清	1971.6—1973.8
	书记	佘仲伦	1973.8—1976.10
	副书记	袁安全	1973.8—1976.10
		张志明	1973.12—1976.10
		杨仲强	1974.4—1976.10
		陈子君	1974.12—1976.10
		谢加荣	1975.11—1976.10
大划公社党委 1976.10—1983.4	1976年10月至1983年4月，大划公社党组织仍为大划公社党委		
	书记	佘仲伦	1976.10—1982.1
	副书记	张志明	1976.10—1982.1
		袁安全	1976.10—1980.2
		谢加荣	1976.10—1978.10
		陈子君	1976.10—1980.2
		杨仲强	1976.10—1979.1
		张治平	1978.11—1981.8
	书记	张志明	1982.1—1983.4
	副书记	柯友明	1982.1—1983.4

大划乡党委 1983.4—2001.10	1983年4月，大划公社党委改称大划乡党委		
	书记	张志明	1983.4—1987.12
	副书记	柯友明	1983.4—1987.12
		赵成生	1983.4—1984.1
		羊富荣	1984.3—1987.1
		徐毅	1984.8—1987.11
		李玉坤	1985.12—1987.12
	书记	张志明	1987.12—1991.12
	副书记	柯友明	1987.12—1991.12
		李玉坤	1987.12—1989.12
		张康林	1989.12—1991.12
	书记	柯友明	1991.12—1995.3
	副书记	周碧英	1991.12—1992.11
		张康林	1991.12—1993.11
		伍洪全	1992.12—1995.3
		王建华	1994.3—1995.3
		徐海清	1994.10—1995.3
	书记	盛志祥	1995.3—1996.3
		伍洪全	1995.3—1995.11
		谢忠良	1995.11—1996.3
		王建华	1995.3—1996.3
		徐海清	1995.3—1996.3
	副书记	谢忠良	1996.3—1996.6（主持工作）
		王建华	1996.3—1996.6
		徐海清	1996.3—1996.6
		付晓奇	1996.3—1996.6
	书记	谢忠良	1996.6—1996.9
	副书记	王建华	1996.6—1996.9
		付晓奇	1996.6—1996.9
		徐海清	1996.6—1996.9
	书记	王志鹏	1996.9—2001.9
	副书记	江庆军	1997.3—1998.8
		王建华	1996.9—1998.12
		杨文全	1998.12—2001.9
		邓文	1998.12—2001.9
		付晓奇	1996.9—2001.9
		徐海清	1996.9—1998.12

续表

		2001年10月，大划乡党委改称大划镇党委	
大划镇党委 2001.10—2019.12	书记	熊继红	2001.9—2005.4
	副书记	杨文全	2001.9—2005.4
		邓文	2001.9—2005.4
		付晓奇	2001.9—2004.12
	大划镇党委书记	杨文全	2004.4—2009.6
	副书记	周正祥	2005.4—2009.6
		邓文	2005.6—2005.12
		焦绍文	2005.12—2009.6
	副书记	黄进	2009.6—2010.4（主持工作）
		周正祥	2009.6—2009.7
		肖瑶	2010.1—2010.4
		焦绍文	2009.6—2010.4
	书记	黄进	2010.4—2015.1
	副书记	肖瑶	2010.4—2011.8
		焦绍文	2010.4—2011.4
		宋建兴	2011.9—2015.1
		陈刚	2011.5—2015.1
		嘎绒洛吾（挂职）	2010.11—2011.6
		匡志能（下派）	2011.1—2013.6
		晋军（挂职）	2011.6—2012.6
	书记	雷文全	2015.1至今
	副书记	宋建兴	2015.1—2015.6
		陈刚	2015.1—2016.3
		华斌	2015.5—2017.1
		吴霞	2015.4—2016.3
		陈文雅	2016.4—2017.5
		闫斌	2016.6—2017.5
		张红良	2017.4—2019.12
		戴金福	2017.5至今
		黄斌	2017.6至今
		王成	2019.12至今

表3-5　　　　　　　　　　　　大划镇党委所属支部负责人任职表

表3-5-1　农村支部

村序号	姓名支部名称 时期	1962—1965	1966—1971	1972—1980	1981—1983	1983—1985
1	崇镇	羊庆文	舒子成	舒子成刘海云	刘海云	刘海云
2	板桥	朱洪顺李世超	李世超李春圻	李春圻	李春圻	李春圻王光明
3	石桥	张玉良张绍明	张绍明张永成	张永成	张永成李树全	李树全
4	万寿	曹志忠王旭成	王旭成杨克文	杨克文	杨克文冯福金	冯福金
5	黑石	廖海廷刘永丰	刘永丰	刘永丰	刘永丰刘瑞彬	刘瑞彬
6	德寿	佘绍彬李廷福	李廷福	李廷福	李廷福	李廷福
7	登田	王茂德黄汉清	黄汉清	黄汉清康泽清	康泽清印明春	印明春
8	灰窑	陈开旭陈子繁	陈子繁杨春和	郑海成杨春和	杨春和程朝俊	程朝俊
9	划石	王炳田	王炳田李志廷	李志廷谢世文	谢世文严朝君	严朝君何树成
10	净居	程敬林董泽如	严玉良	严玉良黄福明	黄福明	黄福明
11	白果	程国良	程国良夏子成	夏子成唐云清	唐云清	唐云清刘文清
12	黑铅	任子成李泽明	李泽明羊治良	羊治良	羊治良	羊治良

续表

村序号	支部名称	1986—1990	1991—1995	1996—1999	2000—2005	2006年至今	
1	崇镇	刘海云	刘海云 陈玉林	陈玉林 刘海云	刘海云 王建文 文贵军	文贵军 沈国祥 付文敏	
2	板桥	王光明	王光明 王仲华	王仲华 文晓林	文晓林 朱幼林		
3	石桥	李树全	李树全	李树全 张永昌	张永昌	朱幼林 罗 建 文秀云	
4	万寿	冯福金	冯福金	冯福金 杨志军	杨志军 王忠良		
5	黑石	刘瑞斌 罗建国	罗建国	罗建国 徐尚利	徐尚利		
6	德寿	李廷福 何友元	何友元	何友元	何友元 杨建良	杨建良 徐尚利 徐柱强	宋丽华 俞文明 王东（2016.5—2018.5挂第一书记）
7	登田	印明春	印明春	印明春	印明春	印明春 赵兰 李丹	
8	灰窑	程朝俊	程朝俊 陈金生	陈金生 孙兆洪	孙兆洪 李桂芹 黄玉书	黄玉书 余术全 肖永刚 张谦（2015.7—2016.7挂第一书记）	
9	划石	何树成	何树成 谢金全 郑国全	郑国全 严朝楷	严朝楷 王树明	谢红勇	
10	净居	黄福明	黄福明 黄泽云	黄泽云 沈子华 徐平元	徐平元	徐平元 蒋文富 曹洪	
11	白果	刘文清	刘文清	刘文清	刘文清	刘文清 徐晓斌 王道忠	
12	黑铅	羊治良	羊治良	羊治良 沈群芳 王树明	王树明		
13	社区				朱应良	朱应良 李杰	

　　注：2017年12月28日（崇组通〔2017〕73号）文件批复，德寿村、崇镇村、划石村、石桥村、白果村党支部升格为党委，净居村党支部升格为党总支。

表3-5-2　机关、事业、企业单位党支部

序号	时期 姓名 支部名称	1962—1965	1966—1971	1972—1980	1981—1983	1984—1985	1986—1990
1	机关			袁安全	柯友明	羊富荣	羊富荣 李玉坤 张康林
2	供销	胡玉良		何体成 周克程	王全清 胡淑英	蓝福轩	简绍久
3	卫生		陈子华	陈子华	陈子华	陈子华	陈子华
4	中学			李国春 谢汝南	谢汝南	谢汝南	谢汝南 陈学文
5	小学	侯汝明	侯汝明	卢仁楷	卢仁楷	卢仁楷	卢仁楷 杨正邦
6	工业						朱应良
7	建筑			刘永丰	刘永丰 张世康	张世康	张世康
8	渔场					康泽清	康泽清
9	退管				陈子君	陈子君	陈子君

序号	时期 姓名 支部名称	1991—1995	1996—1999	2000—2005	2006—2011	2012—2016	2017年至今
1	机关	张康林 伍洪全 王建华	王建华 邓文	邓文 焦绍文	焦绍文 陈刚	陈刚 吴霞 陈文雅	陈文雅 戴金福
2	供销	简绍久	简绍久	简绍久（2005年 6月撤销）			
3	卫生	陈子华	陈子华	陈子华	陈子华（2010年 6月撤销）		
4	中学	陈学文	陈学文	陈学文 陈海云	陈海云 徐术良（2009年 7月撤销）		
5	小学	杨正邦	杨正邦	杨正邦 黄敏	刘继明（2009年 7月撤销）		
6	工业	朱应良	朱应良	朱应良（2005年 6月撤销）			
7	建筑	张世康	张世康	张世康	张世康	张世康	严红伟
8	渔场	康泽清 沈凤根	沈凤根	沈凤根	沈凤根（2009年 11月撤销）		
9	退管	陈子君	陈子君	陈子君	陈学明（2012年 4月撤销）		
10	企业总支	张世康	张世康	张世康（2005年 6月撤销）			

2. 思想建设

公社党委从严格党的组织生活入手，坚持小组会、支委会、支部大会及定期上党课制度，对党员进行党的基础知识、坚定共产主义信念的党的理想、宗旨、纪律和科技知识等教育，学习党在各个历史时期的路线方针和政策，立足本职做好当前工作。

为了掌握经济工作重心，每年农事活动的重要阶段，党委均要召开党员大会，通过理论和实践相结合，发挥党员的模范带头作用。

20世纪60年代初期，党委根据上级党委的指示精神，对在"左"倾路线中遭受错误批判斗争的党员干部进行甄别平反，恢复组织生活和工作。

70年代中期，党委及时组织党员学习党的十一届三中全会公报和六中全会通过的《关于建国以来党的若干历史问题的决议》，加强对党员的思想教育工作，紧密结合全党开展拨乱反正工作，积极开展"解放思想、实事求是、团结一致向前看"的宣传教育，摒弃以"阶级斗争"为纲的口号，集中力量搞经济建设。

1981年，公社党委组织了"在新的生产责任制形式下，怎样起好党员的先锋模范作用"的讨论，号召全体党员紧跟大好形势，转变思想观念，在思想上、政治上和党中央保持一致，投身于改革开放之中，为四化建设建功立业。

自80年代初，中央发出关于农村改革和农村工作的五个一号文件，到党的十四大确定关于建立社会主义市场经济体制目标，在整个改革不断深化的过程中，乡党委把抓好党员、干部的思想教育、观念更新放在突出位置，结合每年的党员培训，开展"在深化农村改革中，你怎样带头勤劳致富、带领群众致富、带头搞好社会主义精神文明建设（'三带'），带头搞好'三户'（遵纪守法户、五好家庭户、双文明户）"活动，党员特别要争创"双文明户"和"怎样做一个合格的共产党员"专题讨论活动。在建立社会主义市场经济的过程中，党委要求每个党员要带头学习市场经济知识，树立市场经济意识。

90年代，乡党委更加深化了党员的思想教育。一是结合上级在各时期开展的评议党员的活动，对党员进行党性、党风、党纪教育。二是抓好党员学习活动制度的建设。三是引导党员在深化改革的过程中，增强自己的党性，坚持党的基本路线，摒弃小富即安的思想，用改革的精神，求真务实，开拓进取，充分发挥好党员的先锋模范作用。在农村产业结构调整中，用市场竞争机制作用来促进农业产业结构调整，为加快大划地方经济的发展做出自己积极的贡献。四是认真实践和贯彻江泽民同志"三个代表"重要思想的同时，按崇州市委安排，开展"三心"教育活动。组织党员认真学习改革开放20多年来的辉煌成就和建设有中国特色社会主义理论、党章等文件，进行自我对照，自我剖析，做到在政治上同中央保持高度一致，不断发展本地经济，使人民生活更加富裕。

2009年至2010年2月，镇党委按中央、省、市和崇州市部署，组织全镇党员干部学习实践科学发展观，坚持以人为本，大力推进社会主义经济、政治、文化、社会全面发展。

2012年7月，开展坚持党的先进性、纯洁性为主题的干部作风教育实践活动，加强党员干部理想信念教育和思想道德建设。

党的十八大以来，组织党员干部学习党章，学习习近平总书记系列讲话精神，开展"走基层、解难题、办实事、惠民生"党的群众路线教育实践活动，用"中国梦"统一思想，凝聚共识，坚定"四个意识"，增强"四个自信"，协调推进"四个全面"（全面建成小康社会、全面深化改革、全面依法治国、全面从严治党）战略布局。

3. 纪检组织

1985年10月8日，大划乡设立纪律检查小组。

1992年12月，成立中共大划乡第一届纪律检查委员会。书记：徐海清；委员：戴泽成、马永生。大划乡纪检组织的设立，为大划开展加强对党员的教育和从严治党提供了组织保障。

表3-6　　　　　　　　　　　历届乡（镇）纪检组织机构成员一览表

名称		乡纪检组			乡纪检委			镇纪检委			
日期		1985.10—1987.4	1987.5—1989.11	1989.12—1992.12	1992.12—1995.12	1995.12—1998.12	1998.12—2001.10	2001.11—2006.12	2006.12—2011.12	2012—2016.6	2016.6—2019.12
纪检	组长	吕汉诚	吕汉诚	吕汉诚	吕汉诚						
	书记				徐海清	徐海清	邓文	邓文 焦绍文	焦绍文 陈刚	陈刚 吴霞	陈文雅 戴金福
	副书记									邓建福	苟发辉
成员					戴泽成 马永生	戴泽成 马永生	高应成 陈刚	沈国祥 陈刚	沈国祥 李丹	刘继林 李丹 魏璐	李丹 魏璐 何智雄

第二章　乡（镇）人民代表大会

一、人民代表大会

乡人民代表大会　1953年8月，大划乡进行第一次普选。普选结束，召开了第一届乡人民代表大会，建立了人民代表大会制度。这个制度在"文化大革命"中中断，1980年8月恢复。

镇人民代表大会　2001年10月9日，大划撤乡建镇，乡人民代表大会更名为镇人民代表大会。人民代表大会常设机构为人大主席团，负责主持每届人大和政府的换届选举工作及与代表的联系活动，监督政府正确行使职权和履行职责。

二、人大主席团

乡人大主席团　大划乡人民代表大会主席团于1986年正式设立。经大划乡1986年9月第十届人民代表大会第一次会议建议，由吕汉诚任人大主席团主席。

镇人大主席团　2001年10月9日，大划撤乡建镇后，乡人大主席团更名为镇人大主席团。2002年1月，大划镇召开第一届人民代表大会，人大主席团主席、副主席均采取由镇人大代表无记名投票选举方式产生。主席一职根据上级安排，可兼任，可专职，或者设副主席及秘书。

人大主席团除做好本届各次会议和下届会议的准备工作外，还协助党委和政府开展统一战线工作，进行乡镇政事建设，组织代表开展活动，倾听和反映人大代表的意见和建议，对代表议案和人民群众的来信来访进行督办，联系各界代表，动员人民群众搞好和推动各项工作。

表3-7　　　　　　　　　　　　　大划镇人大主席团机构简况表

名称	姓名	职务	任职期限
大划乡人大主席团	吕汉诚	主席	1986.9—1995.12
	盛志祥	主席	1995.12—1996.3
	谢忠良	主席	1996.4—1996.9
	杨淑群	副主席	1995.12—1998.12
	王建华	主席	1998.12—2001.9

	王建华	主席	2001.9—2002.1
	熊继红	主席	2002.1—2005.4
	杨文全	主席	2005.12—2009.6
	沈群芳	副主席	2005.12—2011.4
大划镇人大主席团	黄进	主席	2009.6—2015.1
	陈刚	副主席	2011.4—2015.3
	雷文全	主席	2015.1—2016.5
	宋丽华	主席	2016.6—2018.12
	罗建	副主席	2016.6—2019.12
	马春彦	主席	2018.12—2019.12

三、历届普选和差额选举

大划乡于1953年实行第一次普选。在做法上，第一步：成立选举委员会，划分选区，进行人口普查登记，选民资格审查，发榜公布选民。三榜定案后，发给选民证。第二步：由选民按上级规定的代表额，提名代表候选人，由下而上、由上而下反复协商，确定正式代表候选人名单，并发榜公布，召开选民大会。由选举委员会按事前确定的选举时间、地点，派执行主席到选区，主持选举工作。由选民推荐监票员、计票员各1人，采取举手表决方式。选举人民代表时，选民要达到半数以上，代表候选人的选票，要达到选民的半数以上，方能当选。对当选代表发给当选证书。这种选举，候选名额和应选名额相等，称为等额选举。直到1965年，共进行过七届等额选举。

"文化大革命"开始，选举中断。至1980年8月，进行第八届普选。为了进一步体现人民的民主权利，选举方式改为差额选举，采取无记名投票。代表候选人的当选，其选票应得到本选区选民的半数以上。选民和原选举单位对所选出的人民代表有监督和罢免权，政府领导班子从普选出来的人民代表中选举产生。

第三章 乡（镇）政府

第一节 行政建置

一、乡人民政府

1949年12月21日，大划解放。1950年1月8日，崇庆县军管会征粮工作队入驻大划，责令原国民党时期的乡长肖道永，以及保长15人，动员群众交纳公粮、马草、柴草。撤销原国民党大划乡公所"守护队"，吸收部分青年学生参加征粮工作。1950年2月9日晚，工作队离开大划回县城。2月10日，土匪叛乱，征粮工作告一段落。

1950年3月，以崔桂林为代表的征粮工作队来大划地区，成立区政府，区办公地址设在徐石麟楼房内（今划石街67号），组成大划乡治安委员会，设主任、副主任、文书兼财粮、助理财粮、生产建设、武装等职，下辖原15个保。

1950年8月，区人民政府指示成立大划乡农民协会，废除治安委员会，改保为农协分会，甲为农协小组。乡农协会和各分会均设主席和副主席、财粮、妇女、武装、文书等职。乡农协会成立后，实行"一切权力归农会"，大力开展"四大运动"（清匪、反霸、减租、退押），初步分析和划分农村阶级成分，摊派公粮，勒令土匪缴械投诚，行使基层政权的政治权力。

1950年10月，大划乡人民政府成立，设乡长、副乡长、民政、财粮、妇女、治安、生产建设、文书、武装等职，办公地址设在宋秋帆住宅内（今划石街）。乡人民政府下设村人民政府，有村长、副村长、财粮、妇女、武装等职。乡、村两级人民政府与农民协会并存，进一步深入开展"四大运动"，催收地、富拖欠公粮，推进土地改革运动。

1951年9月，土改结束。大划通过乡农民代表大会改选乡人民政府成员，把阶级觉悟高，斗争性强，办事认真，执行政策坚决的雇、贫、中农骨干，吸收到乡、村两级政权中来，机构设置不变。

表3-8 土改前后乡一级政权任职表

军事管制时期治安委员会		乡农民协会委员会时期		乡人民政府时期	
1949.11—1950.8		1950.8—1951.9		1951.9—1953.8	
主任	简德夫	主席	晏子清	乡长	喻德成
副主任	陈治华	副主席	喻德成	副乡长	王炳成
财粮	张连成	乡长	陈治华	民政	蓝光钿
助理财粮	雷云峰	财粮	张连成	财粮	王子舟
生产建设	郑克文	助理财粮	雷云峰	公产	李久龄
武装队长	羊叔伦	武装	唐志谋	水利建设	张济川
文书	王伯熙	公安	宋登云	治保	宋登云
		生产建设	郑克文	文教	王永昭
		妇女	张淑群	妇女	徐惠彬
		文书	李树华	武装	郑子辉
				文书	宋永忠
				通讯	李洪兴
					简德如

二、乡人民委员会的建立

1953年8月，第一次普选后，召开第一届乡人民代表大会，选举乡人民委员，建立大划乡人民委员会。设乡长、副乡长、妇女、民政、财粮、公产、水利建设、文教卫生、治保、武装等委员职务。乡以下行政单位仍然为村、小组，村设村长、妇女、财粮、武装等职能代表。乡人民委员会建立后，领导全乡人民进行社会主义建设，实行三大合作，即"信用""供销""农业互助合作"。对农业、手工业、资本主义工商业进行社会主义改造，走组织起来共同富裕的道路。在广泛建立互助组的基础上，由点到面办起了半社会主义性质的农业合作社，带领全乡人民执行国民经济第一个五年计划。同时，将金鸡乡的黑石、德寿、登田划入大划。

三、人民公社管理委员会的建立

1958年10月，经县委批准，建立大划公社管理委员会，将公社辖区内的18个村划为9个管理区，管理区以下是生产队。公社建立后，实行组织军事化、行动战斗化、生活集体化，以连、排、班编制，搞大兵团作战。各生产队办起了公共食堂及其他生活福利事业，进一步掀起了"大跃进"高潮和全民性的炼钢运动。

四、人民公社"革命委员会"的建立

1968年10月，大划人民公社"革命委员会"建立。下设大队"革命委员会"和生产队领导小组。公社"革命委员会"设主任、副主任和若干委员，组织领导继续进行"文化大革命"。

五、人民公社管理委员会的恢复

1976年10月，"文化大革命"结束。1979年下半年，废公社革命委员会，恢复公社管理委员会。1980年9月，经公社人民代表大会差额选举，产生公社管理委员会班子成员，新建了大划人民公社管理委员会。

六、乡人民政府的恢复

1983年4月，通过体制改革，全乡政社分设，不再用公社名，恢复乡政府建置。大划公社召开第九届人民代表大会，选举成立了大划乡人民政府，设乡长1人，副乡长2人。乡政府以下，原大队改为村，成立村民委员会，设主任1人，副主任1—2人。村委会以下生产队改为村民小组。

七、镇人民政府

2001年10月9日，经四川省人民政府批准，大划撤乡建镇，设立大划镇人民政府，下属村民委员会、村民小组名称不变。翌年，设大划镇场镇社区居民委员会。2019年12月23日，经四川省人民政府批准，撤销大划镇，设立崇州市人民政府大划街道办事处。

表3-9　　　　　　　　　　　　　大划镇行政机构成员任职表

大划乡临时治安委员会 1950.3	1950年3月，成立大划乡临时治安委员会		
	主任	简德夫	1950.3—1950.8
大划乡农民协会 1950.8	1950年8月，成立大划乡农民协会		
	主席	晏子清	1950.8—1950.10
	副主席	喻德成	1950.8—1950.10
大划乡人民委员会 1950.10	1950年10月，大划乡人民政府成立，1953年8月，改称大划乡人民委员会		
	乡长	陈子华	1950.10—1951.9
	副乡长	喻德成	1950.10—1951.9
	乡长	喻德成	1951.9—1952.8
	副乡长	王炳成	1951.9—1952.8
	乡长	徐惠彬	1952.8—1953.8
	副乡长	王炳成	1952.8—1953.8
	乡长	徐旭成	1953.8—1954.8
	副乡长	杨兴普	1953.8—1954.8
		徐惠彬（女）	1953.8—1954.8
	乡长	杨兴普	1954.9—1956.4
	副乡长	徐旭成	1954.9—1956.4
		徐惠彬（女）	1954.8—1956.4
	乡长	徐旭成	1956.4—1958.9
	副乡长	杨兴普	1956.4—1958.9
		徐惠彬（女）	1956.4—1958.9
		李玉芳（女）	1956.4—1958.9

大划人民公社 1958.9	1958年9月，成立大划人民公社		
	社长	李茂昌	1958.9—1960.5
	副社长	徐旭成	1958.9—1960.5
		徐惠彬（女）	1958.9—1960.5
大划人民公社 1960.5	社长	徐惠彬（女）	1960.5—1966.5
	副社长	徐旭成	1960.5—1962.5
		杨兴普	1960.8—1966.5
		郑吉成	1962.12—1966.5
		程敬林	1966.2—1966.5
大划人民公社 1967.2	"文化大革命"开始时，大划公社委员会工作正常。1967年2月，公社委员会因被夺权而瘫痪		
	社长	徐惠彬（女）	1966.5—1967.2
	副社长	程敬林	1966.5—1967.2
大划公社"革命委员会" 1968.10	1968年10月，经崇庆县人民武装部批准，成立大划公社"革命委员会"		
	主任	刘育生	1968.10—1971.6
	副主任	刘明高	1968.10—1971.6
		蓝卓华（女）	1968.10—1971.6
		佘仲伦	1970.6—1971.6
	主任	余文明	1971.6—1973.7
	副主任	佘仲伦	1971.6—1973.7
	主任	佘仲伦	1973.7—1976.10
	副主任	袁安全	1973.7—1976.10
		邓步春	1975.11—1976.10
	粉碎江青反革命集团后，大划公社仍沿用"革命委员会"的名称		
	主任	佘仲伦	1976.10—1980.9
	副主任	袁安全	1976.10—1980.9
		邓步春	1976.10—1980.9
		张志明	1978.7—1980.9
		杨仲强	1978.7—1980.9
		郑吉成	1978.7—1980.9
大划公社管理委员会 1980.9	1980年9月，大划公社"革命委员会"撤销，大划公社召开第八届人民代表大会，选举产生大划公社管理委员会		
	主任	张志明	1980.9—1983.4
	副主任	杨淑群	1980.9—1983.4
		郑吉成	1980.9—1983.4
		代泽成	1980.9—1983.4

续表

大划乡人民政府 1983.4	1983年4月，大划公社改为大划乡，召开第九届人民代表大会，选举成立大划乡人民政府		
	乡长	赵成生	1983.4—1984.1
	副乡长	羊富荣	1983.4—1984.1
		代泽成	1983.4—1984.1
	乡长	柯友明	1984.1—1987.1
	副乡长	羊富荣	1984.1—1984.3
		代泽成	1984.1—1984.3
		陈建英	1984.1—1987.1
		张永安	1986.9—1987.1
		彭文炳	1986.9—1987.1
	乡长	柯友明	1987.1—1991.12
	副乡长	张永安	1987.1—1991.12
		彭文炳	1987.1—1991.12
		张孟清	下派挂职
		杨淑群	1987.1—1991.12
	乡长	周碧英	1991.12—1992.12
	副乡长	张永安	1991.12—1992.12
		伍洪全	1991.12—1992.12下派挂职
		杨淑群	1991.12—1992.12
	乡长	张康林	1992.12—1993.10
	副乡长	何相元	1992.12—1993.10
		杨淑群	1992.12—1993.10
	乡长	伍洪全	1993.10—1995.11
	副乡长	何相元	1993.10—1995.4
		杨淑群	1993.10—1995.11
	乡长	谢忠良	1995.11—1996.9
	副乡长	杨淑群	1995.11—1995.12
		董泽清	1995.12—1998.10
		沈廷忠	1994.4—1998.7下派挂职
		刘启蓉	1995.11—1997.3
		杨文全	1995.11—1997.3
	乡长	江庆军	1997.3—1998.8
	副乡长	刘启蓉	1997.3—1998.12
		杨文全	1997.3—1998.12
	乡长	杨文全	1998.12—2001.9
	副乡长	罗天林	1998.12—2001.9
		罗启明	1998.12—2001.9
		沈群芳	1998.12—2001.9

续表

大划镇人民政府 2001.10	2001年10月，大划乡撤乡建镇，大划乡人民政府改称大划镇人民政府		
	镇长	杨文全	2001.10—2005.4
	副镇长	罗天林	2001.10—2005.4
		罗启明	2001.10—2005.4
		沈群芳	2001.10—2005.4
	镇长	周正祥	2005.10—2009.7
	副镇长	罗天林	2005.4—2006.12
		沈群芳	2005.4—2006.12
		罗启明	2005.4—2009.7
		陈刚	2006.12—2009.7
	镇长	肖瑶	2010.1—2011.8
	副镇长	罗启明	2010.1—2011.4
		陈刚	2010.1—2011.3
		刘绍良	2011.5—2011.8
		陈启康	2011.5—2011.8
		徐晓斌	2011.8—2011.8
	镇长	宋建兴	2011.9—2015.6
	副镇长	陈翔	2011.9—2013.8
		刘绍良	2011.9—2016.5
		易强	2011.9—2015.5
		徐晓斌	2011.9—2014.8
		萧钧铭	2014.10—2015.6
	镇长	华斌	2015.5—2017.1
	副镇长	萧钧铭	2015.6—2017.1
		闫斌	2016.4—2017.5
		王涛	2016.5—2017.1
	镇长	张红良	2017.4—2019.12
	副镇长	肖钧铭	2017.1—2019.12
		王涛	2017.1—2019.12
		黄斌	2017.7—2019.12

第二节　机构设置

一、政府机关

1. 政府机关所在地

新中国成立前，乡公所所在地为大划场正街南端药王庙。1950年1月8日，征粮工作队接管双流保安中队长徐石麟新修的楼房作为办公地址。1950年3月，成立区政府，办公地址仍设于此，大划治安委员会仍设药王庙。1950年10月，大划乡人民政府成立，办公地址设在大划场正街宋秋帆住宅内。1980年至1981年，将四合院东侧厅房及东端后院穿斗小青瓦房拆除，新建了一栋三楼一底的砖混结构办公综合楼（建筑面积800余平方米）。1997年至1998年，又将南面的影剧院和文化站所属房屋拆除，新修一楼一底砖混结构办公楼（底楼设办公室，二楼建党员培训中心，建筑面积850平方米，地址位于临江街23号）。2008年"5·12"汶川特大地震发生后，老综合办公楼受损，灾后重建，于大划中学原校址，建二楼一底钢混（框架）结构综合办公楼，总建筑面积约3800平方米，于2011年7月1日建成并投入使用，现今地址：大划场镇人和路68号。

2. 政府机关机构的设置

自1950年10月建置乡起，到1983年4月改社为乡之前，大划机关内只设有一个办公室，负责各种统计报表、户口管理、婚姻登记、宣传、调解、接待来访等。1984年，开始建立乡一级财政，增设财政所。1985年5月，为加强计划生育管理工作，县委办〔1985〕14号文件转发县计划生育委员会《关于建立乡、镇计划生育办公室的报告》的通知，设立计划生育办公室。1984年3月，为加强社会治安工作，设立治安室。1992年，治安室改名为综合治理办公室。1995年，重组乡治安联防队。2007年9月，设立司法所，充实了治安联防队。2010年7月，撤销联防队，设立大划派出所。

2000年以前，大划镇实行机构改革，设置以下较为平常性的工作机构（包括合理保留的原有机构）共6个。

党政办公室：负责党委、政府工作的日常事务，做好婚姻登记、户籍和机关环卫管理、接待和办理人民群众来信来访、人口统计年报、文书档案等。

财政所：负责全镇的农业税费和工商各税的收缴统计、民政经费管理、财政预算收支的安排等。

计划生育办公室：负责全镇计划生育的宣传管理、计生统计报表等。

综合治理办公室：负责社会治安和社会疑难、复杂问题的处理，调解民事纠纷和轻微刑事案件，维护社会秩序，宣传法制，依法治镇等。

农经站：负责农村经济收益分配的统计和管理，上级安排部署及各种资料的统计工作，农村政策的宣传贯彻等。

企管会：依照《中华人民共和国乡镇企业法》，负责企业的管理发展。

2001年6月，根据上级乡镇机构改革的部署，大划镇机关内的设置改为"三办一所一中心"，即党政办公室、社会事务和人口与计划生育办公室、经济发展与建设管理办公室、财政所、事业管理中心。

党政办公室：主要承担党建、组织、纪检、监察、宣传、统战、人大、政协、工会、共青团、妇联、人事、信访、保密、精神文明建设、文书档案，机关事务等职能。

社会事务和人口与计划生育办公室（加挂社会治安综合治理办公室牌子）：主要承担社会治安综合治理、司法、民主法治、民政事务、老龄、劳动与社会保障、教育文化、卫生、广播电视、体育、科学、计划生育等职能。

经济发展与建设管理办公室：主要承担农村经济、乡镇企业、招商引资、土地管理、村镇建设、旅游、水利水保、环境保护、林业、计划、统计、安全等职能。

财政所：主要承担财政管理、财会事务职能。

事业管理中心：主要承担域内社会保障、就业服务、文化广电管理、农业农艺推广、水利管理等职能工作。

除此之外，还保留了一些事业性机构：

大划镇农业技术服务站：主要从事农经、农技、林业等服务工作。

大划镇文化站：主要从事文化、广播、电视服务等工作。

大划镇计划生育技术服务指导站：主要从事计划生育宣传、技术服务工作。

大划镇社会保障工作站：主要从事社会保障、养老保险等工作。

市级下设机构：

崇州市司法局大划镇司法所：主要负责向人民群众、单位、企业法人提供法律援助，宣传法律法规，协助乡镇调处民事纠纷和经济纠纷，代理民事诉讼，代写各种法律文书，解答各地法律咨询，协助办理公证，担任企业常年法律顾问等。

随着服务型政府的建设，2016年至今，政府机关内设党政办公室、经济发展和社会管理与公共服务办公室、群众工作办公室、财政所、市场监督管理所、安全生产管理办公室、环境保护办公室、社会治安综合治理办公室、事业管理中心、劳动就业和社会保障中心10个科室。

二、其他部门

1. 民兵武装

1950年8月，成立乡农民协会的同时，组建了农民武装队，保卫"四运"和土改，配合公安站岗放哨，维护治安，捉拿逃犯，有组织地参加生产建设，发挥战斗队、生产工作队的作用。

1958年8月，武装队更名为人民武装部，整组为民兵组织，分武装民兵、基干民兵、普通民兵三种。经过不断整组，做到了组织、政治、军事三落实。

组织落实：定期和不定期，开展军事训练和体育活动，进行检查评比。1980年，民兵整组后，分基干、普通两种，编制为2个连，134个排，其中，基干民兵1432人，普通民兵1962人，干部编制有正、副连长和正、副排长等。1981年7月，全社民兵整组为基干民兵1个连，12个排，51个班，人数442人，普通民兵仍然是12个连，人数不变。2019年，镇设民兵营，有基干民兵连1个（98人），武装部部长兼任连长，镇党委书记任指导员。各村设民兵连，村治保主任兼任民兵连连长，党委（支部）书记任指导员。

思想落实：坚持党指挥枪，政治统帅军事的原则，加强民兵的政治思想工作，以解放军的三大纪律、八项注意、三八作风严格要求。

军事落实：民兵拿起锄头是农民，拿起枪杆是战士，劳武结合。

表3-10 人民武装部部长任职

李茂清	1958—1971.8（公社）
胡文安	1971.9—2001.9（公社、乡）
陈志刚	2001.9—2011.4（乡、镇）
易强	2011.5—2015.5（镇）
萧均铭	2015.6—2019.12（镇）

2. 司法、治安

治安保卫委员会 治安保卫委员会的任务是：打击各种刑事犯罪，与各种灾害作斗争，搞好安全示范工作，教育改造罪犯，挽救失足青年，做好帮教转化工作。

1950年，建立乡村政权时设有专人负责治安保卫工作。1966年，成立公社治安保卫委员会，各大队设治安主任，生产队设治保员。

1981年秋，县委综合治理社会治安会议后，由党委书记佘仲伦，副书记张志明等7人组成领导小组，负责综合治理社会治安事宜，制定了乡规十条。

人民调解委员会 1953年，普选成立乡人民委员会，同时成立了调解委员会，由7人组成，设主任和副主任各1人。村设调解分会，由5人组成，设主任和副主任各1人，小组长为调解员。调解委员会的任务是，根据小事小队了，大事大队了，疑难问题三级办的原则，调解民事纠纷和轻微刑事案件。结合各项农事活动，开展法制宣传教育，增强人民内部团结，调动一切积极因素，投入社会主义革命和社会主义建设。

人民陪审员 1955年以来，根据《中华人民共和国宪法》和《中华人民共和国人民法院组织法》规定，人民法院在审判案件时，实行人民陪审员制度。历届人民代表大会选举时，都要选举人民陪审员，轮值陪审，出席人民法院审判庭审判第一审案件。

司法助理员 1978年冬，在县人民法院的指导下，公社配备了司法助理员1名，由调解委员会马永生担任。1981年后，分别由柯友明、罗天林、吕汉诚、高应成、易强担任。2007年9月，建立司法所，易强担任所长。2011年6月，大划司法所为市司法局直属所。司法助理员和司法所的职责任务是，对辖区内人民群众开展社会主义法制教育，管理村组（社队）两级人民调解委员会的调解工作，抓好调解干部的思想建设、组织建设和业务培训，处理村（大队）调解分会、组（小队）调解小组调解不了的疑难问题及轻微刑事案件，维护社会主义法制，普及法制知识，从而增强群众的法制观念，全面推进依法治镇。

户籍管理　1953年8月，全乡普选完成后，对户籍、人口进行登记造册，对搬迁、死亡人口进行登记，申报上一级主管部门（计划委员会）。1962年后，公社户籍人口管理工作由公社办公室主任负责，大队由大队会计负责，生产队由生产队会计负责，层层设立户口簿。对婚丧、嫁娶、出生、死亡建立四册，做到人口的增、减申报及时，按季度与大队核对，年终累计上报。直至2002年10月，交由市公安局三江派出所负责，实现计算机系统化管理。

3. 民政

机构设置　新中国成立以来，即有民政机构。50年代初期，乡配备专职干部。1958年起，公社设民政委员会，由公社副主任兼任主任委员，并指定一名公社干部具体负责，为副主任委员。其余委员分别由大队、公社干部数人担任，乡民政委员会为县民政局的下属机构。

民政委员会职责是做好复员、退伍军人的安置和社会救济、救灾等工作。每一届人民公社代表大会都要选举新的民政委员会组成人员，大队设立民政领导小组，一般由3—5人组成，生产队队长为民政员。

1983年社改乡后，由一名副乡长分管民政工作，设专职民政助理员1名。村委会在每届换届选举时，都要选出社会福利委员会，由3—5人组成，村会计兼任主任委员，其他委员由村其他干部或知名度较高的村民小组长兼任。

2001年10月9日，撤乡建镇，原民政机构沿袭。2015年9月，镇设民政办，王虎任民政办副主任。

优抚工作　每年春节前夕，利用慰问解放军的机会，把家乡建设的新成就、新面貌、新风尚等情况寄往服役军人所在的部队。为了落实优抚政策，公社管委会制定了十条拥军优属公约和优待劳动日的四项规定，使优抚对象的生活水平不低于当地一般社员标准。每年过节，都要开展对优抚对象的慰问活动。

（1）优抚对象以烈军属、残疾军人为主，带病回乡的复员军人视其情况给予优待。优待项目有优待公分、国家定补、残废金。

1956年，根据上级民政部门安排，对优抚对象实行优待劳动公分，除1959年至1960年一度实行优待金外，直到1976年，都实行优待工分。1978年至1981年，实行优待劳动日。1982年起，改为优待金，人均204元。2000年，人均840元。2015年，新入伍的专科生为15227元（1986元+13241元），本科生在此基础上增加3310元，为18537元。2016年，新入伍的专科生为26336元（4067元+16269元+6000元），本科生在此基础上增加5694元，为32030元。

定期定量补助：50年代，政府对优抚对象按实际情况酌情补助。1963年，改酌情补助为定期定量补助。1980年，提高定期定量补助标准，农村每人每月6—10元。1985年，将烈军属的定期定量补助改为抚恤金。同年7月1日起，给当年定期定量补助的带病回乡的复员、退伍军人每人每月提高补助标准3元。到2018年，全镇享受定期定量补助人数为122人（其中老复32人，带病39人，两参51人）。

临时困难补助：烈军属、荣复退伍军人若遇天灾人祸，子女入学等临时性困难，政府给予临时特殊补助，或发现金，或列入临时救济范围内开支。1979年起，上级民政部门将其固定为逐年下拨专项补助。

（2）拥军优属和复员军人的安置：每年春节前夕和"八一"建军节，公社乡镇都要召开烈军属、荣誉军人、复员军人、退伍军人座谈会，举行慰问活动。

每逢新兵入伍，都要组织干部群众热烈欢送，退伍回乡也都热情接待、妥善安置。1979年至1981年，全社共安置退伍军人31人（其中，有8人分别担任公社、大队、生产队、社队企业的干部）。

社会救济　主要针对无劳户或缺劳户，受灾户，困难户中的特困户，采取生产自救加国家扶持的方式，帮助他们解决生活、居住、医疗、子女入学等困难，以及发展家庭副业。1980年，五大队有51户社员遭受洪灾，由政府和集体无偿新修房舍8间、生猪圈11个、资助毛猪7头。党的十一届三中全会以来，随着农村各项政策的贯彻落实，全镇特困户越来越少。1979年统计扶持的43户困难户，已有28户脱贫，有6户基本脱贫，其余9户的经济状况也逐渐得到改善。

"五保户"照顾　对鳏寡孤独、丧失劳动能力或生活无着的人员，在生活上实行保吃、保穿、保烧、保教、保葬的"五保"照顾。新中国成立初，"四大运动"和土地革命中的胜利果实予以优厚分给。农业合作运动中，给予生产和生活上的帮助。1956年后，对这部分社员给予"五保"照顾。

1958年7月，大划乡于全县率先兴办幸福院，供养40多名享受"五保"的社员。1962年，人民公社体制下放后，生产队每年1—2次按标准将粮油交给敬老院统一安排。院内有地20余亩，用于种粮、种菜、种饲料，养猪牛羊等。院内按月或季给收养人员发放零用钱。公社医院免费为"五保户"提供诊疗服务。对分散生活的"五保户"，按社员主要劳力的粮油标准供给。

1981年，"五保"人员年供养大米435斤，食油5斤，每月零用钱4元左右，所需钱粮由村民小组平衡负担。1984年，"五保户"供粮标准又有提高，所需衣物由村民小组购置发放，单衣单裤每年冬夏各一套。住房维修、家居添置、疾病护理、医药、蔬菜等均由村民小组安排解决。"五保"老人亡故，由村民小组实行火葬。孤儿年满16周岁以上，由村民小组帮助其独立生活，不再实行集体供养。2001年，"五保"人员所需钱粮统一由市民政拨款供给。

2018年，全镇有"五保户"共82人，其中敬老院61人，散居21人。供给标准为集体供养人员每人每月728元，分散供养人员每人每月598元。

宣传贯彻《中华人民共和国婚姻法》（简称《婚姻法》）　1953年3月8日，开展新《婚姻法》宣传，提倡男女平等，反对男尊女卑和夫权思想。坚决贯彻一夫一妻制，反对重婚纳妾。男女婚姻自由，反对包办买卖。破除三从四德的封建礼教，动员寡妇改嫁，尼姑、和尚还俗。为了提高人口素质，政府将男女法定结婚年龄规定为男20岁，女18岁。达到法定年龄自愿结婚的男女，各持自己所在的乡、村、组证明，到任意一方的主管单位或政府部门领取结婚证书。男女双方领取结婚证书后，受国家法律保护，任何人无权干涉。反对童养媳和男女年龄过于悬殊结婚，反对近亲婚配。60年代，提倡晚婚。70年代，提倡结婚不要彩礼和晚婚晚育。1971年，男女结婚法定年龄改为男24岁，女22岁。1980年，结婚法定年龄重新规定为男22岁，女20岁。并规定结婚自由，离婚自愿，移风易俗，宣传计划生育，提倡男到女家。90年代，宣传夫妻互相尊重，互敬互爱。

70年代以来，每年由分管领导、计生专干结合抓计划生育工作，举办适龄青年婚前培训班，进行晚婚晚育宣传，开设计划生育专栏，表彰自觉执行晚婚晚育的青年，宣传婚姻法律法规知识以及保护老人的合法权益，履行管教和保护未成年子女的义务等内容。

殡葬改革　大划历史上盛行土葬。新中国成立后，随着土地改革完成，殡葬改革同步推进。1958年，多数坟地被平整，扩大种植面积，限制土葬用地。70年代初中期，农村掀起"农业学大寨"和大搞农田基本建设的高潮，多数坟地被平整改造为良田或旱地。县革委（1971）提倡移风易俗，推行火葬，号召党员、团员、干部、复员退伍军人，家人死亡带头实行火葬，从俭办丧事。80年代，大划乡火化率不断提高。1990年至今，火化率达到100%。

2010年，于白果村4、6组境内河滩地（白马河东岸边）筹建了大划镇公墓。2018年8月，经崇州市民政局批准为公益性公墓。2019年，公墓占地面积50亩，已安葬亡人墓穴4000余座。

第四章　社会协商

　　为进一步推进大划镇基层协商民主体系建设，建立健全社会协商组织，大划镇成立了社会协商工作领导小组，由党委书记任组长，领导小组办公室负责日常工作，并单设议题审查小组，下设政治、经济发展、社会与文化、生态文明、乡镇事务监督和其他组共6个小组。领导小组办公室设在党政办，办公室主任由分管党务工作的副书记担任，负责全镇社会协商联席会议日常工作。大划镇第一届社会协商会议成员55人。镇社会协商会议每年至少召开2次全体会议，原则上要在镇人民代表大会召开前召开1次全体会议。各村（社区）每季度至少召开1次协商议事会议。临时有重大事项需要协商时，可根据协商议题召开专题小组会议或全体会议。

　　2019年12月23日，经四川省人民政府批准，撤销大划镇，设立中国人民政治协商会议四川省崇州市委员会大划街道工作联络处。

表3-11　　　　　　　　　　　　大划镇第一届社会协商各次会议简况表

会次	时间	议题	参会人数
第一次	2014.10.11	1. "7·9"洪灾白马河水毁河堤修复 2. 修建文化活动广场 3. 路灯管理维护	55人
第二次	2014.12.31	1. 李家堰清淤问题 2. 关于捷普项目等征地拆迁未到龄农户社保落实问题	55人
第三次	2015.6.17	1. 黑石河大划段七支二斗渠清淤治理 2. 完善场镇雨污基础设施管网建设和加强大划场镇周边环境卫生改造 3. 抓好场镇变靓行动	49人

会次	时间	议题	参会人数
第四次	2015.11.27	1. 大划镇老大桥桥面维护	55人
		2. 大划镇修建污水处理厂	
		3. 大划镇民心南、北苑"小三线"下地	
第五次	2016.7.29	1. 大划镇民心南、北苑安装监控，建立健全治安立体防控体系	47人
		2. 大划镇净居村三元桥至划石村宋家林段道路拓宽，安装波形护栏	
		3. 修建文体活动广场，丰富群众精神文化生活	
第六次	2016.12.9	1. 拓宽加固罗家渡节制闸大桥	46人
		2. 改善场镇绿化带及路灯，美化场镇环境	
		3. 石桥村实施高标准农田建设	
		4. 修复白马河工业区至场镇段堤岸	
第七次	2017.7.7	1. 道路交通安全	49人
		2. 居民饮用水安全	
		3. 村组林盘院落整治	
第八次	2017.12.7	1. 场镇风貌改造问题	51人
		2. 场镇基础设施建设问题	
第九次	2018.6.30	1. 打通灰窑路问题	49人
		2. 修筑绕城路（原大江路）	
第十次	2018.12.2	1. 关于场镇街道路面铺沥青问题	48人
第十一次	2019.6.28	1. 修建公厕	50人
		2. 民心小区消防安全	
第十二次	2019.11.29	1. 大划镇社会治安秩序维护	47人
		2. 明湖修建停车场	
		3. 崇镇村12组农贸市场道路硬化	
		4. 大划场镇建设	

第五章　社会组织

第一节　协会

一、工会

1950年12月，新建大划仓库（地点原净居寺），有泥、木、解工250余人在泥、木两行负责该项工程建设。在陈洪顺、王少华、舒金山、黄兴发等倡导下，成立"三江区建筑工会"，共有会员430余人，其中三江60余人，江源100余人，大划250余人。办公地点设在大划场街上陈永年茶铺内（原大划商店副食门市）。工会主席由陈洪顺担任，副主席2人，文书1人，宣教1人，交际1人，各乡分别设大组长1人。

2006年3月，成立大划镇工会工作委员会，选举焦绍文为主席，陈刚为副主席，沈国祥为委员。各村（社区）也成立相应的工作机构，鼓励有条件的机关、企事业单位成立工会组织，为企事业单位的发展、保障职工权益发挥积极作用。

二、农会

1950年，成立乡农民协会，吸收贫、雇农参加，会员2981人，占应入会人员的76.2%，设主席1人，副主席1人。新中国成立初期，农会是临时政权机构，60年代中期，更名为贫下中农协会，是基层的监督机构，会员5469人，占应入会人员的77.8%。"文化大革命"时期，它曾向各基层单位派驻自己的代表——"贫宣队"。

新中国成立初期，全乡辖15个村设立农协分会，均设正、副主席各1人。60年代中期，全社12个大队设立贫协分会，均设正、副主席各1人，1976年以后，农会组织停止活动。

表3-12　　　　　　　　　　乡农民协会（乡贫协会）任职表

1950年	乡农协会	1965年	乡贫协会
职务	姓名	职务	姓名
主席	晏子清	主席	程敬林
副主席	喻德成	副主席	甘吉轩
委员	张明远	委员	刘子清
	王亦知		刘子荣
	华吉廷		胡玉华
	杨子清		胡玉良
	彭兴顺		杨兴普

表3-13　　　　　　农协分会任职表　　　　　　　　　　贫协分会任职表

序号	村名	姓名		村名	姓名
1	划石村	张子清		崇镇村	甘吉轩
2	何家村	张明远		板桥村	王光明
3	大有村	简吉轩		石桥村	张绍明
4	灰窑村	郑吉廷		万寿村	谢全兴
5	三元村	王亦知		黑石村	刘子荣
6	净居村	华吉廷		德寿村	胡文华
7	汪墩村	杨青山		登田村	张金田
8	白果村	晏子清		灰窑村	彭子成
9	黄金村	羊子清		划石村	张子清
10	崇镇村	戚炳成		净居村	李正其
11	白鹤村	陈志安		白果村	杨青山
12	板桥村	罗平舟		黑铅村	杨淑芬
13	仁里村	龙海全			
14	石桥村	王绍良			
15	万寿村	文光忠			
附：	金鸡乡				
	黑石村	徐泽轩			
	德寿村	王益盛			
	登田村	黄鹤林			

三、妇女联合会

1950年，从农协会成立到建立乡村政权，其机构中均设有妇女代表。1954年，妇代会诞生，妇女主任由妇女乡长担任，村妇代会设妇女代表。从1958年公社化至1995年，公社妇代会主任由公社管委会妇女主任担任，大队妇代分会主任由妇女大队长担任。

妇代会的任务是：围绕党的中心工作，用党的政策教育妇女，提高政治思想觉悟，动员妇女积极参加政治、生产、建设等活动，宣传《婚姻法》，推行晚婚晚育、计划生育，保护妇女儿童合法权益。在整个妇女队伍中涌现出不少积极分子，如四大队大队长王秀英，1980年被选为县人民代表。十二大队5队妇幼保健员伍淑琼，1980年被评为县妇幼工作先进个人，同年出席地区妇幼先进代表大会。1981年，十二大队幼儿教师李国琼出席省幼托工作先代会。沈旭云、晏淑琼出席地区五好家庭先代会，七大队3队队长赵兰被评为地、县两级"三八"红旗手。

在婚事新办方面，各级妇代会着重宣传勤俭节约，婚事新办，移风易俗。1976年，一大队3对青年男女，在公社的主持下举行了集体婚礼。

1960年，开办常年性幼儿园1所，80年代初发展到6所。1983年复乡后，村村都办了幼儿园。1981年，十二大队幼儿园被评为地区幼托工作先进集体。

党的十一届三中全会以来，大划乡镇各级妇女组织积极发挥妇女"半边天"的作用，带头搞好食用菌种植，生猪、家禽、水产养殖，餐饮服务和制鞋产业发展，开展以"四自"（自尊、自信、自强、自立）教育，争创"五好家庭"和"双学双比"（学文化、学技术、比成绩、比贡献）等为内容的各项活动，积极投身地方经济建设，全力维护社会稳定，为构建宜居、宜业、宜游、宜创的和谐大划做出了重要贡献。至2019年，全镇有村（社区）妇女组织9个（其中居委会妇女组织1个）。

表3-14		大划乡、公社、乡镇妇联主任任职表	

乡妇女代表会（简称妇代会）	主任	徐惠彬	1952.12—1957.4
乡妇女联合会（简称妇联）	主任	徐惠彬	1957.4—1958.10
公社妇联	主任	徐惠彬	1958.10—1964.6
		蓝卓华	1964.6—1971.6
		刘玉清	1971.6—1973.8
		杨淑群	1973.8—1983.4
乡妇联	主任	杨淑群	1983.4—1995.12
		沈群芳	1995.12—1998.12
		王琼	1998.12—2001.8
镇妇联	主任	沈小敏	2001.8—2004.12
		李桂芹	2004.12—2019.12

四、商会

1950年春，工商户联合成立大划临时商联会，推举杨弼生担任主任。其主要任务是，维持工商秩序，保障各工商户的经济利益。同年夏，由大划乡人民政府主持召开大划地区工商户联合大会，正式成立大划工商联合会，选举杨国治为主任，李世良为副主任。杨因故未就职，由副主任一并代理行使职权。其任务是：宣传党的有关工商业的方针政策，分行分业进行工商户登记，管理市场，分行分类设摊，缴纳工商税。

1953年，大划工商联合会改选，主任胡培根。主要任务是管理市场，向工商主管部门提供经济情报，上报各工商户的经销营业额，评定税收。

1956年，"一化三改造"运动中，贯彻党对私营工商业的限制、利用、改造的方针，促进工商业者走公私合营联合道路。当时组织起来的有饮食、茶水、干鲜、棉布、百货、烟酒、屠宰、中药材、石灰、染织、手工、糕点、理发13个行业，并都推选出各自的行业代表。

表3-15　　　　　　　　　　　　公私合营各行业代表一览表

饮食	茶水	干鲜	棉布	百货	烟酒	屠宰	药材	石灰	染织	手工	糕点	理发
陶木成	喻术成	徐志谋	邓和轩	吴玉林	赵治安	杨庆丰	刘大成	孙惠安	李青松	杜学良	郑超	焦玉凡

1958年完成对私改造后，撤销商联会，成立合作商店。1986年，随着改革开放的深入，个体工商业者逐渐发展增多，在工商管理部门的指导下，成立了大划个体劳动者协会，谢海清任会长，王月明任秘书长。2000年后，个体劳动者协会基本停止了活动。

五、中苏友好协会

1950年2月，《中苏友好协会同盟互助条约》在莫斯科签订。1951年上半年，中苏友好协会大划乡分会成立，共有会员1054人。自60年代起，停止活动。

六、老年协会

1982年，公社成立退管会（老龄委），会址设于文化站内，并设立党支部，陈志君担任党支部书记。2002年后，改名为老年协会，各村设老协分会12个。2006年，陈学明接任老年协会党支部书记。2012年，撤销党支部建置。2011年，老年协会有会员367人，开办了老年大学，与老龄委合并办公。成立老年舞蹈队、太极拳队、腰鼓队、广场舞队，参加市、乡演出和比赛，并多次获奖。

七、残疾人联合会

1994年10月，大划乡残联正式挂牌，陈世昌担任残联理事长。2004年4月，崇州市残联在全市残疾人中公开招聘残疾人专职干事（简称残联专干），大划乡板桥村2组肢体残疾人蓝成通过笔试、面试被录取。同年，各村（社区）相继成立了残疾人协会（简称村残协）。村（社区）主任担任残协主席，在残疾人生活保障、教育、就业、康复、维权、扶贫、文化体育等方面开展工作。2019年，全乡共有视力、听力、言语、肢体、智力、精神、多重等办证残疾人756人。

第二节　共青团　少先队

中国共产主义青年团　1951年8月，土地改革结束后，大划乡土改工作队根据涌现出来的积极分子，吸收10余人加入了中国新民主主义青年团，建起了团支部，蓝光钿任书记。1952年，发展到20余人，增加选举团的支部副书记，团支部下设团小组15个。1953年，发展为18个团支部，乡团支部扩大为团总支部。1957年，新民主主义青年团更名为共产主义青年团。经上级团委批准，成立大划乡共青团委员会。到1981年底，全社共有共青团员352人。

公社团委围绕党的中心工作，积极开展工作，锻炼培养了一批先进集体和个人。1952年，团员邵根羊只身到汶川县郿门关，捕捉叛匪王宾朋，被县评为模范团员；1978年至1979年，公社农场团支部连续被评为公社先进单位和"铁姑娘突击队"。

表3-16　　　　　　　　　　　　大划镇历届团委任职表

1952—1953	1953—1956	1956—1957	1957—1958	1959—1963	1963—1972	1972—1978	1978—1980	1980—1987
蓝光钿	蒋子云	李久林	罗绍清	康泽清	蓝卓华	刘康全	沈华福	陈建英
1987—1989.11	1989.12—1996.1	1996.1—1998.12	1999.1—2001.12	2001.12—2004.12	2005.1—2011.5	2011.5—2015.12	2016.1至今	
高应成	沈国祥	邓文	陈刚	刘丽萍	刘绍良	丁建	曾凤娇（副，主持工作）	

至2018年，镇设有团委机构1个，下设有团（总）支部11个，有共青团员706人。

少先队　1949年10月13日，团中央发出《关于建立中国少年儿童队的决议》，公布了中国少年儿童队队章草案。1953年6月，共青团第二次全国代表大会一致通过把"中国少年儿童队"更名为"中国少年先锋队"。

1967年至1978年10月，"红小兵"组织取代了中小学少先队组织。1978年10月27日，共青团十届一中全会决定恢复"中国少年先锋队"组织，全社取消了"红小兵"组织，社域内中小学恢复了

"中国少年先锋队"组织，以学校为单位成立少先队大队，以班为单位成立少先队中队，中队下设少先队小队。大队委员会由7—13人组成，设大队长、副大队长，旗手和劳动、文娱、体育、组织、宣传等委员。少先队活动，坚持以爱国主义为起点的理想教育，以集体主义为基础的社会主义公德教育，以学英模为主要内容的革命传统教育和以培养自立能力为目标的劳动教育。组织少年儿童参观展览馆、纪念馆，访问老红军、老党员，收集革命故事和图片，清明节扫烈士墓，唱革命歌曲等，对少年儿童进行革命传统教育。在教育中坚持实践的原则，通过开展种花种树、搞卫生等公益劳动，剪纸、折纸等手工劳动，洗衣洗碗，搞小五年计划等家务劳动和自我服务劳动，培养少年儿童热爱科学、热爱劳动、热爱劳动人民的优秀品质。

第六章　政治运动

一、基本完成社会主义改造的七年

迎接亲人、欢庆解放　1949年12月21日，大划解放。1950年1月8日，县征粮工作队入驻大划，开展征粮工作。1950年3月31日，县第一届各界人民代表会议开幕，崇庆县人民政府成立。乡工、农代表晏子清、喻德成、曹玉龙、孙德轩、宋衡熙5人参加了大会。代表们回乡传达了会议盛况，大划人民放鞭炮、扭秧歌，举行欢庆活动。

喜交军粮、慰问子弟兵　大划解放初期，征粮工作队主要征收地主在民国时期的公粮旧欠和尾欠。1950年起，实行"二五减租""三五衡粮"，并根据合理负担、依率计征的原则，规定地主应收租子部分的公粮，由佃户一并代交仓库。是年，全乡一共交粮60余万斤。随后，政府又组织转运公粮运输队，全乡共组织鸡公车100多辆，分3批次共计运送公粮17万余斤。

支援解放黑水　1952年3月，乡政府组织支前队，支援解放军解放阿坝、黑水。县派李克耻任总指挥，大乡设中队，小乡设分队。第一批组织30人，编为分队，副乡长王炳成率领，自灌县石羊乡运大米、饼干，取道灌县城，途径汶川、威洲、板桥店、杂骨脑、理县、直巩山、马塘，最后到达马河坝目的地。回程至汶川，又奉命运大米至沙河坝，为期48天，完成了支前任务。

土匪猖獗、镇压叛乱　1949年10月，李泽儒被四川省主席王陵基委任为省保安25团团长，奉命派人到成都武侯祠拿枪。李以3天为限，令大划乡乡长张渔洋组织300人，张又令各保长每保派20人，保长又把任务下派给甲长。

同月，以简瑞林为首募集应变的新12军，在大划地区募集40余人，集中于双流县辖内黄堰头，图谋举事。

1949年12月21日，大划解放。

1950年1月8日，县人民政府征粮工作队入驻大划。2月9日夜，征粮工作队返回县城。

2月14日，李泽儒通知攻打崇庆县城，李德钊、何玉廷等率各分队三四百人响应。2月16日，枪杀国民党乡长肖道永。

2月17日，何玉廷等率领一二百人，攻打金鸡唐河村柯家大院。

2月18日，土匪攻打三江镇。解放军由崇庆县城出发，兵分三路进剿，经大划舒家林，在舒家坟坝侧，当场击毙叛匪李旭明。李德钊、何玉廷、李伯良等率残部溃逃到三江。

1950年4月9日，解放军进剿大划叛乱土匪头子李德钊、何玉廷等。翌日中午，到大划场时，共捉获土匪200余人。

清匪反霸、减租退押　1950年3月，区长崔桂林召集部分地主、豪绅、原乡公所留用人员等十五六人，成立了大划乡临时治安委员会，取代了原乡公所，简德夫任主任，陈志华任副主任，张连城任财粮，开展清匪缴械工作。9月，从乡到村分别成立农民协会和农民武装队，对清反对象和租佃关系进行摸底登记。

10月，"四大运动"开始，成立了清理委员会，崔桂林任主任，陈志华、喻德成任副主任。在驻军代表指导下，将民国时期乡、保人员，反动党团骨干、叛匪、封建会道门头子等，分别通知到县自新班、乡训班、政训大队学习，根据惩办与宽大相结合的政策分别处理。1951年2月，在上级部署下，统一行动，抓捕匪霸50余人，根据其罪恶大小、悔改程度，依法给予关（徒刑）、管（管制）、杀（镇压）、放（经教育后释放回家）的处理。1950年10月至1951年5月，全乡共处决32人，在土改后又处决1人，共计处决33人。

减租、退押与清匪、反霸同时进行。凡是有租佃关系的地租，统一实行"二五减租"（在原交租数额上减少25%），"三五衡粮"（指佃户在应交租子中减25%后，由佃户代交公粮，余下归地主部分，若不足原交租35%者，在公粮中调整）。区委指示，对地租一律以"三五衡粮"办理。

退押：由退押工作组办理，组长李倩萍。凡是有押金的租佃，其押金一律退还佃户，并按照交押金时的大米价格折实计算。开明地主宋衡熙、陈孟宗，在退清押金后又积极赔偿农民损失，交出金戒指2只，银币150枚。

1951年8月，清理结案后，"四大运动"结束。

抗美援朝　1950年6月25日，乡成立抗美援朝分会，乡长陈治华任主任。自愿报名参加志愿军的青年共三四百人（两批实际批准86人）。全乡捐献大炮一门，何家、汪墩、万寿村各捐献大米20多石（7000斤左右）。人们除捐献大米外，还捐献了珠宝、玉器、首饰、银币等贵重物件。

土地改革　1951年6月5日，大划乡开展土地改革运动。

6月10日，召开大划乡第一届农民代表大会。

6月20日，召开大划乡第二届农民代表大会，到会代表857人。

6月25日，召开全乡在新中国成立前20年间死难的农民追悼大会。

7月2日，召开大划乡第三届农民代表大会，到会代表854人，主要划分阶级成分，斗争不法地主和解决赔罚问题。

7月15日，召开大划乡第四届农民代表大会，除解决土地改革中，征收和分配土地及胜利果实的问题外，着重解决增产节约、支援国家、积极出售余粮等问题。

土地改革的总路线是：依靠雇贫农，巩固团结中农，中立富农，打垮地主阶级。

大划乡土地改革工作队，队长张宝生，副队长陈万涛。乡以下设支点工作组，全乡共设5个支点，每个支点辖3个农协分会，每个分会均有工作队队员、政工员、材料员。

土地改革运动分为5个阶段进行。

第一阶段，土改工作队进村，发动群众，组织以雇贫农为骨干的土改工作队伍。一方面进行各家各户的田地、房屋归户登记造册，交群众会议审查通过定案。一方面发动群众，弄清各家各户的政治面貌和上下左右的关系，以及正反两方面的情况。

第二阶段，"洗脸擦黑"，揭帽子，团结大多数，孤立打击极少数，分清阶级阵线。

第三阶段，划定成分。按土地改革法政策精神，反复向群众讲解清楚，做到家喻户晓。再由各户长在群众大会上自报公议，划定家庭和个人成分。三榜定案后，报乡土改工作队批准。

第四阶段，征收、没收。划定成分后，成立征收、没收清理小组，分别进行征收、没收工作。

第五阶段，分配土改胜利果实，庆祝土改胜利结束。分配胜利果实的原则是：富农不分，中农只分一两件纪念品，贫雇农是重点。全乡土改后各阶层土地拥有量：雇农120户，人口232人，分得土地227.36亩；贫农1379户，人口5574人，分得土地5462.52亩；贫民112户，人口248人，分得土地243.04亩；中农735户，人口3699人，分得和自有土地3601.47亩；小商小贩23户，人口58人，分得土地96.04亩；富农57户，人口456人，拥有土地527.95亩；地主104户，人口721人，分得土地706.58亩。另外，雇贫农分得大米150石，人民币现金35000元。

粮食统购统销 1953年10月，开展粮食统购统销工作，各村驻工作队员1—2人。成立评议小组，向群众宣传统购统销政策和意义。广泛调查，掌握有余粮的对象，做好思想动员，由余粮户自报出售数量，经评议小组反复协商，落实任务。以村为单位，敲锣打鼓，向国家交售。

1954年春，针对粮食统购统销工作中部分农户交售了"过头粮"的情况，党和政府供应了返销粮。

二、开始全面建设社会主义的十年

全民整风 1957年春，中共中央发出号召，在全国人民中开展以反官僚主义、主观主义、宗派主义为内容的整风运动。全乡广大群众、干部和爱国人士在乡党总支委员会的领导下积极响应，按"发扬民主、敞开思想、畅所欲言、知无不言、言无不尽、言者无罪、闻者足戒"的原则，向各级党组织和党员干部，提出大量批评和建议。在整风运动后期，一些提出过意见的群众，以及大队、生产队的基层干部，被划为反社会主义分子，遭到批判和斗争。1961年，按党中央指示，纠正在全民整风中的工作失误，被错误批判的党员、干部、群众恢复了名誉和工作。

"大跃进"和人民公社 1958年春，在"一化三改造"运动中，省、地、县委指示迎接粮食、钢铁、煤炭三大元帅升帐。当年春耕，县委和乡总支号召全乡干部和群众，在保证满栽满插的同时，向田边、地边、河边、沟边发展，向海、陆、空要粮。

为迎接钢铁元帅升帐，把大部分男劳动力集中到万家山区搞全民炼钢运动。9月份，乡境内建土法冶炼高炉几十个，大部分集中在大划场背后（划石村8组）。土高炉建成后，先烧大量柴草将炉壁烘干，加上焦煤，用人力拉风箱鼓风冶炼。由于设施简陋，炉温低，花费了大量人力、财力、物力，长期炼不出铁来。

1958年10月，成立大划公社管理委员会，实行公社、管理区（大队）、生产队三级管理制，生产队为基本核算单位，组织军事化、生产战斗化、生活集体化。生产队办公共食堂、托儿所、幼儿园、养猪场等，分配上实行半供给、半工资制。口粮、食油按人分等供给，出工者每人每月发给工资2—2.5元。农业生产上大搞深耕熏土以及千斤、万斤的高指标，大搞"一平二调"，特别是平调了社员的生活资料。县上要搞指挥田，公社要搞高产田，管区要搞试验田，加上连续三年自然灾害，1961年，粮食产量仅有1958年的67.13%，大部分生产队的公共食堂断炊。上级党组织号召党员、干部大量寻找代用食品，如洗米糠、红苔蒂、玉米芯（玉米骨）等，磨成粉末，办起了代用食堂。

"反右倾"　公社化和"大跃进"时期，一些持不同意见或如实反映情况的干部被批判为思想右倾。1960年4月21日，公社进行"反右倾"斗争，当场处理19人，有的被撤职、有的被批判。直到1961年下半年，体制下放，按中共中央指示精神，这些被错误处理的同志才得以平反，分别予以复职或补退职手续。

贯彻国民经济调整、巩固、充实、提高的方针　1961年，《农村人民公社工作条例（修正草案）》下达。为了贯彻国民经济"调整、巩固、充实、提高"的方针，大划公社按精兵简政和调整人民公社体制、规模等一系列原则，1961年5月，大划与金鸡分乡建政，将原来的9个管理区划为11个生产大队。公社坚持三级所有、队为基础的核算体制，实行多劳多得。下放了公共食堂，重新划给社员自留地。纠正了"一平二调"的共产风，对拆毁的民房进行退赔，全社共退赔人民币18000元。为1960年"反右倾"中遭到错误处理的干部平反。1961年11月，对生产队实行土地、劳力、耕牛、农具"四固定"和包工包产包投资、超产奖励、短产赔偿的"三包一奖"措施。直到1962年，贯彻以"调整"为中心的八字方针，农业生产基本恢复。1963年，粮食分配量比1961年提高了46.4%。

社会主义教育运动（"四清"运动）　1964年秋，全社开展社会主义教育运动，按党中央制定的《关于目前农村工作中若干问题的决定草案》（"前十条"）和《关于农村社会主义教育运动中一些具体政策的决定草案》（"后十条"）的精神，"清账目、清仓库、清财物、清工分"（"小四清"）。

1965年冬，《农村社会主义教育运动中目前提出的一些问题》（"二十三条"）下达后，转入以清政治、清经济、清组织、清思想为内容的"大四清"运动。上级派来了工作组先遣队，以及由50余人组成的社教工作队，选举贫下中农代表，成立贫协会。运动中，干部一律靠边站，发动群众对干部背靠背、面对面揭发检举。并将干部分为好的、比较好的、问题多的、性质严重的共四类，开展"批三斗四"。运动后期，着手建党、建政、建团，改造了公社管理委员会，新发展党员55人，改选党支部12个，团支部10个，被划为"三类分子""四类分子"的干部43人，其中受行政处分的19人，受党纪处分的24人。

三、"文化大革命"的十年

1966年6月，以声讨"三家村"为起点，拉开了"文化大革命"的序幕。横扫一切"牛鬼蛇神""破四旧"（旧思想、旧文化、旧风俗、旧习惯），"立四新"（新思想、新文化、新风俗、新科学），大划地区共建立起8个群众组织。沿街设立大字报专栏，经常通宵达旦开展观点上的辩论，从批判有破坏活动的"四类分子"开始，波及有问题的干部，最后戴上"走资派"的帽子。1966年9月，党政工作陷于瘫痪状态。

知识青年上山下乡 1969年1月，由共青团、妇联、公社办公室相关工作人员共5人组成"知识青年安置领导小组"，公社党委一名副书记任组长，知青带队干部任副组长，各大队设专人负责，先后接受插队落户和集体安置的知青223人，分派到各生产大队。其中，在生产队插队落户的187人，分别居住在12个大队和97个生产队，与社员同住、同吃、同劳动。七大队知青点安置36人，安置了成户下乡居民6户14人。

知青下乡时，最初由国家按人头拨给200元，1975年后，增加为300元，交知青所在生产队掌握，作为生产、生活开支。粮食先由国家供应至当年秋收，然后参加生产队分配，与社员同工同酬。生活发生困难时，由国家和生产队共同解决，对困难较大者国家拨专款补助。

知青安置领导小组每年都要组织知青慰问团，到知青所在生产队和知青点进行慰问，了解知青各方面的情况，组织知青进行总结评比。在这期间，涌现出许多先进人物，其中，康静、刘玉玲等知青被选拔为人民教师，还有46人参加了中国人民解放军。全社知青于1980年之前，先后返回城镇安置就业，成户下乡居民也办理了返城户口迁移手续。

四、历史的伟大转折

粉碎江青反革命集团 1976年10月8日至15日，党中央将王洪文、张春桥、江青、姚文元反党集团事件通知各级党组织。大划广大干部群众联系本社实际，揭批"四人帮"篡党夺权的阴谋活动和罪恶，肃清其流毒和影响。

拨乱反正、平反冤假错案 从1979年起，大划深入贯彻党的十一届三中全会精神，改人民公社革命委员会为人民公社管理委员会，尊重生产队的自主权，坚持按劳分配，实行各种形式的生产责任制。1979年，全年粮食产量达到1977.51万斤，比1978年增长3.35%。油菜籽产量达到69.81万斤。

1979年2月，正式开展复查、平反冤假错案工作，为反、坏分子摘帽。据统计，在历次政治运动中，全社受处分的共179人。其中，基层干部165人，社属机关单位14人，通过复查，平反147人。

表3-17　　　　　　　　　　　　　平反冤假错案落实政策表

处理情况		落实政策			
时间	人数	恢复党籍	恢复名誉	恢复公职	小计
合计	179	52	42	53	147
"四清"运动	78	19	23	27	69
"文化大革命"	36	7	9	18	34
"反右倾"运动	63	26	9	7	42
其他	2		1	1	2

为地富分子改定成分　1979年，按中共中央（0511号）文件精神，做好"四类分子"的摘帽工作，给予公民权利和社员权利。

贯彻六中全会精神　1981年6月，党的十一届六中全会通过了《关于建国以来党的若干历史问题的决议》（以下简称《决议》），公社组织各大队、各单位收听学习。10月1日起，公社党委举办了全体党员学习班，以《决议》为内容，聘请老师和党委同志作专题辅导讲课，总结历史经验，加深认识。在六中全会的精神指引下，党委抓党的各项政策的落实，特别是经济政策，在保证粮食稳产高产的同时，大力发展多种经营，贯彻国民经济"调整、改革、整顿、提高"的方针，促进了全社工农业生产大发展。据1981年底的统计，当年社队企业固定资产为120.986万元，与1976年相比，平均每年递增17.6063万元，增加比例为53.3%，总增加为88.0017万元，递增率近3.6倍。

五、全面进行社会主义现代化建设新时期

80年代初，大划全面实行家庭联产承包责任制。为了实现到20世纪末，国民生产总值再增长一倍，人民生活达到小康水平的目标，党委和政府始终坚持党的"一个中心，两个基本点"的基本路线，认真贯彻党的改革开放方针和政策，"两个文明"一齐抓，不断深化改革，坚持把抓好经济发展放在各项工作的中心，外引内联，拓宽开放渠道，大力招商引资，积极引导和带领全镇人民努力发展经济。1999年，实现了小康乡（镇）目标，比原定计划提前了一年。

为实现"两个一百年"奋斗目标，乡党委、政府加大引资引项力度，对乡（镇）集体企业进行了改制，积极发展个体、私营企业。进行农业产业结构调整，发展生态农业，大力推进农业产业化经营。努力搞好道路交通基础设施建设，立足经开区拓展区、产业服务承接区定位，按"工业发展区、城镇功能区、生态涵养区"功能分区规划，加快城镇建设步伐。

建立农业生产责任制　1979年，根据中央关于农村经济体制改革的精神，大划公社党委广泛宣传建立多种形式的农业生产责任制，边实践边指导，联产计酬。生产队划分为几个作业组，由组长带队实行小段包工计酬。至1982年，全社所有生产队全面实行家庭联产承包责任制。

计划生育　50年代，人口生育处于自然状态。60年代，开始实行计划生育。1971年12月，成立

公社计划生育领导小组，由一名党委副书记担任组长，妇女主任担任副组长，公社办公室主任、团委干部、医院计划生育指导员为组员，各大队由一名党支部副书记和妇女主任领导，生产队妇女队长具体负责。1979年，公社"革委会"研究制定了《关于计划生育若干问题的规定》并发至生产队。1980年9月，中共中央发出《关于控制人口增长致全体共产党员、共青团员的公开信》，公社管委会和计划生育领导小组利用各种宣传工具进行宣传，并号召全体党员、团员带头执行，贯彻"一对夫妇只生育一个孩子"的政策，对独生子女实行奖励。对已采取节育措施并办理了《独生子女光荣证》的，生产队按划自留地标准划给一个半人的份额，分配给成年人标准的基本口粮，每年补助保健工分360分。属机关单位的，夫妻双方单位各发给独生子女费2.5元/月。对于无计划生育者，给予必要的经济制裁，较好地控制了人口增长。

1980年2月，公社配备了一名计划生育专职干部。1985年，乡上设立计划生育办公室，计生专干增至2名。成立大划乡计划生育协会，乡、村、组干部，单位计划生育负责人和农村先进青年为会员。1999年9月，设立计划生育指导站。

1983年改社为乡后，乡政府每年都制定《关于加强计划生育的意见》发至各村组，加强节育措施的落实和完善。1990年3月起，大划乡党委、政府采取以政治、经济、行政和法规相结合的工作措施，大力宣传计划生育，强化计划生育工作。实行计划生育党政一把手总负责，一级抓一级的层层负责制，全镇人口出生率和自然增长率大幅度下降。2004年，农村部分计划生育扶助奖励金启动，并逐年增加奖励金额：2004年至2008年，每人每年600元；2009年至2011年，每人每年720元；2012年至今，每人每年960元。2008年，实行计划生育特别扶助，对失独家庭：2008年至2011年，每人每年1200元；2012年，每人每年1620元；2013年至2014年，每人每年4200元；2015年至2016年，每人每年6000元；2017年，每人每年7800元。对伤残家庭：2008年至2011年，每人每年960元；2012年，每人每年1320元；2013年至2014年，每人每年3360元；2015年至2016年，每人每年4800元；2017年，每人每年6240元。

2016年，全面"二孩"政策启动，镇党委、政府通过村村公开栏、组组宣传栏、散发宣传资料和网络宣传等一系列方式，确保全面"二孩"政策的顺利实施。2019年，全镇无违法生育行为，符合政策生育率为100%。

农房建设 1981年，建立农房建设领导小组，对农房建设进行全面规划，逐步实施。到1986年，全乡有80%以上的农户新建或扩建、改建了住房，户数达5230户，其中90户修建了楼房。至2019年，全镇农户居住条件都得到了极大的改善。在此基础上，多数农户对过去新建、改扩建的住房又进行了新的建设，为追求更高标准，或拆掉重建，或向空中发展，建楼房户达2000余户。

发展邮电通信 1992年以前，全乡只有一台电话总机，转接乡机关、供销社、信用社、兽防站、机械厂、大划仓库等几个单位。1992年1月，乡党委、政府作出决定，要加快大划经济的发展，邮电通信必须先行。同年3月，在县邮电局的支持下，开通安装程控电话16门。1997年，乡政府在新建政府综合办公室的同时，于康乐街新建砖混结构平房3间，建筑面积70平方米，作为邮政代办所办公用房。1999年，三江邮电支局电话并容，于崇镇村7组建大划机站，光纤电缆主线延伸到全乡各村组。到2000年底，全乡共安装程控电话2000余门。近年来，随着智能电视、智能手机的普及，宽带网络建设快速推进，完成了全光纤网络和4G网络的升级建设，并实现了镇域全覆盖。

小城镇建设 1985年，大划乡制定了场镇建设第一个规划方案，结合崇双路扩宽改道，新建通达街一条。1986年，进行第二次规划，新建杨柳街。2000年，作第三次规划，着力进行水电路等基础设施建设，招商引资，加速集镇建设，新建新欣街、万丰巷。2001年，新建天竺街、金华街、立申路、政通街、大江路。2010年，新建人和街。2012年至2015年，新建画江大道北三巷。2013年，新建文化路。2015年，将华怀路场镇过境段命名为画江大道，并进行了标准化改造。至2019年，大划小城镇建设规模达2.5平方千米，街道17条，增设了机动车停车场3处，车位1500余个。

表3-18　　　　　　　　　　　　　　　大划场镇街道一览表

名称	起始	长宽	街名由来	建造时间
划石街（正街）	北邻白马河，南至通达路东段	长170米，宽6.5米	地处划石村	
临江街（河街）	北至划石村3组农户，南至通达路东段	长120米，宽3—5米	东临白马河（白马大江）	
康乐街（横街子）	东临临江街，西至划石街	长70米，宽2—5米	1958年公社影剧院建于此处，意为人民快乐安康	
顺河街	东接划石街，西至灰窑路	长550米，宽6.5—9米	因由西向东渐顺白马河而命名	始建于1978年
通达街	东起大划大桥，西接画江大道	长450米，宽9—12米	因崇双路改道，下通三江、江源至新津、双流、成都，上达崇州城区崇阳镇而命名	始建于1985年
杨柳街	北至顺河街，南接通达路中段	长160米，宽20米	因遍植柳树而得名	始建于1986年
新欣街	北接通达街中段，南至画江大道政通街口	长168米，宽20米	21世纪初新建，取欣欣向荣之意	始建于2000年秋
万丰巷	东起新欣街，西至画江大道二段	长160米，宽8米	因万丰农业公司宾馆开办于此且投资修路而命名	始建于2000年秋
天竺街	东起杨柳街，西至画江大道一段	长400米，宽20米	因遍植天竺桂而命名	始建于2001年秋
金华街	南起通达街，北至顺河街划石大桥	长300米，宽20米	因南通黄金村，北至划石村中华寺而命名	始建于2001年秋
立申路	东起华怀路，西至大划大桥	长1260米，宽12米	因成都立申实业有限公司建厂于此并投资改建原崇双路段而命名	始建于2001年
政通街	东起人和街，西至画江大道新欣街口	长80米，宽12米	寓政治通达之意	始建于2002年
大江路	南起华怀路，北至货运大道	长600米，宽8—16米	因接通怀华路大划至江源而命名	续建于2007年
人和街	北起通达街大划大桥头，南至画江大道三段白马河大桥	长1000米，宽10米	寓社会和谐之意	始建于2010年春

续表

画江大道北三巷	北起货运大道，南接画江大道一段	长300米，宽11米	因民心南苑、北苑居民集中居住区交通道路命名	始建于2012年
文化路	北起货运大道，南接立申路	长120米，宽6米	因镇文化站（综合）建于该路段而命名	2013年，货运大道拆迁安置区规划所建
画江大道	北起灰窑路青年公苑路口，东至白马河大桥	长1500米，宽30米	因华怀路大划场镇过境段通三江、江源而命名	2015年命名

发展乡镇企业　从1958年的公社五四养蜂场、水电厂和菜蔬农场开始，至1981年，大划乡镇企业已发展到16个。80年代后，大划镇党委、政府从加强管理现有企业入手，积极发展"短平快"效益好的乡村企业。80年代后期至90年代，对企业实施规模和档次提升。对原有企业进行挖潜和技术革新，争创名优产品。对新发展企业，要求必须是技术含量高、市场潜力大、经营渠道宽、可持续发展能力强的企业。1989年，乡镇企业由集体经营转为包干上缴的承包经营方式。90年代至今，积极鼓励发展个体、私营企业。1999年，大划所属的7个乡镇企业，除大划乡渔场外，机械厂、锰钢厂、预制厂、皮革厂、方圆酒厂和大划建筑公司6个乡镇企业全部转机改制。2010年，政府将大划乡渔场整体转制给蜀南公司，开发休闲、垂钓、颐养、观光等项目。

精神文明建设　1981年，县上在沼气建设、两管五改的基础上，开展建设卫生村活动。1983年，大划党委、政府根据县上制定的《建设文明村的六条标准》，着手抓德寿村5组和板桥村1组卫生村建设。1986年，县委、县政府正式命名这两个组为卫生村。1989年11月，经成都市复查，评为文明村（单位）。之后，大划中心卫生院、大划中学、大划乡政府、大划信用社等单位先后获评卫生单位荣誉称号。1988年至2000年，在全乡开展了分层次评选"三户"（文明户、五好家庭户、遵纪守法户）活动。

渔业发展　1974年冬，改造张渡儿河滩，投工35.6万个，运土2000方，办起了大划农场。共计造田272亩，蔬菜地15亩，渔场6口（面积50亩）。1983年至1986年，乡党委、政府将大划农场河滩地改建精养鱼池352.096亩，改称大划乡渔场，1983年投产。1984年，鱼池面积92.9亩，亩产成鱼439.2斤。1985年，鱼池面积209.1亩，亩产成鱼579.6斤。各大队、生产队农户也将域内滩涂地或自留地建造鱼池。至此，全乡共有鱼池1000余亩。同时采取综合技术措施，发展稻田养鱼，实现稻鱼共生。1985年，白果、崇镇二村示范高产片放养1006.3亩，每亩平均产鱼66斤，大划获"鱼米之乡"美誉。

乡村道路建设　80年代期间，有部分村对村内道路进行了加宽改造和路基整治，但路的质量远远不能达到经济发展的要求。90年代，乡党委、政府决定对全乡乡村道路进行加宽和路面整治，填涵补基。以村为单位，采取"三个一点"（上级对口部门支持一点、域内企业赞助一点、群众筹集一点）办法，经过几年努力，多数乡村道路宽度达3.5—5米，路基和路面用砂夹石和豆石铺垫。1992年，黑石村在县交通局支持下修筑了2.5千米的柏油路面。21世纪初，实施村村通水泥路工程。截至目前，结合小组微生林盘打造建设，全镇域内实现了水泥路通组达户。

城乡环境综合治理　2006年，镇党委、政府把城乡环境治理工作纳入重要议事日程，组建了专门的工作班子，从整治场镇环境秩序入手，坚持场镇秩序的巡查维护和卫生保洁，改变了场镇的面貌。在全镇范围内开展城乡环境综合治理工作，首批建起垃圾房24座，垃圾中转站9座，聘用专、兼职保洁人员40余人，采取政府补贴和居民筹资相结合的方式解决经费问题。2010年后，场镇综合治理工作引入社会化服务，组建了城管巡逻队，引进公共服务资金，先后购置了洒水车、巡逻车，加密新建垃圾房52座，修建了生活污水处理厂和排污管网。2017年，将大气、水环境列入治理范围，整治关停排污企业和养殖场，全面推行"河长制"管水治污，保护水环境。2019年，组建了交巡警执法队，引入专业的京环保洁公司，进一步加强场镇市容秩序管理，使城乡人居环境得到极大的提升和改善。

改造农村电网　根据党中央、国务院关于对农村电网改造的精神，按崇州市委、市政府的要求，在崇州市供电局的具体指导和安排下，大划镇党委、政府于2001年冬至2002年春在全镇进行电网改造工作，实现户表智能化。

土地整理　2008年秋，于登田村、灰窑村、划石村、净居村、白果村实施土地整理项目。2009年9月4日，经省国土资源厅验收合格。该项目区土地总面积14843.5亩，新增耕地面积859亩。格田整理1450亩，一般农地整理8269.3亩。水利工程整治，浆砌水渠8047.8米，整治单边浆砌渠130.3米，修建U形渠22027.8米，修建涵管822米，渠道维修、清淤4548.6米。修建道路14782.4米，新建错车道16处，新建人行便桥24处，新建机耕桥4座。植树2113株。同时，采取土地置换统规自建方式，于划石村建农民集中居住区（中心村）——"民心小区"，规划占地面积67.33亩，搬迁农户199户，占总户数的6.34%；搬迁人口645人，占总人数的6.38%。

征地拆迁　2009年，大划镇完成崇双路货运大道域内宽50米、长5365米的征地和46户176人的拆迁工作。2010年11月，启动富士康配套园区项目所涉德寿村3、4、11组和登田村3、4、11组农户的征地拆迁工作。2011年，完成第二绕城大划过境段征地280亩，投入资金2600万元，完成安置小区征地35亩，拆迁农户53户的规划建设项目。2012年，启动捷普项目征地拆迁工作，征地2130亩，拆迁农户856户。完成成温邛快速通道大划过境段约4千米建设项目征地拆迁工作，征地236.54亩，拆迁农户95户。同年，完成成蒲快铁大划过境段的征地拆迁工作，于德寿村12组征地12亩，拆迁农户11户。2013年，大划镇按照"点位规划、准备充分、力量整合、综合施策、整体推进"的点位模拟拆迁思路，完成青年公苑征地143亩，完成污水管线征地695.89亩，其中灰窑村1组262.54亩、2组65亩、8组35亩，登田村5组167.53亩、6组165.82亩。完成二绕改配道路征地13亩。完成民和至三江线、捷普110千伏改迁线路和220千伏公用变电站征地拆迁工作。2014年，完成二绕互通征地拆迁27户，完成二绕配套的兴侯南北220千伏线及民庆线、隆田线等涉及14座塔基的征地拆迁工作。2017年，探索实施群众自主搬迁工作，通过采取"一三五七"工作方法，完成涉及灰窑村、德寿村12个村民小组501户、1601人，共计1600余亩土地的清腾任务，为工业区重点项目用地提供坚实保障。

至2019年，全镇共完成拆迁安置农户2502户，9177人。建有域内居民安置集中区3个，安置居民1541人，登田、灰窑和划石、德寿、净居部分拆迁居民集中安置于明湖统建房5026人，选择自主安置的2610人。

政务建设　2016年，大划镇党委、政府按办公场地最小化、群众活动场地最大化原则，于净居村2组、白果村8组选址，新建净居村、白果村村委会。于石桥村村委会原址，改建石桥村村委会。于场镇社区原址，扩建大划镇场镇社区居民委员会党群服务中心。至2017年，全面完成了村、社区活动场所的"提档升级"，开通了电子政务，提高了村、社区服务功能。

精准扶贫 2016年至2018年，成都市肖家河街道办和成都立申实业有限公司对口帮扶德寿村，投资200余万元修建村党群服务中心、村组道路、文化广场等基础设施，小组微生林盘打造和农业产业园建设。全镇22户精准脱贫户2017年增收2600元，较2016年增收22%以上。对77户低保家庭实施动态管理、常态关爱。为837名残疾人提供个性化服务，实施"阳光爱心助学""困难大学生圆梦"工程，帮扶困难学生36人。

（胡文甫　执笔）

第四篇　经济

第一章　农业

第一节　生产关系

一、小农生产

1951年土地改革时统计，土地占有的大概情况是：地主、富农占60%左右，中农、贫农及小商贩、小手工业者占40%左右。

大多数农民从地主手中租佃土地耕种，交纳一定数量的押金作为信物（俗称押头），按租佃田亩数量、等级好坏、交租金的多少立上契约，每年秋收后如数交清。1951年，实行土地改革，全乡人均分得土地1.1亩，90%无地或少地的农民都分得了土地，实现了耕者有其田，促进了农村生产力的发展。

表4-1　　　　　　　　　　全乡各阶层占有土地情况表

成分	户数		人口			占总人口（%）	土地				占全乡面积（%）	人均占有亩
	户数	占比（%）	农业	非农业	合计		自耕	出租本乡	出租外乡	合计		
合计	2597		11220	497	11717		6139.6	4276.4	2013	12428.83		1.1
地主	104	3.97	721	41	762	6.36	946.99	2986.7	1544	4399.8	43.82	7.18

续表

成分	户数		人口			占总人口（%）	土地				占全乡面积（%）	人均占有亩
	户数	占比（%）	农业	非农业	合计		自耕	出租本乡	出租外乡	合计		
半地式富农	11	0.42	83	5	88	0.73	104.1	113.23	49.8	216.46	2.14	3
富农	46	1.75	373	8	381	3.18	527.95	287.8	102	917.25	7.34	2.4
工商业	23	0.81	82	58	140	1.17	50.16	57.48	50.1	157.85	1.62	1.127
小土地出租	67	2.55	208	10	218	1.8	248.36	252.4	46.8	547.53	4.37	2.51
中农	735	24.27	3699	104	3703	39	2931.4	492.91	161	3621.47	28.87	0.837
贫农	1379	52.7	5574	246	5820	48.6	1317.3	84.97	52.4	1454.63	11.63	0.247
佃农	120	4.59	232	9	241	2.02	8.8	0.8		96	0.08	0.039
贫民	162	4.28	248	16	264	2.21	4.6		1.2	58	0.05	0.0219

二、互助合作

1952年，农民在自愿互利原则下，组织互助合作生产，中华村徐惠彬率先组建了王泽轩互助组。1953年下半年，全乡实现了互助合作化。1954年，全乡试点组建了甘吉轩、万寿、白果初级农业合作社。1955年，全乡建起了45个农业生产合作社，入社人口占全乡人口的95%以上。

1956年，中共中央颁发了《农业发展纲要40条》，将初级农业合作社转为高级农业生产合作社，取消分红制度，实行"各尽所能，按劳分配"原则，一切农事活动统一由农业合作社安排调度，统一核算生产成本，成为单独经济核算的集体经济实体。1957年，全乡完成了高级社化，有高级农业生产合作社12个。

三、人民公社

1958年10月，大划人民公社成立，实行政社合一。初以公社为核算单位，不久即以管理区（大队）为核算单位，实行"大兵团作战"。收回社员自留地，取消家庭副业，生猪全部折价入社。以生产队为单位办公共食堂。1961年，公共食堂停办，纠正平调错误，退赔平调的集体和个人财物。1962年，人民公社实行"三级所有，队为基础"体制，以生产队为核算单位，将土地、劳力、耕牛、农具落实到生产队，由生产队组织生产，定额管理，评工记分，按劳分配，多劳多得。

"文革"开始后，在"农业学大寨"中，以阶级斗争为纲，大搞"割资本主义尾巴"，取消社员经营的自留地和家庭副业，推行评"大寨式工分"，取消定额管理。中共十一届三中全会后，人民公社的生产体制解体。

四、联产承包生产责任制

1978年，中央下达《关于加快农业发展若干问题的决议》和《农村人民公社工作条例》两个文件，重新调整社员的自留地，恢复农村集市贸易。

党的十一届三中全会后，全社先后出现了多种责任制形式。有的分组作业，联产计酬；有的实行小段包工；有的统一调工，定额计酬；有的统一经营，联产到劳；有的包产到户。1982年10月，全社134个生产队实行包干到户。1983年，全乡实行家庭承包、自负盈亏的责任制形式。1984年，确定承包土地时间20年不变。至1985年，乡内涌现出一批勤劳致富的专业户。

20世纪80年代末到90年代初，大划各村、组都建立了农村经济合作社，村上建立了农村经济合作联合社，积极发展社会化服务体系。1998年，中共中央、国务院做出决定，对土地承包期再次延长30年不变。2004年，国家实行种粮、良种和农资补贴。2010年，土地承包确权颁证，实行耕保金制度。在不改变土地使用性质的条件下，支持土地流转经营，倡导组建土地股份合作社、家庭农场等规模化经营农业产业。

第二节　大田农业

大划境内的大田农业种植有水稻、小麦、玉米、油菜、大麻、川芎、土烟、洋芋（马铃薯）、红苕、胡豆、豌豆、黄豆等。

一、主要农作物

粮食作物　以水稻、小麦为主，兼有玉米、高粱、大麦、南麦、莜麦、红苕、洋芋、芋头、黄豆、胡豆、豌豆、巴山豆、红豆等。

水稻：为大春主要作物，全乡均种，常年种植面积17000余亩，分为籼稻、粳稻、糯稻三大类，属下品种名目较多。

小麦：为小春主要作物，常年种植面积7000余亩，大致有白花麦和黄花麦（俗称光头麦）两类。

玉米：为大春粮食作物，常年种植面积在500亩左右。70年代后期，推广双季稻，提倡玉米连作晚稻，玉米面积扩大，最多时达2290余亩。

粮食产量在民国时期较低，一般水稻亩产400余斤，小麦200余斤，玉米150余斤。新中国成立后，粮食产量有了较大提升。特别是80年代实行包干到户后，水稻亩产一般1100斤左右，小麦600斤左右。玉米作为蔬果食用，鲜果亩产一般3000斤左右。

经济作物 以油菜为主，大麻、川芎、土烟、花生、甘蔗、蔬菜、食用菌、折耳根为次，另有少量泽泻、白芷、荆芥、黄檗等。1982年，实行包干到户后，川芎、土烟仍有少部分农户种植，但种植面积锐减。甘蔗、大麻几乎没人种植，改种食用菌、折耳根。

1. **油菜** 油菜是本镇居民的主要食用油种类，是本地小春重要农作物品种。常年种植面积3000—6000亩，民国时期油菜产量亩产160斤左右，现达300斤左右。随着新技术推广，新品种改良，优质"双低"（低芥酸、低硫苷）油菜成为主流品种，其经济效益也逐渐提高。

2. **食用菌** 80年代后期，食用菌人工栽培从种植平菇、地蘑菇开始，1990年，形成规模化种植。发展盛期，全镇集中规模面积500余亩、1500万袋生产能力，种植农户200余户，带动全镇从业人员3000余人。主要品种有木耳、金针菇、平菇、姬菇、杏鲍菇等。木耳以干、鲜货为主销往全国各地，产值达1.5亿元以上。净居村成立了食用菌生产合作社、食用菌加工厂，成为全县有名的木耳生产专业村。

附：大划镇净居食用菌专业合作社简介

大划镇净居食用菌专业合作社于2007年7月注册成立，有社员200余户，食用菌生产基地1200余亩，年生产种植规模高达3000万袋，年产食用菌4.5万吨。配套有食用菌深加工厂一座，年加工能力600—800吨。主要产品有黄背木耳、金针菇、平菇、姬菇、香菇、地蘑菇、鸡腿菇、杏鲍菇等，以干、鲜货为主供应市场，年产值达12600万元，从业人数达5000余人。

大划食用菌的种植从80年代初开始，在本地市场以鲜货销售为主。1987年，净居村舒定云、舒定友、舒华德三兄弟带头学习食用菌种植技术，成规模发展食用菌生产，主要生产平菇鲜货供应市场，其生产规模达2万—3万袋。数年积累后，三兄弟各起炉灶，开始在承包田建起菌棚，生产规模达到4万—5万袋，同时带动相邻村民投资食用菌种植。到1992年，净居村从事食用菌生产者达54户，菌棚占地面积170亩，生产规模达700万袋。1993年，在净居成立了食用菌生产协会，会员45人，会长由李成忠担任。至2005年，食用菌生产在村党支部大力支持下，形成了"支部+协会+农户+生产基地"的发展模式，改选了食用菌协会。仅村内种植农户就达84户，菌棚占地面积400余亩，生产规模达到2000万袋，成为本村的主导产业。其产品干、鲜货销往全国各地，实现年销售收入8400万元。

2006年，本镇居民郑守刚筹资数百万元在村委会旁创办食用菌深加工厂，主营业务是金针菇、姬菇、地蘑菇等食用菌的深加工和反季销售，年生产加工能力达千余吨，实现产值800余万元。2007年7月，以食用菌加工厂为龙头，联合本地食用菌种植户200余户，以数百亩的生产基地为依托，成立"净居食用菌生产合作社"，注册资金200万元，主要从事食用菌生产、加工、销售，成为本镇食用菌生产行业示范基地。

3. **土烟** 土烟俗称"叶子烟"或"州烟"，是传统地方特产，常年种植面积150—300亩，亩产达到200—300斤，主要是本地市场销售，亩产值达1万—1.5万元。

4. **大蒜**　早期是农户自留地小区块自种食用，2010年以后，引入职业经理人成片种植，全镇规模种植面积300—500亩。每年10月至11月播种，次年3月、4月剥蒜薹，5月即收获晾晒蒜头，仅占用小春一季，不宜连作，亩产值在万元以上。

5. **甘蔗、大麻**　甘蔗、大麻是20世纪七八十年代的经济作物，甘蔗主要作为制糖业的原料生产。1973年，种植面积达240余亩。由于市场因素及本地制糖业的衰落，现已不再种植。大麻受现代工业纤维生产的影响也失去传统优势，现基本无人种植。

6. **川芎**　川芎是常用的中药材，20世纪50年代引种，育大苗返销高海拔山区繁育种子。80年代中后期，仍有部分种植。全镇种植面积80—150亩，亩产量200斤左右，其茎叶可作蔬菜食用。

7. **折耳根**　学名"鱼腥草"。80年代后期人工栽种，常年种植面积200—300亩。一般在5月至6月播种，10月至11月即可收获。也可在次年1月至2月收一茬嫩芽后再收根茎。土地可连作，一般亩产3000斤左右，其产值在6000—10000元不等。

绿肥饲料作物　主要有苕子、江西苕、胡豆秧、厚皮菜、苏丹草。民国及新中国成立初期种植面积较大，60年代中后期种植最多。随着化肥使用量的增多，绿肥饲料种植面积减少。

60年代前，大春种植饲料作物以芋荷为主，后红苕面积扩大，以红苕藤为主。70年代，还种红浮萍、水白菜、水葫芦等水生饲料。80年代中期，引进苏丹草种植，用作养牛、养鱼青饲料。

表4-2　　1963—1981年大春粮食作物面积产量统计表

単位：面积（亩）　亩产（斤）　总产（百斤）

年度	大春粮食总计			早稻			中稻			晚稻			玉米			红苕			黄豆	其他	备注
	面积	亩产	总产	面积	亩产	总产	面积	亩产	总产	面积	亩产	总产	面积	亩产	总产	面积	亩产	总产	总产	总产	
1963	17558	590	103543	241	486	1171	16940	601	101185	6	567	34	148	268	396	217	235	510	133	114	
1964	17828	590	105186	130	479	623	17207	601	103425				189	243	460	261	178	465	210	3	
1965	17791	639	113623	78	705	550	17359	643	111379				194	290	563	156	517	807	101	23	
1966	18111	652	118104	47	611	287	17436	669	116710				233	137	320	393	162	636	159	1	
1967	17642	641	113079				17297	649	112280				154	260	401	179	156	280	84	34	
1968	17602	538	94658				17313	542	93859				136	257	349	153	185	283	167		
1969	17133	603	106996	726	651	4726	16615	608	101014				149	232	346	243	374	910			
1970	17894	687	122992				17395	692	120395				249	366	761	248	299	742	203	2106	
1971	80180	601	121258	2242	577	12942	13921	692	96311	2406	318	7652	864	270	2331	732	161	1176	30	894	
1972	19712	539	106258	4368	539	23526	12329	600	73858	2542	274	6930	294	300	952	189	233	440		816	
1973	19591	627	102848	2429	598	14522	13746	709	97427	2451	283	6939	736	424	3121	235	238	559		502	
1974	12880	548	125418	4130	542	22372	10797	677	73083	5807	328	19028	2068	507	10480	78	306	286	127	277	
1975	24999	524	130912	5448	481	26202	8180	713	61157	8671	413	35796	2192	304	7287	108	271	293	122	42	
1976	22267	541	120370	3458	558	19312	10831	707	76623	5846	264	15429	1968	431	8476	164	169	277	232	55	
1977	22179	642	142271	3186	576	18370	10500	804	84460	5663	423	23967	2292	459	10514	538	199	1072	405	21	
1978	20668	731	151518	1645	692	9725	12603	837	105529	3900	459	17888	2249	683	15357	379	165	624	306	3483	
1979	19781	770	152758	604	605	3653	13643	886	120980	3375	283	9556	2113	648	13953	10	210	21	875	2089	
1980	17733	800	141979	572	727	4218	15104	836	126276	978	256	2502	866	599	5187	218	343	747	1002	3799	
1981	17037	853	145147	679	701	4761	15807	852	135223	10	107	11	228	540	1232	273	395	1077	737	2047	

表4-3　　1963—1981年小春粮食作物面积产量统计表

单位：面积（亩）　亩产（斤）　总产（百斤）

年度	小春粮食总计			小麦			大麦			洋芋			葫豆			豌豆			其他		
	面积	亩产	总产	面积	亩产	总产	面积	亩产	总产	面积	亩产	总产	面积	亩产	总产	面积	亩产	总产	面积	亩产	总产
1963	6671	196	13044	3103	211	6547	2506	205	5125	131	116	152	931	101	943	1	100	1	276		276
1964	6016	194	11692	2793	261	7279	2066	200	4137	13	100	13	1086	18	193	58	121	70			
1965	4820	265	12761	2084	336	9031	1579	212	3354	13	100	13	544	46	248			34			81
1966	4443	358	15911	2624	438	11494	1078	305	3290	319	244	777	419	21	89	1	36	36			225
1967	4168	363	15710	2990	407	12184	515	349	1798	410	194	810	253	89	224	6	83	5			94
1968	4550	332	15098	3195	372	11873	889	245	1982	334	267	891	206	101	209	6	83	5			138
1969	5104	282	14390	3309	325	10765	891	215	1929	748	196	1466	150	88	132						98
1970	5866	359	21031	3864	400	15440	979	287	2807	836	215	1961	78	78	145	3	233	7			671
1971	5285	407	21523	3902	438	17078	561	307	1721	736	271	2001	74	94	70	12	200	24			659
1972	7159	400	29824	6677	411	27448	95	288	273	683	268	1832	4	152	6						265
1973	7970	376	29973	7254	386	28011	225	280	631	435	226	982	50	120	60						279
1974	7702	391	30602	7093	407	18868	163	308	503	426	227	970	20	192	39						222
1975	7947	351	27899	7227	359	25930	90	277	250	622	241	1501	8	100	8						210
1976	8329	384	31941	7566	394	29791	156	354	552	398	230	1373	9	733	66						159
1977	8568	347	29701	7383	341	25195	463	377	1689	700	365	2566	22	214	47						204
1978	8207	485	39823	6851	501	34329	819	368	3012	471	378	1782	66	183	121						589
1979	9031	497	44993	7461	517.3	38597	688	542	3731	820	190	1559	62	122	76						801
1980	9102	487	44345	6976	495	34503	1338	500	6691	664	317	2107	124	171	212						719
1981	9030	490	44252	6977	517	36075	1205	442	5331	533	382	1503	315	764	518						735

表4-4   1963—1981年经济作物面积产量统计表

单位：面积（亩）亩产（斤）总产（百斤）

年度	油菜			大麻			土烟			花生			甘蔗			川芎			其他作物	备考
	面积	亩产	总产	面积	亩产	总产	面积	亩产	总产	面积	亩产	总产	面积	亩产	总产	面积	亩产	总产		
1963	3276	121	3963	1350	64	867	55	35	19	81	235	190	4	8800	352	10	110	11		
1964	4688	146	6837	1566	64	996	128	188	240	123	157	193	6	5300	318	19	137	26		
1965	4304	159	6860	1808	90	1660	106	119	126	91	95	86	10	6680	668	91	122	93	8	
1966	3855	199	7653	1880	111	2080	41	54	22				20	5255	1051	110	117	129	2	
1967	3298	218	7184	1499	89	1335	22	91	20	26	162	42	19	5115	972	171	102	174		
1968	3234	184	5940	1509	86	1298	44	102	45	43	214	92	17	5241	891	103	120	124		
1969	3124	173	5411	1549	88	1356	38		141	21	238	50	18	8655	1540	174	134	234		
1970	3184	185	5904	1482	112	1659	31	145	45	57	265	157	37	5548	2053	175	185	323		
1971	3184	180	5731	1393	87	1209	31	84	26	48	200	95	56	7848	4395	184	160	294		
1972	3201	198	6324	1309	84	1099	37	162	60	73	119	87	185	5116	9465	193	151	292		
1973	3122	195	6080	971	76	742	14	178	25	56	150	84	245	3786	9275	277	165	456		
1974	3079	207	6375	868	87	755	24	173	41	23	218	50	118	2717	3216	343	151	518		
1975	3031	183	5548	880	90	792	28	198	53	19	184	35	170	3596	6114	113	198	222		
1976	2922	148	4317	762	133	1010	38	176	67	4	150	6	148	2628	3890	116	78	90		
1977	2798	139	3887	740	97	717	89	163	163	5			98	2584	2532	21	77	16		
1978	3242	247	7752	975	103	1006	79	139	110	13	177	235	106	4650	4929	21	76	16		
1979	2991	223.4	6981	492	92	455	39	86	34	6	284	17	88	4119	3523	38	113	43		
1980	3053	236	7218	606	118	1082	29	128	50				26	5304	1379	27	230	117	2	
1981	3384	243	8214	261	96	251	63	94	59	8	125	10	48	6464	3103					

表4—5　　　　　　1963—1981年其他作物种植情况统计表　　　　　单位：面积（亩）　亩产（斤）　总产（百斤）

年度	菜蔬			绿肥			饲料			茗种			其他	备注
	面积	亩产	总产	面积	亩产	总产	面积	亩产	总产	面积	亩产	总产		
1963		302			2785				2431	820	23	185		
1964		206			2804				2041	998	51	512		
1965		132			3047				3476	908	48	438		
1966		229			3290				3635	1400	63	875	2	
1967		626			2975				1190	1134	52	694	5	
1968		111			1964				4737	1198	70	835	131	
1969		570			1858				3248	1001	30	301	127	
1970		453			1827				3710	1031	69	714	120	
1971		371			1667				5930	982	38	377	7	
1972		400			1995				5626	638	25	160	38	
1973		714			1439				5503	815	48	398	89	
1974		601			1380				5197	853	69	590	96	
1975		413			1043				5313	724	73	527	69	
1976		206			1331				5015	776	78	609	74	
1977		341			700				6024	803	68	549	112	
1978		449			886				5556	649	62	461	95	
1979		734			1816				4391	476	83	395	36	
1980		489			2154				4620	523	65	341	24	
1981		181			2348				4100	367	54	200	3	

二、耕作制

农业耕作制度以一年两熟制为主，分大春和小春。大春主产水稻和玉米，小春主产小麦、油菜。小麦、油菜又为轮作，两熟有余，三熟不足，用增种、套种补充。除少数冬水田、冬炕田外，绝大部分以水旱轮作，一年两熟为主，部分两年五熟，粮、油、绿肥饲料轮作。

1954年，改进耕作制度，提高复种指数。由于冬水田、冬炕田面积减少，扩大小春作物种植面积，推广增种秋洋芋、秋红苕、秋荞子、秋菜和短期绿肥饲料，提高复种指数。1958年，发展双季稻、玉米连作稻，扩大了一年三熟的复种形式。主要有三种：绿肥饲料—早稻或早玉米—晚稻或秋红苕、秋洋芋；春洋芋—早玉米—晚稻或秋红苕、秋洋芋；大麦或早油菜—早稻或早中稻—秋红苕、秋洋芋。1971年后，大种双季稻，进一步扩大三熟制面积，即大麦—早稻—晚稻、油菜—早稻—晚稻、小麦—早稻—晚稻。1976年后，推广杂交水稻和迟熟高产常规稻，水稻生产以中稻为主，主攻单产，三熟制面积减少，仍以传统的一年两熟，粮、油、绿肥饲料轮作制为主。1988年后，开始探索由传统农业生产的两熟制改革"三熟"，利用水稻收后秋季温度、日照条件和小春播栽前两个月的茬口，增种一季晚秋作物，品种主要有洋芋、玉米、大豆、红苕、蔬菜等。主要种植模式有：小麦（油菜）—水稻—秋洋芋（秋玉米、秋黄豆），小麦（油菜）—水稻—秋蔬菜，饲料（绿肥）—水稻—晚秋作物，春洋芋—春玉米—小麦（油菜）等。

1971年后，开始引进推广农田间种、套种生产技术，小麦田套种豌豆、胡豆、青菜、大头菜、红油菜等，水稻田套种糯稻及稻田养鱼。

三、农田基本建设

改土造地　整治低洼漕田　1955年合作化后，全乡采用深挖排水沟，降低地下水位，挑土面沙加厚土层，堆草沤秸秆，增施磷肥等措施，开展填土改造工作。1970年，渠系改造工作中，对4230余亩低产下湿田全面规划，彻底改造，仅用三个冬春改造好4100余亩低产下湿田。其主要分布于崇镇观漕坝、安基庙漕坝、王大林漕坝、乌店子漕坝、野猫洞、蝦子拐、董家碾、玉元桥、老人桥、瓢儿兑、何家庵、谢漕坎、泉水河两岸、白果树、徐巷子、蒋耳坡、黑铅凼、潘家堰等点位。1977年，又对改造工程进行加固，大部分排水沟浆砌堤岸，安设工程制口，全乡基本消除下湿漕田。

1974年冬，在县统一规划下，开始整治西河张渡儿、陈家渡，浆砌石埂堤坝，解除了洪水溃堤之忧。公社动员全社力量，改造张渡儿下段乱河滩，筹办社队农场，两个冬季总计造田272亩，菜蔬地15亩，鱼塘6口（面积50亩），整修灌溉渠4条，总长度4900米。至1978年，全乡改造田地产粮15.09万斤，经济收入5.84万元。随着西河治理堤坝完善，至1981年，全乡河滩改造田地共约800余亩。

渠系建设　1970年秋，在区域内新建黑石河七、八支渠节制大闸（现改名"罗家渡"），新改开凿了七、八支渠。七支渠向东经羊马（安阜）、江源、三江（听江），落入金马河，在境内段长200余米。并开设斗渠1条，控制崇镇（万寿）、石桥村等村社灌溉面积1600余亩。八支渠由东向西经德寿、登田村进入灰窑村界，落水西河，全长4200米，有效管治段3000余米。其中段有跨白马渡槽1座，长50米，宽4米。开设有斗渠3条，配有节制调节闸门7座，灌溉德寿、登田、灰窑、划石、净居、白果及大邑龙凤韩河心共计8700余亩农田，承接完善支渠以北的六支一、二、三、四斗渠尾段，解决德寿、登田原七分堰尾水灌溉面积。1989年至2000年，在县上补助乡内筹资筹劳，分5年整修支渠，浆砌防渗堤岸，增强输供水能力。2011年，市工业区征地，改变支渠公路至尾水闸段及二、三斗渠上段合并。2013年，修建成温邛快速路，改一斗渠穿跨线桥，打沉井、提灌站30余座，抽取地下水和渠水，补充渠改后仍有局部用水不足，主要集中在德寿、净居、白果村，现仍存有20余座机井提灌站照常使用。

1977年冬季，开工改造泉水河。采取裁弯取直，加深渠道方式，将原老泉水河段面缩小，在险要段用卵石衬砌。1978年，由企业投资石灰250吨，浆砌堤岸3500余平方米，投工1.2万多个。

黑石河大水堰拦水坝、排洪闸，历年来沿用竹笼扎堰工程，年年修年年垮。1973年冬，将堰坝体修筑成混凝土大坝，配套修建三孔拦河节制闸，修建管理闸房5间，安装了启闭机具，使该坝安全泄洪流量达250立方米/秒，有效保护黑石河下游段安全。规范建设了高家堰引水渠控制闸，方便调控引配水量。2000年后，外江管理处投资坝闸改造，使灌排更加安全可靠。

条田建设　1970年，开展"改渠灭螺，消灭血吸虫病"运动，实施"沟端路植树成行，条田机耕新农庄"的目标任务，沿崇双公路两侧及主要村道两边，先外后内，建成条田1500多块，约3250亩。至1981年底，共改建条田4472块，面积达11180亩，占全乡总面积的70%左右。

农业综合开发　1991年冬，实施"青羊河农业综合开发项目区"工程。其范围主要是崇镇（含万寿）、石桥（含板桥）村，以农田水利建设为重点，着力改善农业生产基本条件，实施高家堰斗渠、七支一斗及农渠、毛渠的浆砌治理防渗透工程，以及排水沟的整治工程，项目区人口8000余人，农田面积6000余亩。至1992年底，完成整治斗渠3条，4200米；农毛渠19条，15000余米；排水沟3条，1300余米。新建桥、涵、制口48处，植树4200余株，有效改善灌溉面积800余亩。

土地整理　2008年，在市国土部门统一规划下，立项实施涵盖5个村的土地整理项目，辖区面积14843亩，建设规模12034亩，搬迁农户190余户，整理新增耕地859亩，项目格田整理1450亩，水田整理622亩。浆砌整治斗渠、农渠4条，8047米。整修农毛渠、U型渠57条，22027米。改修田间水泥路面7条，5880米。泥石路面18条，8901米。新建人行桥、机耕桥28座。沟边、路旁植树2113株。

四、品种改良

水稻　新中国成立以来，一直沿用高秆品种，其中"见秋黄"种植时间最长。1964年春，开始进行品种改良，引进矮子粘、珍珠矮和矮足南特号等耐肥力强、抗倒伏、产量高的矮秆品种。通过试种，得到了群众的认可和进一步的推广应用。此后又逐年引进"广场矮""浪白""广选二四"等品种，取代了传统的高秆品种。糯稻方面，先后引进印度酒谷、缅甸酒谷、金选矮、川心糯等较为高产的优良品种，并得到较好的推广应用。

1976年，引进"桂朝三号""桂朝四号""桂朝十三号""丛农51"等桂朝系列杂交水稻品种，因具有高产、稳产性能及耐肥抗倒的优点，得到大面积推广。

1970年至1978年，"双季稻"生产模式在全县推广应用。两季稻谷产量总计约600—700斤，且栽种收割两季耗时、耗事、耗肥，对下半年小春生产有一定的影响，不具备推广优势。在此期间，广泛应用的早熟品种有广二矮、农垦58、农垦37、矮足南特号、铁竹等优良品种。

1986年后，再次引进推广杂交水稻，主要品种有油优63、油优64、D优63、D优64，种植面积达水稻种植总面积的40%左右。1990年后，推广品种有岗优22、优163。1995年后，推广品种有油优47、油优149、Ⅱ优838、Ⅱ优162、岗优725、K优047等。至2019年，杂交稻主要品种组合有宜香优2115、德优4727、川优6203、宜香725、宜香2905、宜香4245、隆Ⅱ优534、F优498、CⅡ优华占、内5优H25、蓉优908、蓉18优447、辐优151、辐优21等优良品种，占水稻种植总面积的90%以上，常年亩产量均达1000斤以上。

1994年后，引进台稻101、禾嘉2号等优质常规稻品种，但推广时间不长。

小麦　1952年，先行推广的小麦品种有南大2419、矮粒多。1961年以后，改推广阿波、阿波1号、大头黄、雅安早、竹叶青、简阳灰秆、凡六、凡七等。1980年后，主推绵阳11号、川育12号。1990年后，推广川育8号、绵阳21、绵阳28、川麦107、川麦94-335、绵农4号等。至今，小麦主推品种有川麦42、川麦104、川麦90等抗病稳产性较强的优良品种，常规产量均在600斤以上，最高的可达800斤。

玉米　1990年后，主要品种有73单交、雅玉2号、川单9号等，玉米亩产为800—1000斤。2000年后，玉米种植以果用嫩食甜玉米等杂交品种为主，每年更新较快。

大麦　新中国成立后，一直沿用打锣锤、狗尾巴、滥秆黄等旧品种，不耐肥，易倒伏，产量不高。1970年后，推广种植"上海六棱麦"、早熟3号，平均亩产达500—600斤，主要作饲料用途。2000年以后，基本无人种植。

洋芋　主要从彭县及周边市区引种，常规产量在3000斤左右。2000年后，引进脱毒洋芋，品质提高，产量稳定在3000—4000斤。

油菜　1962年，推广甘蓝型油菜品种，以其耐肥、抗病力强、不易倒伏、产量高的优势，扩大种植面积，淘汰了旧品种。推广的品种有胜利油菜、长角油菜、川油2号、矮架早、波兰油菜、印度大白叶等。1980年后，主要品种有崇油202、西南302、新都大粒早、早花大粒早等。1990年后，主推中油821、川油11号。1995年，引进推广蓉油3、4号，蜀杂6、7号"双低"（低芥酸、低硫苷）油菜品种。目前种植的油菜主要有先油188、川早油3号、蓉油11号、庆油1号、德民油5号、德新油188、油研57、油研817、蜀油636、绵油16等新品种，常年产量均达300—400斤。

五、栽培技术

水稻　民国时期，除冬水田多为直播外，均为水育秧。秧田不开厢，撒"满天星"，每亩秧田用种200—250斤。新中国成立后，推广新式秧田，开厢、稀播（每亩用种150斤）；培育"扁蒲壮秧"（片子秧）。播后渣肥盖种，湿润灌溉，出叶后浅水上厢。1975年后，推广湿润秧田，培育"带蘗"壮秧，比新式秧田减少播种量至每亩用种100斤。1976年后，推广杂交水稻、湿润育秧，采取培育"多蘗壮秧"方法，再减播种量至每亩用种20—25斤，增加苗期追肥次数。"多蘗壮秧"分蘗株率达90%以上，单株带蘗4—5枝，秧龄期弹性大，秧苗素质好，能起到改善穗粒结构，获得高产的作用。1992年后，又推广温室、地膜两段育秧，温室内育小苗，分株移栽秧母田内。普遍推广地膜旱育秧、半旱式塑料软盘育秧，用塑料薄膜覆盖分厢播种的厢面，保温、增温、防冻，提早移（抛）栽。

大田栽植，种高秆品种时，密度小，一般是栽"四大行""长二排子"的稀大窝，亩3000多窝，基本苗4万—5万株，顺田开厢，栽"弯弯秧"。1952年，推行"少秧密植"，改窝行距为"一尺两头栽"，亩6000窝左右。后又推行"八寸见方""七寸见方"，亩栽9000—10000窝，基本苗8万—10万株。农业合作化后，改革栽秧方法，从秧田中部开厢，"打端秧"（栽直行），提倡合理密植，要求"方、端、匀、浅、稳"。1958年至1961年，高度密植，普遍推广3寸×8寸、3寸×7寸、3寸×6寸秧，亩栽2.5万—3.3万窝，基本苗达20万株以上（种双季稻时，基本苗达25万—30万株），称"蚂蚁出洞""双龙出海"。1962年，恢复到亩栽1万窝左右。1966年后，大面积种植矮秆品种和桂系品种，亩栽秧保持2万窝以上，基本苗12万—14万株。提倡条栽密植，推广"标竿栽秧"。1971年后，推广"抬线栽秧"。1978年后，改为"抬线打桩，标竿栽秧"和"抬线打桩，分厢栽秧"。

施肥方法，民国时期一般是"轻底肥，重追肥"。追肥薅头道秧为主，薅二道秧次之。1952年，提倡"重施底肥，适当追肥"，底肥占总施肥量的50%—60%（人畜粪为主，1954年增用磷矿粉作底肥）。1958年，提倡"重底早追"，底肥占80%，栽后25天内施20%追肥。1961年后，推广"氨水作底，增施磷肥"。1975年，"化肥深施"，碳铵犁沟深施，腐植酸铵、腐植酸磷铵撒于田面，翻入土中。追肥用碳氨和氮磷球肥塞秧窝。1981年后，碳铵作底，栽后7天左右施氮素化肥，15天左右施粪水，后期酌补穗肥，只施肥不薅秧，并停止了稻田施用石灰的旧习惯，保护了农田生态环境。1986年后，配方施肥、多元复合肥、专用肥被引进并推广应用。1993年后，引进农作物生长调节剂。2000年后，农作物生长调节剂的应用得到了普及。

灌溉方法，传统习惯为漫灌、串灌。1957年，开始推行浅水灌溉，要求专人放水，一田一口，挡笆进水，消灭串灌，反对漫灌。后来进一步发展为浅水栽秧、寸水返青、薄水分蘖、苗够晒田、湿润灌浆、饱水壮籽、散籽排干的灌溉方法。

小麦 民国时期播种方法，撒满天星或挖窝点播。1952年，推广"密窝点播"，亩用种10斤左右。1954年，推广"窄幅宽行"条播，亩用种15斤左右。"大跃进"中，亩用种增到30斤左右，有的达50斤，个别达150斤。1962年，大部分改为"宽幅窄行"条播，亩播种20斤以上。1982年后，大部分为杵窝点播，亩16—18斤。新中国成立后，提倡"施足底肥、早施针（萌芽后成针状时期）肥、增施二次肥"。后又提倡重底早追（底肥占60%—70%），三叶期重施追肥（占追肥量的80%），以后补施拔节肥。1986年后，引进推广应用稻茬麦免耕综合配套、小窝疏株、密植栽培、多效唑浸种、稻草覆盖栽培、种子包衣、宽行中间种蔬菜技术。

玉米 1953年，推广"双株密植"，缩小窝行距，每窝留苗2株（过去留3株），亩2000株左右。1971年，推广早玉米连作晚稻，改直播为育苗移栽，有苗床育苗带土移栽、方格育苗移栽、土团育苗移栽等法。1975年，推广营养钵育苗移栽。1986年后，引进并推广应用地膜覆盖栽培、喷施健壮素化控栽培、双降解膜覆盖栽培、旱地轮作等技术。

油菜 多为育苗移栽，白菜型品种栽植规格一般为1.2—1.5尺见方。随着甘蓝型品种推广，栽植密度相应增大，改每窝双株为单株，改满田栽为分厢或宽窄行栽。1958年，提倡条栽密植，窝距5寸，行距9寸至1尺，亩栽达1万窝以上。中迟熟品种，株距8—9寸，行距1.1—1.2尺，亩栽6000株左右。早熟品种，株距7—8寸，行距9寸至1尺，亩栽8000株。施肥采取"施足底肥、勤施苗肥、重施开盘肥、狠施蕾苔肥"的方式。底肥用化肥、干粪混合"坐窝子"，混合土肥移栽。苗期用清淡粪水追施2—3次。开盘、现蕾、抽薹时重施追肥。1975年，提倡"巧施花期肥"，概括为"底肥足、苗肥勤、盘肥重、薹肥狠、花肥巧"。1981年后，推行"三四三"施肥法（底肥30%、苗肥40%、薹肥30%）。1986年后，引进推广应用间套蔬菜、生稻草覆盖栽培、苗期喷施多效唑化控栽培、稻茬免耕栽培、杵窝移栽等技术。

六、肥料使用

乡内农业用肥，民国时期以农家肥为主，兼有油枯和少量骨粉、猪毛、人发等。每亩年均施人畜粪29担，油枯8斤（折纯氮13斤左右）。

1953年，始用化学肥料，有硫铵、尿素、碳铵、氨水等。1954年，推广使用硫酸铵。1958年，推广使用尿素，主要用作追肥。1961年，推行氨水和碳酸氢铵用于追肥。1962年后，硫铵、尿素与磷肥、干粪等混合用于小春盖种肥（或种肥混播）。1975年，推广化肥深施，用作底肥。乡内使用化肥品种及数量逐年增加，主要有尿素、碳铵、硝铵、氨水、钙镁磷肥、过磷酸钙、硫酸钾和氯化钾等。1985年后，开始施用三元复合肥料，部分使用锌肥、锰肥、硼肥等微量元素肥料，以防水稻缺锌坐兜、小麦缺锰缩苗、油菜缺硼结籽不实。

1976年，公社办土化肥厂，生产腐植酸铵、腐植酸磷铵。1970年至1971年，引进菌种，与饼土混合堆制"5406"菌肥、"920"菌肥，普遍用作拌种、浸种、蘸根及底肥、追肥。因肥料紧缺，乡内稻田有施用石灰的历史习惯，1962年至1970年，全乡稻田石灰亩用量达50—200斤。直到1984年后，这一做法才得到有效遏制。

七、病虫害防治

水稻病害有稻瘟病、纹枯病和白叶枯病，以稻瘟病危害最大。水稻虫害有螟虫、黏虫、稻蓟马和稻苞虫，二化螟危害最大。一代二化螟危害期一般在5月中旬至6月上旬，造成水稻枯心。二代二化螟危害期在7月下旬至8月上旬，造成水稻白穗和枯孕穗、虫伤株。

小麦以锈病、赤霉病、纹枯病、白粉病和黑穗病（俗称火烟包）、条锈病（俗称"黄疸病"）、霜霉病危害最大。虫害主要是蚜虫。

玉米病害有纹枯病、大小斑病、霜霉病、黑粉病。虫害主要是黏虫、玉米螟、大螟和土蚕，以黏虫为害最大。

油菜有菌核病、霜霉病、白锈病、病毒病，每年均有发生。苗期害虫主要有蚜虫、猿叶虫、叶跳甲、菜青虫等，常常同时发生。

农作物除遭受病虫危害外，还有草害、鸟害、鼠害等。

民国时期至新中国成立后一段时间，病虫防治主要采用人工捉虫、采卵、拔枯心苗、点灯灭蛾和挖稻桩等方法，也用野烟和浸泡的烟骨头水喷洒。1953年，组织全民拔枯心苗、白穗谷秆和采卵、捕蛾。1958年，全民参与大规模除雀害活动。1972年后，逐渐用科学方法防治。同时采取选用良种、培育壮苗、中耕松土、合理密植、科学施肥、科学管水、清除杂草等农业防治措施。1990年，小麦生产引进应用免耕栽培、化学除草技术。1991年，这一技术应用到油菜种植上。1998年，应用到蔬果种植等方面。2000年后，推广水稻免耕田内化学除草技术。

农药防治病虫害始于1953年，初期用的是六六六粉。直至1962年以前，推广使用的杀虫剂有六六六、二二三、鱼藤精、砒霜和砷酸钙。杀菌剂有赛力散、西力生、二硝散、石硫合剂和波尔多液。70年代，使用的杀虫剂有乐果、敌敌畏、敌百虫、1605、杀螟松和杀虫脒、杀虫双。杀菌剂有代森锌、代森铵、稻瘟净、克瘟散、敌锈钠、敌枯双、敌枯唑、异稻瘟净、退菌特、稻脚青、多菌灵、托布津。1984年，推广使用的杀虫剂有速灭杀丁和辟蚜雾。杀菌剂有富士1号和三环唑。

表4-6 1984年农业生产病虫害防治常用农药

发生时间	病虫种类	常用药物	防治方法
6—7月	稻瘟病	稻瘟净	1：600兑水喷雾
6—8月	白叶枯病	敌枯霜　敌霉唑	1：1500兑水喷雾
5月	纹枯病	稻脚青	1：2000兑水喷雾
5—7月	稻虫菌条病	代森铵　退菌特	1：1500兑水喷雾
5—7月	稻蓟马	乐果　马拉硫磷	1：1000兑水喷雾
5—7月	黏虫	敌百虫	1：1000兑水喷雾
5—7月	稻叶蝉	杀虫脒	1：250兑水喷雾
5—7月	稻飞虱	六六六粉剂　磷铵	2~3斤撒施
6—7月	卷叶螟	敌敌畏	1：2000兑水喷雾
2—3月	白粉病	托布津	1：1000兑水喷雾
2—3月	赤霉病	庆丰霉素	40~60单位液水喷雾
11—2月	黄锈病	敌锈钠	1：100兑水喷雾
2—3月	黑穗病	赛力散	1：1000浸种
11—3月	蚜虫	敌百虫223乳剂　乐果	1：1000兑水喷雾
11—3月	麦虫蝇	乐果	1：1000兑水喷雾
11—3月	菌核病	托布津　代森铵	1：1500兑水喷雾
11—3月	白锈病	波尔多液　氯钠铵	1：1000兑水喷雾
10—3月	叶跳虱	敌百虫	1：1000兑水喷雾

2018年农业生产病虫害防治常用农药

水稻

1. 一代二化螟　稻母田：5月5日至12日，大田：5月15日至25日

二代二化螟　时间：7月16日至8月10日

用药：①30亿P1B甘蓝夜蛾核型多角体病毒悬浮剂50克/亩

②100亿短稳杆菌悬浮剂100毫升/亩

③40%氯虫·噻虫嗪水分散粒剂10克/亩

④35%氯虫苯甲酰胺悬浮剂6毫升/亩

⑤10%四氯虫酰胺悬浮剂30毫升/亩

2. 稻瘟病（穗颈瘟）　时间：孕大穗——破口

叶瘟　时间：5月至6月

75%三环唑可湿性粉剂20—30克/亩

36%丙环·咪鲜胺（米优）悬浮剂40克/亩

40%稻瘟灵（富士一号）乳油80—100毫升/亩

75%肟菌戊唑醇水分散粒剂15克/亩（拿敌稳）

2%春雷霉素液剂（加收米）100克/亩

3. 纹枯病第一次拔节孕穗期

第二次可结合螟虫防治

36%丙环·咪鲜胺（米优）悬浮剂40克/亩

75%肟菌戊唑醇水分散粒剂10—15克/亩

2.5%井100亿活芽/ml枯草芽孢杆菌（纹曲宁）300毫升/亩

30%苯甲·丙环唑（爱苗）乳油20毫升/亩

4. 稻曲病抽穗前5天至7天　齐穗期第二次

①30%苯甲·丙环唑（爱苗）乳油15—20毫升/亩

②75%肟菌戊唑醇水分散粒剂15克/亩

③36%丙环·咪鲜胺（米优）悬浮剂40克/亩

④2.5%井100亿活芽/ml枯草芽孢杆菌（纹曲宁）300毫升/亩

5. 稻飞虱　查见防治

①25%噻虫嗪可湿性粉剂20—30克/亩

②70%吡虫啉水分散粒剂20—30克/亩

③25%吡蚜酮可湿性粉剂30克/亩

6. 稻苞虫8月上旬至中旬

①BT制剂

②福戈、康宽等治螟剂

小麦

小麦条锈病　时间：2月下旬至3月初

43%戊唑醇悬浮剂10—12毫升/亩

12.5%氟环唑悬浮剂40—50克/亩

25%丙环唑乳油30—40毫升/亩

小麦蚜虫　时间：3月下旬至4月初

41.5%毒死蜱·啶虫脒30克/亩

70%吡虫啉水分散粒剂4—6克/亩

22%高氯氟·噻虫20克/亩

小麦赤霉病　时间：3月下旬至4月初，见花防治

43%戊唑醇悬浮剂10—12毫升/亩

25%咪鲜胺乳油50毫升/亩

70%甲基硫菌灵可湿性粉剂100克/亩

小麦白粉病　时间：1月至4月

发病初治，用三唑酮、丙环唑氯环唑（可与锈病兼治）

纹枯病　时间：3月至4月

20%井冈霉素可湿性粉剂30克/亩

30%苯甲·丙（爱苗）乳油15—20毫升/亩

油菜

油菜菌核病　时间：2月至3月

50%腐霉利可湿性粉剂50—100克/亩

40%菌核净可湿性粉剂120克/亩

油菜蚜虫　时间：12月至次年3月

同小麦蚜虫用药

玉米

玉米黏虫　50%辛硫酸磷1000倍液喷雾

褐斑病、大斑病　用50%多菌灵500倍液喷雾

八、农业机具

1. 传统农具

犁：为木质曲辕犁（弯弯犁），由犁辕、犁脖子和铧头组成，用于翻耕田土。1980年，改制为铁犁，轻便耐用，木犁逐渐减少。

耙：由木制耙板和铁制耙钉组成，分钉齿耙和捞草耙，用于平整田土和掩埋水田杂草，也用作播种开沟、掩土。1978年后，拖拉机使用增多，捞草耙相对减少。

锄：分挖锄、南锄、大锄、小锄和尖锄。锄头铁制，锄把木制。挖锄、南锄用于挖土、松土、

掏土、铲草和开厢、挖窝。大锄用于挖花生，小锄用于中耕除草，尖锄用于掏挖坚硬沙砾。

石磙：圆柱形，用于压碎土块、麦苗期压苗，1978年后很少使用。

秧耙：铁齿，长竹把，用于水稻中耕薅秧。随着耕作制度的改进和大面积施用除草剂，逐渐减少。

镰刀：有手镰、卜镰、麻刀三种。割稻、麦多用手镰，割谷桩用卜镰，砍麻用麻刀。

豆杵子：木把、铁杵，用于杵窝播种，90年代后，改为铁把。

拌桶、风谷机：用于稻、麦、油菜、豆类的脱粒、扬净。

鸡公车（独轮车）：木制农用载运工具，分高车、矮车。高车载货，矮车人货兼载。后被自行车、三轮车、嘉陵轻便摩托车、拖拉机代替。

竹制农具有椪盖、挑篼、晒垫、撮箕等。

2. 农机具的发展和应用

1956年，试行农具改革。最初在崇镇村试验推广使用"双轮双铧犁""双轮单铧犁"和新式步犁、圆盘耙等，推广时间不长即淘汰。

1963年后，公社购置大型轮式拖拉机1台（热托25），配备培训驾驶员。但只能用于运输（到氮肥厂拉氨水），农田耕作能力差。1970年，购回中型轮式拖拉机（丰27）1台，用于农业生产耕作。后来，又引进小型手扶拖拉机。到1981年底，全乡拥有大、中、小型拖拉机112台，总功率1600余马力。其中大中型拖拉机6台，222马力。植保机械有机动喷雾器12台，背式喷雾器360台，稻麦脱粒打谷机642台，机动脱粒机35台。

1982年，各村各组都有小型手扶拖拉机，有条件的农户成为农机户。1990年，全乡拥有中小型拖拉机196台，均属农户所有。人力打谷机、喷雾器等农机具普及率达60%以上。小麦播种机、收割机、联合收割机逐渐进入并广泛应用。到2010年，全乡全面实现机耕机收。

2010年后，组建农业生产合作社，实行规模化经营，农业生产机械化作业，播种机播，栽秧机插，植保机防（包含无人机施药），收割机收。粮食由烘储中心烘干、储存、销售，避免了收获季节天气影响因素，农民种田基本实现"脚不沾泥"。

3. 农机具管理和服务

1973年，成立了公社农机管理站。将原公社铁木厂址、房舍、场坝作为基地，占地面积1.5亩，有职工25人，其中行政人员5人。又修造各种小型农具的加工红炉7盘，"热托25"拖拉机1台，保修工1人，驾驶员1人。随后拖拉机增至3台、107马力，保修专业人员4人，车工3人，铣工1人，电焊工1人。加工设备有车床3台，铣床1台，钻床1台，为中小型拖拉机提供修理维护服务。

1974年，全公社各大队也先后成立了农机管理站，由管农业的支部副书记或副业大队长担任站长，管理全社拥有的各型拖拉机112台、1553马力，每年完成农机作业高达60369亩。时农机固定资产价值483130元，有拖拉机手164人，管理人员15人。农机站负责技术培训、安全管理、油料供应、维护保养等。1982年，农业生产体制变革，原生产大队、生产队经营的大型拖拉机、手扶拖拉机、动力加工厂等变卖给农户经营，农机站职能逐渐弱化，2000年后撤销。2004年，国家实行惠农政策，给予农民购买大、中、小型农机具补贴，补贴额度约为价值的40%—60%，广大农民购置农机具热情高涨。

2004年，石桥村张勇刚创办成都刚毅机械有限公司，生产手扶拖拉机、耕整机、拖车等，填补了域内农机生产空白。后因发展需要，迁入市工业集中区建厂，生产的农机产品列入国家农机补贴产品目录。

表4-7　　　　　　　　　　　　1976年主要农机具及机械情况统计表

项目 数量 单位	动力机械							
	汽车		柴油		汽油		电动	
	台	马力	台	马力	台	马力	台	马力
一大队			9	93	1	3	1	2
二大队			2	24	1	3	2	40
三大队			6	51	1	3	2	20
四大队			4	54	1	3	2	20
五大队			3	36	1	116	4	40
六大队			5	60	1	3	4	50
七大队			7	82	1	3		
八大队			5	60	1	3		
九大队			6	72	2	6	1	30
十大队			3	39	1	3		
十一大队			4	48	1	3		
十二大队			3	36	2	4.6	2	20
农场	1	75	4	51	1	3		
农机厂	1	90	3	82	1	3		
合计	2	165	64	788	16	160	18	242

项目 数量 单位	农业机械				牵引	旋耕	脱粒	粉碎	打谷	打米	磨面	喷雾
	拖拉机		手扶拖拉机									
	台	马力	台	马力	台	台	台	台	台	部	部	部
一大队			17	219	16	16	4	2	61	5	4	39
二大队	1	27	15	135	12	12	2		43	3	3	2
三大队			15	195	15	16	2	2	57	4	2	34
四大队			9	114	9	9	2	2	60	5	3	30
五大队	1	35	8	122	9	9	4	2	58	3	2	24

续表

六大队	1	35	8	122	8	8	3	2	61	3	1	26
七大队			10	126	11	11	4	1	55	4	2	22
八大队	1	50	10	167	11	11	2	2	40	3	2	18
九大队			11	141	10	11	4	5	46	2	2	18
十大队			10	129	9	10	3	3	54	3	2	24
十一大队	1	50	11	179	9	11	2	2	69	3	2	21
十二大队			7	96	6	8	2	1	35	2	1	18
农场				1	1	2	1	2	2	1	5
农机厂												
合计	5	197	131	1745	126	133	36	25	640	42	27	293

九、农经、农技推广服务

1. 农业经营管理

计划管理　计划管理是指该经营单位（农业生产合作社或生产队）的生产计划安排，如农作物种植的布局结构、品种选择、产量产值、农资购备、中耕施肥、上交国家粮税任务、集体提留、社员分配等计划。其中计划编制依据必须按先国家、再集体，后社员个人的"三兼顾"原则。

财务管理　包括经济效益、生产成本、社员往来、上交国家、集体提留、预算决算。同时，监督干部管理人员，防止贪污浪费，增收节支。每个农业社或生产队设会计员1人。

劳动管理　劳动管理是指对能参加农事活动的、年满16周岁的社员的管理，包括社员每年应完成多少劳动工日，确保收益平衡，合理安排每个社员参加分类劳动。

物资管理　包括粮食、现金、种子、肥料、各种农业机具、器具、生产队所有生产成品和其他公共财物的管理，设立专职保管员1人，做到收有凭、支有据，账实相符。

1982年以后，村上设会计及专业会计数人，统一管理生产队的集体资金和资产。1993年，成立大划农村经营管理服务站，负责农村合作经济经营管理、财会辅导、统计等工作。农经服务站人员由各村会计组成，会计辅导员任站长。村、组集体资金交农经服务站统一管理，具体负责分解国家下达的粮税、提留统筹任务。

农经服务站主要职能是：

农业生产　变指令性计划为指导性计划，乡、村、组逐级分解，向农户做好宣传和引导，由农户作出相应的具体安排。国家下达的粮油征定购任务，按面积逐级分解，在每年3月至5月通知到户。同时落实应交农税、水费、统筹提留款项。

财务物资管理　实行农户自主管理，乡、村、组三级在5月至6月和9月至10月，组织农户按时完成国家粮油交售任务，由村会计统一结算，代扣代缴，并组织兑现到户。农资供应也逐渐由计划供应转变为市场供应，农产品除交售统定购粮油任务外，由农户自储保管支配，"三级"管理逐渐转变为"三级"服务。

劳动管理　农村劳动力在完成大、小春收种的基础上，其余时间则务工、经商、开办企业，发展家庭种养殖业、加工副业等。2017年，全镇农村人均收入中，非农收入占比达90%以上。

2009年，承包土地确权颁证后，土地经营权流转，推行土地合作社职业经理人制，土地入股分红、家庭农场等集中经营农业体制逐渐兴旺。到2017年底，全镇建有白马、崇万、石桥、德源4个农业合作社，明华、王河湾、惠风、广生4个家庭农场，规模化集中经营土地2761.1亩，进一步解放农村劳动力向二、三产业转移发展，实现了农村人均可支配收入16000余元。

2.农科站

1970年以前，各村就先后成立了科研小组，设有实验室和试验基地，主要负责农作物栽培，选育种、繁种及提纯复壮、试验化肥、农药的使用剂量等方面的工作。结合农业科研，配备专人土法生产"920""5406"等微菌肥，收到一定的效果。

1980年，公社成立农科站，选配人员4人，在划石村8组租地8.4亩作试验田，进行了水稻、小麦、油菜的栽培、施肥、植保等对比试验，将成熟经验宣传到各村组。每年开办2—3期技术培训活动，培训人员400—500人次。1982年，实行土地承包后，农科队伍解散。

3.农技站

1990年，成立农技服务站，主要职能是组织技术推广示范，小麦、油菜、玉米等种子供应，农药、化肥、农具、植保机具的推广、销售。随后，各村也相继成立了农技推广服务站。至2000年，全乡共有农技服务站点21个，从业人员38人。

第三节　养殖业

一、家禽、家畜

养猪　在2000年以前，以农户家庭养殖为主，年生猪存栏1.6万—2万头。之后逐渐形成规模化养殖。至2010年，全乡有50头以上规模养猪户300余户，存栏生猪达2.5万余头。2015年，综合治理环境污染时，仍有养殖户68户，存栏生猪1万余头。如今，规模养殖基本无存。

养牛　以耕牛为主，分黄牛、水牛，水牛居多。1955年以前，耕牛为私人所有。农业合作化后，私有耕牛大多折价入社，由专人管理。全乡饲养耕牛最多时达600余头。1981年以前，耕牛属集体所有，1982年，全都属私人饲养。2000年以后，沿西河登田、灰窑、净居、白果等村，有部分村民小规模散放养牛约200余头，作为肉牛销售。2015年后，城乡环境综合治理，规模养牛无存。

养羊　2010年后，有规模养殖户养殖山羊，年存栏百余只。

养鸡、鸭　1990年以前，以农户家庭零星少量饲养为主，之后出现农户小规模饲养50—200

只。2000年以后，形成规模化养殖。至2010年，全镇养鸡1000只以上农户60余户，存栏量10万只。养鸭1000只以上农户30余户，存栏量达12万只。2015年后，仅有近10户从事鸡、鸭养殖。

养鹅 原是以农户散养为主，数量不多。1990年后，有小规模饲养，作肉鹅销售。2000年后，发展棚圈养殖100只以上的农户约30余户。

养兔 原是分散养殖，多为本地品种。1990年，引进日本大白兔、德国长毛兔、獭兔等品种作肉食用，农户小规模养殖50只以上达60余户，存栏量5000只以上。

表4-8　　　　　　　　　　　　　　1963—1981年主要牲畜统计表

年份	农业人口	生猪（头）	耕牛（头）	山羊（只）
1963	14605	6129	609	271
1964	15097	6646	645	233
1965	15531	9175	67	32
1966	16037	12090	714	16
1967	16387	10390	713	10
1968	17026	9435	700	37
1969	17713	8841	698	
1970	18280	10598	717	120
1971	18864	16775	677	68
1972	19128	15193	694	74
1973	19409	14191	687	3
1974	19654	14090	674	
1975	19872	13837	627	
1976	20082	13321	607	
1977	20201	11027	597	
1978	20193	14536	587	2
1979	20386	18285	485	
1980	20349	19553	402	10
1981	20462	17915	384	18

二、养鱼

民国时期，白果村6、7、8组村民从事江河捕捞谋生。新中国成立后，组建了渔业生产合作社，有精干成员60多名，大小渔船50余只，鱼鹰（鱼老鸹）100多只。常年在域内白马河、西河、黑石河以及羊马河、青羊河、石鱼河、金马河、南河乃至岷江水域，以鱼鹰、渔网捕捞成鱼，同时承接省内外各地捕捞任务。80年代后，渔民逐渐减少，在白果村现存有渔船20余只，白果村7组沈汝君养有鱼鹰12只，但只在近处水域作业。

1975年，公社农场改造西河张渡儿段河滩，修建4口鱼塘，20余亩，当年获利1000多元。后发展到12口鱼塘，约50余亩。1983年，公社农场利用淡水养鱼项目贷款，改造修建精养鱼池10口，100余亩，实行个人承包经营，当年成鱼产量达每亩600余斤。1984年至1986年，再建鱼塘共计面积达350余亩，精养鱼塘成鱼亩产最高达6000余斤。公社农场更名为大划渔场。

1996年，引进斑点叉尾鲴、牛蛙、甲鱼、青尾虾等品种，但因环境、水质要求高，未获成功。1980年，白果村11组徐德安试点稻田养鱼新技术，每亩产鱼量60—70斤，实现增收150余元。1985年至1990年，在全乡大面积推广，实现稻鱼共生面积6000余亩，产生营销大户40多户。

至2000年，全乡共有精养鱼池面积1000余亩，域内从事养鱼的农户有300余户，年产成鱼数百万斤。

三、养蜂

1958年，公社成立养蜂场，有20多个蜂群的中蜂，专人负责管理、采收蜂蜜、外出放牧、育冬管理等工作。1959年，实行平箱饲养，转地采蜜。1960年春，发展至160多个蜂群，养殖方式"由桶改箱"，蜂蜜产量提高4—5倍。1960年3月，农林部在崇庆县召开全国中蜂改良饲养现场会，参观了大划"五四"青年养蜂场，拍摄中蜂过箱情况纪录片。1973年，大划公社蜂场"卡意"杂交蜂每群平均年产蜜200斤。80年代初，蜂场发展至600多个蜂群，后改为个人经营承包。社内有5个大队办起蜂场，全社公、私养蜂共1500群左右。现仍有4—5户村民以养蜂为业。

四、养蚕

1963年，生产队集体试养蓖麻蚕，1964年改养桑叶蚕，规模较小。1973年，掀起栽桑养蚕热潮。1976年，改良桑树品种。白果村3组养蚕15张，收入达1800余元，全组人均收入13.2元。公社有蚕桑技术员负责指导各村、组发展养蚕。1982年，实行土地承包后，桑树随田承包到户，今基本无农户养殖。

第四节　其他种植业

一、蔬菜

1958年，白果村建立菜蔬农场，占地面积70余亩。改革开放后，蔬菜种植成为重要产业，种植面积不断扩大，品种有红萝卜、白萝卜、紧心白、莲花白、厚皮菜、冬苋菜、菠菜、芹菜、苦瓜等数十个品种。水田旱作成片种植、地膜覆盖、大棚种植等栽培技术得到推广应用。

二、花卉、苗木

2004年，成都路桥对口帮扶崇镇（万寿）村，指导创办了花草苗木基地20余亩。2010年，全镇育有各种花卉、苗木4000余亩，草坪种植300余亩。苗木主要品种有楠木、白果、桂花、香樟、杨槐、天竺葵、皂角、紫荆、芙蓉、榕树等，供城市、干道、景区、园林绿化。

三、水果

水果种植历来是以农户庭院、林盘地为主，集体果园仅有德寿村5组约4亩红橘园。1980年后，实行承包制。1990年后，全乡有小规模水果种植，总面积200—300亩，品类有柚子、葡萄、李子、西瓜、草莓等。2002年，德寿村李树昌等农户引进试种红提葡萄90余亩，未获成功。域内有外来业主租地种植西瓜、草莓等水果。

四、竹木种植

以种竹、树为主，90年代引进食笋竹——麻竹。全乡每年栽种树木1万株以上，主要地段落实专人管护。公路、河边、乡村道边栽植树木实行属地管护，多级分成，统一采伐。树木品种早期为桉树、桑树、桤木、白杨、杨槐、柳树、麻柳、酸枣、千丈、苦楝子等，中后期至今主要有麻柳、水杉、香樟、天竺葵、白果、桂花、楠木等。

第五节　副业

一、农副产品加工

早期有10余座碾磨坊（水动力），为域内百姓提供碾米、磨面、榨油等农副产品加工服务，这些磨坊均为私人所有。1955年，私营碾磨折价入社，集体经营。部分碾磨由新建水动力站代替。1982年后，动力加工站大多由农户承包经营，部分转卖给私人经营。1985年，用电普及，原多数磨坊改为电力驱动，农民家庭的小磨机、饲料加工机具逐渐发展起来。90年代，全乡有榨油坊10多家，打米厂20多家，精饲料加工坊2家，提供流动稻米、饲料加工机具上门服务。2000年后，引进成套设备开办精米加工厂。2014年，在白果村创办稻麦收储烘干中心。

二、手工编织

手工编织是农闲时节的主要家庭副业项目，主要是利用慈竹资源，编织箩、筛、箕、簸、席、笼、笆、耙、竹扇、挑篼、提篼、背篼、包篼、夹囤、提篮、晒垫、筲箕、斗笠、甑篾、甑笼等。

其他编织品主要有草席、草绳、草袋、草垫及麻纱、麻绳、麻布、棉布等。20世纪七八十年代，全乡有千余户从事编织，大体可分为编棚笆400—500户，编晒席约20余户，编挑篼约50余户，编河南篼篼约100余户，编精制篾笆扇8户，扭篾欠索、牛绳100余户，编捞草耙100余户，打草席10余户，扎扫帚80余户，打枷担40余户，加工麻绳60余户，其他杂类编织加工60余户，其产品大多由供销社组织收购外销。90年代后，多数编织项目逐渐萎缩或消失，但扎扫帚仍然兴旺，以原板桥村为主，全乡有160余户从业，至今仍有20余户从事扫帚加工。

三、建材

新中国成立前，全乡先后建有石灰窑30多座，其中有木材作燃料的3座。六七十年代，建材业由集体经营，公社有石灰厂3处（江源1处），沿西河3个村建有石灰窑6座。其间，全乡建有砖瓦厂4处，分属三级经营，所产砖、瓦供本地建筑之用。80年代，一些农户到西河下河坝筛砂石销售，开办水泥制品作坊，生产水泥瓦、预制砖、预制板、玻纤瓦、石棉瓦等。90年代后，应用机械规模采筛砂石，先后开办砂石场6家，商混站1家。

四、运输

民国时期，农村运输主要靠人力挑运，鸡公车为主要运输工具。水运以木船为主，兼有竹筏、木筏，皆为私人经营。新中国成立后，乡间运输仍以鸡公车为主。70年代后，农户私有的架架车、自行车、三轮车以及公社农机站的汽车、拖拉机和村组集体的拖拉机参与运输。80年代后，农村运输由个人购置拖拉机、农用车、汽车、三轮车所取代。

五、加工服务

新中国成立前，农村加工服务业有酿造、编织、造纸、服装、木器、铁器、刀剪、土漆、饮食、理发、茶栈等项目。1982年以后，在发展商品生产中，部分农民因地制宜兴办加工业、饮食业、修理业、茶旅业及商业企业，繁荣市场，增加收入。进入21世纪，加工服务业从业人员占劳动力人口的60%以上。

第六节 若干农业政策的贯彻

一、互助合作运动

1952年，划石村12户贫农组织建立了第一个常年性互助组。全组共有田地65亩，青壮年劳动力9人，半劳力8人，水牛1头。同年年底，受到县、区委及政府的表彰和奖励。之后，全乡互助合作组织纷纷成立了常年性和临时性的互助组。

1954年春,崇镇村甘吉轩互助组联合3个互助组,成立了大划乡第一个初级农业生产合作社——崇镇村初级农业生产合作社。

二、农业发展纲要草案的颁布实行

1956年,党中央颁发了"农业发展纲要草案"四十条,以此为指引,初级农业合作社转为高级农业生产合作社。全乡共计成立了9个高级农业生产合作社,大兴水利、开垦荒地,发展农业。

三、"十二条""六十条"的实施

1960年至1962年,党中央先后下达"十二条"和"六十条",纠正了农业生产上的不正之风,调整了生产体制。大划与金鸡分治,恢复原建置,实行"三级所有""队为基础",以生产队为基础核算单位,自负盈亏。纠正"一平二调"的错误,允许社员经营少量的自留地和家庭副业,农村经济不到3年就恢复到公社化前水平。

四、"农业学大寨"

1964年,在"农业学大寨"运动中,全乡开垦河滩地260余亩,改造低产下湿潲田1200多亩,建成条田786块,面积1965亩。1965年,全年粮食总产量达1263.84万斤,比上年增加7%。

"文化大革命中","农业学大寨"运动向极"左"发展,社员劳动评大寨式工分,运动波及学校、供销社等单位,学校实行半耕半读,大部分学龄儿童失学,商业、供销等单位关门支援农业。

五、1979年贯彻关于农业的两个文件

1978年,召开了党的十一届三中全会,颁发了《关于加快农业发展步伐若干问题的决定》《农村人民公社工作条例》两个文件,纠正了极"左"路线,扩大了农业生产的自主权,落实党在农村中的经济政策。域内部分大队、生产队陆续开办起砖瓦窑、粮食加工厂、成衣店、养蜂场、养鱼塘等。编棚笆、筛砂石、种花草,编造竹木家具和农具等农民家庭副业也开始发展起来。

六、建立健全各种形式的生产责任制

1979年,农村推行统分结合的生产责任制政策。至1982年,全公社大多数村、组均实行包干到户。秋收后,剩余的14个统一经营、统一指挥的生产队也全部实行了包干到户。1984年,全乡按组分户签订土地承包经营责任书,10年不变,并按合同将交售公粮、农业税、水费、提留等分解落实到农户。1994年,实行第二轮土地承包,期限30年不变。2014年,中央明确第二轮土地承包期满,再延长30年不变,给广大农民吃了"定心丸"。全乡实现大春水稻亩产过千斤,小麦亩产过600斤的生产水平。

七、惠农政策的实施

2004年起，国家开始实行对种粮农民的粮食补贴、粮种补贴、农资补贴，补贴金额从每亩12元增加到100余元。为鼓励农民养猪，实行生猪补贴和能繁种猪补贴，对农民购买家用电器实行家电补贴，购买摩托车、汽车实行交通工具补贴，购买大、中、小型农机具实行农机具补贴，广大农民享受到国家改革开放的成果。

2005年，国家开始涉农税费改革，当年全市免征农业税费。2006年，取消乡村提留、统筹费，改由市乡级财政补贴，广大农民告别了有史以来都要交纳的"皇粮国税"，人均金额达到200余元。

八、实施土地整理　推进新农村建设

2008年，全镇整理土地范围涉及登田、灰窑、划石、净居、白果5个村共计14843亩，建设规模12034亩，整理出新增耕地859亩。其中，项目格田整理1450亩，水田整理622亩，浆砌斗、农渠24条，8047米，修淘淤4548米，单边浆砌130米，整修U形渠57条，22027米，跨路管涵822米，改修田间水泥路面7条，5880米，泥石路面18条，8901米，新建人行桥、机耕桥28座，错车道16处，以及路边植树2113株。在场镇西北侧规划建设民心南、北苑，安置拆迁农户190余户，850余人。2010年，在划石村16、19组规划建设"小渔村"集中居住区，安置居民120余户。

九、农村承包土地确权颁证

2010年，成都市在全国率先试点，实行农民承包土地确权颁证。以2009年7月1日为截止时间，按国土部门航测耕地面积为准，分为一、二类耕地，将农民承包土地按人确权固定，颁发土地承包经营权证。同时对农村宅基地、农民房屋进行测量，一并颁发集体建设土地使用证和房屋产权证。次年对集体公共土地、财产进行再分配股权量化到户。今后实行"生不添、死不减"，全家消亡交归集体，直系亲属可继承。确权后土地经营权可流转、入社入股分红、融资抵押等。

同时，对确权中拥有的耕地，按分类给予耕地保护金，一、二类土地按每亩每年360元、270元的标准补贴农民，激励广大农民自觉保护耕地的积极性和主动性。

农村土地确权颁证后，农业生产经营方式有了新的转变。全镇组建了土地股份合作社4个，租种面积1976.7亩；家庭农场17家，租种面积1370亩。

附：大划镇白马河土地股份合作社简介

大划白马河土地股份合作社始建于2011年，经白果村村委、村民组通过召开干部会、党员会等形式宣传动员，组织了6、7、11组3个组85户农户承包土地180余亩，交由合作社统一经营，种植水稻、小麦等农作物，首任社长由王道忠担任。2012年9月，取得营业执照。到2018年，经营入社土地面积742亩，入社农户431户。合作社经营利益分配，按入社农户承包地面

积每亩每年200斤大米标准（按市场中等价计），其中，小春占40%，大春占60%，作为保底计入成本。分红则根据合作社除生产资料、人工等必要成本后的利益，结合生产小组实际，按1:3:6或1:4:5进行分配。10%提作合作社公积金，用于购置农机具等；30%或40%按入社土地面积分配给农户；60%或50%作为职业经理人工资报酬。合作社建立财务账目制度，全程公开接受监督，每年召开2次入社社员代表、理事、监事会成员大会，报告合作社的生产经营情况，接受社员监督。

2013年2月，合作社公开选聘了职业经理人，选举产生了各生产小组股东代表、理事、监事、合作社理事长、监事长。并聘用专业会计和农业技术人员，培训合作社育秧员、肥水管理员、植保员、农机手等新型职业农民。就近接纳本村组的富余劳动力到合作社务工，为合作社长久健康发展打下坚实基础。

2013年至2014年，合作社受到市农发局、市1+4办公室的表彰和奖励，吸引了村内40余户原承包地种苗木的农户退出还耕土地60余亩，加入白马河土地股份合作社统一经营。

2015年，合作社小麦平均亩产达750斤，比上年增产20%，每亩利润达到350—400元。大春水稻引进推广以"Y两优973"及"五谷金花"优质品种为主，积极发展绿色无公害农产品，争取合作社的高效、高产和可持续健康发展。

2014年9月，白马河土地股份合作社于原村委会旁鱼塘修建了占地面积4.6亩的粮食烘储仓库。烘储中心日烘干能力达200吨，仓储库容量2000吨。该项目按村民自建和股权量化相关要求，争取到国家财政资助200万元，其余部分资金按入社股东、入社土地面积分摊筹集3355元/亩，引进社会资金投资运营，入社股东每亩筹资400元，股权量化为500元。经协商，同意股东按每亩100元筹资、享500元股权，其余资金全由投资人余刚灿投入。

烘储中心建成后，及时颁发了股权证。如今，白马河土地股份合作社已成为引领全镇现代农业发展的示范合作社。

第二章　工业

第一节　手工业作坊

石灰窑　大划境内先后建有石灰窑30多座，其中有用木材作烧料的3座，主要用于建粪坑、砌墙脚、修羊圈等。具有收水快，凝固后坚硬，竹树根须不易串结等特点，其品质功能可代替水泥。用煤炭作烧料的27座，供应本地秧灰和民用建筑使用的同时，还销往成都、乐山等地。

纸厂　大划造纸厂有4家，都生产草纸（俗称"火纸"）。这种纸以嫩茨竹为主要原料制成，一般用于包装、纸捻、妇用卫生等，除在本地销售外，还销往成都各地。

粉坊　大划有粉坊2家，主要原料以豌豆为最好，玉米、巴山豆、红豆次之。红薯也可磨粉，但只能作烹调之用，不能制作粉条。

烧房　烧房又称酿酒厂，大划有2家。主要采用大麦酿酒，其品种有大曲酒、香酒、火酒（白酒）。其次是用黄谷酿造的香酒、火酒，也采用少量的玉米作原料酿酒。

水碾　全乡有水碾坊25家，其中规模较大的有万家碾、老蒋碾、梭梭碾、九家碾，具有双槽双磨，能碾米、榨油、磨面。中型的有新蒋碾、老李碾、黄碾、新张碾、谢家碾，均属单槽，只能碾米、榨油。其余的14家只能加工大米。最小的羊家碾、茅草碾，只能磨少量的面和米，尤其是茅草碾，每槽只能上黄谷二三十斤。

上述4家规模较大的水碾坊，常驻有油商10余家，分时段轮班榨油，每家油商一年只能榨10—15斤槽油。因是木制响榨，需要6人分工操作，每槽油能加工油菜籽三石六斗（每斗约30斤），出油约8桶（每桶重约50斤），全年可加工成品菜籽油20万斤左右。

扯竹麻　全乡有20余户。将嫩茨竹按节锯下，放于火上烤熟，用竹麻刀扯成片即成竹麻。用竹麻扭成的绳子叫"火绳"，用于打猎时点猎炮，纸烟店作点烟用。还可扭成较细的绳子，用作打草鞋的耳子和緵子。除供应本地外，还大量销往周边市县。

打草鞋　在大划农村，许多妇女利用农闲季节从事打草鞋副业，草鞋分麻耳（编织较粗）和线耳（编织较细），有的还在草鞋鼻上缀花。穿草鞋人员分两类，下力的人大多穿竹麻耳子，商人及较为富裕的人大多穿线耳。

打麻纱 许多农村妇女农闲时在家打麻纱，补贴家庭。

织麻布 用麻纱编织成麻布，主要用于制作蚊帐、麻袋、甄叶帕、洗碗抹桌帕，穷人家用作洗脸帕或缝制衣服等。全乡共有编织麻布者60余家。

染坊 全乡共开设染坊4户，场镇2户，农村2户。主要染料是蓝靛。将蓝靛放于缸内，加入草碱和清水搅拌均匀后，放入土布染色，染一次取出晾干称为"苏白布"，染两次取出晾干称为"蓝布"，染三次取出晾干称为"双蓝"，染四五次后，取出晾干称为"毛青布"。还可以用石灰加胶拌和，布面上绘花，染制成印花布。

斗笠 俗称"斗篷"，是用来避雨、遮太阳的帽子，主要用茨竹锯成筒，去节，划成薄篾编制而成。全乡共有编织户10余家，大部分在本地销售，并有一定的季节性，多数农家皆有。

第二节 乡镇企业

20世纪70年代，本地乡办集体企业有10余家。1976年，成立了大划公社企业管理委员会（以下简称"企管会"），负责对乡办企业的经营管理和村企业的指导，徐学成任主任。设立办公室，乡企业财务统一收支，办公地址位于划石街医院侧。1983年，迁入乡政府办公，设有会计、统计各1人。1989年后，由张世康任主任，并配兼职副主任。1990年后，迁至建筑公司楼下办公。1992年，企管会人员定编，实行聘任制，由县企业局招聘张世康、徐旭芬入职。1998年，张世康经成都市人事局批准，转录为事业管理人员。

2000年，乡镇机构改革，撤销了企管会，职能并入乡政府经济发展办公室。

表4-9　　　　　　　　　　大划乡企管会历任主要领导一览表

年度	1969—1975	1975—1979	1979—1984	1984—1989	1989—2000
主任	王炳田	陈开旭	严林森	刘康全	张世康

一、集体企业

1. 大划建筑工程公司

大划建筑工程公司，是由1950年10月成立的大划乡五匠协会，到1958年的大划公社修缮队，再到1971年组建起来的公社建筑队发展而成。1950年，五匠协会有工匠人员250余人。至1958年，组建修缮队，达300余人。1971年，组建大划公社建筑队，有134人。办公地址设在划石街木器加工厂内，属社属集体企业。实行统一核算，职工平均每年创收1345元。1979年，实际完成74000元，上交公社38976元，企业提留扩大再生产26482元，奖金福利费3735元，全年转队公积金4276元。

表4-10　　　　　　　　　　　建筑队1979—1981年产值利润表

年度	人数	产值（元）	利润（元）	固定资产（元）
1979	224	285648	48781	56312
1980	360	507987	67458	34266
1981	450	570000	72000	79353

1984年，经工商部门注册，建筑队更名为大划建筑公司，为三级建筑施工企业。1994年，公司晋升为建筑承包施工二级资质企业。1998年，大划建筑公司承建的中国核动力院紫荆小区12号楼首获成都市"芙蓉杯"质量奖。之后，先后获得"天府杯"1个、"芙蓉杯"3个，相继被省市相关部门评为重合同守信用A级企业、四川省建筑企业排位综合实力百强企业、成都市建筑企业综合实力五十强企业。1997年，被评为四川省先进企业。1998年，被评为四川省优胜企业、全国行业质量示范企业和全国质量服务诚信示范企业。取得了ISO9001：2000标准国际质量管理体系认证，符合GB/T50430国家建设部质量管理标准要求，获得了成都市全面管理达标企业称号。2011年12月，经建设部核准为房屋建筑工程施工总承包一级企业。

2000年，大划建筑公司实行了体制改革，由集体企业转制为股份制民营企业，严加彬任董事长，严海任总经理。注册资金10790万元，固定资产3601万元，机械设备448台件，年均实现建筑业总产值超过20亿元。公司设立有行政部、工程部、质检科、安全科、机械设备科、财务科、预算科、档案室等内部管理机构，下设8个工程项目部，2个专业施工队。2018年，员工总数7800余人，上缴国家税费总额9187万元。

2. 大划公社石灰厂

1958年，大划公社石灰厂建成。改以前烧灰惯用的"独独窑"方式为流水作业法。

表4-11　　　　　　　　　　　石灰厂1979—1981年产值利润表

年度	职工人数	产值（元）	利润（元）	固定资产（元）	年产量（吨）
1979	7	68138	5725	9615	3172.4
1980	7	56100	5332	9615	2337.5
1981	18	74400	9203	11423	3550.0

石灰厂是原乡属老企业，农村体制改革后，农田生产施用石灰基本停止，石灰厂处于半停产状态。1983年至1986年，修建乡渔场需用石灰，石灰厂完成供货后即于1987年关闭。

3. 大划公社煤窑

1971年，兴办"五小"企业，大划开办小煤窑，厂址设在万家乡斗篷沟，用土法采煤。有职工74人，严玉良为厂长，每年生产原煤2000余吨，除供应工业用煤外，还供应群众生活用煤。

1980年，利用煤窑生产的原煤，就地新建炼焦场，由于小煤窑所产煤质量差，效益低，并先后发生2次安全事故，1986年关闭停产，2000年炸毁封洞。

表4-12　　　　　　　　　　　　　　煤窑1979—1981年产值利润表

年度	职工人数	产值（元）	利润（元）	固定资金（元）
1979	65	49487	3043	77006
1980	70	52020	5615	77006
1981	74	67509	2608	96057

4. 大划木器厂

1958年，开办木器加工厂，厂址设在王爷庙。1971年复办，厂址设在正街北（现今划石街），主要生产木制家具和房屋门窗。1983年，在场镇大划小学西侧，租用划石村8组3亩多土地新建厂房，将主要生产项目迁入，产品生产规模有较大增长。至90年代前期，生产销售保持良好的发展势头。1998年，由集体企业转制为民营企业，法人代表王德贵。2000年，场镇规划建金华街北段在此开道，拆除部分厂房，停止生产。后资产重组，改为居民建设用地。

1984年，李树丹租用划石村4组约5亩土地，开办新木器厂，主要生产建筑门窗、木架和木制家具，1986年歇业。

5. 大划公社农场

1975年，西河治理，公社组织群众开垦河滩荒地，创办公社农场。1979年至1981年，建成鱼塘130亩，成熟水稻面积196亩，旱地15亩。养良种鸡100只，耕牛5头。开办起养猪场，存栏猪大、小共40头，其中母猪13头，种猪1头。

1979年至1982年，修筑浆砌河堤780米，修建780米水沟1条。新建石灰窑2座，日产石灰5吨。新建酿酒厂1个，日产酒368斤。

1983年，公社将农场土地改建精养鱼池，更名为大划乡渔场。

表4-13　　　　　　　　　　　　　　1975—1981年农场发展基本情况表

年度	面积（亩）	粮食总产（斤）	经济产值（元）	备注
1975	55	22465	13284.9	
1976	108	43614	26446	
1977	160	69684	41862.35	
1978	245.87	150924	58396.69	

1979	272	165000	18840	酒厂收入132389元
1980	272	130000	79638	酒厂收入154900元
1981	272	110000	900	酒厂收入120000元，共有职工47人，厂房56间，养猪房41间

5. 大划乡渔场

大划乡渔场为原大划乡农场改建而成。1983年至1986年，利用财政资金贷款和世界银行淡水养鱼项目贷款，修建鱼塘42口，350余亩（未含白果村7组15亩），最高亩产成鱼达6000斤。

鱼塘生产经营采取承包制，共有承包人员25人，分为4个大组，各组自行组织生产管理、销售以及饲料采购。渔场集体统一供水管理和供电、道路等基础配套。承包户分负定额的管理费、水费，各承包户每亩每年向渔场上交100斤鲜鱼作为承包费，年终扣除上缴实物后，按市价现金结算。

2009年，镇政府与蜀南农业观光有限公司签订了转让经营权协议。该公司投入资金2000多万元，就地改建蜀南湖基础配套设施及游览、观光、垂钓、休闲、颐养等项目，成为农业观光项目实体。

6. 大划水电厂

1966年，公社将原来的古城桥水碾改建成水力发电厂，安装1台发电机（装机容量30千瓦），解决场镇和靠近电站的部分生产队照明，以及部分工业用电。1980年后，场镇及周边用电接入市电网络，水电厂停发。1982年，水电厂房划归德寿村10组。

7. 大划公社养蜂场

1958年，大划公社红专校创办"五四"青年养蜂场，有中蜂20余桶。1959年，实行平箱饲养、转地采蜜。1960年，蜂群发展到160余群。1962年，蜂群分到村组和个人，蜂场停办。1970年，重建公社养蜂场。1973年，大划公社养蜂场"卡意"杂交蜂每群平均年产蜜200斤，受到中央及省、市相关部门表扬。80年代初，蜂场发展至600多蜂群。1983年，蜂场解散。

1971年，蜂场自办巢础厂，专为蜂场生产巢础，厂址位于河街（现临江街）。1978年停办，改为皮鞋厂。

8. 农机厂

1970年，公社成立铁制农具修配加工组，生产打制菜刀、屠刀、铡刀、镰刀、锄头、抓钉，修配脱粒机、打谷机等农业机具。1973年，成立公社农机站，组建汽车、拖拉机修理组。1975年，增设车工车间，更名为农机厂。1984年，农机厂车工车间独立，成立大划机械厂，农机厂仅存机修车间，划归农机管理站。

9. 大划铸造厂

1976年初办，厂址设在原关帝庙靠白马河边，主要铸造汽车、拖拉机配件及水管、铝瓢等。1982年停办。

表4-14 铸造厂1976—1981年产值利润表

年度	人数	产值（元）	利润（元）	固定资产（元）
1976	8	34093	103	12529
1980	10	26410	215	12529
1981	12	10400	4408	12529

1987年，由沈凤根负责，于停办后的大划木器厂原址开办铸造厂，主要生产生铁铸件初胚，两年后关停，厂址场地转租。

10. 大划公社砖瓦厂

1978年，公社于德寿村5组办砖瓦厂，佘绍彬担任厂长，共有职工34人。产品除供应本地市场外，还销往附近乡镇。其间，改原用砖炉桥为传热炉桥，烧制时间由15—20天缩短为5天。1982年关停。

11. 大划公社皮鞋厂

1978年，公社将停办后的巢础厂原址改建皮鞋厂，曹治忠任厂长。1983年后关停。

12. 大划乡皮革厂

建于1980年，厂址设于原水电厂内，共有职工25人，宋永忠负责全面工作。当年共生产皮鞋800双，实现总产值13792元，利润265元，固定资产800元。1981年，生产皮鞋2200双，总产值为39400元，利润4834元。1982年后关停。

1991年，杨志昌在关停后的铸造厂原址开办大划乡制革厂，主营猪、牛、羊皮革面料。2000年歇业。

13. 大划预制构件厂

1980年开办，厂址位于划石村8组老公路旁（今顺河街86号），先后由谢全兴、苟子明任厂长，从事建材加工生产。主要制品为空心预应力板、预制砖，供应县城及周边建筑市场。90年代中期，程国志担任厂长。1998年，改制为民营企业，企业职工近20人，年产值200余万元。2010年关停。

14. 大划乡机械厂

原属农机厂车工车间。1984年，在场镇西侧租用划石村8组3亩多土地建厂，张国伟担任厂长。最初有4个车间，职工40余人。主要产品有农机配件、工业链条和矿机配件等。1993年，投资近百万元新建锰钢车间，生产锰钢铸件（矿机耐磨件）。1995年，兼并道明一家铸造厂，发展成为铸铁、铸钢精加工企业。1998年，由集体企业改制为民营企业，张国伟担任企业法人代表。2010年关停。

15. 大划乡面粉厂

1983年，由王银高创办，厂址位于场镇西侧老公路旁，租用划石村8组5亩多土地建厂。前期主要为粮食部门提供小麦和油菜籽加工服务，后自主经营。1988年后，由渔场购入机器设备，在此开展膨化饵料加工，为养殖户加工饲料。1992年，改办酒厂。

16. 模具厂

1993年，由佘怀君负责组建，厂址设在建筑公司院内的车间房内，乡属挂牌企业，主要生产机械模具。1994年，搬离大划。

17. 针织厂

1987年，由芶正福负责组建，厂址设在划石街上端的租住房内，乡属挂牌企业，主要生产针织地毯。1990年后停业。

1991年，由李庭琪负责组建针织厂，厂址设在面粉厂公路旁的门面房内。1993年后停业。

18. 大划酒厂

1978年，公社农场开办酿酒车间，由徐太祥负责，初用玉米，后用高粱酿酒。为扩大销路，提高知名度，在大划场上开设酒店，促销系列酒，品牌有"清泉白酒""清泉大曲""五龙曲酒"等。

表4-15　　　　　　　　　　　农场酒厂1979—1981年产值利润表

年度	职工人数	产值（元）	利润（元）	固定资金（元）	年产量（吨）
1979	8	12786	4452	10000	27
1980	8	50240	5921	14000	31
1981	8	84700	8889	30000	34

1984年，农场酒厂由袁子清承包经营。1989年，由朱幼彬承包，投资基建，增加生产设施设备，所产酒品包装为"中华寺贡酒"。1992年，迁址场镇原面粉厂，与县属方圆酒厂联合生产系列酒。1999年，企业改制，朱幼彬任法人代表。2002年，转产鱼用药品，一年后停产。2008年地震，酒厂厂房属危房被拆除。

19. 服装厂

1952年，场上有少数制衣铺（古称"裁缝铺"）。1956年，供销社组织10余户裁缝户正式成立缝纫组（也叫服装社），共设4个门市，属集体企业。1956年，下放由乡社管理，共有职工12人，缝纫机8部，锁边机1部，为客户提供来料加工服务。1984年后，停业解散。

表4-16　　　　　　　　　　服装厂（缝纫组）1979—1981年产值利润表

年度	人数	产值（元）	利润（元）	固定资产（元）
1979	12	4747	345	2160
1980	12	4756	374	2165
1981	12	4856	374	2174

20. 农技站

1990年，成立大划乡农技服务站，地址设于建筑公司楼下，乡属集体企业。主要职能是组织技术推广示范，水稻、小麦、油菜、玉米等种子供应，农药、化肥、农具、植保机具的推广、销售。1993年后停业。

21. 大划砂石场

1990年，孙兆平于净居村靠西河旁创办沿线首家砂石场，属乡挂靠企业，有工人二三十名。租用净居村5、13组河滩地30余亩作场地，建起砂石机械分筛生产线，采用装载机、货运翻斗汽车挖运沙砾石，逐级分筛，日均采筛量达500—1000立方米。对6厘米以上的石头，加工成碎石、石屑、石粉，适应建筑市场的各种需求。2014年关闭。

22. 企管会供销经理部

1978年，初办供销经理部，设门市2个。除经销社、队各种产品外，还负责从外地进购部分物品，由两个门市分销。

表4-17　　　　　　　　企管会供销经理部1980—1981年产值利润表

年度	人数	营业额（元）	利润（元）
1980	3	68221	2843
1981	3	79334	3296

二、民营企业

1. 四川正为投资集团有限公司

1987年9月，游刚在大划创办畜产品加工厂。1993年，在本市羊马镇投资7000余万元，兴建10万吨普硅水泥厂。1995年，该企业生产的"强申"牌水泥被评为四川省著名商标。

1996年，游刚先后在大划崇镇、划石村征地300余亩，投资近亿元，兴建年产300万平方米的制革厂和年产100万件成衣的皮衣厂，成立成都立申实业有限公司，员工2000多人。实现年销售收入5亿元，年出口创汇1000余万元，年上缴入库税收1500余万元，连续多年名列崇州市纳税和出口创汇前三位。1998年，排名成都市民营企业五十强，多次被省、市各级政府评为先进私营企业、优秀企业、先进农产品加工企业、循环经济试点企业、农业产业化经营重点龙头企业。

2007年，创办成都隆腾鞋城投资开发有限公司。先后开发建设了崇州家具装饰建材采购平台"隆腾·装饰城"，高品质住宅小区"隆腾·世纪朗域""隆腾·琴鹤帝景""隆腾·公园壹号""隆腾·蜀州府"等项目，开发总量达100余万平方米。

2018年7月，正式成立正为投资集团有限公司。2019年集团公司资产规模达15亿元，固定员工500余人，发展成为以房地产开发为主的综合性集团企业。

2. 崇州里辉实业有限公司

1989年，划石村5组村民万德兵租用划石村村委会6间房，与原黑铅村羊义勇合伙开办水泥玻纤瓦生产作坊，自制设备，聘用10多名工人从事瓦业生产。1991年10月，在崇双公路划石村4、5组段，租地30余亩建成石棉瓦厂，成立崇州里辉实业有限公司，采用机械化流水线生产，日产瓦能力达3000张以上，拥有员工60多人。2002年，在原黑铅村5、8组公路旁征地90余亩建新厂，新上2条生产线，石棉瓦生产能力得到极大提升，研制开发了五六项新产品应市。

2004年，将原老厂改为建材厂，生产节能页岩砖。2010年，公司年产值达数千万元。2012年，市工业经济区扩展征地，新厂停产转行。

3. 四川刚毅科技集团有限公司

2003年，大划镇石桥村5组村民张勇刚，在三江搭建简易厂房生产农机配件。2004年，回到石桥村，新建占地面积3余亩的厂房，成立刚毅机械厂，生产手扶拖拉机配件，装配手扶拖拉机，成为市内首家成套农机生产企业。后扩建厂房，新增微耕机、轮式拖拉机、农用挂车生产项目，成立成都市刚毅机械制造有限公司，其产品被农机部门列为推广应用产品。2009年，迁入工业区建厂。新厂占地120亩，投资达1200余万元，通过ISO9001产品质量认证。2013年，更名为四川刚毅科技集团有限公司。2014年，荣获四川省名牌企业、四川省科学技术企业、成都市企业技术中心等称号。2015年，企业产品有国内经销商800余家，服务网点3200余个，销售收入达6亿元。2016年，销售收入达8亿元。2017年，销售收入达15亿元。2019年3月，依法申请破产清算。

4. 成都冰奇步鞋业有限公司

创办人罗永泰。1994年7月，罗永泰以9000元资金起步，在石桥村开办了恒发皮鞋厂。1998年，调整产品结构，由生产男式鞋转向女式鞋。2003年，变更为华泰皮鞋厂，新厂位于大江路原石桥小学内。2008年2月，更名为成都冰奇步鞋业有限公司，投资数百万元，改建厂房，增添机器设备，提高机械化水平，改为流水线生产作业，改善了员工生产工作环境。2009年，公司产品被四川省行业协会评为"四川名鞋"。2012年，公司在双流九江并购拓展新的子公司——路易鞋业有限公司。

5. 成都甲丰实业有限责任公司

创办人朱幼彬，于1998年登记注册，是一家以生态观光、淡水鱼养殖为主，集航空运动、投资、木结构工程制作安装为一体的多元化现代企业，注册资本约4000万元。下辖崇州蜀南农业观光有限公司、成都创翼航空运动飞行有限公司、四川三森木结构房屋有限公司等多家企业，其中，蜀南农业观光有限公司和创翼航空运动飞行有限公司位于大划境内。

崇州蜀南农业观光有限公司，2009年承接原大划渔场，将集体所有制企业转制民营企业，投资近亿元，建成占地800余亩的西蜀南湖，完成通往景区的2.6千米景观大道的建设及道路绿化、路灯安置，以及景区湖面、观音殿、环湖3.8千米道路的建设及绿化工程，成为崇州市重点推进项目。

创翼航空运动飞行有限公司，于2010年在白果村租地100亩建成基地，现建有2000余平方米库房及办公场所，8米宽标准飞行跑道600米，备有进口R44直升机，固定翼飞机及三角翼飞行器，申请备案2个飞行空域，主要服务于预备役、游览、救援等项目。

第三节　现代企业

2010年，崇州市拓展工业区至大划，征地拆迁镇域内登田村、灰窑村、德寿村、划石村及净居村部分，共计36个组，约6000余亩土地。由市政府经开区统一招商，引进富士康配套企业项目和捷普科技生产基地项目，配套崇双货运大道、成温邛快速路、污水处理厂及园区道路等基础建设，先后有10余家大中型企业来园区建设投产。2017年，企业招聘务工人员5万余人，大量的外来务工人员为大划镇第三产业发展和地方经济繁荣创造了良好机遇。

一、福蓉科技

2011年，富士康配套项目征地后，首先引进的配套企业是福建南平铝业公司，同年年末投产。主要是为富士康生产配套器件，有员工450余人。2016年，更名为福蓉科技有限公司。

二、捷普科技

捷普科技成都生产基地是崇州市2012年引进的重大项目，该公司是世界五百强的外资企业。2012年5月，工厂开建，2013年5月投产，主要生产苹果手机及其他消费类电子产品。当年招收员工2万余人，实现年产值约30亿元。市政府为解决企业员工住宿问题，配套建设"青年公苑"一期约10万余平方米住房，以及二期住宅项目。2018年，企业员工达6万余人，实现企业年产值116亿元。

三、白果村粮食烘焙收储中心

2014年，白果村通过招商引资创建而成的民营企业。日产能力200吨，仓储库容2000吨，为种粮大户、合作社、农户的稻谷、小麦、油菜籽等的烘干、收储、营销提供便捷服务。

第三章　商贸

第一节　商贸

民国时期，大划农村经商者分为行商和住商。住商在场镇开店、设肆；行商则没有固定的地点，到各地赶场摆摊。

1950年春，工商户联合成立大划临时商联会。同年夏，正式成立大划工商联合会。

1951年，成立大划乡供销合作社，经营布匹、百货、五金、生资、日杂、文具、废旧物资、副食、农村土特产收购等。1953年，成立合作商店。

供销社　1951年秋，成立大划乡供销合作社。经营涵盖布匹、百货、五金等在内的9个项目，设3个大门市。1956年，大划供销社下属工商联合会，肉案店、市管会归供销社市管股主管。1962年，肉案店划出，成立大划经营站，归县食品公司主管。

供销合作社的资金，由国家银行贷款、社员自筹资金入股而成。主要是通过推销农副产品，供应农民的生产资料和生活用品，开展农副产品收购业务。1966年，"文化大革命"开始，供销业务受到影响。1980年，改建供销社大楼。1981年，恢复社员股金分红制度。至20世纪80年代，商业服务仍以供销社、合作商店为主体，承担农村商品流通的主渠道，下延到各村设代销店12个。至1992年，拥有职工40余人。2006年，门店资产转化，供销合作社解散。

合作商店　1953年，由工商联合会成员组建成立合作商店，实行统一计划，统一经营，统一核算，资金入股，盈余按股金、劳动和公积金分配，供销社在业务上给予扶持和指导。合作商店设有饮食店、副食店、百货店、日杂店、药品店、糖酒店、茶水店等门市，分布于今划石街，由胡培根负责，共有职工18人。1980年后，实行分门店核算。1992年后，商店由黄玉泉负责。1998年解体。

集市贸易　新中国成立前，大划场镇仅有2条主街，除有固定商铺外，多是沿街设市。有竹木市、猪市、禽蛋市、粮食市、烟麻市、小百货市、蔬菜种子秧苗市，以及日杂、小食摊、修补摊等，门类齐全。1951年后，相继成立了供销合作社、联合诊所、邮政所、信用社、合作商店等。1970年后，受"割资本主义尾巴"的影响，一度停止赶场。1973年后，恢复沿街设市。1985年后，崇双公路改道，新修通达街、杨柳街、画江大道。2000年后，新建新欣街、金华街、天竺街、政通街、人和街等。2009年，在金华街建综合农贸市场1个，场镇上相继开办起超市30余家，餐饮、酒店、旅馆、茶坊、医疗诊所及药店、网吧、KTV、五金家电、百货日杂、粮油副食干杂、数字通信、汽车、电动车销售与维修、美容美发、劳务就业、物流速递等门店近千家。

大划粮站　1950年秋，县人民政府派徐建科来大划负责修建仓库储粮，选址净居寺，历时8个月，新修仓库24间，1951年秋，正式交付使用。1956年后，大划粮站划归三江粮站管辖。撤销大划粮站后，改为大划粮点，共有职工8人。设有点长、会计、出纳、保管、业务等职位，负责域内国家粮油任务的收储、种子兑换和机关、学校、企事业单位和全社农村的粮食供应任务。1970年渠系改造后，为配套粮油加工，拆除蒋碾，在崇镇村9组界新建大划油厂（董碾），从事粮油加工。2004年，粮食系统进行机构改革，大划仓库关闭。

第二节　服务业

餐饮　新中国成立前，大划境内有10多位乡间厨师，承接上门办酒席服务。在场镇开餐馆的有五六家，1953年，成立合作商店后，属集体经营，开设有饭店、面食店、腌卤店、小食店等。1963年间，场上曾开过几家私营红锅馆子。80年代，各种小食店、中小餐馆兴办起来，集体所有的店铺实行了承包经营。至1990年，场镇有各种餐馆30余家。1998年，合作商店解散，餐饮服务全部由个人经营。2010年后，餐饮业迅猛发展，现有腌卤、小吃等各种餐饮店500余家，乡间相继开办"农家乐"7家。

茶庄　新中国成立前后，大划场上的茶馆有20多家。计划经济时期，仅有合作商店的茶水店1家，茶叶品类较少。80年代初，乡上办起文化站，开设了茶馆。随后，个人经营茶铺先后开办有8家。随着场镇扩大和经济活动增加，茶庄、茶楼相继发展，以茶座为主，兼有棋牌、观影、商务等项目，至2019年，已达数十家。

旅社　酒店　房屋出租　90年代，大划场上仅有一家旅馆，偶有外来客人入住。2010年后，随着崇州市经济开发区拓展，特别是捷普公司生产基地的入驻，大量的外来人员流入，旅社、酒店和出租房应运而生。至2019年，场镇及周边开办有旅社27家，酒店18家，出租房903户、6464间。

缝纫　新中国成立前，乡内裁缝从业者有50余人，为雇主提供上门手工缝制服务。随着缝纫机的应用普及，服务方式改由雇主送布料、棉花到裁缝家或场上缝纫店，量身剪裁缝制。六七十年代，场镇上仅有1家集体经营的缝纫店。80年代后，全乡缝纫店多达40余家。90年代，部分缝纫店流水线作业，进行批量生产，制鞋、制帽分离。21世纪后，制衣行业工厂化生产，裁缝制衣人员锐减，如今场上仅存几家。

打铁铺　六七十年代，铁匠铺都是由集体经营，各村都建起了铁制加工组。80年代后，随着机械化的发展，打铁铺逐渐减少，现仅存几家。

理发　1953年，场上成立合作经营的理发店，属集体所有。乡间从业人员仅有10余人，走村串户提供上门理发服务，多以剃光头为主。60年代，时兴推平头。80年代后，理发店均为个体经营。到现在，全镇美发行业从业者有百余人。

泥工、木匠、石匠、篾匠　泥工，多数为雇主提供垒灶、砌墙、盖房、糊墙壁等服务。乡内技艺精湛、为人称道的有舒金山、程子清、陈青山等，专做人物花鸟（俗称"小皿子"），建造神像、飞禽走兽、花草栩栩如生，着色均匀。

木匠，分高架木工（专修房屋）和小木工（打造家居），还有专制木桶、水桶、粪桶、枷担类工具的，专门砍伐树木的，专门修造农具的，专门制作棺材的。过去，木工一般都由主家雇请上门劳作。如今，高架木工都随建设工地从事支架筑模，单独承建木结构的很少。小木工主要从事家具厂流水线生产和建筑装修工作。

石匠，主要是修碾、建磨，尤以家用小型手工磨居多。一般的石工都为雇主提供上门服务。如今，乡间尚存石碑刻字服务。

篾匠，主要编竹制居家用品和各类农具，可上门服务，也可在家编制成品到市场售卖或批售给门店。

修补　主要是自行车、电动车、摩托车、汽车、农机具、五金家电、锅碗瓢盆、鞋帽衣服、门锁修换等，有门店近百家，从业者达数百人。

自来水　70年代末，农村居民抽取地下水作为生活用水。初期取水采用竹管筒、钢管（埋），后来全部使用钢管（俗称钢管井）输水，安设泵头，人工提压出水，以前居民取水用的大口井逐渐被淘汰封闭。2000年左右，水泵头逐渐换成现代铸铁件泵头，每家每户都有钢管井。随着经济条件的改善，许多居民户自建储水箱、储水塔，采用小型电动水泵抽水，成为家用自来水体系。

1987年，乡政府利用改水项目贷款7万多元在场镇修建一座自来水厂——黑铅村自来水厂，水塔高30余米，储量30余立方米，铺设管线，供应场镇及周边300—400户居民和10余家单位用水，2003年关闭，场镇居民用水恢复自用钢管井，水厂处置转为民建。2007年，修建天竺街，水塔被拆除。

2008年，聚源供水公司在现民心苑东侧新修自来水厂和天然气供应站，新铺设管线供应场镇单位、居民户自来水，全天24小时供水。场镇接入自来水网居民1200余户。

第四章　金融

民国时期，市场流通货币名目繁多，从质地划分有金、银、铜、镍、锡、纸币等。

金币在大划市场上没有通用，只有银、铜币较为流行。银翘宝一个重50两（十六进位），折合5个银锭，每个银锭重10两，折合银圆14个（每个银圆重七钱二分三厘），一个银圆可折合铜币20吊（200个一百的铜圆），一吊钱折合1000文（1000个小钱）。

纸币发行时，与银圆等值流通。后来由于币制贬值、物价飞涨，纸币票面额增加到1万元，群众不愿使用纸币，市场交易变成了以物易物。

新中国成立后，市场流通货币以纸币为主，兼以小面额的镍币，均为中国人民银行发行。

民间借贷

新中国成立前，民间借贷以高利贷、笕笕银行为常见，大划张积善、杨玉廷等人专靠放债盈利。有乘人之危者，要求借款人以家产契约作押，利息惊人。以一场三天为期，每借10元还11元，逾期一天，以一场三天利息计算，并加息作本，又以本生利，这种借贷即为"笕笕银行"，人称"滚滚利"。更有张积善的"打打钱"，清早借下午还，借1元，还复利5分。

80年代前后，乡间时兴"起会"，发起成立一种小规模的群众经济互助组织。入会者每人定期拿出规定数额的现金或粮食，集中起来给某一人收用，这种形式如今已不复存在。域内民间借贷，目前主要表现有以下三种形式：一是亲朋好友间的信誉借贷，短期周转，按时归还，不计利息。二是按略高于金融部门的利息借贷。另外一种是以财物担保借贷现金，待财物变现或可靠资金到位后即归还。

大划信用社（成都农商银行崇州大划支行）　组建于1953年，设在正街（现划石街51号）供销社旁，由社员筹集资金，自愿报名入股。第一任主任刘贵芳（1953），第二任罗文新（1953年至1960），第三任李春圻（1960年至1964），第四任刘瑞祥（1964年至1976），第五任陈昌良（1976年至1992），第六任温开明（1992年至2005）。初期信用社设有主任（兼出纳）、会计各1人。1976年后，增加出纳1人，信用社总共3人办公。80年代后，工作人员增至五六人。

1984年8月，崇庆县信用合作社联合社成立，负责指导和协调信用社业务。1992年，存贷款余额300余万元。2000年，存贷款余额600余万元。1993年，信用社的经营门店由划石街老址迁至杨柳街。2009年，信用社存贷款余额上千万元，与江源信用社合并，改名为江源信用社大划分社。2011年，因工业区拓展，大划信用社迁址于画江大道664号，增扩营业面积，营业服务窗口扩至6个，并安装ATM自助柜员机2台，工作人员增至10余人。2015年，信用社改制成为"成都农商银行崇州大划支行"，仍以服务"三农"为宗旨。其时，存贷款余额已达数亿元。

农村合作基金会　1988年，崇庆县农牧局在羊马试点成立农村合作基金会。同年下半年，成立大划农村合作基金会，主要业务是管理村组集体资金，小量地支持一些农村经营项目，初期筹融资仅有数万元。1992年，开展筹融资业务，自主确定借贷对象，支持农村工商企业个体经营户等，吸引农村闲散资金加入基金会。1993年至1995年，筹融资规模达800余万元。

基金会先是在通达路租用原黑铅村楼房作为办公地址，后迁入在通达路西自购的两间门店，其后在通达路东折购三间门店办公。设会长1人（由徐太华担任），副会长2人，工作人员6人。

因松于贷款审批，造成不少呆账。又因基金会直接投资承包参与企业经营，两三年后，损失达474.3232万元。1997年至1998年，到期存款难以兑付，发生存户扣押基金会车辆事件。1999年，按国办发〔1999〕2号、川委发〔1999〕10号文件要求，大划基金会清盘关闭。乡政府接手后，在市财政支持下多方筹资，组织800余万元资金兑付存户，基金会账务移交乡财政所。

第五章　邮电

民国时期，大划邮政未设专门机构，由私商喻鸿泰代办（邮政代办所）。

1952年，正式开办了邮电所。1958年建公社后，设置专线，指定邮递员1名，业务工作由原来只发信件，代销邮票，发展到订售报章杂志、代办汇款等。公社设12部电话，总机1个。

1981年，大划邮电所发行报刊35类，平均每年约计300余份。其中主要为《四川日报》《人民日报》《参考消息》《文摘周报》《中国青年报》《中国少年报》《法制报》《红旗》《四川农业科技》《中国妇女》《支部生活》等，每月计250份。书信平均每月有1200余封，挂号信350余封，包裹平均每月20余件，电报每年1100余份。

80年代，大划邮政、电信业务仍然是乡镇邮电所代办，固定服务点设在乡政府院内，工作人员两三人。邮政业务主要是信件、包裹收发，报纸杂志收订发送，以及汇款单、电报的传送。电信业务主要是场镇机关、企事业单位的10多部手摇电话人工转接，代收、代发部分民用电报等。

1992年，大划地区电信升级改造，安装程控电话。初期，在场镇单位安装座机电话16部，每部电话的初装费高达2.5万元。随着电信业的发展，电话初装费降低，乡内座机电话逐渐普及。有部分装机户将民用电话加设计费器，为民众提供公用电话服务。1994年，开始使用模拟移动电话（俗称"大哥大"），初期购置价高达2万余元。1998年后，移动通信发展到数字技术。1998年10月，邮政、电信分家。2000年，大划地区座机电话达1500部左右。电信公司在大三路崇镇村建机房扩容，向用户提供电话线数据传输业务和拨号上网服务。同年，电信公司和移动通信分家，形成了电信、移动和联通3家运营商竞争通信业务的局面。电信公司主营固定电话、区域无线通信（小灵通）、宽带业务，移动公司和联通公司主营移动无线通信业务。随着通信技术的发展进步，3家公司在原有业务基础上，升级技术，扩建基站，发展宽带，采用光纤网络等提高服务质量，为人们提供更便捷的服务。

2000年以后，在场镇从事手机销售、维修及网络计算机运用的实体店有10余家，电话、手机家庭普及率达100%。

第六章　交通运输

一、民国时期

1. 公路

崇双、崇新公路由西北向东南纵贯全境，全长约6.2千米。始建于民国十七年（1928）秋，民国二十一年（1932）和民国二十四年（1935）秋，经两次填修。另有大划至江源支线1.5千米。

2. 桥梁

罗家渡（石桥）　亦称德寿桥（现德寿村20组处），横跨白马河，始建于清乾隆八年（1743），距今有270余年历史。民国二十一年（1932），由文姓捐资补修，1970年渠系改造时拆毁。

猪市坝大桥　大划场镇白马河跨河桥，清同治十年（1871）始建，后被洪水冲毁，由群众募建于民国二十四年（1935）夏季，刚建成不久又被洪水冲毁。

大划大桥　横跨白马河大划场镇下场头，清乾隆初年（1736）始建，距今280余年。清同治十年（1871）夏，被洪水冲毁。清光绪末年（1908），由黄姓捐建改造，民国二年（1913）竣工。民国二十一年（1932）秋，水毁东岸桥头2洞，由张姓独工补修2洞木桥。民国二十四年（1935）夏，再次被洪水冲毁，由蓝、王、羊三姓捐献木板，暂搭临时桥1洞。民国二十七年（1938），又被洪水冲毁。1953年，新建石礅木桥，1962年重修。1968年，改建成钢筋混凝土砖拱桥5洞。1984年夏，桥面两边加宽，设钢管护栏。2017年9月拆除，重建为钢筋混凝土箱梁结构桥4孔。

万寿桥　横跨黑石河（西岸现划石村1组，东岸现崇镇村19组）。据江源县志记载：万寿桥属官马大道石拱桥。据万寿宫庙宇大梁记载：建于明宣德二年（1427），距今已有六七百年历史。清同治七年（1868）被洪水冲毁。到民国八年（1919），由杨姓募化改道重修。民国二十一年（1932），被洪水冲毁。民国二十七年（1938），由地方士绅张汉清、吴吉山等募化重修。民国三十四年（1945），被洪水冲毁。

王石桥　横跨黑石河（现石桥村1组），始建于清初，系王姓所建，于清光绪二十年（1894）建成桥楼。民国十二年（1923），被周炳文烧毁。民国十五年（1926），由张姓募化重建石礅桥楼。

张板桥　横跨黑石河（东岸现石桥村7组，西岸现石桥村13组），原系张姓宗族所建，清同治十年（1871）被洪水冲毁。清光绪十七年（1892），由监生朱玉铭重修石桥，后被洪水冲毁，只存残体，则用圆木作梁铺木板通行。

泉水河上有新桥、大石桥、王板桥、三元桥，小西河上有印家石桥、玉元桥、老人桥，鱼嘴沟上的灯杆桥、大有桥等。关于玉元桥的来历，《崇庆县志》记载：系武生孙开甲想落个乐善好施之美名，买通上宪，取得同意后，亲笔批示，要崇庆县上志书，当时知县薛宜璜碍于上宪关系不得不上。实际此桥只有一尺余长，五尺之宽，圆石卷拱。

3. 渡口

孙家渡　清康熙初年（1662），由孙鳌布施义渡，水田30亩，

陈家渡、张渡儿　均系大邑龙凤陈家、张家两姓宗族所创。

二、新中国成立后

初期，只有县城到三江、听江的乡道公路贯穿大划全境6个村。70年代后，有县城开往三江的班车经过，沿途有招呼站。多数人出行靠自行车和步行。

交通建设　1983年，在县交通部门统一安排下，加宽崇三公路境内6.4千米路段道路宽度至9米宽。1985年，规划改线1千米，绕场镇在划石街南口交接，拆迁居民40余户。随着崇三公路扩展延伸，先后修通到双流的擦耳大桥和到新津的龙王渡大桥。1998年，崇州市规划，按一级公路标准，新建怀华公路，路基宽达28米。2006年，在市交通部门统一安排下，域内渡口封闭，新建陈家渡大桥。2008年，新建直通双流的货运大道，路基宽至40余米。2010年后，成都第二绕城过境、成温邛快速通道建设以及工业区拓展配套道路建成，实现了全镇9个村（社区）均通公路。

1991年，原黑石村、德寿村（现合并为德寿村）在全乡率先修通至村组的柏油路3千米。白果村、净居村也相继修通了3千米的村道水泥路。2010年，全镇建设村道水泥路100余千米，实现村村通水泥路，90%以上村民小组通路。

交通工具　80年代中后期，自行车逐渐普及。1987年，有先富裕起来的居民购买摩托车。1990年至2000年，摩托车逐渐普及。随后电动车、三轮车普及。2010年，全镇电动车拥有量达5000余辆。2017年，全镇汽车拥有量达3000余辆。镇域内每天有到三江、双流、新津的公交车数十班次，途经站点停靠。

运输业　1970年，公社购有道奇车1辆，主要运输小煤窑所产煤炭以及肥料等物资。后又购置1辆解放牌汽车。1978年，由农机站统一管理经营，开展运输业务，配备驾驶员3名。1980年，总产值为25300元，利润4100元。1981年，产值为24700元，利润3700元。80年代前，全乡有拖拉机90多辆，成为农村运输业的主力军。随后，小四轮拖拉机、农用车、货运汽车逐渐普及。

2010年后，随着现代物流业的发展和农村产业结构调整，快递业务快速发展，邮政、"三通一达"、百世、天天、菜鸟、天猫、京东、德邦、顺丰等，都在场镇设有投送和收寄服务门店。

第七章　电力　能源

第一节　电力

1966年，公社将原来的古城桥水碾改建成水力发电厂。1980年以后，场镇及周边用电接入市电网络，水电厂停发。

80年代初，仅场镇单位及划石村3组、8组、17组、18组和崇镇村1组、12组接通市电。县电力公司在崇镇村12组建了供电所，供电以照明为主，于场镇和崇镇村各安装变压器1台，电力负荷能力90千瓦，其余农村地区仍是煤油灯照明。1984年，全乡按谁受益谁负担原则，由村、组、农户筹资，各村统一组织，分组、分林盘、分段栽杆架线入户。1986年，基本实现用电普及。各村设村级电工1名，负责变压器的管理。乡成立电管站，负责全乡电路维护和安全，由农户、组、村逐级收缴电费到乡交供电所。至2000年，全乡有电力变压器26台，装机容量1600千瓦，供电线路长150千米。居民生活用电1.8亿度，工业用电达2.67亿度。

2001年，农村实施电网改造工程，将原村组所有的变压器、杆、线等资产清理，委托电力公司管理，安装"一户一表"单独计量。撤销了乡电管机构，原各村级电工收归供电所统一管理。2010年，供电管理升级，优化供电路径，更新安装智能电表，改善用电环境，设立了24小时服务热线电话。

第二节　能源

一、加油站

1990年，原供销社职工郑谋筹资数十万元，在崇双路旁登田、划石村交界处，租地2亩多建立加油站1座，销售汽、柴油及辅助油料，开放供应过往车辆加油及本地生产生活燃油供应。2012年，市工业经济区拓展捷普项目征地，加油站搬迁至崇双货运大道崇镇村6组段，成为壳牌石油公司联盟站点。

1994年，农机站在崇双路划石村10组段，征地建立农机加油站，1998年停业关闭。

1998年，私营企业主李文龙，将崇双公路旁石桥村16组段的厂房改建加油站，取名为"文龙加油站"，之后经历几次更名，转换经营业主，至今经营态势平稳。

二、清洁能源

沼气　1974年，按照自愿建池、自筹资金与国家贷款扶持政策相结合的原则，首先在崇镇村1组羊庆文家，示范建造一口12立方米的沼气池。随后，全组70%的家庭修建了沼气池。当年全社建造了500多个沼气池。至1978年春，共修建3567个沼气池，有沼气池的农户占农户总数的73%。

1980年，在德寿村5组建设"沼气能源村"，全组农户家家建有沼气池。组集体还修建了120立方米的大沼气池，运用沼气作能源，开动柴油机，加工农副产品。

80年代后期，沼气利用逐渐萎缩直至停止。2000年后，随着农村养殖业的发展，沼气建设再度兴起，全镇兴建和改造旧沼气池800余口。

天然气　液化气（罐罐气）　全乡普及居民照明、生活用电后，人们煮饭用型煤（蜂窝煤）作燃料。2000年前后，部分居民使用液化气（罐罐气）清洁能源。2010年，场镇居民生活普遍用电、用气。2009年，市天然气公司安装燃气管道，在民心苑建成了天然气配气站和自来水厂，安装居民燃气160余户。2017年底，全镇天然气居民用户1600余户，商业、企业用户140余户。现在，全镇居民生活使用天然气、液化气、电能等清洁能源普及率达90%以上。

（罗天林　执笔）

第五篇 文化

第一章 群众文化

民国时期，旧岁新春，龙腾狮舞，贺佳节、闹元宵，狮灯、狮舞，猴跳、龙灯、牛儿灯此起彼落。彩装艳服，鼓乐喧天，戏台唱戏，交相成趣。街头巷尾、茶房酒店、街沿边或院坝头，搭讲台、竖牌位、测字、"算命"、讲"圣谕"（"圣谕"为民国期间的一种文化活动形式，由一文质彬彬的读书人坐台，宣讲忠孝节义、因果报应和圣贤格言，以劝世人广行善事）者，时常有之。

1946年，由李德明主办大划风雅乐社，民称"围鼓""板凳戏"，设本场肖道永、喻寿康茶馆摆围，常装坐唱。参加者谓之玩友，常有二三十人。

新中国成立初期，群众性的业余演出有秧歌舞、金钱板、腰鼓、莲花闹等。偶有外地剧团或县剧团来乡演出，县电影队来乡下巡回放映，到初级社时这些项目一概停办。1958年，成立公社文工团，组建电影队，建起影剧院、广播站，成立文化馆。1971年后，收音机和电视机逐渐普及。党的十一届三中全会后，随着经济体制改革的深入和发展，人民生活水平普遍提高，现全镇电视机普及率100%。

第一节　文化建设

一、广播站

1960年，大划公社开办乡村广播，公社和各大队都安装高音喇叭进行广播。1962年，因体制下放停播。1964年，由国家投资，县广播站在公社设广播站。1966年，全公社12个大队安装了高音喇叭14个。

此后，公社广播站和县广播站连通，全公社每家农户都安装了小广播喇叭（舌簧喇叭）。

公社广播站在各大队配备了线路维护员，每年冬季进行一次广播线路大维修，并负责各自所属的有线广播线路和设备的日常检查和维护。

1980年后，收音机、电视机逐步取代了有线广播。90年代后，公社广播站更名为乡广播电视站，配工作人员2名，负责转播市电视台电视节目和市广播站无线信号节目。

1991年下半年，各村均配置广播机，在村、组林盘分别安上高音喇叭五六只，以利乡村对各项工作开展广播宣传，也方便收听中央、省、市广播电台和本县电台的广播节目。2012年，完成8个行政村、1个场镇社区和2个农民集中区的小广播站建设。

二、文化站

1980年8月2日，在县文化局的指导下，成立了大划中心文化站，站长孙汉忠。1983年复乡后，文化局聘任文化辅导员1人，专职从事文化市场及全镇文化活动管理工作。

大划文化站指导全社文化、体育活动，下设影剧院、文化茶园和文化馆各一所。文化馆有图书室9个，流动图书组28个，共有图书2万余册。有电视室1间，20英寸彩电1台，气枪练习靶场1个，气枪4支。该站于1981年被评为省、地、县先进单位，获奖金250元，1982年支援灾区200元，《四川日报》做了专题报道。2006年，成都市路桥经营管理有限公司对口帮扶崇镇村，援建综合文化站，挂牌大划镇综合文化站。2010年，灾后新建大划镇综合文化站，建筑面积520平方米，广场面积1600平方米。设有多功能活动室、电子阅览室、图书室、舞蹈室、办公室等机构。由市文化体育旅游局配备电脑、图书、电视、投影仪、桌凳和广场健身器材等，免费向群众开放。徐小玲任站长，聘黄润兰、祝国梅、严凤琼3人为文化专干。在迎新年、闹元宵、庆"五一"、庆"七一"、庆国庆等大型节日活动中开展形式多样的群众文化活动。先后获得2012年崇州市"太极蓉城·人文崇州"太极展示活动优秀奖，崇州市广播体操比赛优秀奖，2013年崇州市全民阅读活动组织奖，崇州市第三届运动会足球比赛第四名、太极拳比赛优胜奖、拔河比赛第五名，2015—2016年度崇州市"第九套广播体操比赛"优胜奖，2012—2015年度成都市群众体育先进单位，崇州市2015年基层宣传优秀案例展演二等奖，2016—2017年度崇州市"百姓故事会"二等奖。全镇8个村1个社区配齐文化活动室、农家书屋和体育设施。

2016年，文化站改为政府购买服务，由市体育舞蹈协会负责全镇各项文化体育活动。

三、电影放映和影剧院

1958年，公社兴建大划公社影剧院，位于现临江街5号，有座位1028个。

大划影剧院门面为一楼一底（木板楼）、人字屋架，砖木结构，三合土地面倾斜约15°，砖、灰、沙砌筑坐凳。1994年，政府投入资金，将水泥凳子拆除，更换为翻板座椅。1997年10月，电影院全部拆除，扩入原文化站地址，建成一楼一底的大划镇综合办公楼，1998年9月竣工。2011年7月1日，政府灾后重建，迁址于人和街68号。

1973年下半年，公社成立电影队，有16毫米放映机2部、照相机1部。除在影剧院放映外，还巡回于各大队、生产队放映。1980年8月2日至1981年底，共计收入19173.01元，盈余4356.69元。随着电影事业的发展和电视机的普及，电影放映队于1986年歇业。

四、通信网络

80年代，大划的邮政、电信业务是乡镇邮电所代办。1992年，大划地区电信升级改造，安装程控电话，停用了原来的老式电话。1994年，开始使用模拟移动电话。1998年10月，邮政、电信分离。随后，电信、移动分离。电信、移动、联通3家公司为人们提供各种信息的便捷服务。

五、影视光纤

20世纪70年代末，黑白电视进入家庭。80年代初期到现在，实现由黑白电视到彩色电视再到数字电视的过渡。电视信号由无线电波到有线闭路、卫星传播，现已发展成数字光纤电视。

第二节　传统文化

一、灯耍

乡村习俗，每年除夕到翌年元宵盛行灯耍，燃放烟花爆竹。除夕夜，场镇居民门前挂红灯笼，大多以红纸糊贴，部分人家以绢绸制作，以红烛照明。灯有圆形、方形、扁形等，花样繁多。兔灯、鱼灯、虾灯、大红宫灯……形态各异。

改革开放后，人民群众生活水平普遍提高，春节盛行贴春联、吃年饭、长辈给晚辈发压岁钱、燃放烟花爆竹等。自中央电视台主办春节联欢晚会以来，每年除夕夜，全家围坐在一起观看春晚到零点，刹那间，烟花飞舞，鞭炮声、欢呼声，汇成一片。

龙灯　每年春节，乡、村自发组织舞龙灯、庆新春。舞龙精巧，黄布饰身，龙约5—7节，6—8人挥舞，1人举逗。舞动时龙头逐宝，身尾环绕飞动，在锣鼓声中，表演"枯竹盘根""海底捞月"等各种名目。

狮灯　50年代，每年春节，狮灯同龙灯一样盛行，六七十年代逐步减少。90年代以来，春节期间耍灯者活跃于场镇和农家院落。

牛灯　在春节期间舞牛灯，以示对牛的崇拜。用撮箕装饰制作牛头，以笋壳制作牛角，用布连接头尾，一人顶头，一人执尾，一人扮牛童，表演牵牛、喂牛、吆牛等情景。耍灯时，有杀牛、打圈、困沱等节目。牛童头上扎两条朝天小辫，上穿红色花小衣，下穿绿色短裤，脚蹬草鞋，手持一根吆牛竹鞭，具有浓郁的乡土气息。

二、春联、楹联

新中国成立以来，民间春节期间有张贴春联的传统。每年春节临近，乡镇场上，就有替人书写春联的摊点。市场上也有印刷精美的春联、年画出售。

楹联又称对联、对子。在一些重大节日，机关、单位常书写楹联贴于（或挂于）大门两侧。开业或生活中婚丧嫁娶，百姓都有贴联的习惯。"红"事（如结婚）贴红联，"白"事（如家人去世）贴白联。

春联、楹联的内容随着社会的变革、政治经济形势的变化而变化，一副春联能体现某一个历史时期人们生活和社会的缩影。

三、雕刻、泥塑

雕刻主要有木、石两大类，以木雕为多，常见于祠堂、庙宇、栏杆、屋檐及民间门窗、家具。图案多为龙凤、喜鹊、莲花、梅兰竹菊等。新中国成立后至"文革"时期，雕制工艺一度衰落。八九十年代，仿古建筑兴起，雕刻艺人又重新活跃起来。

泥塑工匠用黄泥、棉花捣匀，塑造成形，阴干后用水泥石灰砂浆上底，再施彩绘，即成庙宇、祠堂中的各类泥塑。

四、音乐

大划镇民间个体乐队主要活动于传统集会和婚丧嫁娶场合。中小学校学生乐队主要是在学校或镇上有重大活动时，才予以开展。

吹打乐，俗称吹打或吹鼓手。主要乐器有唢呐、二胡，配以锣、鼓、钹、铙。吹奏曲牌有《将军令》《哭黄天》等。

西洋乐队是近年发展和流行起来的，以演奏流行歌曲和西洋乐曲为主。乐器有萨克斯管、小号、长号、爵士鼓、电子琴等，配以音响、混响机、调音机、话筒、喇叭，并配以歌手演唱。

五、花鼓词

50年代以来，节假日和全乡文艺会演时有花鼓表演，花鼓说唱者一锣一鼓，铿锵有力，词内容押韵，朗朗上口。大划镇一说唱老艺人，将新中国成立至今的重大历史变革及人民群众当时的心情用花鼓词的形式表现出来，很受民众欢迎。

第三节 文化活动

一、大划公社文工团

1958年10月，正式成立大划公社文工团，团长张玉琴，有团员51人。各营（村）在俱乐部、文工团的指导下，成立了9个文工队，成员共有280多人，文娱剧目130个。文工团农闲演出，农忙参加生产劳动，演现代戏和川剧，1962年停办。1980年，组建大划文化中心川剧团。先后到乐山、新津、双流、温江、大邑等地以及崇庆县境内各大乡镇演出，获赠多面锦旗。

二、腰鼓队

2006年，大划镇老年腰鼓队成立，成都市路桥经营管理公司捐赠一套大小鼓乐器。2007年，参加崇州市第二届"庆重阳"活动，荣获一等奖。次年，划石村、崇镇村、登田村、灰窑村相继成立腰鼓队，参加镇域内和相邻乡镇各种庆祝活动。

三、广场舞

21世纪，镇域内9个村（社区）都成立舞蹈队，参与各种庆祝活动表演。2019年12月，大划·捷普"共享社区"组队参加2019年中国西部地区广场舞大赛，荣获三等奖。

四、百姓故事

自2012年起，镇和各村（社区）常态化举办内容丰富、形式多样的阅读演讲活动。2013年，大划镇开展《我爱阅读从大划开始》百姓故事会活动，《今日崇州》《书屋成都》等媒体进行了宣传报道。2015年，成都电视台、《成都晚报》等媒体与崇州市委宣传部联合举办的"快乐阅读·农村孩子梦想书架"捐赠仪式在划石村举行，成都电视台少儿频道节目主持人陈岳宣读《倡议书》，现场捐赠价值2万余元的图书。

第二章　教育

第一节　追溯

一、私塾

民国十八年（1929）至民国二十年（1931）间，大划境内佘仰山先生始办私馆，设校其家。民国二十一年（1932），佘由县人刘莲舫介绍，于县城大北街租佃刘氏宗祠（原县生资公司）兴办应时私塾，分甲、乙两班授课。甲班多为具有一定文化基础的青年，老师授以"四书""五经""纲鉴"之类，每日有书法，十日有作文。乙班多属蒙童，老师授读《三字经》《百家姓》《千字文》《千家诗》《声律启蒙》《幼学琼林》等书，每日有写字，五日有属对。两班于朔望之日，集体向孔子牌位焚香化帛，行跪拜礼。该私塾县中影响最大，1938年停办。

民国二十五年（1936）2月3日，县府布告："教育部规定在距离学校三里以外，并须布置适当教室，购置黑板等必须之教具，教授国语、常识等科课程，尤须详呈设塾地点……方得设立，否则勒令停闭……"因此，开设私馆者日趋减少。

二、公立学校

大划始办官学是在民国初年，始办人李瑞堂，校址设在关帝庙。所设科目有国文、算术，有学生50余人。李瑞堂走后，是谁接办不详，只知民国十年（1912）过后，由李的得意门徒陈永年接办此校，后来也不知是谁接办到1940年。

1941年，在关帝庙（原兽防站）设立小学。开初只办两班初级小学，王睢乐为主办人。继后，又以罗寿英、张布伦、张建秋、高泽洲等人任校长。

第二节 新中国成立后的学校教育

一、幼儿园

大划镇幼儿园始办于1958年"大跃进"期间。为解放妇女劳动力，各管区先后办起了9所幼儿园。1961年，幼儿园停办。1978年后，计划生育工作深入推进，幼托工作再度开展，全乡各村幼儿园相继建立。1994年下半年，确定黑铅村幼儿园为乡中心幼儿园，全乡各幼儿园均由中心幼儿园进行学前教育管理。各园内设立小班、中班、大班和学前班。至2000年底，全乡12所幼儿园中，有中心幼儿园1所，村办幼儿园10所，私人办1所。2003年，新建大划镇中心小学幼儿园，各村幼儿园停办。2016年，新建公立幼儿园1所。至此，大划镇有公办中心幼儿园1所，民办幼儿园1所。

中心幼儿园　创建于2003年7月，位于大划镇顺和街11号大划镇小学校内，现有小、中、大3个班级，幼儿110余名，教职工7名。幼儿园占地面积1025平方米，建筑面积648平方米，户外活动占地400平方米，绿化面积300平方米。

2016年，由政府投资，在划石村17组征地新建标准化公立幼儿园。2018年秋，镇中心幼儿园迁入。该园占地面积16.5亩，建筑面积6051平方米，单个教室面积近100平方米，共15个班，可供450个幼儿就读，属成都市一级幼儿园。

童馨幼儿园　位于大划镇画江大道698号，始建于2000年9月，是一所民办公益性二级园。占地面积2336平方米，建筑面积2036平方米，绿化覆盖面积1080平方米，幼儿户外活动场地1800平方米。现有教学班9个，幼儿379人。教职工30人，其中获本科文凭5人，大专学历10人，三级教师职称6人。

该园是成都市"学前儿童早期阅读发展基地""华东师范大学科研实践基地园"，连续多年获得崇州市幼儿园优秀教研组、崇州市AAAA级单位等光荣称号，园长呼志冰获评崇州市"最美幼儿教师"光荣称号。

二、小学

50年代初，大划原学校更名为崇庆县立大划乡小学。1950年开始，宋文彬、王永钊、魏铁心、侯汝明、孙惠英等曾先后任学校领导。校址于1952年由大划场迁至黄金村，时有学生400余名，教职员工10余人，开设8个班。1953年，更名为崇庆县大划乡中心小学。1955年，更名为崇庆县大划乡第一小学。1959年8月，更名为崇庆县大划公社第一小学，学生增加到650名。1960年，全社社属小学9所，分别于1965年前后创办，按民办公助原则，县文教局给予民办教师定额补助。

建校方面，原登田小学于1946年停办。1950年，重新办起了小学，校址最初在高山庙里。1951

年，经县文教局批准为公办小学，更名为登田小学。1968年，各大队都自办起小学。1969年，六大队自筹建校资金4000元，修建了德寿小学。1972年，黄金村小学校从十二大队4队迁至上场头新建校舍。1973年，上级为白果小学拨款2万元，政府自筹3000元修建学校。同年，拆除原板桥小学（东岳庙）校舍，迁至原板桥村3组、4组交界处新建板桥小学。1974年，上级又为黑石小学拨款2000元，政府自筹1000元修建学校。1986年，登田小学、德寿小学合并，于登田村10组和德寿村5组交界处选址，新建登田小学。1990年，石桥小学、万寿小学合并，于石桥村1组和万寿村3组交界处新建石桥小学。

1968年秋，在"读小学不出队、读中学不出社"的口号下，将公办小学下放到生产大队去办，公办小学教师分散到大队小学任教。

1976年10月，粉碎"四人帮"后，学校秩序恢复正常。1977年，开始了《全日制小学五年制教学计划》的贯彻执行，《小学生守则》和各科《教学大纲》颁发。1978年，学校有学生近700人，教职员工20余人。

1978年3月，大划小学被确定为省属农村重点小学。大划白果小学被确定为中心校，更名为崇庆县大划公社小学校。1981年6月，更名为崇庆县大划公社中心小学校。1983年4月，更名为崇庆县大划乡中心小学。1987年1月，大划小学和中心小学合并，称为崇庆县大划乡中心小学校，下辖板桥、石桥、万寿、黑石、登田、白果等6所村小。1994年，更名为崇州市大划乡中心小学校。

2002年7月至2006年4月，为加强校园风貌改造，学校争取到了成都市排危资金，新建了教学楼、幼儿园、食堂等。在此期间，为了使学生能享受优质的教学资源，先后对全乡村小进行撤并。至2006年，全乡村小全部撤并至中心校。

2008年，汶川大地震给学校造成了巨大的破坏，学校教学楼、综合楼、幼儿园、食堂等均成危房。学校于2008年12月开始灾后重建，2009年8月建成，更名为崇州市大划镇小学校。2010年1月5日，成都市第一所以共青团命名的希望小学——"崇州市大划共青希望小学"揭牌仪式在大划小学举行，成都市委常委、统战部部长包惠出席并讲话，崇州市市委书记范毅为大划共青希望小学揭牌。

2016年8月起，由秦世松任校长，学校继续以"礼仪教育"为载体，以"给每个生命发光的舞台"为办学理念，办一所具有金石精神的现代化素质学校。

崇州市大划镇小学校，已成为全镇教育的中心。现有15个教学班，有教职工50余人，在校学生600余人。

表5-1　　　　　　　　　　　　　　　2000年大划乡各小学校情况表

校名	校址	学校情况								学生人数	教职工人数			
		班数						合计			合计	专任	行政	工勤
		其中												
		一年级	二年级	三年级	四年级	五年级	六年级							
合计		7	7	6	6	6	7	39	1901		78	66	5	7
中心小学	场镇	2	2	2	2	2	2	12	738					
板桥小学	板桥村	1	1	1	1	1	1	6	205					
石桥小学	石桥村	1	1	1	1	1	1	6	216					
登田小学	登田村	1	1	1	1	1	1	6	316					
白果小学	白果村	1	1	1	1	1	1	6	352					
黑石小学	黑石村	1	1				1	3	74					

表5-2　　　　　　　　　　　　　　　2018年大划镇小学校情况表

校名	校址	学校情况								学生人数	教职工人数			
		班数						合计			专任	行政	工勤	合计
		其中												
		一年级	二年级	三年级	四年级	五年级	六年级							
中心小学	场镇	3	3	3	2	2	2	15	656		49	4	1	54

教学　新中国成立后，废弃了民国时期童子军教材及教学方法，提倡启发式，废止注入式和填鸭式。1951年，使用人民教育出版社出版的全国统一新编教材，学校组织教师学习教材教法，成立了教研组，开展学习研究教学大纲，钻研教材，研究教案和教法。

1953年，教育部推行苏联式的教学制度，贯彻凯洛夫教育法。学校开展学习苏联《凯洛夫教育学》《叶希波夫·冈查洛夫教育学》的活动。1956年，鼓励教师推行普通话教学。1958年，在"教育必须为无产阶级政治服务，必须同生产劳动相结合"的方针指导下，开展教学改革，从端正教学思想入手，发掘各学科教材的思想性，强调对学生"四个观点"（阶级斗争观点、群众观点、劳动观点、辩证唯物主义观点）的教育。

1962年，学校在"以教学为中心"的思想指导下，要求教师学习教学大纲，深入钻研教材，加强"两基"（基础知识、基本技能）教学。教师做到认真钻研教材、认真备课、认真上课、认真布置和批改作业、认真辅导学生。1965年，贯彻毛泽东"七三"指示精神，减轻学生过重课业负担，学校要求教师课堂教学有讲有练，反对满堂灌。中、低年级不留课外作业，高年级每天作业时间不超过0.5小时。

1966年5月至1976年10月，废除了招生考试制度，实行"开门办学"，学生参加生产劳动，教师以非国家出版社出版的教科书教学，以批判资产阶级反动路线为教学内容。语文课主要学习毛主席语录，数学课则以自编教材为主。

"文化大革命"结束后，学校教学秩序逐步恢复正常。学校教学按教育部颁布的新教学计划执行，教学大纲使用全国统编的新教材。

1981年，学校在改革课堂教学方面，采用典型引路的办法，不断研究各学科教学大纲、教材，引导各科教师改革教法，促进教师加强"两基"教学，发展学生智力，培养学生能力。

1984年9月，学校按照上级"关于全面贯彻党的教育方针，减轻学生过重课业负担的规定"的精神，要求教师进一步端正教育思想，改进教学方法。同时，在全乡开展献、评课活动，促进教学方法的改进。

1985年，成都市教育研究室提出了《课堂教学的评价要点》和《各学科评价要点》，学校广泛开展献、评课和优质课评选活动。

1990年，学校坚持以教学为中心，狠抓教师的教学常规工作，大力开展群众性的教学基本功竞赛活动。积极开展第二课堂活动，组织教师学习先进的教育理论，加快由应试教育向素质教育的转轨。

1995年，学校加大教学研究的力度。在加强教学常规管理的同时，注重教师素质的提高。语文科的"以读为本，培养学生语感能力"课题，获成都市小语协会二等奖。数学科课题"加强数学语言训练，发展学生思维"获县一等奖。

2010年，学校在全市首开先例，将电脑运用于教学。

招生和考试　50年代，招收新生工作在秋季进行，由老师负责组织面试，择优录取，张榜公布。学制分为初小和高小两个学习阶段。1960年，取消了初小升高小的考试。1980年，凡经过学前教育的7周岁儿童，全部接收为一年级新生。1990年，凡年满6周岁儿童，经过学前教育，全部招收为小学一年级新生。近年来，学校本着就近入学的原则，在做好就近生源入学工作外，还重视加强外来务工人员子女入学的组织工作。

1950年起，学生考试成绩由平时记分和半期考试成绩的40%加上期末考试成绩的60%，作为总成绩的综合记分。1980年，取消了半期考试，实行单元检测和期末考试相结合的办法。六年学习期满，经学校认定该生德、智、体合格，予以毕业，取消毕业考试，直接参加初中升学考试。1990年，随着普及九年义务教育的贯彻实施，凡学生在小学六年学习期满，参加小学结业考试，按划片区招生方式就近进入初中学习，实现九年义务教育的普及。

普及九年制义务教育　从1985年至1990年，合并新建了登田小学、石桥小学，改建了板桥小学、白果小学、黑石小学。1995年，中心校新修了综合楼。1996年3月，大划乡通过了四川省、成都市政府的普九检查验收，学生入学率、巩固率、毕业率每年均达100%。

表5-3　　　　　　　　　　　　大划镇小学校历任负责人简况表

届次	校长	任职年月	副校长	任职期限	教导主任	任职年月	副教导	任职年月
第一任	宋文斌	1950—1951						
第二任	王永昭	1951—1954			柳平坡	1951—1954		
第三任	魏铁心	1954—1959			柳平坡	1954—1959		
第四任	侯汝民	1959—1966			张柏铭	1959—1962		
第五任			孙惠英	1966—1969	高泽田	1962—1965		
第六任			羊玉芬	1969—1972	林召文	1965—1972		
第七任			刘先银	1972—1978	林召文	1972—1978		
第八任			贾成忠	1978—1983	杨正邦	1983—1984		
第九任	杨正邦	1984—1990	林召文	1984—1998	刘宏琰	1984—1990	胡志祥	1983—1984
			王春玉	1987—1990			袁秀芬	1983—1984
							谢小刚	1984—1986
第十任	王春玉	1990—1993	刘宏琰	1990—1993	王加玉	1990—1993	舒彬	1992—1993
第十一任	刘宏琰	1993—2002	王加玉	1997—2002	王加玉	1993—1997	舒彬	1993—2002
第十二任	黄敏	2002—2007	王加玉	2002—2007	冉彬	2002—2007	舒彬	2002—2006
第十三任	魏虹	2007—2007	王加玉	2007—2007	冉彬	2007—2007		
第十四任	刘继明	2007—2016	王加玉	2007—2014	冉彬	2007—2016		
第十五任	秦世松	2016.8	冉彬	2016—2019.12	周强	2016—2019.12		
第十六任	李友全	2018.8—2019.12	冉彬	2019.12	周强	2019.12		

备注：羊玉芬、刘先银为公社教革委副主任。

表5-4   大划小学（重点小学）历任负责人简况表

校长	任职年月	副校长	任职年月	教导主任	任职期限	副教导	任职年月
卢仁楷	1978—1986	王茂槐	1978—1982	倪平修	1981—1985		
		石显玉	1982—1983				
		王春玉	1983—1987			陶成旭	1986—1987

表5-5   大划小学（重点小学）历任党组织及负责人简况表

组织名称	书记姓名	任职期限	
1955年8月至1958年8月，大划小学属三江区小学党支部			
大划公社小学党支部	侯汝明	1960.1—1966.8	
大划公社中小学党支部	吕国春	1972.3—1979.3	1979.11—1987.1，无支部书记，支部工作由副书记谢汝南主持
大划乡小学党支部	杨正邦	1987.2—2003.8	
原大划重点小学党支部	卢仁楷	1978.10—1986.12	
大划镇小学党支部	黄敏	2003.9—2006.8	
大划镇小学党支部	刘继明	2006.9—2019.12	

表5-6   大划小学（重点小学）校工会及历任负责人简况表

工会名称	工会主席	任职期限	备注
大划乡小学工会	宋淑琼	1956.10—1958.7	
	魏铁心	1958.7—1959.7	
大划公社小学工会委员会	魏铁心	1959.8—1962.11	
	侯汝明	1962.11—1966	
	孙惠英	1966—1966	
大划公社中小学工会委员会	李世源	1979—1982	
	胡瑞炘	1982—1983.3	
大划乡中小学工会委员会	胡瑞炘	1983.4—1984.11	

	谢小刚	1984.11—1990.4	
大划乡小学工会委员会	邓志强	1990.4—1990.7	
	王加玉	1990.8—1991.7	
	冉彬	1991.8—2019.12	
原大划小学工会委员会（1987年与大划乡小学合并）	徐志章	1979—1983.3	
	李友成	1983.3—1986.11	
	邓志强	1986.12—1987	

三、大划中学

1969年底，大划第一小学校招收3个初中班，1970年春始业，学制三年，分设小学部、初中部，成为"戴帽"初中。第二年，又招收3个班。1972年，招收2个班。三江中学抽调郭福生、谢玉清、程子祥、杨汉良、范克毅5名教师到初中班任教。至1971年，全校教师共13人，8个班。师资短缺，教师兼任三四个课程教学。自1972年3月起，陆续调来多位教师，学校师资力量有所加强，初中班次逐年增多。1971年，于大划场镇下桥头白马河西岸黑铅村6、7、8组地界，拆迁黄金村小学部分校舍，新建崇庆县大划公社中学。

教育部门拨款28000多元，进行三区（教学区、生活区、运动区）分离。建有统沙墙砖卷拱房教室10个，竹篾卷拱房教师寝室20间，食堂2间，砖木结构寝室4间，厨房1间，办公室6间。

自1989年起，乡政府先后投资近100万元，修建了两幢标准教学大楼和一幢实验大楼。理、化、生实验室按四川省教育委员会一类实验室标准，配齐各种仪器设备，图书室近万册藏书全天为师生开放。征地扩建运动场，设足球场、篮球场和200米环形跑道。如今，学校占地8871.1平方米，教学班15个，学生700余人，教职工达40人，有中学一级教师12人。学校学生入学率达98%以上，毕业率达80%左右。

2008年，"5·12"汶川特大地震发生后，大划中学教学楼倾斜，学校师生于临时搭建板房中教学一年。2009年9月，教职工整体并入三江中学，学生分流并入江源中学、三江中学。

办学宗旨　大划中学创办时，学制初为三年，1974年后为二年制。1981年秋，改为三年制。党的十一届三中全会前，办学宗旨是毛主席提出的："我们的教育方针应该是使受教育者在德育、智育、体育几方面都得到发展，成为有社会主义觉悟的、有文化的劳动者。"十一届三中全会后，按照邓小平提出的"教育要面向现代化、面向世界、面向未来"的方针，为社会培养合格的、适应市场经济发展的、遵纪守法的"四明"人才，为高一级学校输送合格的新生。

招生与考试　1969年底，在小学毕业生中招收初中新生，由中学确定名额。初中毕业后，部分推荐上高中，其余回乡。1976年，大划中学初、高中并招，成为"戴帽"高中。1978年，在"调整、巩固、充实、提高"的指示下，停止了高中招生，仍为初中。1977年，恢复文化考试。初中招生由小学毕业会考后，从高分到低分录取新生。初中毕业参加国家统考，有考入中师、中专的。

自实行文化考试后，大划中学高1978级招生55名，1979级招生110名，两届学生共毕业150名。1978级学生舒成福被四川师范大学录取，何建春被成都铁路学校录取，李玉龙被成都师专录取，罗德胜被泸州医大录取，徐世文被西南财经大学录取，罗秀芬、付淑君、胡玲、韩淑瑶、付勇、宋加辉等学生被新都师范学校录取。1981级初中毕业会考，中师、中专一次性上线10人。1982年，又有5人被中师、中专学校录取。

教学工作 1970年至1977年，学校按照毛泽东同志"五七"指示，以学生参加"红卫兵"为政治表现，以阶级斗争，忆苦思甜为常课，经常组织学生参加批斗大会。十一届三中全会后，学校思想政治工作教学以爱国主义教育、"五讲四美"等为内容，教育学生做有理想、有道德、有文化、有纪律的"四有"人才。

2000年8月，李岚清在第九届全国人民代表大会常务委员会第十七次会议上做了《关于实施科教兴国战略工作情况的报告》，组织编写了《素质教育观念学习提要》，进一步明确素质教育的宗旨和基本观念，推动课程设备、评价方法、教育模式等方面的改革。学校紧紧围绕素质教育这一课题，进行探索研究，全面推进素质教育。

表5-7 大划镇中学校历任负责人简况表

简介	职务	姓名	任职期限	备注
在小学附设初中班的基础上建校，始名崇庆县大划公社中学。1978年10月，更名为崇庆县大划公社中学校。1983年4月，更名为崇庆县大划乡中学校。1994年，更名为崇州市大划乡中学校。2001年10月，更名为崇州市大划镇中学校。	教革委委员	林召文	1969.11—1972.6	
	教革委副主任	吕国春	1972.7—1978.9	
	副校长	谢汝南	1978.10—1981.12	
	校长	侯汝明	1981.12—1984.7	
	副校长	谢汝南	1984.8—1986.6	
	教导主任	胡文甫	1986.6—1987.1	
	副校长	陈学文	1987.1—1990.7	
	校长	赵治金	1990.7—1992.8	
	校长	陈学文	1992.8—2001.8	
	校长	陈海云	2001.8—2007.1	
	校长	徐树良	2007—2009.8	

表5-8　　　　　　　　　　　　　　大划镇中学校党组织及历任负责人表

学校	组织名称	书记姓名	任职期限	备注
大划镇中学	1955年8月至1958年8月，大划小学属三江区小学党支部			
	大划公社小学党支部	侯汝明	1960.1—1966.8	
	大划公社中小学党支部	吕国春	1972.3—1979.3	
	大划公社中小学党支部	谢汝南（副书记）	1979.11—1987.1	
	大划乡中学党支部	陈学文	1987.4—2001.8	
	大划镇中学党支部	陈海云	2001.9—2007.7	
	大划镇中学党支部	徐树良	2007.8—2009.8	

表5-9　　　　　　　　　　　　　　大划镇中学校工会及历任负责人表

学校	工会名称	工会主席	任职期限	备注
大划镇中学	大划公社中小学工会委员会	李世源	1979—1982	
		胡瑞炘	1982—1983.3	
	大划乡中小学工会委员会	胡瑞炘	1983.4—1984.11	
	大划乡中学工会委员会	余茂修	1984.11—1986.12	
		陈光裕	1986.12—1999.12	
		刘雪红	2000.6—2000.8	
	大划镇中学工会委员会	宛永贵	2001—2009.8	

四、农业中学

1958年，在"大跃进"形势下，大划公社于黑石村3组开办了农业中学，学生为未升入初中的小学毕业生。有教师4人，设2个班，学生110人，学制三年。主要讲授初中语文、数学、政治、物理、化学，外加农业技术课。1960年5月，金鸡并入大划，学校迁至金鸡红瓦寺授课。1961年，大划、金鸡分治。同年7月，学校停办。1965年，又于大划场镇河街设址，招收1个班，教师2人，学生50人，开设语文、政治、数学、生物课。1966年，"文化大革命"开始，农中停办。

五、红专校

1958年10月，大划公社在崇镇村11组创办了红专校，由羊庆文任书记兼校长，徐太华、陈志良、张仲文、李寿山、张登荣5人组成学校管理委员会。羊庆文负责蜂场工作，徐太华负责学校内勤，陈志良、张仲文、李寿山、张登荣分别担任鸡场组、农业组、猪场组、果园组组长。时鸡场养鸡达1000只，粮油种植面积80亩，猪100头，果园30余亩，进行农作物栽培，果蔬种植，畜禽养殖等技术的培训实践运用。公社"五四"青年养蜂场招聘羊马和本社养蜂技术员，组成5个养蜂组，每组4名学员（含1名女养蜂学员），平箱饲养，转地采花。1962年，蜂场蜂群分别处置给集体或个人，红专学校停办。

六、成人教育

扫盲　1950年，崇庆县人民政府要求各乡（镇）小学校举办民众夜校、文化补习班、识字班、读报组等，以扫除文盲，帮助工农群众学习文化。1953年，遵照中央指示，纠正速成识字、突击扫盲的做法，将冬学班转办为常年民校，对旧制度留下的大量文盲，以识字班的形式开展全乡群众性扫盲活动。一个村设一个识字点，识字课本由政府免费发放。政府组织业余扫盲教师，每晚到各村教群众识字，持续到1965年。"文革"开始后，扫盲工作终止。1978年，扫盲工作又被提上议事日程。1979年，成立了公社工农教育委员会，设专职业余辅导员1人，政府每年拨资金支持。至1995年，经检查验收，全镇13—50岁人群中，半文盲脱盲率达98%以上。

社区教育　大划镇现建有崇镇、石桥、德寿、登田、灰窑、划石、净居、白果和场镇社区9个教育工作站。2013年，经成都市教育局评估验收，划石社区教育工作站被确定为市级示范社区教育工作站。2014年和2017年，石桥社区教育工作站和场镇社区教育工作站，分别被命名为崇州市示范教育工作站。2018年12月，经成都市教育局检查验收，大划镇社区教育学校被命名为"成都市规范化社区教育学校"。

大划镇社区教育学校、社区教育工作站与镇工会、共青团、妇联、残联、文化站、镇劳动保障中心、派出所、司法所、卫生院等部门建立合作共建关系，开设职业技能、餐厅服务、健康知识、电脑等培训，以及读书、文化、娱乐、就业、成都市民课堂、道德讲堂、百姓故事会等内容。

第三章 卫生

民国时期，大划场上只有少数中医，几家药铺，另有乡间中医草药人士。1929年，国民政府宣布中医为非法行医。当时，立水柱、烧纸钱等封建迷信治病方式盛行。

民国三十四年（1945），霍乱流行，大划地区有多户全家遭受灭顶之灾。血吸虫病在大划地区白马河以西、靠西河以东地域的德寿、登田、灰窑、划石、净居、白果等村时有发生。

50年代初期，党和政府领导人民群众开展"破迷信、讲卫生"运动，取缔迷信、巫医、神汉治病的非法活动，大力扶持医疗卫生事业，开展群众性的防病治病工作，使农村缺医少药的现象得到了基本改变。

一、卫生院

公社卫生院 1951年，成立卫协会。1952年，成立联合诊所，成员9人。1953年，联合诊所与兽防站联合，再次成立中医门诊。1958年夏，更名为"大划公社医院"，卫协会解体。1961年，兽防站分出。

1962年，体制下放，卫生院只有6人。

至1981年，全院职工发展至28人，有砖木结构的大小房屋共计31间，计543平方米。院内设有门诊、住院、化验、外科、内科、妇产保健等科室，产床2台，病床14张，无影灯1盏，高压消毒器2台，计划生育器械5套和各种用具300多件。

中心卫生院 1988年11月，大划卫生院改为大划中心卫生院。1990年3月30日，下放给乡政府管理。2000年5月，乡政府征地3.5亩，老医院资产交由政府置换。10月，动工修建公立卫生院，次年竣工，时有职工35人，住院部床位33张。2006年，大划镇公立卫生院启动标准化建设，年底，大划镇卫生院共有在职医技人员20人。2008年，"5·12"汶川特大地震发生后，卫生院选址于划石村6组、10组进行灾后重建，2009年9月竣工，并交付使用。占地面积6404平方米，建筑面积3225平方米。设有门诊楼、住院楼、辅助用房、中医病区（板房）各1栋，住院部编制床位85张。常年开设内科、外科、妇科、中医科和公共卫生科。辅助科室开设有中西医药房、放射科、功能科和化验室。配置有彩超、DR机、心电图机、全自动血球计数仪、B超机、心电监察仪及各类理疗设备等，与成都市大家医学检验中心合作，可进行各类医学检验检查。

2012年，更名为大划镇卫生院。全院现有职工43人，编制内13人，自行聘用30人，医护专业技术人员39人。其中，中级职称3人，执业医师10人，助理医师4人，注册护士16人，公共卫生科人员10人。

表5-10   大划医院历任负责人表

医院名称	职务	姓名	任职期限	备注
卫生协会	组长	胡顺清	1951—1958	
联合诊所	主任	李伯铭	1952—1957	兽防站并入，1961年分出
联合诊所	主任	李伯铭	1953—1960	
大划卫生院	院长	胡顺清	1958—1959	
		唐仕安	1959—1961	
公社卫生院	院长	吴超群	1962—1965	
		陈子华	1966—1996.12	
大划卫生院	院长	李绍忠	1997—2005.9	
		帅秀云	2005.10—2009.8	
		胡志军	2009.9—2016.11	
		余阳霈	2016.11—2019.12	

二、社会办医

大队医疗站——村卫生室 1958年，各管区纷纷建立医疗站，送医上门，就地诊治，吃药免费。"人民公社化"时，全社共设医疗点12处，1961年撤销。

1966年，大队医疗站就地设医，培训乡间医务人员，亦农亦医，谓之"赤脚医生"。每大队各设医生1人，全社共12人。1967年，贯彻"六二六"指示，培训赤脚医生，每个大队配备"赤脚医生"2人，全社共计24人。药费由生产队支付，后改为自付。

1970年，大队医疗站更名为合作医疗站，原大队卫生员更名为赤脚医生，社员人均交2元入股，享受诊疗优惠。若需转院，由合作医疗站介绍到上级医院，医药费由合作医疗站报销。1973年至1975年，各大队合作医疗相继改为吃药自费，赤脚医生待遇仍为大队补助。1979年，合作医疗站改为村卫生室，自负盈亏，赤脚医生更名为乡村医生。至2009年，镇设有卫生站8个，有医生8人。

诊所 有中医、西医、内科、外科之分。中医内科有张远谋诊所、佘氏诊所2家。外科有孙光泰诊所。西医外科有胡氏牙科诊所等3家。

药房 主要经营常用西药、中成药、中药，集中于场镇，有药师配方和医师坐堂处方。现场镇开设有三元、正和祥、保泰和、安泰、康益、贝尔康、本草堂、吉康、德康、爱新等20余家连锁药店和个体经营药房。

三、妇幼保健

1958年，全社于10个点设妇产院，有接生员10人。1981年，每个大队1名，共计12人。接生员积极宣传新法接生，普及妇女卫生知识，接受新法接生的妇女每年有近200人。1971年至1981年，全社育龄妇女3748人，生育1537人。1971年，婴儿破伤风死亡人数11人，1981年降至1人。据1971年妇女病普查，全社60岁以下妇女总人数5231人，患子宫脱垂的195人，尿漏病9人，阴道滴虫74人，盆腔炎74人，霉菌72人，外阴白斑9人。1981年，普查普治60岁以下妇女4120人，子宫脱垂者27人，尿漏病死1人，治愈1人，未治愈1人。阴道滴虫30人，盆腔炎68人，外阴白斑3人。1979年，对0—7岁儿童开展普种牛痘、口服小儿麻痹糖丸、种卡介苗等工作。

四、防治血吸虫病

大划镇是血吸虫病流行区，有螺面积达7万平方米以上。1966年至今，患病者计400余人。1970年起，每年开展群众性的大规模防治工作。

灭螺　在丁螺流行疫区，登田村四斗渠和筒车沟区域，在血防站工作人员的指导下，每年春秋开展查螺灭螺工作。

查病　每年夏，由血防站医生、镇医院医生、乡村医生组成查病小组。70年代，以查大便类检阴性确定病人。80年代起，皮试确认阳性后，再抽血送县（市）血防站、防疫站检查化验，血液为阳性即确定为血吸虫病人。2018年，皮试呈阳性仅有1人。

治病　每年由县血防站医生、卫生院专职血防医生、乡村医生组成医疗小组，分期分批治疗患者。从1958年开始，大划镇丁螺面积逐年减少，至2012年，基本灭绝。

五、爱国卫生

"公社化"初期，结合广开肥源，每年春耕秋种之前，在公社、大队、生产队号召和领导下，队队、户户、人人开展以打扫老墙土、室内外清洁和清除扬尘、污垢，挖千脚泥、铲茅坑、刮茶壶为主要内容的爱国卫生运动，渣肥交队堆沤。后逐年持续开展，形成自觉行动。

改革开放以来，大划镇场镇和乡村农户每年都在党委、政府的号召下，开展爱国卫生运动，结合农村"两管五改"（管水、管粪，改井、改灶、改厕所、改畜圈、改环境）和灭"四害"（老鼠、苍蝇、蚊虫、蟑螂）为中心内容的工作，推动卫生村、文明村建设。2000年后，城镇居民用上清洁的自来水，农村农户都饮用钢管井水或自来水，人畜分居，修建水冲式卫生厕所，城乡人居环境得到极大改善。2004年，场镇市容环境整治、垃圾清运、街道保洁，商家、居民实行门前三包制，农村环境治理垃圾予以集中清运。2010年后，镇村分购社会化服务，城乡环境治理形成制度化、常态化管理机制。

第四章　体育

一、学校体育

贯彻德、智、体全面发展的教育方针，中小学校每年都要组织1—2次学生运动会。社会体育方面，乒乓球、跳绳、拔河、健步、赛跑、踢毽子、空竹等全民健身运动尤为活跃。

新中国成立初，以学校教师为主体，吸引社会青年，经常在原大划第一小学操场举行篮球友谊赛。1958年"公社化"，各管理区都组织了篮球队，设置篮球场，举行友谊比赛。60年代，八大队男子篮球队——"大划闪电队"，常与各大队篮球队和西河坝驻军小教联球队进行友谊赛。70年代，小学初中"戴帽"，大划中学迁址大划场镇，建标准化篮球场2个，经常召开运动会，并邀请乡镇和友邻学校组成球队参加比赛。

二、群众体育

自2008年北京奥运会以来，镇综合文化站多次组织开展全民健身文娱活动。2013年，获崇州市第三届运动会拔河比赛第五名、崇州市第三届运动会广播操比赛优胜奖、崇州市第三届运动会太极拳比赛成年组优胜奖。获崇州市第四届运动会拔河比赛第四名。近年来，镇每年都举办"蜀南杯""捷普杯"运动会，各村（社区）每年春冬都组织开展社区运动会，促进了全民健身运动的开展。

加勒比探险乐园　始建于2013年12月，位于大划镇崇镇村1组，总面积70余亩，开设有篮球运动场、亲水游乐、葡萄采摘、儿童拓展、康体运动等服务项目，并配备户外拓展场地，集生态种植、观光休闲、户外拓展为一体。

（王加玉　徐小玲　提供资料　胡文甫　整理）

第六篇　社会风土

第一章　社会组织

第一节　宗族　宗祠

一、宗族

大划民间历来重视宗族关系，经历连年战乱，现住人口多系湖广迁移而来。河北、江西、浙江、福建、山东、陕西等地，入蜀为宦或经商来此者日增，宗族观念日渐浓厚。民国时期，宗族支系增多，一些宗族通过编修谱牒、兴建祠堂或祖庙来强化宗族观念，维护族人利益。新中国成立前夕，有宗祠的家族9个。每年清明、中元或冬至，族人至宗祠祭祀列祖列宗。此举渐为族中士绅权势把持，他们在宣扬尊老爱幼、崇尚勤俭等优良传统的同时，也加入不少封建礼教和宗法观念。宗祠田产除祭祀支用外，有的还用于族人福利。

二、宗祠

大划境内有大小祠宇9个：李祠堂、张祠堂、羊祠堂、孙祠堂、简祠堂，以及徐祠堂2个、何祠堂2个。祠堂用于供奉本族的祖先，开展家族活动。新中国成立后，祠堂多分给无房农民居住，或作为村组办公室、学校房舍使用。

李家祠　俗称李桅杆。大划大桥西下1000米之外，有一李姓宗祠，祠堂四周李姓人家集中，是今石桥村所属范围。每年清明节，凡李姓男女老幼均聚集于此，请李姓长辈一人焚香祭祖，大办

"清明会"宴。当日，杀猪宰羊，将三牲祭品置于李氏先祖神牌位前，秉烛焚香，鸣钟击鼓，燃点鞭炮铁铳，以祀祭礼。全族李氏之人，依班辈长次排序，磕头跪拜，行其大礼，当日还要在李氏祖坟上挂坟飘纸。

集会之上，由李氏族长或李氏中年高德望者，讲族史、宣传孝悌忠信，表彰李氏家族中贤德人物，教育后代儿孙。祭祀气氛隆重，庄严肃穆，置酒席二三十桌，济济一堂。

羊氏祠堂 始建于清乾隆年间，坐落于大划镇崇镇村1组。占地面积620平方米，建筑面积140平方米，中式建筑，砖木结构，四合院，门窗木质嵌花装饰，周围围墙，大八字大门，拱园帽，石灰墙。前院8株柏树，院内竹笼3笼，右角1株参天大树，树上老鹰筑建巢穴，祠堂前面小溪1条。

大划解放后，祠堂分给农民。改革开放后拆除，重修楼房1栋，平房1栋。

姓氏

据统计，大划境内计有132个姓：

李、张、何、徐、孙、羊、马、彭、罗、杨、陈、程、刘、肖、柴、蔡、吴、蒋、白、田、郑、王、周、谢、付、黄、胡、廖、宋、朱、唐、骆、林、芶、曾、谭、吕、姜、袁、高、韩、胥、沈、万、甘、魏、代、向、卢、方、曹、卿、梁、殷、冉、余、任、冯、钟、董、牟、邓、戚、康、干、郭、雷、柳、鲁、宁、晏、童、温、汪、魏、文、宿、许、姚、简、佘、邹、盛、龙、鲜、岑、贾、秦、丁、苏、江、游、赵、龚、陶、严、石、阙、岳、潘、聂、易、倪、庞、喻、薛、粟、查、漆、夏、呼、蓝、裴、舒、戴、蒲、汤、熊、华、叶、伍、邵、阳、韦、施、桂、饶、旬、乔、范、平、孔。

三、家谱

崇镇村的《羊氏族谱》，石桥村的《张氏家谱》，德寿村的《胡姓族谱》，登田村、灰窑村的《孙氏族谱》，都明确记载了"宗族源流""家族英贤""辈分排行""敬亲孝亲""和睦邻里""家规族约"等内容。因时代的变迁，除以上几家外，家谱大多遗失或缺页，有的仅存简史或排行。

羊姓 据羊氏族谱（2011年3月）记载，崇州市羊姓一族起至始祖羊亨（宏祚公），籍江西抚州府今金谿十八都东方里，明嘉靖朝仪大夫，并于嘉靖四十五年（1566）奉职西蜀泸州太守，历七年，病卒于任署，葬于巫山峡口。后其子仁、义二公落业汉源，置地尖尖山，修建文星寺。羊姓宗亲分居富林、红岩、安乐、马托、顺和、石棉、崇州、大邑、灌县（都江堰）等地。始祖入川至今已540余载，衍传已18代。现在世的有怀、武（汝）、志（治）、富、贵、德、荣、昌8代。据其祖辈第11代孙羊怀钧在民国五年（1917）续谱重志《羊氏历代志》和《羊氏瓜瓞总图》记载，排行为□、□、湖、美、应、伏、玉、奇、全、寅、于、宗、怀、武、志、富、贵、德、荣、昌，克、绍、华、堂、庆，安、邦、定、太、平。分支宗亲在历史变迁中，排行有一些细微变化。大划为"于、宗、怀、汝、志"。大划羊姓聚居于崇镇村、登田村、划石村。

胡姓　据胡姓宗族历史（后裔安定泽全照誊）：癸丑年六月（1973年7月），盖闻木本水源不无所自而分流别派，恐失所宗族谱留存綦重，夫兹如吾族原籍浙江杭州府秀水县洪都乡十八宝人氏，始祖讳玖，为明朝监察御史（孺人顾氏敕授淑人），因偶僭朝仪罚贬芦阳西小街创业住居，生四子取名安、邦、定、国，后为寇焚归宅，遂失族谱。兼以门役繁重，逃避异域者不一其人，安、邦与国三房之裔一无可证，唯有经定一房虽有可究，然其中不无失序紊派者，族谱之修宜急举矣，今余掌教之间，众议创作敢辞，遂将经定之裔有可究者祥族谱书，务使一无乱斯，亦重本笃亲之厚意也，更所冀者吾裔族之另序谱，后忆万斯年庶俾木有本水有源。宗族谱序记载：清康熙十六年（1677）辛丑至宗枝图钞，原籍浙江杭州府嘉兴府所属秀水县洪都乡十八宝人氏，后移芦山县青源乡白虎禧居住，始祖胡玖、顾氏生安、邦、定、国，胡金定一支生誉生可通生应魁生天贞（裕）生元琼（西、英、雍、南），天贞因王氏故与父同子从芦山来崇州居住，于文殊村继妻杨氏所生元连移居敖巷子，生联祖（升、级、述、捷、魁、云、登）生珍、璋、瑄、玠（瑶、异、谦、让、豫、观、健、保、伸、倬、佑、诚、倧、侣、伶、伟、仟、震、晋、崋、上、寿、固、宗、开、封、康），天裕管氏死于张献忠之乱，其分支芦山天王寺。珍与周氏生四子（长秉国、次光国、三耀国、四富国），秉国与宋氏生荣宽（长房荣升、二房荣超、三房荣鼎、四房荣煜、五房荣智），荣宽与郑氏、吴氏生德璠（长房德舆、三房德英、四房德琇、五房德璋）即此字辈排行为德、世、万、经、文，起、家、寻、宗、根。现大划域内在世的有万、经、文、起、家、寻、宗、根8代。始祖入川至今衍传已20代。聚居于大划镇德寿村、划石村、登田村。

石桥村张姓　据家谱记载，清康熙年间，其老祖公张登云从湖北麻城县孝感乡移民到四川崇庆州大划乡张家林（现石桥村9组），今已繁衍至第14代。其宗族排行：登、奇、问、珣、鸣，元、开、福、天、成，永、远、维、新、治、文、星、镇、国、廷。2017年6月，后裔张正华（远威）、张兴华（远富）修续家谱后续排辈诗：育德享利久，博学当自强，弘志中华梦，族盛威名扬。其排辈诗即为张氏宗族家训。

（源于张氏家谱　胡文甫整理）

石桥村李姓　无族谱，于其二世祖碑文中觅得，系出仕在四川邛州为官，告终养老置地插业，居崇庆州之东，乡名玉圭乡，今石桥村16组。

李氏家族二世祖墓碑文：

皇亲例赠奉政大夫李公英伦黎·黎氏之墓

　　碑头眉：佑启后人　属毛离乡由三楚　裕后光前到四川

　　碑序文：当闻木有本，水有源，本固则枝茂，源远则流长。此报本追远，仁人孝子之心也。敬为我先人，居明末世值清初，其本源系湖广麻城孝感之谱，其出仕在川直隶邛州之地，晚告终养插业居崇州之东乡，名玉圭乡——在崇镇观之下。鑫斯衍庆，发历代之后裔；麟眂呈祥，实前人之佑。迄今曾无末裔等窃思恩深，无由报答，建其墓碑，颓靡有愧先灵。于是集合族后裔孙复重刊，万古敬书，源本俾流传于千秋，绍先代之排行，开后人之名派，故特书于碑后曰：希英庆仁正，玉维元秉春。世代光天地，荣华永远申。但愿我人人遵守，代代勿紊，则后日离乡者，故易寻宗而归井入土者，庶不至有荒城旷野之悲焉！ 谨序

    壬子年花朝月中瀚吉日四房等

（注：此文源于李氏先人碑记，碑文标点系编者所加）

2010年起，李氏宗族恢复清明传统祭祖活动，以"耕读为本，忠孝传家，行善积德，勤劳致富"作为家训，迄今繁衍至"荣"字辈（第16代），现今李氏后裔已逾千余。

（李红提供资料　胡文甫整理）

灰窑村孙姓

孙氏碑文：

孙氏源流志略

    孙氏自齐大夫陈无宇公子占，受姓后，至二十三世为仲谋公权。又三十七世为福七公。共六十世矣。宋末因胡乱华，由豫章丰城同造里敷春乡，福二福五福六福八迁楚居嘉鱼之东崖山，生文俊文秀，遂为大崖孙氏。明代文义、文昭、文礼、文茱发派蜀之阳县。与崇庆州由大崖迁蜀之详既不可知。文义四公之前亦缺，略无可考。自传六世，由我惟现公复由阳县而迁崇庆南关外集贤乡文井江之东岸。至此为崇庆之孙氏。嗟乎，人本孚祖见物尤生之必有所自也。饮水思源，见先代之不可忘也。我孙氏源远流长，其前既失之缺脱，而今思后当绪。自惟现公而后，瓜絮瓞衍支派由岐，不有谱，以蜀之数十年后必纷乱无所考，此我崇庆孙氏不得不详细书录，为使族人各守一篇以为世系于不坠，是固裔孙之责也。因备述所自，以示后人之无忽。

    谨志

裔孙　谋谨撰
宜宾　曹梦仙书
发起人　永楷　永松　永桂　绍鲤　绍华　绍光
中华民国三十五年　孟冬日

（胡文甫　罗天林搜集整理）

崇庆县孙氏排行：

    世万奇思永　绍光兆九天

    鹏飞云祭远　勋焕鼎华年

    懋绩承先泽　辉宗列俊贤

    清芬传宋纪　嘉誉著民元

崇镇村佘氏绍廷碑序：

　　夫天地者万物之逆旅，光阴者百代之过客，历世期颐如驱过隙，一世之中，虽不能为人类建功立勋，而能修其身治其家，和邻里睦乡党，成为一方之典范，虽不能垂青于史，然能流芳百世者，不虚此生也。

　　公元熙字绍廷，生于清末书香世家，其祖，大清秀才，田产百余亩，至公父辈因吸鸦片而破产，仅余水田一亩二分，且典其十分之二，自幼失怙，姐弟三人相依为命时家之贫饔飧不继，但虽贫不馁，择师学艺，艺成遍行乡里，以资母辅其家，数年之蓄，赎其父典之田，姐室华门，不幸又失恃，仅存者公与弟身，授室郑氏，深德内辅亲叔之助，重振家声，弃艺从商，日趋于市井，暮奔于田园，勤劳俭朴，奋斗数载，始由贫渐富，公富而不骄，膝下有五子一女，姐适婿代抚幼女，视如己出，常教以耕读为本，五常传家，八德处世，秉承辅训，虽未立荣显贵，尚能安分守己，五子授室，女适夏门，子孙繁衍相传四代，公观世道之轮回，人世之沧桑，由此洁身自爱，慰享天年。

　　公生于庚子年二月十九日酉时，殁于己亥年闰八月二十八日卯时，高寿九十六岁，无疾而终。谨此为序

　　长男佘仲伦敬撰：

　　公有六子二女，次子次女不幸幼丧，姐适居婿代抚幼女，承欢膝下，视如己出，常教子女以耕读为本，五常传家，八德为人，末五子庭芳，切登仕途（二人大学，一人高中，余者虽无学历皆通文达史），均为人清廉，五子成室，女适夏门，孙一十四人，五男九女，至1984年底阖家共餐者二十有七。但终岁而粮不乏，历经几次变革仍维其家，安享天伦之乐，1980年为四川《支部生活》杂志刊登为全省团结大家庭之典范，由于政策之开放，为调动致富之积极性，1984年末始分为五，终其治家之权，安享余年，至终年同堂四代四十二人（含嫁出所生），成为族中之旺家。

　　公曾历清之亡，观洪宪之天，视民国之败，拥护共产党之兴，人民共和国之立及党的各项主张，虽历兴衰成败，尚能独善其身。公一生是经贫富历荣辱，而贫不移富不淫者，皆承先美德之风，也为将年公之美德弘扬后代。

　　佘氏四端家风：谨遵古训世传八德万载扬　隐匿林野遥眺三江千重浪

　　注："四端"意为：恻隐之心仁之端也，羞误之心义之端也，慈让之心礼之端也，是非之心智之端也；即为：仁义礼智四端也

　　家训：耕读为本，五常传家，八德为人

（佘仲伦提供资料　胡文甫整理）

崇镇村6组王氏家训十条：

振作精神，见义勇为，不容有废弛敷衍之行为；

合敬同爱，排难解纷，不容有歧视推诿之行为；

刻苦耐劳，节俭朴实，不容有奢侈游荡之行为；

律己治家，中信笃敬，不容有卑劣偷惰之行为；

禁食鸦片，严禁嫖赌，不容有伤风败俗之行为；

注意教养，勤求职业，不容有放弃贻误之行为；

崇尚道德，遵守法令，不容有作奸犯科之行为；

保护祠产，维护公益，不容有侵蚀欺诈之行为；

服从祖训，端本孝悌，不容有悖伦蔑礼之行为；

团结宗族，捍卫国家，不容有违背涣散之行为。

第二节　行会

据不完全统计，民国时期，大划境内有张爷会、陶朱会、杜康会、王爷会、鸡神会、罗祖会、蔡翁会、三皇会、詹王会等10余个群众性组织。

张爷会　祀奉三国名将张飞。据传张飞曾经当过屠夫、卖过肉，后人以卖肉为业者，皆相沿祀奉张爷。

陶朱会　陶朱公，即春秋末年的范绍伯（范蠡），他善于经营蔬菜，以及饲料管理之类。后人效法，奉为先驱。

杜康会　夏禹时代的杜康，系酿酒始祖，为酿酒行业或从事卖酒行业的人祀奉。

王爷会，是打油行祀奉的；鸡神会，是织麻行祀奉的；财神会，是卖干鲜、盐巴行祀奉的；罗祖会，是理发行祀奉的；蔡翁会，是造缔或卖纸行祀奉的；三皇会，是卖布匹行祀奉的；詹王会，是厨师行祀奉的。

各行各业每年农历五六月份，都要在大划场上筹集钱财唱行戏，由执年或会首带领祀神，放铁铳，燃鞭炮，点戏助兴，聚食痛饮。

新中国成立后，各行业人员分别参加工会、工商业联合会和手工业劳动者协会，行会及各祀奉活动废止。

第三节　帮会

袍哥组织

大划境内的袍哥组织，始于清朝末年，1912年至1945年，发展到大小9个堂口。据考证，"聚奎总社"由崇庆县衙总爷简秀山创始，总社下设东、南、西、北、中5个支社，后又相继成立太平、复汉2个分社（称为"五支""七溜"）。每社有支社舵把子1—3人，有五排执法管事1人，管理该支社的组织发展、提拔、对外联络等，包括集会以及筹集活动资金。其中东支社地点在东岳庙，南支社在净居寺，西支社在高山庙，北支社在何家庵，中支社在大划场上，太平支社在三江太平庙，复汉社在三江林泉庵。1945年，简瑞林等成立"唐安总社"，聚奎社名存实亡，所有集会活动统一由唐安社出首。1947年，李德明、兰善夫等成立"公益协进社"。

袍哥组织的势力，发展到干预乡、村政权和地方教育，新中国成立前夕停止活动。

第四节　会馆

大划境内，有湖南馆和陕西馆各一所。

湖南馆　位于原公社电影院侧。据传，凡是湖南来四川插业的人，需先到该馆打个招呼，报个到，便于今后联络。

陕西馆　距湖南馆较近，其房简陋、狭窄。该馆为陕西来四川插业的同乡联络之所。

据传，这两个会馆毁于清末时期。

第二章　宗教信仰

第一节　佛教

大划人主要信奉佛教，域内有佛教庙宇11座。

1949年，大划乡有和尚3人、尼姑11人。其中，中华寺尼姑3人、何家庵尼姑3人、崇镇观尼姑3人、高山庙尼姑2人、净居寺和尚2人、东岳庙和尚1人。各庙宇中的和尚，依长次论辈，各有排行，称师祖、师爷、师父、师兄、师弟等，庙内权力归班辈最高的和尚，掌管庙内佛规及经济大权。

大划境内各庙宇的和尚，除日常生活外，早晚烧香、击鼓、撞钟、唱念"消灾经"。每逢初一、十五或佛门节日，由当家法师主持做法事，众僧着袈裟、鸣鼓乐、诵经文。

庙里僧尼除跪拜转经外，也为民间亡人做道场、放焰口、超荐亡人等。

关帝庙　位于大划上场，正殿一大间瓦房，右侧一通边瓦房，建于清乾隆四十八年（1783）知州王嘉献任职时。庙内供奉刘、关、张圣像。后来改设大划乡小学。

东岳庙　明刹，开山僧来超钟，正德二年（1507）铸冶工杨成馨。年代记述为万历四十一年（1613）至清乾隆十五年（1750），据传庙址前为韩太守宅。弥勒佛前有古桂一株，身径尺余，上分二枝，葱茏四复。民国时期，曾设保国民学校，新中国成立后，设立村小，1976年拆毁，建筑材料移修板桥小学校。

高山庙　清康熙初年（1662）修建，庙内供奉高山爷、孔子、三菩娘娘、十八罗汉、观音菩萨等。民国时期，每年正月初一，"高山爷"出驾于韩幺店子（今崇阳罗墩村），搭台演戏奉贺，热闹异常。抗日战争后，庙内设保国民学校（1946年停办）。原庙内建构较为宏伟，有大殿、二殿、三婆殿，大小房廊20余间。1950年，开办小学，原貌荡然无存。

中华寺　初建于西汉末年，位于蜀州府至江源县大道罗家渡旁，得高僧神秀大师（文学家、诗人）题名。寺院占地面积420余亩。宋代末年，本州知府陈伟业（陈公）因公事沉船而亡，在寺内设堂供奉，以其生日三月十二为纪念日。后毁于战乱。

元朝时，中华寺迁址乱坟坝（今划石村1组、2组交界处白马河旁）重建，后被洪水冲毁。明朝初年，中华寺再次迁移至现址，庙基达8000余平方米，庙内有古檬树1棵，山门两侧植杉树、柏树，寺内有僧尼10余人，香火不断。"文革"时破除迷信，寺宇无人照管，菩萨、神台不复存在。

20世纪八九十年代，在本村村民张水蓉的倡议下，由各界人士筹资捐款，逐步恢复部分寺庙。2001年，僧人释妙海等三人先后住持本寺，重修了天王殿、万佛墩、念佛堂、五观堂、居士楼，雕刻了韦驮和弥勒佛及四大天王佛像，至今香火鼎盛。

药王庙　始建于明清时期，位于今场镇通达路65—69号，房屋系全木穿斗瓦面结构，面积约400平方米。大殿内供奉有药王菩萨。新中国成立前，为乡守护队驻地，1950年3月，为乡治安委员会办公地。"文革"期间，神像被毁，后改作大划商业茶水店、坛罐铺、饭店。2015年拆除，改建为一楼一底的民居住房。

90年代末，本村何师娘（何秀云）、张大婶（张李氏）等人邀约民间信众筹资捐款投劳，在划石村16组、19组闲置晒坝重建药王庙，每年4月28日为药王菩萨祭拜日，每月14日至18日为该庙的斋戒日。

净居寺　位于今大划镇净居村3组地界。该寺在大划庙宇中是具有代表性的建筑。寺庙坐北向南，总面积10余亩，四面围墙，正中殿宇3所，大小天井4个，三叠水山门，庙门两旁有古桂2株，高一丈有余。整个寺庙殿宇都是台阶式的，后殿高、前殿低，后殿还设有经楼。殿堂地面全为斗方柴砖铺设成斜纹。各殿宇的建筑都为花脊爪角，绘凤描花。左侧一院是和尚住持的禅房、斋堂、柴房等。对门有万年台一座，精舍俨然，幽静宜人。1939年，乡贤余仰山在寺内开馆办私塾。1950年拆除，改建为大划粮食仓库。

第二节　道教

大划境道观内只有一个叫朱静修的道人。民间有胡中堂（人称"胡二道士"），民国时期曾任崇庆县道教会会长，中年后熟稔经忏和各种仪范程序，取得"高功师"称号，系县道教音乐的杰出人物，其下门人遍布大划、三江。

大划民间有各种道教神会，二月十九观音会、三月三娘娘会、七月十五盂兰盆会、九月初九九皇会、冬月十九太阳会，还有升灯会、阴差会、鸡神会、秦三吴四会等。

崇镇观　原名"三观堂"，始建于明朝末年（1644），属江源道之玉圭乡（现崇镇村5组）。据民国十四年（1925）崇庆县志记载：清康熙初年（1662）改建，更名崇镇观，取"镇观"二字者，用于镇压水患也，谐音"镇灌"。时庙之当门有数以千计冬水漕田，终年四季不干，每年五六月份若遇天降大雨，水流横溢，泛滥成灾，而所有农田则颗粒无收。清光绪十一年（1885），募化重建大雄宝殿、东西走廊、山门、灵官殿等，三官神像则供之于灵官殿之上。庙基占地约15亩，古木参天，时有百鸟朝觐，晨钟暮鼓，朝夕常闻其声，朝参者甚众，香火旺盛，置有庙产水田60余亩，尔后由于风云变故，这座古刹至今荡然无存。20世纪90年代，有里人刘维清、罗德明、陈茂廷、王长清、王水琼、李祖云、张月华、刘启明、方珍等募化移址于现崇镇村11组再建，更名为"崇庆观"。

第三章　风俗习惯

第一节　婚姻

　　民国时期，乡中常见的婚姻类型有包办婚、买卖婚、童养婚、招养婚（入赘，俗称"上门"）、抢夺婚、表亲婚、指腹婚（又叫胎婚）、冥婚（又称嫁殇婚、娶殇婚）、转房婚（逆缘婚）、自愿婚等。

　　婚姻礼仪程序主要有：

　　媒人牵线　乡里男女，社交较少，婚前大多不相识，靠媒人介绍，双方父母同意后，找算命匠测八字，然后把女方八字送男家，七天或一月无恙，男方送八字和聘礼到女家，女方还礼，俗称"订婚"，又名换八字。

　　送年月　双方父母择定婚期后，把迎亲时辰等写在大红纸上，连同礼品送到女家。两家遂成亲家，各自做"娶媳""嫁女"的准备。

　　花夜　结婚的头天晚上，男家要办花夜酒，行簪花挂红仪式，近邻远亲，欢聚一堂，以示祝贺。

　　迎亲　整个婚礼中，迎新是最隆重的一道程序。当天，男家要办"发担酒"，女家要办"上马酒"，中途"回车马"。进屋后，拜天地，拜高堂，夫妻交拜，入洞房，是夜，"闹洞房"。

　　回门　一般婚后第三天，新娘偕新郎回娘家小住。

　　婚约既成，经过还庚、送年月等过程，婚期一定，男方忙于准备接亲仪仗（花轿、吹鼓手之类）和接亲礼品（衣物装饰品），女方要备办陪奁（木器家具、壶、瓶、碗、盏、被、帐、枕以及其他用品）。结婚之日，男方到女方家迎亲，女方派人陪送。

　　成婚之夜，亲戚邻朋闹新房，逗趣新娘，樽酒行会，热闹一堂。

　　婚事完毕，备酒谢媒，请媒人上座，由新郎、新娘拜谢，后由男方家拜谢。

　　新中国成立后，实行男女平等，婚姻自主，一夫一妻，自由婚姻得到法律保护。60年代后，婚事新办，从简者多，兴集体婚礼，送农业生产工具为礼。80年代后，男到女家增多。成婚之日，设席宴宾，简单地举行一下结婚仪式，成为时尚。

第二节　丧葬

民国时期，大划境内的丧葬习俗，沿袭土葬，尤多迷信色彩。70年代后，改革殡葬制度，推行火葬。

土葬　土葬要请风水先生看地，撵风水、脉气、地势。过去，单就看风水、撵地脉，有过很多纷争和诉讼。

棺材。棺木的名称繁多，好的有"建板""梗墙梗盖""三梗""四梗"，稍次为"大十字""小十字"，更次的"把把柴"，甚至还有"薄壳""火匣子"等。木质分香杉、云杉、红杉、白杉等，棺木主要为杉树。棺木制好后，一般较有钱的人家，棺木都要用高等漆漆上八九遍，有的要漆上一二十遍，甚至红金绣金，或内红外黑。至于贫穷的人家，只好用"把把柴"或"火匣子"，用松烟刷黑。有的穷人死后葬不起，请一些"慈善会"施个薄壳，草草埋葬，甚至个别连"火匣子"都找不到，就用芦席包之，叫"软埋"。

棺椁多数用砖，差的用石灰卷拱而成，建在阴阳先生所选的葬地、规划好的位置方向上。随葬品也有讲究，富者以金银或珠宝随葬，言有保尸防腐作用，普遍要穿新衣、新鞋、包新纱帕，有功名者还可戴顶入葬，做到一身新。

人死之后，装殓入棺，陆续延请高僧高道，按封建礼仪和宗教信仰办丧事、设灵堂、设经房、搭丧房、搭丧棚、做道场等。丧葬期间，吊唁者来来往往。一般先吊孝，焚香烛纸钱、放火炮、向死者灵位作揖磕头，行儒家大礼。高一等的吊孝后还行仪式祭礼，宰杀猪、牛、羊作为三牲酒醴，吹吹打打送去。阴阳先生择期安葬，前一夜为大夜，按规矩行"三献礼"，香火灯烛，昼夜通明，纸人、纸鬼、纸神、纸怪，满街满院。钟鼓乐器、火炮铁铳、念经诵佛、宣礼讴诗，孝子及男性后辈执礼，女者惯例哭灵。

死后安葬期间，道场法事是烧龙杠、漂河灯、请水、放焰口、踩跸图。安葬之期，尤为隆重，先行祭礼，然后发丧出殡。孝子近亲头披孝帕，身着孝衣，脚着孝鞋，腰系麻带。孝子戴麻冠，执孝杖，端灵拉纤，以示重孝。女者沿例坐轿、乘车，哭泣送葬。送葬时有仪队、乐队、道士或和尚敲击乐器，依次排列，伴有黄烟、火炮和铁铳、香篼、火把，以及丧亭等逶迤而行。亲戚邻朋所致孝礼、孝幛、孝联、孝对等，随仪仗旌旗蜿蜒前行，亲戚邻朋挂孝致哀。送上坟山待入椁或入土，葬毕大摆酒宴。接着又有复三、回煞、首七、五七、百期、周年等追悼活动。

火葬　70年代，始推行火葬，由殡仪馆派车到丧家接运尸体，前期到温江，80年代到大邑，90

年代后期，崇州火葬场建成。丧家购备骨灰盒（小木棺）盛殓骨灰，有从简的用土陶罐器盛装，回家后设置灵堂，按丧俗程序予以安葬。丧期速者（不择日）3日入土，择日者五六天或更长时间入土。墓地选择在祖氏坟茔、自家自留地内，由阴阳先生测向定址，一般占地面积1平方米左右，大的占地达三四平方米，用砖卷拱筑椁或购预制椁安放。

随着农村城镇化，居民集中居住，域内建起了白果村公墓，今多数丧家将亡者骨灰送往公墓安葬入土。

第三节　祭扫

祭祖　除春节、清明、中元祭祀外，先人生、亡之日也焚香化帛祭奠。春、秋二季，宗祠祭以三牲醴酒，礼毕，同宗各家共进酒宴。新中国成立后，此习未绝，宗祠之祭废。90年代，域内先后有孙氏、李氏、羊氏宗族复办清明会祭祖。

扫墓　俗称上坟。春节、清明，举家携带香烛纸钱、干盘醴酒，到先人墓前挂坟飘纸，秉香培土，跪叩行奠。新中国成立后，新兴清明日至烈士陵园扫墓，以中小学生为主，向烈士敬献花圈，宣读誓词，以缅怀先烈。而今提倡以鲜花替代香烛纸钱，或行网络祭奠，实行生态祭扫。

第四节　祝贺

乡人祝贺之俗繁多。逢年过节，互送春帖或财神，甚至舞狮耍龙灯志贺。弟兄分家，亲友要送礼放炮，叫"烧锅底"。岳丈特送肥肠、木梯，祝愿日子又肥又长，节节高升。亲朋邻里升学、入仕、乔迁、修房、开业，也要送礼祝贺，备酒志庆。地方官到任或离任，里人荣升或荣归，士绅们要饯行或接风。民间对远行返乡的亲友，也邀亲朋洗尘，别时饯行，互祝诸事如意。

此外，还盛行祝寿。生日一般吃寿面，求长寿。小孩生日，外婆特送衣、碗，表示终身受用衣食饭碗。婴儿出生，广行送祝米（别称"送竹米"），由此衍生出"打三朝"（汤米酒）、满月酒、百日宴等，仍有人家沿袭至今。

第五节 饮食

民国时期的饮食，大体分为日常饮食和营业性饮食两种。日常生活上，贫穷人家的饮食，吃稀饭杂以苕菜或其他蔬菜，有的人家还限吃两顿饭，小春收割时还要加大麦吃。沿河坝一线住户以吃玉米为主，韭菜、芹菜、莲花白、莴笋较少，萝卜、白菜、青菜较多。肉食以猪肉为主，兼有牛、羊、鸡、鹅、鸭肉。人们打牙祭喜欢吃用猪肉做的回锅肉，用蒜苗、韭菜作配料。春节过年杀年猪、宰雄鸡、熏腊肉、推汤圆、包粽子、做年糕、打酒、买糖等，根据自身家庭经济条件备办年货。

营业性饮食 大划场经营饭馆的有好几家，加上各种各样的小食摊点，总共不下20家。其间，出现了"侯鸡脎"、罗鸭子等颇负盛名的美食品牌。

便饭 以大米为主食，辅以小麦、玉米面，也吃大麦、豌豆、胡豆、红豆等杂粮。肉类以猪肉为主，次为牛、羊、鸡、鸭、鹅、兔、鱼肉。蔬菜以萝卜、白菜、青菜、紫菜、韭菜、厚皮菜、菠菜、二季豆、豇豆、茄子、辣椒、南瓜、冬瓜、扁豆、黄豆及豆制品为主。一日三餐，荤素搭配两三个菜。为调节口味，常做干菜、泡菜和腌菜。时令季节，喜做小食，比如春分的菜卷子，清明的棉花草馍馍，端阳的粽子、盐蛋，中秋的麻饼，重阳的醪糟，十月初一的糍粑，腊月初八的腊八粥，春节的汤圆等。

宴席 俗称"九大碗"。遇红白喜事或有祝贺之举，备以宴客，分荤、素两种。荤席以猪肉为主，配以鸡、鸭、鱼、海鲜等。素席以豆腐、清油、瓜薯为基本原料，辅以其他素食制品，多供庙会，香客和宗教人员食用，称为斋饭。

小吃 地方风味小吃主要有荞面、米粉、冰粉、凉粉、豆粉、汤圆、醪糟、油糕、油条、麻花、馓子、糍粑等。

水菜 乡内蔬菜品类丰富，人们除鲜食外，喜水泡、伏制，变换口味。水泡多取无涩味的鲜菜茎根，以井水置于瓦罐，加咸、麻、辣、甜四味及香料浸泡，数日后食。伏制则取根块或叶茎晾蔫后，洗净晾干，拌以咸、辣、麻三味，入瓦坛压紧，倒伏水中，月余可食。

腊肉 多取猪肉或猪内脏，视食者口味，酌加咸、辣、麻、甜四味及香料腌制，有的风吹，有的烟熏，供佳节品尝或馈赠亲友。

糕点 民间过年，家家自作，取米豆糖肉做成粽子、汤圆、米包子、大馍馍、黄水馍馍、菜卷子、糍粑等。

茶 民国年间，除路边、幺店子、街檐卖老荫茶供路人解渴外，场镇茶馆林立，都卖盖碗茶。街上开茶馆者多设铺宿客，旧时茶馆供赌具，抽头钱。有的请人讲评书、唱花鼓、摆围鼓，以招徕顾客。如遇纠纷，茶馆还成为评理场所。新中国成立后，在"大跃进""农业学大寨"年代，以"赶场坐茶馆，影响搞生产"为由，限制开设茶馆。"文化大革命"中，又被当成"牛鬼蛇神群集"的场所而一度封闭。十一届三中全会后，乡镇茶馆兴旺，场上有茶馆10余家。乡镇文化站也经营茶园，活跃文化生活。喝茶之外，可下棋、打牌、玩克郎球、看电视、阅书报，或听评书和清唱。随着时代发展，茶楼、茶庄、"农家乐"茶园纷纷开设并发展起来。

第六节　服饰

民国时期，一般穿便服，男穿长衫，有的外罩马褂；女着大排子短服，有的外罩马甲。年轻妇女有的着旗袍，青年学生流行穿学生服、中山服，有少数人穿西服。衣服多为灰蓝色，质地差异很大：富家细布、毛料、毛线、皮毛、绸缎，平民平布、粗布，穷人麻布。其他还有青年服、军干服或列宁服、运动服、衬衣等。

便衣　便衣可分为衫子、褂子、裤子等。衫子分为长衫、短衫。长衫有长单衫、长夹衫、长皮袄、长棉袄等，短衫有短单衫、短棉袄、短皮袄等。裤子又叫大裆裤子，可分为短裤、夹裤、套裤等。褂子是短衫的一种，俗称"马褂子"，可分单马褂、夹马褂。便服全靠手工缝制。

中山服　穿中山服的，以机关、单位、学校、群团较为普遍。

新中国成立以来，大划人民在服饰上有较大的改观，衣服样式不断变化。80年代后，西服成为时髦，继之盛行喇叭裤、牛仔裤、羽绒服、蝙蝠衫、T恤衫、运动衫、休闲服、唐装、旗袍、皮草服装等，丝绸、棉麻、化纤、毛呢都有。服装的制作由手工缝制发展到缝纫门店专业制作，或在商场门店直接购买成品服装。其数量也由每年的1—2件增至3—5件，甚至10多件。如今，场镇专卖服装鞋帽的门店有一二十家。

帽子　民国时，冬天男子多缠长帕，中上层人士戴瓜皮帽、博士帽。少数女性戴帽子，也有包长帕的。夏季避雨，平民戴草帽、斗笠，富人打伞。遮阳，少数女士打阳伞，男子戴草帽。新中国成立后，男性多戴解放帽、苏式帽、火车头帽，后流行鸭舌帽。女性少数年老者戴毛线圆顶帽。90年代，斗笠逐渐被雨伞、雨衣取代，戴草帽遮阳避雨依旧沿袭。

鞋袜　民国年间穿布鞋多、皮鞋少，男多着圆口鞋、松紧鞋、力土鞋，女着圆口花鞋、绊绊鞋。夏秋多赤足，男喜草鞋。冬春穿鸡婆鞋、棕鞋、麻鞋。袜多用布自制，多为长袜。新中国成立后，春秋布鞋、皮鞋，夏时皮鞋、塑料凉鞋，冬时毛皮鞋、棉鞋。雨天穿胶鞋、雨鞋，室内穿拖鞋。近年流行长筒靴、旅游鞋、防滑鞋、健身鞋，女鞋多为高跟鞋。袜子也由线袜、棉袜、丝袜发展为尼龙袜、腈纶袜、弹力袜、船底袜、连裤袜等。

妆饰　民国时期，有女子戴耳环、戒指、玉圈、玉簪、金钗，用脂粉、香水。饰品质地分金、银、铜、玉等。乡间女子未婚的梳长辫，扎红头绳，额插鲜花。已婚的挽髻，上插鲜花，俗称"素打扮"。婴幼儿颈挂银锁，帽绊银链，上缀玉佛八仙。新中国成立后，妆饰之举，乡间孩童保留少许。80年代后，耳环、戒指、项链、手镯等具有民族传统的佩饰重兴，饰品、化妆品、保健品已成日常消费品。

第七节　住宅

民国时期，农村多草房，场镇多瓦房，平房多、楼房少。草房又分两种：一是间架用木，屋面用竹和草；二是纯用竹和草，俗称"权权房"。草房用草又有麦草与稻草之分。瓦房为木质间架，石磉支柱，青瓦盖顶。富者砖墙木壁，格门窗花，屋顶或做花脊，或盘爪角。厅房、厢房、正房，配套建造，四合成院。龙门、粉墙、屋脊还彩绘丽日宝鼎、蟠龙飞凤、白象青狮、花鸟虫鱼。

80年代后，以砖瓦、水泥、钢筋等建成的新式平房、楼房如雨后春笋，农村草房被水泥瓦房或小青瓦取代。21世纪，域内居民住房条件不断改善，场镇街道楼房林立，居民小区的配套设施和服务功能日臻完善。

第八节　节日

一、传统节日

春节　俗称过年，节期从正月初一到正月十五。年前，冬至日起，杀猪腌肉。腊月初八，食腊八粥。从腊月十六"倒牙"起，办年货、除扬尘。腊月二十三和腊月二十四夜，祭灶王。三十晚即为除夕。张灯结彩，贴春联，挂门神，贴窗花，合家敬神，吃团年饭。全家围炉而坐，长辈给晚辈散压岁钱，畅叙家常，达旦不寐，称"守岁"。初一凌晨，爆竹声中接年，以求轰走厄运，竹（祝）报平安。早餐吃汤圆，兆团圆，饭后盛装艳服走喜神方。此后接连数日，亲邻互请春酒。富家点上元天灯，工商业者互送拜年帖子。民间以狮子灯、龙灯、幺妹灯、牛儿灯庆贺。正月十五闹元宵，彩灯齐出，焰火不绝，游人如织。不少人家还要秉烛焚香送年。新中国成立以后，春节仍为传统节日，放假3日，欢庆形式大体相同，增添了文艺体育、建设成就展览等内容。80年代后，每逢除夕与新年交接时辰，燃放烟花爆竹者年胜一年，持续一个多小时。

春分 俗称"长年节"。是日，庄户人不动土，农村家家炒豆吃，称"炒虫"。还用竹签把糯米粑插到田头敬雀王，称"糊雀嘴"，以祈求丰收。新中国成立后，此习渐废。

童子会 农历三月初三，有0—12岁儿童的家长，都要在这天给孩子"敬娘娘"。3炷烛（每炷2根），3炷红香（每炷3根），用有色纸做的"娘娘衣"，1只公鸡（留3根尾巴毛），1个刀头（1块肉），1块豆腐，3碗蛋（每碗3个蛋），3碗米饭，烧3堆红纸钱敬之。

清明 以祭祖扫墓为主题开展活动。

端阳 亦称端午。是日打扫卫生，门前挂菖蒲、艾蒿，青少年争戴香包，吃盐蛋，饮雄黄酒，洒蒜汁、雄黄水避邪秽。新中国成立后，时有组织参加县（市）龙舟竞赛活动。

七月七 相传这天是土地菩萨的生日。家家户户备就香烛纸钱和刀头佳酿，祭奉土地神，祈祷神灵保佑阖家平安、五谷丰登、六畜兴旺。

中元 农历七月十二，俗称"七月半"。是日，以酒馔香帛祭祖。入夜，以香帛水饭赏"孤魂野鬼"，有的请僧道办盂兰会追荐死者。现今多为"烧袱子"（纸钱）。

中秋 农历八月十五，合家欢聚，共坐庭院赏月，食月饼果品，叙天伦之乐。

重阳 农历九月初九。初一至初九，城乡茹素，肆中食摊易灶，插上"九皇素食"黄旗，各家蒸醪糟。新中国成立后，蒸醪糟一习尚存，现设为尊老敬老的节日。

牛王节 农历十月初一，相传为牛王菩萨生日，农家吃糍粑，先供牛，将2块糍粑置于牛角尖上，牵牛转悠，免役1天。新中国成立后，敬牛王者少，食糍粑者多。

除夕 农历腊月的最末一天叫作"除夕"，又称年三十。当夜每家每户，备好猪头猪尾、雄鸡、刀头，祭享祖先和神灵。爆竹喧天，旧岁已除，祈祷和预祝来年的吉庆、平安及丰收。还要将全家所有农具贴上一张纸钱，叫作"封印"。院内果树也要进行"封印"，寓意来年结果多。每家的老年人，通夜不睡觉，坐等天明，谓之"守岁"。

二、法定节日

民国时期重要纪念日如下：

1月1日，中华民国成立纪念日。

3月12日，植树节。

4月4日，儿童节。

5月9日，国耻纪念日，以袁世凯承认日本提出的二十一条秘密条款的日子为"国耻日"。

10月10日，辛亥武昌起义纪念日，即中华民国国庆纪念日。

12月25日，云南起义纪念日。1915年12月25日，蔡锷在云南通电反袁世凯，终导致袁倒台。

建国以来的主要节日如下：

1月1日，元旦节。城镇机关贴对联，职工聚餐，开展文体活动，放假1天。

3月8日，国际妇女节。表彰先进妇女，赠纪念品。

5月1日，国际劳动节。新中国成立初，多游行庆祝，以后多以表彰先进生产（工作）者或开展劳动竞赛为庆祝方式，放假1天。

5月4日，中国青年节。表彰先进青年、优秀共青团员，并开展适合其特点的教育活动。

6月1日，国际儿童节。父母、长辈带儿童出游，购买玩具。中小学表彰三好学生、优秀少先队员，举办运动会、文艺会、游园会或野餐活动。机关团体向少年儿童赠送图书、玩具以表祝贺。

7月1日，中国共产党成立纪念日。表彰先进党支部与优秀党员。

8月1日，中国人民解放军建军节。举行军政座谈会、军民联欢会，开展拥军优属、拥政爱民活动。

9月10日，教师节。始于1985年，社会各界慰问教师，关注教育事业。

10月1日，国庆节。贴对联、挂标语、扎彩楼、升彩旗。白天集会庆祝，入夜文娱演出，放假3天。五年一小庆，十年一大庆。

表6-1　　　　　　　　　　　　　新时期节日一览表

名称	时间	节日内容概要	备注
元旦节	1月1日	公历每年开始的第一天	国家规定放假1天
春节	正月初一	农历每年开始的第一天	放假3天
元宵节	正月十五	观花灯、吃汤圆、过大年	
妇女节	3月8日	国际劳动妇女的节日	庆祝1天
清明节	4月5日	祭祀祖先、缅怀先烈	放假1天
劳动节	5月1日	国际劳动者的节日	放假1天
青年节	5月4日	中国青年的节日	庆祝1天
儿童节	6月1日	国际儿童的节日	庆祝1天
端午节	五月初五	包粽子、赛龙舟、纪念屈原	放假1天
建党节	7月1日	中国共产党成立纪念日	
建军节	8月1日	中国人民解放军建军纪念日	庆祝1天
教师节	9月10日	学校教师、教育工作者的节日	
国庆节	10月1日	中华人民共和国成立纪念日	放假3天
中秋节	八月十五	赏桂花、吃月饼、庆团圆	放假1天
重阳节	九月初九	老年人的节日	

第九节　礼俗

大划是礼仪之邦，礼尚往来，人尽相亲，邻里和睦，社会和谐。乡人民俗礼仪，现择要记之。

一、庆典祝贺

乡间的庆典祝贺，多体现在各种各样的酒席上，俗称"红白喜事"，主要分为三大类。第一类是"结缘儿"（娶儿媳妇）、"打发女"（嫁女出门）办酒席，俗称红事；第二类是家里死人办丧事，俗称白事；第三类是修房、祝寿、做生意开业等各类酒席，称为喜事。

结婚酒　男女双方结婚办酒碗，称为"红事"。一般为2天，头天叫花夜，婚礼当天叫正席。

丧葬酒　家里死了人办丧事酒碗，称为"白事"。一般闹丧场3—7天，出殡前夜称为大夜，安葬日为正席。办席规模不等，几桌、几十桌甚至上百桌的都有。

红蛋酒　俗称"汤米酒"，别称"送竹（祝）米"。孩子出生后，男家设宴酬宾，称之为"汤米酒"。女家及亲朋送来鸡、蛋、米、婴儿衣饰鞋帽等，则称之为"送竹米"。席桌上必备染红的鸡蛋，故称之为"红蛋酒"。婴儿满月宴宾为"满月酒"，百日宴宾为"百日酒"。

祝寿酒　年岁不及50岁者只能做生或叫过生期。60岁以上高龄老人过生，不论男女，其儿孙们筹办宴席，为老人祝寿。

房子酒　新修住房或乔迁新居，举办酒席，邻里亲朋前来赴宴祝贺。

开业酒　亦叫开张酒。新办企业、店铺开张，亲戚朋友前来祝贺，事主设宴酬宾。

升学酒　有初、高中学生毕业考入大中专学校，行前远亲近朋前来祝贺，学生家庭置办酒席酬客答谢。

康复酒　乡里居民因病住院，治愈回家，择期置办酒席，致谢款待亲戚朋友和邻里乡亲。

二、招呼应酬

平时早上见面："你早，吃早饭没有？"中午见面："你吃晌午没有？"晚上见面："你吃夜（晚）饭没有？"

除夕见面："年货办齐了吗？"回答："年在你那儿!"

正月十五前见面："恭喜发财！"回答："大家发财"或者"你的年过得热闹吗"。

借用别人东西或被别人招待吃饭："多谢了""麻烦了"。

别人帮自己干活或办事，说："受累了""麻烦了"。

晚上离别："晚安""明天见"。

改革开放以来在重大礼节场合："早上好""中午好""晚上好""大家好"。

亲朋好友离别或打电话话毕："再见了""拜拜"。

三、礼貌待人讲规矩

乡人好客，无论是亲戚朋友、兄弟姊妹、同学同事，都要挽留吃饭、抽烟、喝茶、聊天、拉家常。割肉、打酒、推豆花，甚至杀鸡宰鸭盛情款待。即使素不相识或经他人介绍到访的，只要情趣相投，也可留宿吃饭。

第十节 庙会

清末与民国时期，每年五月初五，璧山爷、东岳爷出驾于红土寺，五月十五回大划。当日，大划、江源两地的善男信女，身着素衣，恭恭敬敬，叩头礼拜。烧钱化纸，烧点香烛，护送两乘妆饰的大轿，送到江源红土寺。还组织有升灯会，即每个扮鬼神的男子两膀挂起五彩油灯，头上缠黑纱，打英雄结，顶门插小圆镜。有的束发金冠，裸上体，上披绣花披肩，下着彩色裤，脚蹬草鞋，大多挂上墨晶眼镜，手执衬腰神拐，缓步徐行。还有的扮小鬼，做捉拿犯人状。小鬼赤面鬃发，在前面用力拉着，犯人褴褛戏装，乌黑难堪，左右挣扎。犯鬼拖着一两丈长的红绫，做铁链状，前者故作用力拉，后者两边奔到。偶过烧饼摊，抓一个衔在嘴里，故作失态。"璧山爷""东岳爷"乘坐大轿，前呼后拥，香烟缭绕，加立一排"阴差鬼神"，缓缓而行。因在五月初五举行，故称端阳会。

此外，许多寺庙每年都要举行庙会活动，香客不断——正月二十五崇镇观、二月十五东岳寺、三月十二中华寺……新中国成立后，所有庙会活动停止。90年代，先后有中华寺、崇镇观、东岳寺、观音阁、药王庙复办庙会，崇镇观、中华寺举办的庙会还演变成为乡域内春季物资交流会。

第十一节 禁忌

大划民间有言：入门问讳，入境问忌。旧时域内禁忌内容繁多。

家神祖灵被视为本族本家的保护神，设神案于堂屋正中，很隆重，也很讲究。家神正文和两副对联的字数按生、老、病、苦、死5个字的吉凶含义，反复推数。字数占在生、老为吉，病、苦、死3字为不吉。正文只能有11个字，寓生；若修新屋或请家神须12个字，寓老；若13个字，寓有病人；14个字，寓终生苦；15个字，则死人。写"昭"字右边上方的"刀"字时，不能写成"刀"字，应该写成左右各一点，因刀为凶器，不吉。写天、地、君、亲、师、位6个字时，天不偏南，要写在正中，因为在八卦上，天为金，南方为丙丁火，火要克金，不吉；地不分家，在写右边的"也"时，要和左边的"土"字连笔，因为有天就有地，天地不能分家；君不开口，在写"君"字下边的"口"字时，第一笔和第二笔要相连，不能留缺口，君王开口，不吉；师不并肩，在写"师"字右边的"巾"字时，不能连笔写，要留有缺口，否则意味着和老师平起平坐，不尊敬老师；位不离脚，在写"位"字时，不能写得太高，要写在接近红纸下边的边缘处，若"位"字写高了，好像一把椅子离开了脚杆，就不能坐，当然就没有位置了。祭祀时禁止不洁的人参加，如经期妇女、孕产妇、婴儿、穿孝服者、受刑罚者等。祭祀时不得交谈、咳嗽，不能随意行动、抓痒，不能随处大、小便。祭祖期间，男女不得幽会，禁行房事，忌食荤腥。祭祖要准时，迟了祖灵失望。祭品忌用牛肉、狗肉，牛耕田，狗守门，杀之祭祖犯了"大不敬"。堂屋的祖先牌位忌乱摸乱动，祭祀时，未洗手不得触碰神案上的香炉、烛台、杯盏等祭器。

"七月半"，晚间忌外出，农历七月十五是鬼门关闭门的日子，不能烧袱子（纸钱），因为当天烧的是"铁钱"，先人是拿不走的，一般提前三天。烧时不能用棒掏火，掏烂了，先人拿去的是"烂钱"，用不脱。当年有逝者的家庭，还要提前一天，在七月十一烧，谓之"新人旧人一起烧"。

烧香时忌双手或右手插香，一律用左手。

年初一、月初一早晨，忌说鬼、死、完蛋、倒霉、吃药、垮杆之类。有小孩人家常贴"童言无忌""吉祥如意""百福骈臻"等以解小孩犯禁。是日，人呼必答，免其"倒霉"。对婴孩忌说乖、胖、好，只能言丑、瘦、横（huan，蛮不讲理，不听话）。

姓氏忌语：呼梅姓为老喜，陈姓为老莺，刘姓为老顺，白姓为老粉，任姓为老叉，向姓为老弯。

行业忌语：媒人叫红叶，商人叫财来。坐船筏、乘车忌说沉、翻。砖瓦窑忌说红，而改说亮。屠宰忌说舌头，改说桥梁。看牲畜忌言卖，免打圈。担油、担酒者忌说倒，而说顺。钓鱼的忌说钓，而说钩。进山干活忌说洗、吃、倒。农民开秧门时，头三个秧头禁说话，否则会得秧风手。煤窑忌说山楂、鸭子，因为山楂谐音山炸，鸭谐音压。若犯忌，工人当日不下窑，犯忌者供伙食。

行为忌：正月初一忌倒水、扫地、动土、挑水、动刀、出粪、吃药、讨债、见秤，以避蚀财、犯病、晦气、灾凶。立春忌动土，以防臭虫、跳蚤多。惊蛰忌动土，以防土蚕多。春分忌下田，以免庄稼受雀害。腊月忌搬家，求来年吉利。正月忌剃头，腊月必剃头，以留头去尾。

久病人家忌生人，坐凳忌别人踩踏，熬药忌用别人锅灶。忌鸡飞上房，认为鸡上房，招火烧，必宰鸡头丢房上免灾。孩童衣物忌夜露，免犯夜马星。火灾户在灾后七天内，忌烧锅，忌进他人屋，免带火星。丧家出殡前，忌到别人家，客死外地，忌抬尸进家，免沾染邪气。矿山吃饭，忌筷子放在碗上，避免出事故死人抬丧。母猪产崽，忌他人借东西、倒茶水、舀米汤，免带走奶水。孕妇忌逗别人小孩，免转胎。经期女子、孕妇、产妇忌看尸体、送丧、打井水、摘果实、腌咸菜，免尸体腐烂、井水生沙虫、果树不结实、腌菜遭霉变。产妇未满40天，忌进别人家门，未满120天，忌进祠堂庙宇。

还有关于生活和生产的，如：七不出，八不归，逢九出门一大堆。认为七谐音窃，遭匪劫；八谐音王八，不吉利；九谐音久，事长久。每月三十忌办事，认为尽头日诸事不宜。安床忌纵向，因形同停丧。6人共桌，忌单双相对，形同乌龟。建房时，挑方忌对准别家中堂，免煞住人家。卖猪、牛忌价格整数，齐头数难以喂养。天旱忌杀生，以求神灵降雨。坐商忌坐柜台、门槛，好让开财路。

男人忌从晾晒的女人下装下穿过，所用扁担等工具禁忌女人跨过。未订婚的男女禁吃猪蹄，否则叉媒人。做生意人忌早上赊账。院坝内堂屋前、龙门前忌挖坑。

新中国成立后，这些反映旧意识的禁忌乡间大减，但与妇女相关的禁忌在中老年中根深蒂固。禁忌中，有的本具科学道理，如家人久病、母猪下崽忌外人频繁来往，其意为求环境安静，让人畜将息，但被涂上迷信色彩。

第十二节　陋习

民国时期，陋习较多，范围广，影响深。诸如把童子、沙盘、灯包子（冬瓜形灯笼）、冬瓜、秋壶（悬于灶额上的土陶壶），以及祝寿人家的调羹、碟子送给无后人家求子。前门挂吞口儿（面具），后门竖泰山石，吃素、喊魂、立水柱子求安，贴门神、敬诸神求福，放生求孝、泼水龙求雨等。

以前，乡里人有病久治不愈者，就去找端公跳神驱邪，喝符水治病，往往延误病情。阴阳先生看风水虽属迷信活动，但乡间红白喜事、建房动土，一般要请其择日子、选地址方位，至今不绝。

吸毒　民国时期，大划地区吸食鸦片烟者达二三十家。鸦片不是当地种植，来于边远山区，国民党政府"明禁暗种"，有的人为了吸鸦片而妻离子散，倾家荡产。凡吸食鸦片者，脸色乌青见黑，弓腰驼背，骨瘦如柴，年久的瘾者形如骷髅，面容憔悴，四肢无力，终日倒于烟塌之上，不能做任何事情。如果烟瘾发了，则鼻涕眼泪混流，呵欠不止，必须吸食方能"过瘾"。有的一日几次，费用可供常人数日或更多时日的生活费用。有的人吸毒之后，经济窘迫，沦为土匪、强盗。白天吸毒、赌博，夜间打家劫舍。新中国成立后，禁烟肃毒，基本禁绝。

21世纪，随着新型毒品K粉、摇头丸、大麻、冰毒等的不断出现，有的青年人好奇误食，染毒成瘾，不能自拔。2008年6月，施行了《中华人民共和国禁毒法》，确定6月26日为全民禁毒日。

赌博　民国年间，大划地区赌博成风，多为哥老会联合所设，有管事人经管，收支由舵把子掌握。赌博以掷骰、打牌、推牌九为主，辅为猜押诗条、竹签押宝、丢圈估镖，以至斗鹊、斗蟋蟀等。输赢可大可小，金银财帛、田地房产，均为赌注。赌场分明赌、暗赌两种，从大划场上到乡间幺店子，从市场到街头巷尾，到处都有。有的人家也搞赌博，有一类绅士专以赌博消遣。平常人家红白喜事，逢年过节，往往亦以玩赌博待客取乐。赌场中，专以摆赌为生计的有黄海轩、余寿康两家为最。赌棍是赌坊中熟悉江湖、精通赌博、以赌骗诈的人，终日混迹赌场。雷泽波——斗鹊赌场常胜名将，置田百亩，土改时划为地主。有的赌棍就是土匪或盗窃者，另有一些"滚龙匠"，都为破落者，精通赌博，就在场伙上当"保令"。新中国成立后，赌博曾一度禁绝，近年复萌，政府明令禁止，但仍有犯者。

盗窃　有一抢二偷之分。抢者为匪，多组织边棚，与官绅暗通，拦埂子、拉肥猪、抱童子，打家劫舍。1947年3月9日，《成都快报》以"崇庆县不靖，劫杀案迭出"为题，披露二月匪案：大划乡21日暗杀张建封，23日夜劫郑某，24日夜劫孙某。晨昏大路寂然无人，深夜四境常闻枪声。新中国成立后，经人民政府大规模清剿，匪患绝灭。

偷为暗取，大划有扒手、撬杆儿之分。扒手靠黑话联络，组织秘密，拜师入伙。撬杆儿行窃一般单干，多者三五人。作案行窃，先定对象，看明盗口，再行下手。新中国成立后，反复打击，窃贼大减。

嫖妓　民国时，域内无妓院，有暗娼。新中国成立后禁绝。近年来，偶有嫖娼、卖淫现象。

缠脚　清末民初，此习犹存，开明妇女，群起反对。新中国成立前已废。

第四章　新风尚

养老敬老　1957年9月，大划始建敬老院，初名幸福院，供养50余名孤寡老人和孤儿。1958年10月，更名为大划敬老院，供养老人200余人。除对他们的生养死葬、衣食住行以及理发、医药费等全部包干外，每月还按实际情况发给零用钱。2010年，重建敬老院，市民政部门统一实行社会化服务管理，实现了老有所居、老有所养、老有所医、老有所学、老有所乐。现今，各村（社区）建立老年协会，办起了日间照料中心，对居家养老、空巢留守老人生活予以照料。

婚事　以前，男婚女嫁皆依"父母之命，媒妁之言"。现在，男女均是自由恋爱，打破了"换小帖、应八字"的束缚，打破了未婚男女双方婚前不能会面的习俗，娶亲由花轿变为小汽车。倡导男到女家，不要彩礼。

丧事　丧葬习惯于棺木土葬，代代相传。现在，人去世后，一般于3日后，由专用车运至火葬场火化，丧家购备骨灰盒装殓逝者骨灰，存殡仪馆或回家设灵堂祭奠，或直接入墓地安葬。

医疗　以前，乡人有病就请菩萨、跳端公、打保福，或立水柱子、泼水饭、燃烛、焚香、驱鬼避邪。如今，村有卫生室，镇有卫生院，市（县）有人民医院、专科医院，实现全民医疗保障。

生育　70年代以前，认为"多子多福"，且必须有"带把"的，致许多家庭多子女，不生儿子不罢休。实行计划生育政策40年，大多数家庭为独生子女。如今，国家"二孩"政策虽已全面开放，很多家庭仍只生育一个小孩，摒弃了"重男轻女"的旧思想。

志愿者　20世纪以来，大划组建了志愿者服务队，常年有志愿者近千人。他们帮助困难群众生产生活，关心照料老人、残疾人，照顾留守儿童，参与社区综合治理，巡逻执勤、卡点劝导、疏导交通，宣传科技文化、法律法规和政策，积极参与防病救灾，发挥各自的专特长，服务于社会。

出行　新中国成立前，乡民出行均为步行或坐鸡公车、滑竿。70年代起，由自行车代步、载物。80年代，公交车运行，自行车普及，摩托车成为时髦。90年代，摩托车、电动车盛行，小型汽车进入家庭。21世纪后，道路交通四通八达，汽车普及，公交车站点加密，民众出行有了更多选择。

购物与销售　过去，群众所需生产生活物资的购进卖出都要到场镇，所购销物品靠肩挑背扛或鸡公车推运。现今道路通畅，都用电动车、摩托车、汽车运载，且商家都有购销上门服务，网购外地商品还有物流送货上门服务。

信息　从前，域内居民间的信息交流主要靠书信、电报或带口信。进入信息化时代，电话、电脑、手机普及，足不出户就可与亲朋好友进行文字、语音、视频交谈。

饮食　从前，一般老百姓吃不饱、吃不好，逢年过节才能打牙祭。现在天天吃肉是常事，一般隔顿不隔天，膳食多样化，饮食讲求吃得好、吃得少、吃得巧，部分居民节食、运动减肥成为时髦。

生产　80年代前，实行集体所有制，生产队统一安排生产、统一分配，农民日出而作，日落而息。现今农民承包的土地入股到合作社分红，农业生产规模化，劳作机械化，生产管理规范化，产业结构多元化，劳动技能专业化，农村劳动力就地就近务农务工，或外出务工经商创业。

居家　80年代前，农村房屋以茅草房、水泥瓦房、小青瓦房为主，偶有木楼房。现今，群众居住集中化、城镇化、楼房化，家居现代化，能源清洁化，生活用具（品）电气化，智能信息化，环境生态化，基本消除了城乡差别。

教育　80年代，普及初等教育。90年代，实现普及九年制义务教育和高标准扫盲。21世纪实现均衡教育，高中、中职（技）教育普及。众多农家子弟考上大学，选择到国外留学进一步深造的也不乏其人。

文化休闲　80年代前，乡村文化活动较为贫乏，收听广播、看电影、看川戏、中小学生文艺演出、村社文宣队演出等是乡村主要文化休闲活动。随着农村电视的普及，光纤网络、电脑进入农家，手机成为人们生活的重要伙伴，人们足不出户就知悉天下事。域内建起群众性文化广场25个，群众早晚散步、练太极拳、做健身操、跳广场舞、参加全民健身运动已是常态，休闲垂钓成为时尚，骑自行车近郊游，组团外出旅游和结队驾车旅行、参观、学习已成潮流。

八姓一家　大划乡中华村（现划石村）女共产党员徐惠彬，1952年被选任乡干部。仅1952年至1955年间，全乡经她关怀帮助结婚成家的复员转业军人就有四五十个。她先后将不同姓氏的8名老红军、复退军人和孤寡老人收留身边，组成一个特殊的八姓之家，受到省、地、县领导赞誉，乡人都称她为"徐妈妈"。1963年9月14日，《四川日报》报道了徐妈妈的优秀事迹。

学雷锋见行动　1980年，登田村3组队长赵兰的小孩突然生病。当时，她夫妇二人均不在家，该队社员周长清知晓后，疾跑回家，骑上自行车，将小孩送到城关医院抢救。因送医及时，小孩得到有效治疗。

和睦夫妻　域内村民郑光荣，是一个残疾人，在一家建筑企业看守工地，爱岗敬业。每天工友们离开，他都要检查一遍工地，看看电源切断没有，有没有安全隐患，第二天很早起来，为工友们烧开水，工友们称赞他，老板欣赏他。

郑光荣和妻子王秀清相敬如宾，有困难共同面对。2005年，郑光荣的第一个儿子不幸溺水身亡。他们并没有相互指责，而是互相安慰，抚平伤痛。2007年7月，女儿出世，给这个家庭带来了新的希望。

基层好干部　白果村王道忠，先后担任白果村村民委员会报账员、村党支部副书记、大划白马河土地股份合作社理事长、高级职业经理人等职务。2013年11月至今，担任大划镇白果村党支部书记。

王道忠是白果村出了名的"加班狂"，好几次因过度劳累不得不送医院。2013年"7·9"洪灾发生时，他第一时间赶赴现场，扛沙袋、搬石头，由于提前做好防洪准备并指挥得当，白果村村民的生命财产安全得到有力保护。

王道忠几乎是白果村的"专职司机"。无论是群众生病，还是残疾人办残疾证，哪家家里有急事，只要找到他，他从不拒绝。

白马河土地股份合作社创办之初，在社员中筹集互助资金，按约定，每年应付0.78%的利息，2014年，政策规定，将利息取消。突如其来的变故，让作为理事长的王道忠措手不及，多部门协调无果后，他毅然拿出自己两个月的工资，支付给社员作为这一年的利息。担任白果村党支部书记两年多，他带领白果村全体社员共同努力，合作社种植规模从2012年的100余亩，发展到现在的1000余亩。白果村先后获得"大划镇先进党支部""大划镇先进单位""大划镇重点工作创新推进奖""大划镇综合目标考核二等奖""大划镇庆重阳文艺会演二等奖"等殊荣，白马河土地股份合作社被评为"崇州市优秀示范社"。王道忠本人也先后被评为"优秀共产党员""先进党务工作者""崇州市优秀职业经理人""崇州市优秀理事长"。

扶贫济困 新中国成立至今，党和政府与广大人民群众血肉相连，给荣退军人发放补贴，对贫困户及时予以救助。村民无论是遭遇天灾人祸还是生活中遇到实际困难，镇（乡）、村（大队）各级均第一时间施以援手，根据实际情况，通过政府和村组社队共同援手的方式，为受灾户或困难户筹集钱、粮、衣物、建材等相关物资，帮助受灾户恢复正常的生产生活秩序。

爱妻模范 登田村9组社员王文清，其妻孙月秋，二人于1954年结婚。1979年，孙月秋患了肺心病，卧床不起。吃饭、穿衣、端茶送水、熬药服药都需要人照顾，就连睡觉翻身，都离不开丈夫的帮助。王文清一方面要外出做工，一方面要料理家务，照顾妻子，另一方面还要用自行车载着妻子八方奔走，求医问药。但他始终没有怨言，三年如一日悉心照顾，在乡间传为美谈。

村规民约

（1）划石村村规民约

为了推进我村民主法制建设，维护社会稳定，树立良好的民风、村风，打造安居乐业的社会环境，促进经济发展，建设文明卫生新农村，经全体村民讨论通过，制定本村规民约。

1. 落实门前三包（包卫生、包秩序、包美化）责任制，生活垃圾定点存放，杜绝乱扔、乱倒现象。农户必须保持房前屋后环境整洁无垃圾，确保垃圾分类，就地就近处理。

2. 家畜圈养，不得散养；死禽死畜要深埋。不得让畜禽在公共场所大小便，污损地面；养殖户畜禽粪便决不能随意排放，必须建立沼气池，生产清洁能源，违者责令立即整改，并给予批评和一定的处罚。

3. 自觉维护村主干道道路及两侧和公共场所卫生整洁，做到垃圾不乱倒，粪土不乱堆，污水不乱排，柴草不乱放，无私搭乱建现象，无车辆乱放，无占道经营。

4. 自觉维护道路的畅通和水利设施的贯通，不得将垃圾、农药瓶和农田杂草倒入各大、小水渠、公路。不得在道路上晒、打农作物，不在路道上种植作物，侵占路面。不得破坏绿化工程，自觉维护一草一木。

5. 严格禁止在我村辖区内焚烧秸秆、杂草、杂物，产生有害气体污染生活环境。不制作、生产、存放、销售烟花爆竹及一切易燃易爆物品。

6. 外来人员租住村民住房，要主动向村、镇上报流动信息。

7. 加强户外用火管理，家庭用火做到人离火灭，严禁易燃易爆物品堆放在屋内、厂内，定期检查、排除各种火灾隐患。

8. 提倡社会主义精神文明，移风易俗，反对封建迷信及其他不文明行为，不参与法轮功等邪教组织，不请神弄鬼或装神弄鬼，不搞封建迷信活动，不听、不看、不传淫秽书刊、音像。

9. 提倡晚婚晚育、优生优育，严禁无计划生育或超生。

10. 红白喜事大力提倡喜事新办，丧事从俭，破除陈规旧俗，反对铺张浪费，反对大操大办，且必须到村委会进行家宴申报，保证食品安全。

11. 村民建房应服从政府统一建设规划，并按照规定程序申报，统一安排，不得擅自动工，不得违反规划或损害四邻利益。修房盖屋剩余的垃圾、碎片应及时清理。

12. 全村村民都有保护耕地的义务。村内任何组织和个人使用土地，都应服从政府统一规划和调整，不得侵占、买卖或者以其他形式非法转让土地，不得改变耕地性质，私搭乱建。

本村规民约自村民会议（村民代表会议）通过之日起施行。

2017年1月

（选于划石村宣传栏）

（2）石桥村村规民约

为了推进我村民主法制建设，维护社会稳定，树立良好的作风，创建安居乐业的社会环境，促进农村经济发展，建设文明法制的新农村，经征求群众意见，拟定《石桥村村规民约》如下：

一、社会治安

第一条　热爱祖国，热爱人民，热爱集体，热爱中国共产党，学法知法，遵纪守法，同一切违法犯罪行为作斗争。

第二条　村民之间应团结友爱、和睦相处，不打架斗殴，不酗酒滋事，严禁侮辱、诽谤他人，严禁造谣惑众、拨弄是非。

第三条　自觉维护社会秩序和公共安全，不扰乱公共秩序，不阻碍公务人员执行公务。

第四条　严禁偷盗、敲诈、哄抢国家、集体、个人财物，严禁赌博、严禁替罪犯藏匿赃物。

第五条　严禁非法生产、运输、储存和买卖爆炸物品。经销烟花爆竹等易燃易爆物品须经公安机关等有关部门批准。不得私藏枪支弹药，拾得枪支弹药、爆炸物品，要及时上缴公安机关。

第六条　爱护公共财产，不得损坏水利、道路交通、供电、通信、生产等公共设施。

第七条　严禁非法限制他人人身自由或非法侵犯他人住宅，不准隐匿、毁弃、私拆他人邮件。

第八条　不得违法修建或搭建厂房及其他房屋。

第九条　服从村镇关于流动人口管理规定，住房出租要报村委会流管办备案，不得允许外来人员在住房内从事黄、赌、毒等违法活动。

如有违反上述社会治安条款者，触犯法律法规的，报送司法机关处理；尚未触犯刑律和治安处罚条例的，由村委会批评教育，责令改正。

二、消防安全

第十条　家用住房内严禁堆放易燃易爆等危险物品，定期检查电器、管线、开关设备及老旧房屋安全，排除各种火灾隐患。

第十一条　加强村民尤其是少年儿童、留守老人的安全用火、用电知识宣传教育，提高全体村民消防安全意识。

三、村风民俗

第十二条　提倡社会主义精神文明，移风易俗，抵制婚丧嫁娶大操大办、人情债等陈规陋习，反对封建迷信及其他不文明行为，树立良好的民风、村风。

第十三条　红白喜事要按规定申请办理家宴审批手续，在宴席举办点要服从场地管理和宴席安全监督。

第十四条　不搞封建迷信活动，不听、不看、不传播淫秽书刊、音像，不参加法轮功等邪教组织。

第十五条　建立正常的人际关系，不搞宗派活动，反对家族主义。

四、邻里关系

第十六条　村民之间要互尊、互爱、互助，和睦相处，建立良好的邻里关系。

第十七条　在生产、生活、社会交往过程中，应遵循平等、自愿、互惠互利的原则，发扬社会主义新风尚。

第十八条　邻里纠纷，应本着团结友爱的原则平等协商解决，协商不成的可申请村调解委员会调解，也可通过依法向人民法院起诉，树立依法维权意识，不得以牙还牙、以暴制暴。

五、婚姻家庭

第十九条　遵循婚姻自由、男女平等、一夫一妻、尊老爱幼的原则，建立团结和睦的家庭关系。

第二十条　婚姻大事由本人做主，反对包办干涉，男女青年结婚必须符合法定结婚年龄要求。

第二十一条　自觉遵守计划生育等法律、法规、政策，提倡优生优育。

第二十二条　夫妻地位平等，共同承担家务劳动，共同管理家庭财产，反对家庭暴力。

第二十三条　父母应尽抚养、教育未成年子女的义务，禁止歧视、虐待、遗弃女婴，破除生男才能传宗接代的陋习。

第二十四条　子女应尽赡养老人的义务，不得歧视、虐待、遗弃老人。

六、义务教育和兵役

第二十五条　学龄儿童和青少年有依法接受教育的权利和义务，其法定监护人应保证子女接受九年制义务教育。

第二十六条　凡符合服兵役条件的本村青少年，都有服兵役的义务，应积极主动参加兵役登记、体检和应征。

七、城乡环境

第二十七条　农户自觉搞好家居卫生，做到家畜集中圈养、拴养，不得进行人、畜粪便直排行为。

第二十八条　垃圾不乱倒，粪土不乱堆，污水不乱排，柴草不乱放，农户必须将垃圾倒入指定的垃圾桶内，做到垃圾分类。

第二十九条　自觉保持好房屋周边的环境卫生，做到房前屋后无杂草，无白色垃圾和生活垃圾。

第三十条　村保洁员认真履行清、扫、运、管理责任，村民要积极配合保洁员工作。

第三十一条　积极开展除"四害"活动，自觉爱护环境卫生，养成良好的卫生习惯。

八、管理民主

第三十二条　本村规民约由村民代表会议讨论通过，具有约束力。

第三十三条　本村规民约发至各家各户，做到家喻户晓。

第三十四条　本村规民约由村民委员会负责解释，并负责组织在本村范围内实施，村民小组长负责组织在本村民小组内实施，党员负责宣传到农户并督促其贯彻执行。

第三十五条　结合村规民约执行情况，村委会将每年进行一次评比表彰，相应评选出村规民约遵守得好的村民小组和村级热心事业建设标兵、勤劳致富标兵、道德模范标兵、尊老爱幼标兵、环境卫生标兵、邻里和谐标兵等先进个人和示范户。

第三十六条　违反本村规民约，除触犯法律由有关部门依法处理的，村民委员会可作出如下处理：

1. 予以批评教育；

2. 责令其恢复原状或作价赔偿；

3. 取消享受或者暂缓享受村组及国家的优惠待遇。

第三十七条　凡违反本村规民约要进行处理的，必须在调查核实后，经村民委员会（或村民代表会议）集体讨论、决定，不得擅自处理。外来人员在本村居住的，参照执行本村规民约。

第三十八条　本村规民约有与国家法律、法规、政策相抵触的，按国家规定执行。

第三十九条　本村村规民约根据农村社会、经济发展情况，适时进行修订，经提交村民代表会议通过之日起施行。

大划镇石桥村村民委员会

2017年3月

（3）崇镇村6组院落文明公约

为营造一个文明、优雅、舒适的生活环境，促进社区文明建设，进一步加强社区的绿化、环境卫生和各种设施的管理工作，特制定王家林盘文明公约，请大家共同遵守，共建美好家园。

一、遵纪守法。不吸毒贩毒，不聚赌参赌，不信奉邪教。

二、团结友爱。言行文明，礼貌待人，尊老爱幼，邻里和睦。

三、爱护环境。不攀折花木、不践踏草坪、不破坏设施、不噪声扰邻、不乱贴乱画。

四、讲究卫生。垃圾分类装袋入桶，不乱扔乱吐，不散养家禽家畜，楼道不堆放杂物。

五、遵守秩序。不乱停车辆，不乱搭乱建、乱堆乱放，不乱拉乱接电线，不违规装修。

六、注意安全。防火防盗，防高空坠物，防意外事故。

七、倡导公德。节约水电，扶贫帮困，见义勇为，热心公益。

八、家庭和睦。珍惜关爱家庭，关心孩子成长，营造学习氛围，热爱文体活动，共创文明社区。

九、遵守文明公约，争创五星文明户、五好家庭。

（选于崇镇村6组宣传栏）

第五章　民间文学

第一节　称谓

一、亲属亲戚专称

1. 直系亲属

父亲：伯伯、爹、爸爸、爸。

母亲：妈、娘、妈妈、老娘。

祖父：爷爷、爷。

曾祖父、曾祖母：祖祖。

高祖父、高祖母：高祖祖、高高。

以上是以己身为基点，对上四代直系亲属的称呼，其相应的自称分别为：儿子（书面上也称"男"）、女儿，孙儿、孙女，曾孙（民间也叫"末末儿"），玄孙（民间也叫"灰灰儿"）。

再以己身为基点向下推四代：

子女：父母对子女按长幼呼老大、老二、老三……或直呼小名。民间称老二为夹耳（鸡公车有一对夹耳，故以夹耳喻老二），老五为甩手（一只手五个指头，故以甩手喻老五），但均限于指男孩。对女子也有呼大疙瘩、二疙瘩、三疙瘩的。

孙子：对孙辈无论男女均称乖孙，有长幼之分称大乖孙、二乖孙等。

曾孙：无论男女，称末末儿。

玄孙：无论男女，称灰灰儿。

以上连己身计算在内，从高祖到玄孙合称九族，属于直系亲属。

2. 旁系亲属

父之兄：伯、爷。如有长次，则呼大伯（或大伯伯）、二伯（或二伯伯），大爷、二爷等。

父之嫂：大大、伯娘、娘。有长次，则呼大伯娘、二伯娘，大娘、二娘等。

父之弟：爸。有长次，则呼大爸、二爸、幺爸等。

父之弟媳：婶、婶婶、婶娘。有长次之别者，按上例类推。下同。

父之姐妹：姑妈、嬢嬢、爹或老子等。

己身之兄弟：胞兄、胞弟，直呼哥哥、弟弟，多则冠以长次。

己身之姐妹：胞姐、胞妹，直呼姐姐、妹妹，多则冠以长次。

己身之同祖父、祖母者：堂兄、堂弟、堂姐、堂妹。或直呼仍为哥、弟、姐、妹。旧时有按同祖父定长次的，称大排行。

此外，祖父之兄弟姐妹，曾祖父之兄弟姐妹，都有叔伯之分，则有二堂三堂之别。

3. 亲戚

父之姐夫、妹夫：姑爹、姑爷（读yi）。

母之父：外公、外爷、爷爷，也有叫家公的。自称外孙或外孙女。

母之兄弟：舅舅、舅父。自称外侄、外甥或外侄女、甥女。

母之兄嫂、弟媳：舅母，舅妈。自称外侄、外甥或外侄女、甥女。

母之姐妹：姨、姨妈、嬢嬢、姨嬢。

母之姐夫、妹夫：姑爷（读yi）、姨爹、姨父。

妻之父：随妻直呼爸爸，与人言称岳父、老丈人、泰山。自称女婿、婿。

妻之母：随妻直呼妈妈，与人言称岳母、老丈母。自称婿、小婿。

妻之兄弟：随妻称呼哥哥、弟弟，与人言称舅子、内弟。

妻之姐妹：随妻称呼姐姐、妹妹，与人言称大姨子、小姨妹。

妻之兄弟之妻：舅母子。

妻之姐妹之夫：姐妹排行冠以其夫之姓，如呼赵大哥、钱二哥等，对人言则称连襟、挑担。

夫妇双方的兄弟姐妹称对方的父母：互称亲爷（翁）、亲母。

结为儿女姻亲者：互称亲家、亲家母。

母之兄弟之子女：男子称表哥、表弟，直呼老表。有长次叫大老表、××老表。女子称表姐、表妹，呼时在其名后加姐或妹字，××姐、××妹。此为姑表亲。

母之姐妹之子女：男子称表哥、表弟，直呼时也叫老表。有长次也称大老表、二老表。女子也称表妹，直呼时也称××姐、××妹。此为姨表亲。

祖母之兄弟及其妻子：舅公、舅婆。

祖母之姐妹及其丈夫：姑婆、姑老爷。

在实践中，人们把这些称谓变为称呼时，在不同时代有不同习惯。比如"嫂嫂"称谓，自20世纪后期以来，不少老地方的年轻人将本该叫嫂的冠以其姓叫"张姐姐""李姐姐"，这是由于男青年未婚时，其弟妹以"张姐姐""李姐姐"相称，到婚后，不再改口，仍照原习惯称呼。

二、人际关系通称

不相识者：视其性别、年龄，尊称大爷、大娘、大伯、大嫂、大哥、大姐、小弟、小妹、先生、小姐、太太、同志、老乡、师傅、老师。近年来不论年龄，只按性别，称帅哥、美女较多。

邻里熟人：对年长者冠其姓氏，称×爷爷、×婆婆、×大爷、×孃孃、×婶婶之类。对年轻者称×大哥、×大姐、××嫂、××妹。对年幼者或小辈直呼其名。

同事之间：称同志、同事、战友等。或以姓氏称呼，如老赵、小李等。也按职务、职称相称，如×书记、××长、×经理、×老板、×董（董事长）、×总（总经理）等。

在人际关系中的称谓中，还有一种专用于表示姓氏的别称，如姓李的称十八子，姓余的称老摆，姓龚的称老弯，姓唐的称老甜，陈姓称老焉等。

在相互交往中，还有对别人的尊称，如称对方的父亲为令尊，母亲为令堂，女儿为千金、令爱。

第二节　方言

岗节子：能手。

精灵果儿：聪明或狡猾的人。

憨包儿、闷种、撞棒、宝器、瘟丧：蠢人、傻瓜。

胎狗儿：吃亏的人。

洋盘：华而不实的人。

颤翎子：好显示的人。

二百五：没脑筋的人。

鬼蛋子：指调皮青少年。

私娃子：私生子。

水打棒：河中死尸。

对红星：能干的人。有时也指恶人或冤家。

活独叭儿、活独虫、迷活活：头脑不清醒的人，糊涂人。

活醒醒：爱开玩笑或做事不可靠者。

白火石：做事水平低或目不识丁的人；低能的人。

狗头筋、狗牛筋、小家子：吝啬的人。

锥锥客：怕吃亏、小算盘打得精的人。

倒扎门儿：招赘女婿。

家门：同姓同宗的人。

礼性：礼节。

礼信：礼物。

羊角鬏：状似羊角的长条花卷。

铓铓（读mang mang）：饭食（儿语）。

肭肭（读ga ga）：肉食（儿语）。

香香：美食（儿语）。

粑粑（读ba ba）：粪便或脏东西（儿语）。

榻榻：地方。

囊（读nang）筋筋：身体瘦弱。

讲理信：在公开场合调解纠纷，评理。

卷人：骂人。

骂花鸡公：指桑骂槐。

打包包锣：为别人说话助力。

打聊边鼓：不做正事。

打青桩：站着不动，干活懒。

散谈子：开玩笑。

展言子：说歇后语。

夒肇：不要开玩笑。

做过场：故意做气。

短欠口：挑漏眼。

掌阴教：暗中出坏点子。

赶野席：白吃。

丢死耗子：让人久等。

展劲：鼓励、努力。

紧倒涎（读xuan）：动作迟缓，拖沓。

抽活：支持、赞扬。

割孽：吵嘴、打架。

打堆锤：打群架。

理抹：追究、清查、盘问。

扯拐：出问题、找麻烦。

扯筋：争吵。

喷痰：发怒。

冲壳子、讲王纲：吹牛。

偷冷锤：乘人不备动手。

耍门槛猴儿：在家门称强。

煞贴：整理。

拿慰：难为，谢谢。

假精灵、活假精灵：貌似聪明，实为笨拙。

安敦儿逸：非常舒服、舒畅。

伸（读cheng，撑）展：美观、漂亮；平展；舒展。

撇脱：干脆。

落教：符合己意的赞词，夸别人做事够朋友。

悬火：危险、没把握。

老办、汤水：难度大。

磨孽、淘神：费力；耗费精力。

料办、料自：故意。

通泰：通情达理。

谄尖：讨好他人。

拗起：不顺从，搁不平。

出脱：花掉、丢掉、腐烂、损失。

戳火：出差错、闯祸。

煞搁：完了、结束。

打瓜：卖剩余的货。

撬登儿：死了。

乘火：承担责任或顶住祸事。

信会儿：等一下。

不张：不理睬。

整肇（读shao，哨）：弄坏、弄错，没有做好。

上相：好，会做事。

抖包包：完全。

狗夹夹、护骨：吝啬。

抠收：不大方，斤斤计较。

阴倒：背地里，暗地里；隐藏，不张扬。

归一：妥善。

里扯伙：不可靠、马虎；说话不算话。

二架梁：不上进。

二簸簸：次等。

偻垮垮：不振作、不精干；衣着脏乱。

一式胡子：什么都包括在内。

横（读huan）顺、红黑、高矮：无论如何。

冲火、出得开叉子：能干。

不胎孩：不争气，没出息；不正经。

洋歪歪：自命不凡。

莽实起：多；使劲。

灵性点：赶快。

不存在：没问题，没关系，别客气，不要。

第三节　歇后语

石灰厂的工人——不简单（不捡就担）

爬海（蟹）上石头——巴（爬）不得

半天云头牵口袋——装疯（风）

吃稀饭不要筷子——活宝（喝饱）

麻索子做裤腰带——勒（腊）肉

城隍爷吃沙胡豆——鬼吵（炒）

补锅匠摔筋斗——倒贴（铁）

灶脚下烧胡豆——现眼（掩）现报（爆）

狗爬神龛——吃着（烛）

猪儿子滚潲缸——肇圆了

土地老汉卖房子——乘（神）不住

蚂蚂子（青蛙）跳水——不懂（卜咚）

磨子上睡瞌睡——想（响）转了

耗子啃碟子——口口是词（瓷）

电灯上点火——不然（燃）

礤磴下油锅——扎实（炸石）

莴笋炒蒜苔——亲（青）上加亲（青）

月亮坝头晒笋壳——不贪（摊）

谷子晒干——开摔（碾）

擀面杖吹火——一窍不通

田坎边上点豆子——一路

火葬场开后门——专烧（整）熟人

堂屋头推鸡公车——进退两难

快刀打豆腐——两面光生

豌豆巅（尖）煮豆腐——清白传家，一清（青）二白

月亮坝头耍弯刀——明砍

宫保府的对子——反的

老人公背媳妇——吃力不讨好

丁丁猫吃尾巴——自己吃自己

猫抓糍粑——脱不了爪爪

老鼠子爬秤钩——自称

老鼠子钻风箱——两头受气

漕沟头没水——车不转

漕沟头的牛——两边捞

筲箕装土地爷——淘神

半夜吃桃子——赶到炕的捏

茶壶头装汤圆——倒不出来

狗戴砂锅——胡碰

牛踩乌龟背——痛在心里头

骡子抠背——使嘴

石狮子的屁股——没眼

头发上生疮——毛病

吃包子给面钱——混账

胡豆瓣生蛆——拐（变）味

坟园头撒花椒——麻鬼

罗汉请观音——客少主人多

瞎子打瞌睡——看不出来

半天云头打秋千——吊得高

半夜放铁铳——一鸣惊人

抱鸡婆撵风谷机——吃壳壳

癞壳子梳攒攒——无发（法）挽救

猪八戒照镜子——里外不是人

脚板上搽清油——开溜

歪嘴照镜子——当面丢丑

和尚的脑壳——没法（发）

泥菩萨过河——自身难保

厕尿撍鼻子——两头逮到

三十夜翻皇历——没日子

头顶上生疮，脚底下流脓——坏透了

螃蟹夹豌豆——连爬带滚

哑巴吃汤圆——心头有数

哑巴吃黄连——有苦说不出

瞎子转街——目中无人

麻花下酒——干脆

矮子过河——安（淹）心

虾子过河——谦（牵）虚（须）

老鼠子别连枪——打猫心肠

牯牛落水井——有力没处使

蚕子牵丝——弄来网起

盘古王耍巴郎鼓——老天真

粪档档绑三杈子——臭架子

高射炮打蚊子——大材小用

狗坐轿子——不受人抬

三张纸画个人脑壳——好大脸面

吃玉麦馍馍打呵欠——开黄腔

第四节　谚语

一、民谚

话说得好，牛肉做得刀头。

年年防天干，夜夜防盗贼。

要得朋友长，天天算口粮。

酒肉朋友，不如猪狗。

跟好人学好人，跟端公跳邪神。

人亲财不亲，财帛要分清。

十个说客，当不得一个戳客。

人怕伤心，树怕剥皮。

小来摸针，大来偷金。

船载千斤，掌舵一人。

做事做到头，杀猪杀到喉。

一笼竹子有深浅，十个指头有长短。

牛大压不死虱子。

闲事少管，走路伸展。

三个公章，当不得一个老乡。

任你公章碗口大，当不得熟人一句话。

事非亲见，切莫乱谈。

人活脸，树活皮，电灯泡子活玻璃。

篾缠三转紧，话说三道稳。

儿不嫌母丑，狗不嫌家贫。

要得公道，打个颠倒。

一尺不补，扯拢尺五。

穷得新鲜，饿得志气。

吃人嘴软，拿人手短。

开水不响，响水不开。

满壶水不响，半壶响叮当。

自不小心，闹动四邻。

钱到赌场，人到杀场。

非分之财不取，非理之事莫为。

不道人短，不说己长。

吃不穷，穿不穷，不会计划一世穷。

家有千金，不如朝进一文。

兴家好似针挑土，败家犹如水冲沙。

谷怕午时风，人怕老来穷。

有多大脚，穿多大鞋。

有柴不烧敞锅，有肥不喂敞猪。

勤巴苦做，够吃够用；奸奸巧巧，饿来叠到。

毛毛雨打湿衣裳，胡豆酒吃垮家廊。

惜饭有饭吃，惜衣有衣穿。

一顿省一口，一年省三斗。

睡迟起早，做来吃不倒。

三天不赶场，买卖不归行。

问过三家，便是行家。

有儿不读书，等于喂条猪。

富不丢书，穷不丢猪。

粒米成箩，滴水成河。

猪睡肥，人睡霉。

天黄有雨，人黄有病。

萝卜上市，太医还乡。

冬吃萝卜夏吃姜，不劳医生开药方。

要得小儿安，除非小儿受饥寒。

贪吃贪睡，添病减岁。

笑长命，哭生病。

一家同得心，黄土变成金。

忍气家不败，忍嘴不拖债。

猪吵卖，家吵败。

树大分丫，儿大分家。

野花进房，家散人亡。

儿女多，受奔波。

家有贤妻，男儿不遭横事。

人和家不败，妻贤夫祸少。

家中有个老，犹如一个宝。

好狗不咬鸡，好男不打妻。

二、农谚

庄稼无二季，一年无二春。

误了一年春，十年理不伸。

要吃来年饭，八月初一从头看。

大麦不吃立夏水。

春争日，夏争时。

大麦须须亮，鲤鱼遍沟放。

春分秋分，昼夜平分；夏至昼长，冬至昼短。

谷黄三天，麦黄一夜。

十年早，九年好。

七秒金，八秒银，九十秒田等于零。

深栽芋头浅栽秧，不深不浅栽生姜。

大春宜淹，小春宜干。

调田不如换种。

清水撒谷，浑水栽秧。

七韭八蒜九葱葱。

九成黄，十成收；十成黄，一半丢。

留种要干，藏种要翻。

田等秧，谷满仓；秧等田，吃半年。

麦倒一堆草，谷倒一包糠。

要得富，多栽树。

冷杉热柏三伏棕。

树不修，果不收。

多栽桑树多种桐，世世代代不受穷。

眼前富，多喂兔；远年富，多种树。

松要挤，杉要剔，桐要稀。

家有三百竹，天天有酒喝。

一本二本，庄稼为本。

庄稼一枝花，全靠肥当家。

喂猪不用巧，窝干食子饱。

喂猪不赚钱，肥了一坝田。

农民不喂猪，好似秀才丢了书。

人靠饭养，苗靠肥长。

要得富，副业当成庄稼做。

要想富，庄稼搭上生意做。

春寒有雨夏寒晴。

清明要明，谷雨要淋。

有雨天边亮，无雨顶上光。

雨打二十五，后月无干土。

惊蛰不起风，冷到三月中。

初三初四雨，一月九天晴。

春雨贵如油，春前落雨如金，春后落雨如银。

先打雷，后下雨，当不得一泼大露水。

雷打头顶，大雨倾盆。

火烧锅底，三天大雨。

火烧灶额头，三天大日头。

出门看天色，进门看脸色。

晴带雨伞，饱带干粮。

一黑一亮，石头泡涨。

立夏不下，犁耙高挂。

处暑有雨十八缸，处暑无雨干断江。

坝雾晴，山雾雨，河上起雾涨大水。

早饭雨，鸡歇笼，黄昏早雨大日头。

云跑东，一场空；云跑南，没得闲；云跑西，披蓑衣；云跑北，不等黑。

东虹日头西虹雨，南虹北虹涨大水。

月亮带枷，晒死虾虾。

小满不满，干断田坎。

正月打雷黄土堆，二月打雷青草堆，三月打雷谷堆堆。

东方出现望水云，不等天黑大雨淋。

小寒大寒，冻死老蛮。

明月照湿地，下个不歇气。

雨打伏头，晒死牯牛。

太阳反照，大水淹灶。

烟子不出门，大雨要来临。

一九二九，怀中插手；三九四九，冻死猪狗；五九六九，沿河看柳；七九六十三，路上行人把衣宽；八九七十二，猫狗卧阴地；九九八十一，庄稼老汉田中立。

第五节　谜语

乡间人说谜语，历史悠久，语言朴素生动，供人猜射，充满童趣和浓郁的生活气息。

两兄弟，一样长，有肋巴，没肚囊。（打一用具：梯子）

有风身不动，一动就生风，人家抛弃我，要等起秋风。（打一物：扇子）

一根树儿弯又弯，十个木匠劈不端。（打一现象：炊烟）

一对阳雀，爱歇床脚，白天饱米，晚上空壳。（打一物：鞋子）

一物三张口，世上人人有，有它不算富，无它真出丑。（打一物：裤子）

十人打马上雪山，八人辛苦二人闲，只见雪花飞满地，面带愁容心喜欢。（打一日常生活事：癞子挠头皮）

一个老汉背背豆，一路走来一路漏。（打一动物：羊）

身穿白衫子，头戴红顶子，走路像先生，说话是蛮子。（打一动物：鹅）

一个老汉背背柴，扒到壁头走不来。（打一物：筷笼子）

千条线，万条线，落在水中看不见。（打一自然现象：雨）

红帕帕，包稀饭，又好吃，又好看。（打一水果：柿子）

一个老汉背背针，不怕蛮子不怕兵，只怕娃娃挖它的心。（打一植物：刺栗子）

黑黢麻沙溜溜圆，又是海椒又是盐。（打一食物：干豆豉）

生不能吃，熟不能吃，一边烧来一边吃。（打一植物：叶子烟）

上头顶簸簸，下头结果果。（打一植物：芋荷）

十姐妹，一路耍，各人头上顶匹瓦。（打一身体部位：手指头）

半天云头一个碗，一年四季装不满。（打一物：鸟窝）

半天云头一只船，四个将军坐半年。（打一物：桐麻籽）

半天云头一根柴，摇得动来搬不下来。（打一物：牛尾巴）

一棵树儿弯又弯，一弯就弯到田中间。（打一物：犁）

清幽幽，黑洞洞，十条牯牛拉不动。（打一物：水井）

麻窝子，红帐子，里面坐着白胖子。（打一果实：花生）

四四方方一张床，噼啪老子噼啪娘，噼里啪啦敲得响，儿孙满堂睡一床。（打一物：算盘）

弟兄七八个，围着柱头坐，大家一分手，衣服就扯破。（打一植物：大蒜头）

四四方方一座城，红黑双方各半城，兵对兵来将对将，不动刀枪干一仗。（打一物：象棋）

一间房子五寸长，两头分家隔堵墙，一头开机器，一头开染房。（打一工具：墨斗）

远看一头牛，近看光骨头，背上吃东西咕咕响，大口吐渣似水流。（打一农具：风谷机）

四四方方一座城，里头死了两个人，千军万马来吊孝，哭死都不开城门。（打一物：蚊帐）

一条白龙卧乌江，乌江顶上冒红光，白龙吸尽乌江水，乌江水尽白龙亡。（打一物：油灯）

盘子大棵菜，斗碗大根苔，雷从天上过，雨走底下来。（打一物：水碾）

老是赊账。（打一字：欢）

重逢。（打一字：观）

第六节　歌谣

笋子出林节节稀

笋子出林节节稀，砍回家中编筲箕，
端起筲箕去淘米，螃蟹夹到脚后跟。

三月三，兴昙庵

三月三，兴昙庵，台子搭在田中间。
大戏小戏换到唱，一唱就唱两三天。

四面推得光又光

四面推得光又光，上写福禄子孙旺，
下写泥木石三行，要吃主人粑和糖。
主人票子拿手上，匠人我用荷包装。
手拿金绳系梁榫，恭贺主人大吉昌。

对门对户对亲家

金竹丫，苦竹丫，对门对户对亲家。
亲家儿子会喂马，亲家女子会绣花。
大姐绣的灵芝草，二姐绣的牡丹花。
唯有三姐绣不来，嫁进山里种庄稼。
庄稼年年收成好，生了两个胖娃娃。

十二子歌

正月十五汤圆子，二月惊蛰报蚕子。
三月清明坟飘子，四月农忙栽秧子。
五月端阳香包子，六月里来扇扇子。
七月十二烧袱子，八月十五麻饼子。
九月崇阳醪糟子，十月初一菜卷子。
冬月间烤烘提子，腊月里来包粽子。

嫩竹爹，嫩竹娘

嫩竹爹，嫩竹娘，幺儿拜你干爹娘。
保佑幺儿快快长，长来和你一样长。

请蚂蚁

蚂蚁子，出洞来，一串串，一排排。
大官不来小官来，吹吹打打一路来。

看到看到要过年

红萝卜，蜜蜜甜，看到看到要过年。
奶奶想吃肉，爸爸没得钱，
两个鸡蛋炒一盘。

唱支山歌试妹心

大河涨水小河浑，不知小河有多深。
丢个石头试深浅，唱支山歌试妹心。

巴山子，藤藤长

巴山子，藤藤长，巴心巴肝盼情郎。
盼到山转水转石头转，郎哥不来不拜堂。

筛筛抵门眼眼多

太阳落山往下梭，幺妹淘米双手搓。
有心留郎吃晚饭，筛筛抵门眼眼多。

一根红线丈二长

一根红线丈二长，拴块瓦片甩过墙。
那边哥哥眼睛好，今晚相见在鱼塘。

露水夫妻不久长

一树桑苞半吊黄，露水夫妻不久长。
挣得银钱讨一个，日同板凳夜同床。

绣花枕头生青苔

三月马桑抽嫩苔，郎哥出门没回来。
印花铺盖无人盖，绣花枕头生青苔。

白铜烟袋五寸长

白铜烟袋五寸长，装杆烟来敬情郎，
情郎嫌我烟袋短，烟袋虽短情意长。

（王虎　搜集整理）

第七节　故事传说

养尸地里活死人

川西坝子李华，婚后育有一子，小日子舒心巴适。唯一遗憾、蹊跷的是，李华一直没有走过老丈屋，每每提起，妻子总以他事推脱。而且，母子俩经常在屋头，从来不抛头露面。

有一天，李华赶场，一位道人装扮的中年人主动和他打招呼："你看你头发这么长了，怎么还不肯剃掉呢？"

对于不认识的人，李华懒得搭理。道人站在他面前，眯缝着眼睛上下打量，然后两眼圆睁，竭力狮子吼："你结婚四五年了，走过老丈屋吗？"

李华吓了一跳，低头作答："没有。"

道人闻听此言，似乎更来劲了："老实说吧，你的婆娘不是人，她是养尸地里的活死人。以后补足了阳气，她会吃人喔！"

"师傅，我该咋个办呢？"李华思前想后，害怕了。

"哎哎，别慌嘛。"道人胸有成竹，"你今天在街上买点礼品，回去叫她和你一起走老丈屋。不信告一下，你们明天清早把饭吃完开始走，要到太阳落山才走得拢，但是你打转身回来的时候，不到一杆烟工夫就走拢屋了。"

"哪有那么日怪啊！"李华忍不住插言。

道人没有理他，继续吩咐："我给你灵符一道，你明天走拢老丈屋，把灵符贴到龙门子就赶紧走开，然后用铁末子或者猪肾砂围着她家房屋撒一圈，你的任务就算完成了。"

第二天，麻乎乎儿亮，李华把昨天买好的酒肉、点心等礼品拿出来，佯装热情地动员妻子："素贞呀，结婚这么几年，我还没有拜见过岳父岳母，孩子也没有见过外公外婆，今天我们一家三口一起去拜见拜见老人家吧！"

素贞眨巴眨巴几下眼睛，柔声说道："难得郎君这么有心，好，我们走吧！"于是，一家三口打扮一番，就出门了。

一路上，李华紧跟妻子，走不多远就腰酸背胀起来，任凭妻子如何说笑、如何回忆婚后美满生活、谈孩儿乖巧可爱，他都没有了以往的情趣。就这样走走停停，停停走走，直等到太阳落山，才走拢老丈屋外，正如道人预测的那样。

"你在这里稍等一下，我进去让人出来接你。"素贞望着脸红筋胀的丈夫，含情脉脉地说。

素贞刚进去，李华即刻按照道人吩咐，在黑漆龙门子的门板上贴上灵符，然后将铁末子和猪肾砂同时并取，围到房屋一转甚至房顶上都抛撒。接着，他回家的念头一转，真的不到一杆烟工夫就到家了。他突然发觉自己一整天走来走去，就在离自家一里外的乱坟地里转圈圈。而他贴在老丈屋龙门子上的灵符，就在一座坟茔的墓碑上，铁末子、猪肾砂仍然清晰可见。

李华回到家里，感到了从来没有过的孤独，妻子体贴、孩儿欢笑，一家人其乐融融的和谐就这样一去不复返了。

他想起自己父母早逝，12岁开始，无论刮风下雨、霜雪严寒，都要驶牛踏耙、上山砍柴，干山村里杂七杂八的零活。尽管这样，他记得自己18岁那年，弟兄分家，两个哥哥嫂嫂仍然嫌弃他年龄小、没有挣家务，是个累赘，都不愿意接纳他。亲友干涉，哥哥嫂嫂才极不情愿地分给他两间茅草房和简单的锅碗瓢盆，让他有本事自己挣去。好在从前吃惯了苦，农活是不成问题的。

分家后，两个哥哥嫂嫂全都搬出去另外修房置屋了，只留下李华的两间茅草房还在原地。分家后，李华时不时帮人做活挣钱。一天，李华赶场回家，路遇一个衣衫不整、蓬头垢面的女子掩面哭泣，眼眶红红的。

李华上前询问，女子说自己名叫素贞，家乡洪灾，逃荒出来时和父母走散，在这里迷路了，而且自己无家可归，希望好心人救救她。

李华毫不犹豫地拿出自己带的三个锅盔，递给女子。小女子摇摇头，无奈地说道："大哥，我在这里迷了路，三个锅盔能抵什么用呢？今后的路还很长很长……"

苦日子中过来的李华禁不住小女子的诉说和再三恳求，决定收留她。想不到回家后一番梳洗，简直惊为天人，李华怀疑是不是眼睛看花了。在他看来，素贞美丽大方，像极了下凡的仙姑。而且聪明能干，善于经营，屋里屋外一把手，不久便新修房屋，添置了农具、家具，李华的小日子很快超过了两个哥哥嫂嫂，惹得邻居们啧啧称羡。一年后，妻子为他生下了儿子。

想不到现在，道人说她是……

李华一连三天闭门不出，晚上一合上眼睛，就会出现妻儿身影。说真的，他也曾经怀疑过道人，然而自己的亲身经历，又让他捉摸不透，可是他还是不安心啊！

到了第四天，李华想到世间人情淡薄，夫妻恩爱，忍不住来到老丈屋——乱坟坝的一座坟茔前，久久站立，观望自己做的事情。突然，有声音自坟茔里传出——

"那个没良心的，娃娃都死两天了，还把你锁在这里。唉，都怪我当时没有阻挡得了你，而你又那么固执。"妇人苍老的声音。

"娘哎，这不能怪他。一定有人使坏的。"李华听出来了，这是妻子素贞的声音。

"娘啊，我看中他诚实憨厚、心地善良，他哥哥嫂嫂那样对待他，我偏要嫁给他，帮助他置业兴家……爸爸、娘哎，妹妹，是我连累你们一起遭难了，对不起！"素贞哭得好伤心好伤心。

"姐姐，我们死得好冤啊！他们只知道鬼吃人、鬼害人，却不明白大多数鬼是十分善良和乐于助人、好打抱不平的，谁能理解啊！"另一位少女的声音，看来是素贞的妹妹了，她一口气说完这些，就不断地呕吐起来，随即，坟茔里悄无声息了。

李华声嘶力竭大叫一声，手脚并用刨开坟茔，只见妻子怀抱儿子，大睁双眼，嘴巴半开……

（讲述人：陈学明　王虎搜集整理）

王胆大赶了趟阴间场

崇庆州出东门有两个小伙子，邀邀约约去柳州城做生意，在一家旅店刚住下，店老板就告诫他们："柳州城的上半天属于阳间，下午乃至整个夜晚属于阴间，阴间正是鬼怪赶集的时候，阳间人去不得。"

听了店老板的告诫，小伙子中有一位名叫王小山的，根本不相信这一套，店老板说去不得，他偏要去一探究竟。同行的朋友再三相劝，他也不听。

说起这个王小山呀，浓眉大眼的，身材也算得上魁梧，曾经拜师学过几套拳击，是乡邻们眼中天不怕地不怕、又有几分本事的"王胆大"。

这天下午，王小山早早吃过晚饭，一个人哼着小曲儿来到了柳州城。进得城门，他瞧见一个身披红衫的小姑娘，手挽菜篮朝集市走去。为了弄明白"阴间场"是怎么回事，他急步尾随上去，无话找话说了一大堆，姑娘始终不发一言，甚至小跑起来。

王胆大也急眼了，他猛地上前拍了一下那姑娘的左肩。姑娘"哎哟"一声尖叫起来："妈呀，我今天碰到鬼了！"姑娘突然弓腰驼背大叫"肚子痛"，同时用手捂着肚子，舍命狂奔。

"你才是鬼哟，怎么反说我是鬼？"王胆大望着姑娘惊慌失措的样儿，禁不住心里嘀咕。他想，人些都叫我"王胆大"，我今天倒要看一下，到底哪个是鬼？于是他也跟随姑娘小跑起来。

"哎哟，我的儿，今天咋个了？"王胆大听到一个苍老的声音，猛然发现姑娘已经到家了。他急忙刹住奔跑的脚步，在房檐下柴堆旁的一个小角落躲藏起来。

"妈呀，我今早碰到鬼了，肚子痛得厉害。"王胆大分明瞧见，姑娘刚回答完这句话就瘫软下去了，粉脸吓得煞白。

一位老妈子赶紧把她扶去床上，嘴里嘀咕着马上去请张端公，接着便跨出院门来了。

王胆大赶紧躲开，心想："你们这里也要请端公啊，我倒要看看。"

大约一刻钟光景，张端公在老妈子的陪同下来到了院门口。王胆大又一次闪身让过，更加紧密地监视起来，眼珠一眨不眨的。

张端公燃香点烛，敲磬念经，让老妈子扶出姑娘，点燃黄表纸，在姑娘周身上下象征性地转圈起咒。然后取出"鬼罐子"，开始作法了。

王胆大禁不住想道：你那个小瓶瓶装不下我一只拳头，我倒要看看你怎么把我收进去。

正在王胆大盲目自信胡乱猜测的时候，张端公大叫一声："着！"

王胆大吓了一跳，赶紧回过神来，目不转睛地盯着"鬼罐子"。咦？鬼罐子怎么逐渐变大了？

王胆大这一惊非同小可，正要举步逃离，张端公突然挽起一道法，王胆大猫爪抓心似的难受，浑身瘫软，身体慢慢萎缩，最后化作一股青烟，飘进了鬼罐子里。

王胆大在鬼罐子里，看见里面像罐外一样的房舍田园，很是诧异，后张端公将鬼罐子埋在十字路中间。"这下好了！"听着鬼罐子外面张端公大功告成的宣告，王胆大不知所措，以为再也出不去，心肝都悔烂了。

又过了七天，一个放牛娃牵着牛从此经过，牛蹄将埋的瓦罐踩烂，看到罐外青天白日，王胆大赶紧爬出来，恍如隔世。

（讲述人：王瑞清　王虎搜集整理）

女孩吞珠化身龙

从前，简高坎有一个小女孩去泉水河边割猪草，发现高坎上一蓬绿油油的青草，长得特别茂盛。她高兴地把它割了起来。

小女孩第二天路过河边，高坎上她昨天割过草的地方又是一大蓬绿油油的青草，她照例把它割了起来。想不到第三天、第四天，那里还是一大蓬绿油油的青草。怎么一夜工夫青草长得这么快呢？第五天凌晨，她用镰刀慢慢探入，将青草连根拔起，想看看下面到底有什么宝贝。她小心翼翼地掏到底部时，一颗又圆又亮的珠子直晃眼睛……

小女孩一溜小跑赶回家，把宝贝藏在装米的坛子里。第二天早晨舀米做饭，她被眼前的情景惊呆了——原来仅有的小半坛大米居然把坛子撑得满满的，连她的父母也说不清这是怎么回事。

小女孩似乎意识到了什么，她把宝贝取出来，擦净米灰，放到小箱子里，然后在宝贝周边放几个铜板。

一天后开箱查看，满满一箱的铜板……如此反复试验，总之，无论在宝贝周边放什么东西，不管装宝贝的容器有多大，一天过后，所放的东西就会神奇爆满。小女孩一家从此富裕起来，再也不用像以前那样辛苦劳作了。

过惯了苦日子的小女孩一家，没有忘记曾经接济过他们的贫苦老百姓和周围乡邻，况且穷人帮穷人一直是乡村里的传统，所以他们将财物拿出来与大家共同分享。可是这些善良的贫苦老百姓怎么也不愿意接受，他们害怕这是不义之财，以后官方追究的时候受到牵连。小女孩一家没办法，只得如实相告。

于是，这个秘密经过口口相传，不几日便弄得尽人皆知。再加上有坐吃山空者，没有了后顾之忧，打起了退田退租的主意。更有人从富人家直接辞工，引起合约、田租等方面的纠纷。

有财主得知这一切都是小女孩的宝贝引起的，当即带领家丁捉拿小女孩，抢夺宝贝。

小女孩事前得知消息，带着宝贝出外躲藏，没想到半道上和财主及其家丁相遇了。一个小女孩哪里是众多人的对手，情急之下，她一口将宝贝吞进肚里。

财主和家丁押送着小女孩，到小女孩家翻箱倒柜，一无所获，便放下狠话，无可奈何地回去了。

到了晚上，小女孩浑身发烧，口渴得厉害。她匍匐在水缸边，把水缸里的水都喝完了，还嚷嚷着口渴难忍，感觉嗓子就像要冒烟一样。

妈老汉儿没得办法，把她背到西河边，刚刚放下，小女孩连滚带爬俯身河水边。妈妈怕她有危险，慌乱中赶紧抓住她一只脚。小女孩的嘴巴刚一接触到河水，突然"哗啦"一声，波浪翻滚，浪高水急，小女孩竟然化身成为一条小龙，头也不回地朝河心游去。

妈妈惊叫一声，跌进水里。小龙返身背上妈妈，继续向前游去。

第二天一大早，人们纷纷传说，有一条龙飞进财主家，不一会儿又飞出来蹿到西河，背起一个人，飞身上天了。

（讲述人：简德华 王虎搜集整理）

李先生销魂

很久很久以前，成都府崇庆州金鸡交界的大花枝，有个恶霸子弟，名叫李老二，从小娇生惯养，不爱读书，更不会劳动，整天日嫖夜赌、招摇撞骗，人们见之如见猛虎，无不恨之入骨，故呼之为"李二鬼"。这个李二鬼呢，却不以为然。他见人们躲他，便大言不惭地说，这是他学问高，无人敢与之为伍。他常常自封为李先生，游走江湖。

一天晚上，李先生在金鸡铺馆子里喝得酩酊大醉，走到大路上被石头一绊，身不由己地摔在地上，蒙眬睡去。梦中仿佛也要回家，然而天昏地暗，伸手不见五指，他只得高一步、低一步地乱闯。正在他因恐惧而不知所措时，忽见远处有一灯光。李先生赶忙跑去拍门，却听里面娇滴滴地问：

"谁呀？夜半三更来叫门——"听声音是个十七八岁的姑娘。李先生顿时精神一振，故作斯文地说："小妹妹，我是个迷路之人，请你行行方便，让我进来歇一会儿吧！"

只听那姑娘柔声答道："我家没有男子，母亲又不在家。夜半三更的，恐怕不方便吧。"

李先生听说只有一个姑娘在家，不觉大喜，便可怜巴巴地说："小妹妹既然不愿我在此歇宿，那就算了。可我多喝了点儿酒，渴得心慌，求求你从窗口递碗水给我喝，我在屋外休息，好吗？"

姑娘听他说得可怜，心想，他是个醉酒之人，送一碗水给他喝也在情理之中。于是，姑娘从床上下来，趿拉着拖鞋，用瓜瓢在石缸里舀来清水，左手推窗，右手送碗，口内说道："客人请接着。"

话音刚落，只听"哎呀"一声尖叫，接着"哗啦"一声，一碗水全部泼在地上。

原来李先生隔着窗子，从灯光里见那姑娘长得十分漂亮，可是不知道为什么，大热天颈上还围着纱巾。洁白的纱巾，把一张粉红的脸蛋衬托得更加艳丽。

李先生本是个淫棍，又值带酒，观此境况，不觉淫性大发。他趁姑娘开窗之际，右手托着窗台，纵身跳进屋内，把姑娘手中的碗吓掉了。说时迟，那时快，淫性大发的李先生不顾一切，抱紧了惊魂未定的姑娘，连拖带拽地往床上拖去。

只听那姑娘一声惨叫，便有阴风四起，李先生禁不住打了个寒战。紧接着，姑娘摇摇头，又是一声惨叫，舌头便掉出有两寸长。

·215·

李先生大吃一惊，猛然放开姑娘，转身就跑。

这时，又听"吱呀"一声，柴门开处，进来一位老婆婆，她把手中拐杖一横，破口大骂起来："好你个李二鬼，当年害我母女，九泉之下，耿耿于怀，时刻图报，不料今日冤家路窄，撞上门来。兰儿，给老娘好好收拾他！"

说罢，那姑娘即从鞋兜内摸出一把剪刀，朝李先生胸膛奋力刺来，李先生号叫未已，老太婆的拐杖又迎头击下，只打得李先生头上青头包顿起。李先生急忙以手护头，不料屁股上被剪刀柄到，一时鲜血直流，疼痛难忍，忙以手护头夺门而逃，并连声求饶："姑婆饶命，我错了！我错了！"

你道姑婆是谁？她就是泉水河边严家林人。因为家穷，丈夫早亡，母女二人相依为命，不得已租下李先生二亩薄田，满望交租后能够糊口，不料连年歉收，债台高筑。李先生上门讨债，见姑娘一表人才，顿起不良之心，派人传话给严姑婆，说是如能将小兰嫁给他，可以抵债，否则利上加利，你两娘母不得安宁。母女二人百般哀告，来人无动于衷，扬长而去。小兰哭到半夜，便悬梁自尽了。严姑婆经此大变，也饮恨而亡。

今日，可笑那李先生于醉梦中撞到她家门上，而且野性不改，一时胆战心惊，酒已大醒。但见流云闪烁，月色朦胧，自己身卧荒冢坟地，阴暗中的枯藤老树，仿佛魔爪影影，鬼声啾啾。李先生吓得不知所措，他不顾周身疼痛，舍命狂奔。

几声鹤鸣似鬼叫："还我命来！"李先生越发恐惧，不敢回头，就这样逃了好久，直到风声平静。此时的李先生，早已是气喘如牛了。

"不能再跑了。"他寻思着找一户人家，问问路，借宿一夜。此时夜色更暗，难辨东西南北，只好朝黑影大的地方摸去，最后居然摸着了两扇大门。那门虚掩着，推门进去，却见香火点点，神台上供着菩萨。李先生借着星光一看，方知是座大庙。有大殿两间，外配东西厢房。李先生又累又怕，心想，庙内乃是众神所居之地，量无鬼怪发生。于是，他摸到神台上，搂着香炉而卧。

可他一夜奔波，心有余悸终不得眠。猜疑间，恍惚中听见一声怪响，声如裂帛，呼哧呼哧的响声不断。李先生立时寒毛直竖，浑身打抖。借着朦胧月光，只见西廊干檐上停着一口棺材，棺盖随着响声，慢慢移动。李先生正要抽身脱逃，只听"嘎"的一声，从棺内跳出一鬼，瘦如枯骨，发似蓬毛，"噔噔噔"直奔大门，殿门一响，便音讯全无。只听虫声唧唧，弄得李先生欲留不能，欲逃又怕，进退两难，一筹莫展。

"嗯，此庙有前门必有后门，趁鬼未回，先走后门逃走为上……"李先生计谋已定，正欲起身，"噔噔噔"的脚步声再次响起，只见那鬼左手提一物，状似人头，直奔神台而来，伸出如钩五爪，往李先生面门边抓来。李先生惨叫一声，本能地伸手隔挡，然而灵魂早已脱壳，当场僵死。

第二日，本地香客进庙朝拜，惊见殿内二人：一靠神台，一立地上。立地上者是一个乞丐，左手提一串萝卜，右手作抓人状；台上一人则跌坐案上，左手支撑，右手作隔挡之状。众人连呼不应，近视之则皆僵死也。二人瞳孔皆现惊恐之状，惨不忍睹。

原来，这庙宇年久失修，住持僧人相继离去，但因乡里人崇敬菩萨，故而香火不断。再说这庙内新来了一个叫花子，衣衫蓬乱，不耐夜寒，见西廊停有空棺一口，思量着进去睡觉，密不透风，只要不把棺盖合严，真是舒服又暖和，远胜于在大殿上凄凉难耐。这叫花子一觉睡醒，打算趁天黑无人看见，到庙外萝卜地扯些萝卜回来煮食充饥。因此，他便慢慢推开棺盖，跑出去偷来萝卜，回来时到香炉前取火煮菜。

李先生夜半到庙，叫花子不知；叫花子前半夜到庙，李先生也不知晓。故二人互疑为鬼，双双吓死。可怜叫花子饥寒一生，吓死于恶人之手，岂不哀哉？而李先生恶贯满盈，受良心谴责，终日疑神疑鬼，造成人鬼不分，惨遭恶报，罪有应得。

（讲述人：王吉山　王虎搜集整理）

憨女婿见丈母娘

很久很久以前，川西坝子有一个姓陈的青年人，不太会说话，被人称作"憨子"。他的妻子为免被人瞧不起，挪出三两银子，叫他出去学说话。

第一天出去，他看到一个打枪的，枪响后，只听那人拖声吆气地唱道："金鸡飞过岭，炮昂惊动人。"他觉得这句话有点入耳，就作揖打躬地上前说道："大哥，你教教我吧，我给你一两银子。"

"好吧。"打枪子的爽快地答应了。

"金鸡飞过岭，炮昂惊动人。"憨子接连学了好几遍，终于学会了。他兴高采烈地继续往前走，悠然自得地唱道："金鸡飞过岭，炮昂惊动人。"

隔几天，他碰到一个驶牛踏耙的农夫，牛累了，倒在泥田里，一时起不来。只听那驶牛匠一边拉牛，一边朗声召唤旁边帮忙的两个大汉："张哎张大哥，李哎李大哥，快把老牛朝上拖。"

等人些把牛拖起来后，憨子又掏出一两银子，毕恭毕敬地请人家教他说。经过努力，他死死地记住了这段话。

欣喜之余，他继续往前走，不一会儿来到一个小湖边。远远地看到一个乘船打鱼的，渔夫站在船头上一边撑船一边叹息："独柴难烧，独篙难撑啊！"

憨子觉得这段话也很顺耳，就莽声莽气地把渔夫叫过来，献上一两银子，请人家教他。撑船的反复教四五遍，他就学会了。

在外转了一圈，他自以为见了世面，学到了东西，便瞒着妻子去见丈母娘。

刚到龙门子，他就拖声吆气有模有样地唱了起来："金鸡飞过岭，炮昂惊动人。"

丈母娘这一惊非同小可："咦？这个憨子向来不会说话，今天怎么精灵起来了？"于是赶紧迎出来，热情招呼："她陈大哥啊，稀客稀客！"

憨子惊叹于丈母娘从来没有过的热情，觉得自己好有面子啊，忍不住飘飘然起来，不小心在卡进龙门子的时候，被门槛绊倒了。

丈母娘返回来伸手拉他，他突然惊风火扯地喊叫起来："张哎张大哥，李哎李大哥，快把老牛朝上拖。"

丈母娘甩手而去，嘴都气歪了。

中午吃饭的时候，小姨子故意只递一只筷子给他。他接过去左瞧右看，然后长声吆吆地吼起来："独柴难烧，独篙难撑啊！"

大家一听又傻眼了："嗨，这家伙怎么又精灵起来了？"

（讲述人：刘锡成　王虎搜集整理）

桂贵阳的传说

"阳雀叫唤桂贵阳，川西坝子一片黄。"

在川西坝子这个地方，每当小麦、油菜、胡豆、豌豆等农作物成熟，即将收获的季节，就会传来一阵阵急促的鸟叫："桂贵阳！桂贵阳！"

传说远古时候，川西有一个名叫桂阳的小女孩，五岁上死了妈妈。她羡慕邻居小朋友都有妈妈，就每天缠着爸爸要妈妈。后来，爸爸真的在别人撮合下为她新娶了一个妈妈。小桂阳可高兴啦！因为她也和别的小朋友一样有了妈妈。

一年后，后妈生下了小弟弟。小桂阳成天跳啊蹦的，围着小弟弟转，逢人就夸她的小弟弟。

可是她做梦也不曾想到，后妈生下小弟弟后，就不那么对她好了，好吃好玩的东西先留给小弟弟。这对她来说还算不上什么，最痛苦、最受不了的是，后妈不喜欢她和小弟弟玩了，每天一睁开眼，后妈总是差遣她做这做那，好像总也停不下来，稍有不慎，非打即骂。

小桂阳15岁那年，疼爱她的爸爸因病去世了。

小桂阳生活在痛苦之中，常常于睡梦中哭醒过来。后妈的脾气越来越坏，并拿最重的活儿给她做，无论怎样努力，后妈都不满意，就是要打骂她……小桂阳有点害怕后妈了，她趁后妈不在的时候，把自己的伤疤给邻居奶奶、婶婶、姑姑、姐姐看。好心的奶奶、婶婶、姑姑、姐姐前去劝解后，小桂阳反被后妈关在屋里痛打了一顿，后妈恨透了她。

突然有一天，后妈对她好了起来，嘘寒问暖，关怀备至，也准许她和弟弟一起玩耍了。这天下午，后妈把两姐弟叫到面前，带着从来没有过的微笑，温和地说："你们姐弟俩都快长大成人了，也应该学着独自去播种了。"后妈从怀里掏出两个鼓鼓囊囊的纸包，给姐弟俩一人一个。

等他们接稳妥了，后妈一字一顿地说："我给你们两姐弟的都是芝麻种子，你们明天要学着把它撒播在两亩地里，一个人一亩地，分开撒播，不准合在一起，看谁的芝麻种子先生长起来，先生长起来的就可以回家，没有生长起来的就不准回家。"

第二天一早，姐弟俩结伴同行，二人分别选择了自家的一亩旱地，忙碌起来。他们虽然不属于同一个妈妈，但感情还是不错的。桂阳见年幼的弟弟手足无措的样子，就自告奋勇地帮助弟弟播种，二人齐心协力，不一会儿，就把弟弟的一亩山地种完了。轮到桂阳的一亩山地时，桂阳傻眼了——她刚打开纸包，一股微微的香气味扑鼻而来，再仔细一瞧，自己的芝麻种子是煮过晒干的。

桂阳强作欢笑地播种起来，还高兴地告诉弟弟，这块地的芝麻一定会最先生长起来。

播完后不久，弟弟那一块田的芝麻出芽生长了，她那一块地的芝麻一点反应都没有，她让弟弟先回去，说自己那一块等不了多久也会出芽生长的，要守着等一段时间，芝麻出芽了再回家，并且自己累了，想休息一下。弟弟年幼，不明就里，高高兴兴地回家了。

弟弟回家后，等了好久不见姐姐回家，就瞒着妈妈到田坝里去找姐姐。弟弟相信姐姐会种芝麻，因为自己那一亩山地就是姐姐帮助播种的呀！但到地里一看，姐姐播种的芝麻没发芽生长，姐姐也不见了。于是，他满山遍野，没日没夜地寻找，高喊着："桂阳，桂贵阳！桂阳，桂贵阳！"直到麦穗黄，成熟收割。

妈妈追来了。他边跑边喊，声嘶力竭："桂阳！桂贵阳！"嗓子都喊出血了，最后化为一只鸟。

自此以后，川西坝子一带，每当农忙播种季节，处处都能听到弟弟找寻姐姐的声音："桂贵阳！桂贵阳！"

（讲述人：周玉萍　王虎搜集整理）

第七篇 村（社区）概况

崇镇村

基本情况

崇镇村位于大划镇东南，东邻江源镇桅杆村，南接本镇石桥村，西邻黑石河、白马河，与划石村隔河相望，北靠德寿村和羊马镇，其地理坐标为北纬30° 35′ 6″，东经103° 44′ 9″，海拔493米。全村几呈菱形地形，地质为灰色冲积土，西北地势较高，东南偏低，地势平坦。

全村辖区面积4.066平方千米，辖25个村民组，有居民1180户，户籍人口4300人，流动人口1280人。全村耕地面积5200亩，承包土地面积4400亩，征地拆迁面积800亩。域内12组有集中安置区1个（戚家湾小区），怀华路、货运大道、第二绕城高速和成温邛第三快速路互通及大江路过境，各村、组均通水泥路，交通便捷，距崇州城区8千米，距成都市城区30千米。

建置沿革

据崇庆县志记载：清末民初属东二甲，村名因境内有道教庙宇崇镇观而来。民国元年（1912）至民国二十四年（1935），大划沿用清末二镇六乡甲的建置，后易甲称区，大划属第八区（归三江区管辖）。民国二十四年（1935），国民党政府派中央军入川，实行联保，大划建立东岳联保和净居联保，行政区划分15个保，属第三区管辖（三江区）。民国二十九年（1940）至1949年，实施新县制，分乡定保，废联保为乡政府，建立大划乡，归属三江区，划分为15个保，崇镇为第十二保。

1949年12月21日，大划乡全境解放。1950年1月，军管会治安委员会成立，代行乡政府职权。同年11月，大划乡15个保组成15个农协会分会。1951年8月，15个农协会分会改为15个行政村，第十二农协会分会改为崇镇村。1954年，甘吉轩第一生产合作社组建。1955年，组建第

二十八、二十九、三十合作社。1957年，4个合作社转并为崇镇村高级农业生产合作社。1958年10月，大划人民公社管理委员会成立，政社合一，将全乡12个高级农业生产合作社并为9个管理区。崇镇村高级农业生产合作社与板桥高级农业生产合作社合并，为第一管理区。1960年3月，大划、金鸡合并，称大划人民公社，管理区更名为大队，崇镇为第一生产大队，辖13个生产小队。1961年1月，大划与金鸡分乡建政，恢复原大划乡管理委员会，并将原9个大队，划分为11个大队，崇镇仍为第一生产大队。1983年4月复乡后，第一大队更名为崇镇村。2005年5月，崇镇村与万寿村合并，名为崇镇村。

万寿村，据崇庆县志记载：清末民初属东二甲，因境内有"万寿场"而得名。民国二十九年（1940）至1949年分乡定保时，万寿为第十五保。1951年8月，第十五农协会分会改为万寿村。1954年，组建万寿农业生产合作社（全乡试点社）。1955年，建建三十四、三十五、三十六农业生产合作社。1957年，4个合作社转并为万寿村高级农业生产合作社。1958年，万寿高级农业生产合作社为第三管理区。1960年3月，更名为第四生产大队，辖10个生产小队。1983年4月，第四大队更名为万寿村，2005年5月，与崇镇村合并，称为崇镇村。

自然资源

崇镇村地处大划城乡接合部，其1组、10组、11组、12组位于场镇规划新区。崇镇村西靠白马河，黑石河经流全境，域内有七支一斗、八支一斗、高家堰斗渠、李家堰斗渠流经，水资源丰富。全村现有耕地5200亩，主要种植水稻、小麦、油菜以及林木花果。食用菌生产种植100余亩，品种主要有木耳、平菇、金针菇、羊肚菌等。草莓种植面积30亩，花卉种植面积1000余亩。位于崇镇村3组、4组的戚家湾梅林，每到花开时节，游客如云。

人文特色

崇镇观和万寿宫，是新中国成立前极负盛名的两座道教宫观，分别位于崇镇村5组和20组，20世纪50年代被毁。90年代，由本地民间信众筹资，选址于11组重建崇镇观。每年正月二十五开始，庙会与春季农资交易会同期举行，会期3天。

近年来，随着乡村治理的深入，村内成立了村民舞蹈队和运动队，村民聚集区新建6个健身广场，并配备了健身设备及文体活动器材。村民活动中心的图书室、阅览室、老年活动中心、日间照料中心、康复中心，全天开放。村每年都举办农民艺术节、运动会等文化体育活动，丰富群众文化生活。

基层组织

20世纪50年代，崇镇村党支部成立。2018年，建立了村级党委，现有党员126人，分设3个党支部，14个党小组。近年来，随着社会治理的不断完善，成立了村民议、监事会，有村民代表84人，议事会代表49人，其中监事会5人。村共青团支部1个，有本村青年团员116人。村妇代会、治保会、调委会、民兵等组织健全。2016年以来，获得崇州市级以上的表彰共9项。

公共服务

村域内全面普及通电、自来水、天然气、光纤网络、有线、无线通信，基本实现了全村各组通达水泥路，有过境公共交通车超过50班次。域内有大划派出所、综合文化站、农技服务站、邮政所、税务分局、变电站，配套建设有村日间照料中心1所，村卫生室1所，标准化"两委"办公及党群服务中心460平方米。

村农协主席

戚炳成（崇镇村）　　文光忠（万寿村）

村贫协主席

甘吉轩（崇镇村）　　谢全兴（万寿村）

历任村党支部书记

羊庆文（1957—1958）	朱洪顺（1959—1961）	羊庆文（1962—1964）
舒子成（1965—1971）	甘吉轩（1972—1974）	刘海云（1975—1995）
陈玉林（1995）	刘海云（1996—1999）	王建文（2000—2001）
文贵军（2002—2010）	沈国祥（2011—2012）	付文敏（2013—2019.12）

万寿村

夏绍清（1956—1958）	王学成（1959—1960.6）	杨亢中（1960.7—1962.6）
曹志中（1962.7—1962.10）	王学成（1962.11—1970.8）	杨克文（1970.9—1981.12）
冯福金（1982—1999）	杨志军（2000—2003）	王忠良（2004—2005.5）

历任村主任

彭子其（1952—1956）	甘吉轩（1957—1958）	张树林（1959—1961）
舒子成（1962—1965）	舒乾坤（1966—1973.10）	刘海云（1973—1974.12）
罗玉良（1975—1977）	王志祥（1978—1989）	焦绍全（1990—1992）
舒国清（1993—1994）	王建文（1995—1999）	王仲辉（2003—2004）
王忠良（2005—2006）	孙佩英（2007—2010）	陈　涛（2011—2012）
杨建军（2013—2019.12）		

万寿村

王绍良（1952—1956）	杨克文（1957—1960.6）	谢全兴（1960—1962.6）
杨克文（1962—1970.8）	谢全兴（1970—1973）	冯福金（1974—1981）
王秀英（1982—1988）	王忠良（1989—2003）	李建群（2004—2005.5）

石桥村

基本情况

石桥村地处大划镇东南面，距场镇0.5千米，东连江源镇，南接三江镇，西邻白马河与白果村相望，北靠崇镇村，其地理坐标为北纬30°34′20″、东经103°44′55″，海拔490米。成都第二绕城高速、崇双货运大道、华怀路及大江公路穿境而过，交通便捷。黑石河干渠自西北向东南贯穿全境，白马河由西北向南而过，村内农田灌溉排水系统健全。全村辖区面积3.87平方千米，耕地面积3091.2亩。下辖19个村民小组，居民户数1087户，户籍人口3638人，村居民自然林盘院落19个。

建置沿革

石桥村自清属东二甲，因境内到江源的大道上有跨黑石河大桥——王石桥，故而得名。民国二十四年（1935），石桥为第十四保，属东岳联保。民国二十九年（1940）至1949年，大划乡划分15个保，石桥为第十四保。1950年11月，大划15个保组成15个农协分会，石桥为第十四农协分会。1951年8月土改完毕后，第十四农协分会改为石桥村。1955年，建第三十一、三十二、三十三农业生产合作社。1957年，3个合作社转并为石桥村高级农业生产合作社。1958年10月，仁里、石桥两个高级农业生产合作社合并为第二管理区。1960年3月，石桥为第三生产大队，辖10个生产队。1983年4月，更名为石桥村。2005年，石桥村与板桥村合并，名为石桥村。

板桥村，因境内有跨黑石河通往仁里村、江源、三江的木板桥——张板桥，故而得名。民国二十四年（1935），板桥为大划第十一保，属东岳联保。民国二十九年（1940）至1949年，板桥为第十一保。1951年8月，第十一农协分会改为板桥村。1955年，建第二十三、二十四、二十五、二十六农业生产合作社。1957年，4个合作社转并为板桥村高级农业生产合作社。1958年10月，白鹤、板桥两个高级农业生产合作社合并为第一管理区。1960年3月，板桥为第二生产大队，辖8个生产队。1983年4月，更名为板桥村。2005年与石桥合并。

自然资源

石桥村属农业种植区，主要种植水稻、小麦、油菜、红苕、黄豆、玉米、洋芋、土烟、大麻、蔬菜等作物。全村现有食用菌种植户11户，种植面积80余亩，年生产食用菌200余万公斤。村民林盘、院落以种茨竹、白果、楠木、香樟、桉树、水杉、麻柳、天竺葵、桂花、紫荆等为主要品种，形成川西林盘风景。村组建有大划石桥土地合作社和志文家庭农场，以粮食作物为基础，引进种植草莓、大蒜等经济作物，部分土地流转用于花卉苗木种植。村内有崇州市金福安天下家具有限公司、崇州市大划镇小蝌蚪皮鞋厂、成都冰奇步鞋业有限公司等企业，解决了村内数百剩余劳动力的就业转移，增加了村民收入。农户家庭养殖以猪、鸡、鸭、鹅为主，副业以扎扫帚、生产木制家具为主，现有扎制扫帚专业户2户，生产木制家具专业户10户，

人文特色

石桥村12组域内有东岳庙一座，农历二月十三日至十六日为会期。在1组黑石河旁有一座观音阁，信众于农历每月初九、十九在此聚集，烧香拜佛。在15组建有公立敬老院一所，占地面积13.2亩，建筑面积4680平方米，共有床位300张，常住有"五保"人员152人，现有管理人员16人。村内建有文体广场5个，配置各种活动器材60余件。在7组建有日间照料中心1所，占地面积1.2亩，建筑面积768平方米，有床位10张，娱乐、康复、生活照料设施齐全。村组道路10余千米均为水泥路面，四通八达。集川西民居风貌的李家大院示范点紧靠华怀路，李氏家族每年都要举办清明会，是地方人文礼仪、忠孝文化教育基地。

东岳寺（小东庙） 小东庙地处石桥村12组、13组交界的高家堰斗渠旁，距华怀公路150米。该寺始建于唐代初期，占地8.5亩，建有大雄宝殿、观音殿、天王殿、东岳殿、文昌殿，毁于明末战乱。

清光绪三年（1877）9月9日重建。新中国成立后，改作板桥小学校舍。1973年，拆除庙舍，搬迁至原板桥村3组、4组交界处新建板桥小学，其土地复垦，划为社员自留地耕作，现仅存古树3株（白果1株，楠木2株）。

2001年，每逢农历初一、十五，就有信众来到白果树下烧香礼拜。时由朱先明承头，修建小房屋1间，并用红纸写上3尊神位：佛祖、观音和东岳大帝，供人礼拜。2002年，域内信众筹资5000元，用预制砖瓦建房5间，作为板桥村老年分会活动场所。2004年，建修大殿3间。2005年，置大钟一口。2006年至2015年，先后修建二殿5间，饭堂1间，住宿房6间，山门、东岳住房、居士寝室3间。卫生间、客堂、厨房加高，换屋面小青瓦，换山门大门为红铁皮面，为佛祖、观音、地藏王、韦驮及毛泽东等4尊伟人像穿衣，山门内外墙面进行粉刷翻新。

现寺内共有大小房屋26间，有大雄宝殿、东岳殿、天王殿和四大伟人殿，塑神像32尊，植有树木16株。常年有僧人和数位居士婆婆在寺居住，主持佛事活动，每年农历二月十五为庙会会期。

王石桥 横跨黑石河（现石桥村1组），始建于清初，系王姓所建，于清光绪二十年（1895）建成桥楼，民国十二年（1923），被周炳文烧毁。民国十五年（1926），由张姓募化重建石礅桥楼。1962年，集体出资投劳拆除木制桥面，固礅基，改建为汽车和行人都能通行的石桥。

张板桥 横跨黑石河（东岸现石桥村7组，西岸石桥村13组），原系张姓宗族所建，清同治十年（1871），被洪水冲毁。清光绪十七年（1892），由监生朱玉铭重修石桥，建成后连年遭遇洪灾，只存残体，则用圆木作梁，铺木板通行，故名"张板桥"。2012年，由本村村民张涛投资改建成板梁结构桥，加设护栏，能通行小型车辆。

基层组织

20世纪50年代，石桥村党支部成立。2018年，建立了村级党委，现共有党员87人，分设3个党支部，9个党小组。成立了村民议、监事会，有村民代表73人，议事会代表43人，其中监事会5人。

村建有共青团支部1个，本村青年团员26人，村妇代会、治保会、调委会、民兵等组织健全。2016年以来，村修建了标准化党群活动中心，占地面积860平方米，建筑面积460平方米，获得崇州市级以上的表彰共9项。

公共服务

村域全面普及通电、光纤网络、有线、无线通信，全村居民均饮用干净卫生的地下水，通达各组的水泥路进入60%的农户，有过境公共交通车50班次以上，配套建设有村日间照料中心1所，村标准卫生室1所，群众性文体广场5个。标准化党群服务中心图书室、电子阅览室，面向广大村民开放。

村农协主席

王绍良（石桥村）　龙海全（仁里村）　罗平舟（板桥村）　陈志安（白鹤村）

村贫协主席

张绍明（石桥村）　王光明（板桥村）

历任村党支部书记

唐世安（1956—1959）　张玉良（1950—1965）　张永成（1966—1981）

李树全（1982—1997）　张永昌（1998—2005）　朱幼林（2005—2007）

罗　建（2008—2016）　文秀云（2017—2019.12）

板桥

李春圻（1956—1958.9）　朱洪顺（1958—1961）　李春圻（1962—1964）

李世超（1965—1966）　朱洪顺（1966—1968）　李春圻（1969—1985）

王光明（1986—1991）　王仲华（1992—1998）　文晓林（1999—2003）

朱幼林（2004—2005）

历任村主任

王泽杲（1952）　　　张志庭（1953—1957）　张志平（仁里村1950—1952）

张庆元（仁里村1953—1955）　李志英（1956—1959）　李正其（1960—1961）

简德成（1962—1963）　张永成（1964—1965）　张玉良（1966—1968）

张绍明（1969—1977）　李树全（1978—1981）　罗志良（1982—1983）

张立仁（1984—1986）　张石明（1987—1988）　张水生（1989—1994）

张永昌（1995—1998）　张进瑶（1999—2001）　罗建（2002—2007）

文秀云（2008—2016）　罗杰林（2017—2019.12）

板桥

刘绍清（白鹤村1952）　王双发（白鹤村1953—1957）　郑子云（板桥村1952）

罗文新（板桥村1953—1957）　张树林（1958—1965）　朱洪顺（1966）

蓝锡针（1967—1968）　王福成（1969—1971）　蓝锡针（1972—1981）

王仲华（1982—1991）　李世平（1992—1994）　李泽明（1995—1998）

文晓林（1998—1999）　朱幼林（2000—2003）　文秀云（2004—2005并村）

德寿村

基本情况

德寿村位于大划镇北部，东邻崇镇村及羊马镇白鸽、双桂，南接划石村，西邻登田村，北靠崇阳彭庙、水陆村及羊马镇大土村，其地理坐标为北纬30°36′21″、东经103°43′44″，海拔510米。全村几呈南北条状地形，地质为灰色冲积土，西北地势较高，东南偏低，地势平坦，东傍黑石河，白马河纵向，黑石八支、七支横向穿越全境。

全村辖区面积3.8平方千米，辖21个村民组，有居民1260户，户籍人口4053人（含少数民族18人，其中，藏族6人、壮族1人、羌族7人、土家族1人、苗族1人、白族2人）。全村耕地面积3271.08亩，现征地整体拆迁1组、2组、3组、4组、7组、8组、11组、20组、21组及部分拆迁农户，共计面积1968亩。村民集中安置于明湖、场镇成蒲铁路和第三快速通道安置点及市内自购商品房。域内有成蒲铁路、成温邛第三快速通道、怀华路过境，各村民组均通水泥路，交通便捷，距崇州中心城区4千米，距成都市城区30千米。

建置沿革

据崇庆县志记载：清末民初，属南一甲、东二甲，因境内白马河上有"德寿桥"而名德寿村。民国元年（1912）至民国二十四年（1935），属金鸡联保。民国二十九年（1940），属金鸡乡。1953年划入大划。1955年建初级合作社时，分属第四十一、四十二、四十五合作社及先锋四社。1957年，转并为德寿高级农业合作社。1958年，与黑石高级农业合作社合并为第四管理区。1961年1月，改名为六大队，辖10个生产小队。1983年4月，更名为德寿村。2005年5月，德寿村与黑石村合并，名为德寿村。

黑石村，清末民初，属东二甲，因傍黑石河而得名。民国元年（1912）至民国二十四年（1935），属金鸡联保，民国二十九年（1940），属金鸡乡，1953年划入大划。1955年建初级合作社时，分属第三十八、三十九、四十合作社，1957年，转并为黑石高级农业合作社。1958年，与德寿高级农业合作社合并为第四管理区。1961年1月，改名为五大队，辖10个生产小队。1983年4月，更名为黑石村。2005年5月，黑石村与德寿村合并，名为德寿村。

自然资源

德寿村目前尚有5组、6组、9组、10组，12—19组为农业生产区，现有耕地面积1819亩，主要种植水稻、小麦、油菜，其次有苗木、果蔬、食用菌、土烟、川芎等，组建有农业合作社1个。近年来，合作社秋冬季引进大田蘑菇种植近百亩。村内水资源丰富，土地肥沃，竹树林木茂盛。全村现有居民自然林盘19个，以栽种茨竹、水杉、桂花、楠木、白果、香樟、桉树、麻柳、酸桃子等树木为主，形成川西林盘特色。居民房屋以砖木结构小青瓦房为主，有部分砖混结构的楼房。村民家庭养殖以猪、鸡、鸭、鹅、兔为主。全村现有劳动力人口2300人。

人文特色

德寿村紧邻崇州经开区和明湖安置区，有黑石河、白马河二河过境，并配套建有罗家渡节制闸枢纽工程2处。清乾隆时，在今20组白马河罗家渡所建罗家渡石桥，亦称"德寿桥"，是崇庆县经金鸡铺到万寿场，通往江源、擦耳、成都府的官马大道。1970年渠系改造时拆毁。1984年，黑石河七支、八支大闸（今16组、17组）改造，迁引鉴用"罗家渡"名为黑石河罗家渡节制闸至今，并配建管理房和水利设施，担负着人们往来通行和防洪灾之功能。近年来，城乡环境治理打造，以10组为示范的小组微生林盘，规划建设中的黑石河生态公园和白马河绿化景观，独具特色。村内建有群众文化活动广场6个，配备各类健身活动器材60余件。有彭永福、彭波组建的民间乐队2支。

基层组织

20世纪50年代，德寿村党支部成立。2018年，建立了村级党委，现共有党员105人，分设3个党支部，16个党小组。村民议、监事会有村民代表63人，议事会代表49人，其中监事会5人。村建有共青团支部1个，本村青年团员70人。村妇代会、治保会、调委会、民兵等组织健全。

公共服务

德寿村区域全面普及通电、光纤网络、有线、无线通信，全村各组通达水泥路，有过境公共交通车50班次以上，村卫生室1所，标准化"两委"办公及党群服务中心112平方米。

村农协主席

王益盛（德寿村）　　徐泽轩（黑石村）

村贫协主席

胡文华（德寿村）　　刘子荣（黑石村）

历任村党支部书记

罗文成（1956—1960）　　佘绍彬（1962—1968）　　李庭福（1969—1986）

何友元（1987—2002）　　杨建良（2003—2005）　　徐尚利（2006—2010）

徐柱强（2011—2016）　　宋丽华（兼，2016）　　　王　东（2016.5—2018.5挂第一书记）

俞文明（兼，2016—2019.12）

黑石

廖志刚（1956—1960）　　刘永丰（1960—1961）　　廖海庭（1962—1966）

刘永丰（1966.5—1980）　　刘瑞彬（1981—1986）　　罗建国（1987—2000）

徐尚利（2001—2005）

历任村主任

赵友良（1952—1956）　　罗文成（1957—1966）　　周永清（1967.6—1980）

胡志良（1981—1984）　　何友元（1985—1986）　　胡志良（1986.10—1987）

李庭水（1988—1992）　　赵维兵（1993—1995）　　彭学良（1996—1997）

杨建良（1997—2002）　　伍建英（2003—2005）　　杨建良（2006—2010）

李德华（2011—2017）　　刘成军（2019.9—2019.12）

黑石

徐泽轩（1952—1953）　　徐清云（1954—1957）　　刘子荣（1957—1958）

罗文成（1958—1961）　　罗洪发（1962—1967）　　刘瑞彬（1968—1980）

刘永昌（1980—1983）　　廖伦泽（1984—1994）　　廖本昌（1995—1998）

徐尚利（1998—2001）　　何志忠（2002—2005）

登田村

基本情况

登田村地处大划镇西面，东邻划石村，东南接灰窑村，西南界西河与集贤乡相望，西北靠崇阳罗墩、水陆村，东北与德寿村接壤，其地理坐标为北纬30°35′13″，东经103°42′36″，海拔500米。全村几呈方凹地形，地质为灰色冲积土，西北地势较高，东南偏低，地势平坦。

全村辖区面积1.59平方千米，辖11个村民组，有居民户520户，户籍人口1683人，全村耕地面积1634.6亩。2010年后，崇州经开区扩展及成温邛快速路建设，全域征地拆迁，村民主要集中安置在明湖、场镇戚家苑小区。

建置沿革

登田村，因境内有"灯杆桥"，原系富家出资所建，灯下田地100余亩皆属其所有，土地改革时登记分田因谐音而名为登田村。据崇庆县志记载：清末民初，属南一甲、二甲，民国元年（1912）至民国二十四年（1935），属金鸡联保，民国二十九年（1940），属金鸡乡。1953年，划入大划。1955年建初级合作社时，分属第八、四十三、四十四合作社，1957年，转并为登田高级农业合作社。1958年，与灰窑高级农业合作社合并为第五管理区。1961年1月，改名为七大队，辖9个生产小队。1983年4月，第七大队更名为登田村。

人文特色

灯杆桥地处2组原沿嘴沟上，系当地居民和商贾途经之要道，当地富家出资，于此建一宽约2米的石拱桥，并于桥头立灯杆挂灯为路人照明，故名"灯杆桥"。1970年渠系改造后，沿嘴沟不复存在，原渠道改造为耕地。

高山庙建于明初，地处4组界，供奉有高山老爷及其他神像数尊，曾在庙内开办学馆，民国三十五年（1946）停办。1950年，兴办小学，次年批准为公办学校，更名为登田小学。后学校维修改造，庙影基本无痕。1986年，登田小学、德寿小学合并，迁至10组新建登田小学，拆除高山庙校舍并复垦。

王山墩地处8组界内，原系大邑董场一大户人家的祖先死后墓葬于此，后人每年祭拜时都要添盖泥土，坟土墩逐年增大垒高，至占地面积200余平方米，高达四五米，因地属王姓林盘旁，人称"王山墩"。1958年，开荒造田铲平大部，余存30余平方米，高2米。

全村2010年至2015年征地拆迁，先是3组、4组、11组，2012年是1组、2组、7组、8组、9组、10组，2015年是5组、6组。村民就业向二、三产业转移，现有劳动力人口1012人，其中女性519人，实现充分就业。

基层组织

20世纪50年代，登田村党支部成立。2019年，建立了村级党支部，现有党员42人，4个党小组。村民议、监事会有村民代表25人，议事会代表25人，其中监事会5人，村建有共青团支部1个，有本村青年团员62人，村妇代会、治保会、调委会、民兵等组织健全。

公共服务

2012年，村征地拆迁后，村委会办公迁至场镇民心南苑。党群服务中心建筑面积300平方米，建有村卫生室1个，配置了宣传栏、村务公开栏以及健身器材。组建有一支30余人的文艺宣传队，常年开展各种社区文化活动。

村农协主席 黄鹤林

村贫协主席 王福盛

历任村党支部书记

王茂德（1956—1965） 黄汉清（1966—1977） 康泽清（1978—1983）

印明春（1984—2007） 赵 兰（2008—2011） 李 丹（2012—2019.12）

历任村主任

张志良（1951—1952） 王福盛（1953—1957） 余吉成（合并1958—1961）

胡文羊（1962—1980） 印明春（1981—1983） 赵 兰（1984—2010）

李 丹（2011—2013） 何 平（2013—2019.12）

灰窑村

基本情况

灰窑村地处大划镇西侧，东临划石村，南接净居村，西界西河与集贤隔河相望，北靠登田村，其地理坐标为北纬30°34′54″，东经103°43′2″，海拔498米。全村辖区面积约1.66平方千米，耕地面积1436.36亩，其中已征地面积1244.36亩。辖9个村民小组，有农户585户，户籍人口1885人，有少数民族5人，其中藏族4人，羌族1人。2012年至2017年，崇州市经济开发区扩展，全域征地拆迁，村民主要集中在明湖及崇州城区商品房安置。

建置沿革

据崇庆县志记载：清末民初，属南二甲，因地域沿西河一带富含石灰石，民国初年孙姓在河边建起石灰窑一座，最多时孙姓建窑达20余座，故名"灰窑村"。民国二十四年（1935），灰窑属净居联保，归三江区管辖。民国二十九年（1940）至1949年，灰窑为第四保。1950年11月，第四保改为第四农协分会。1951年8月，第四农协会分会改为灰窑村。1957年，灰窑、大有农业生产合作社转并为第八高级农业生产合作社。1958年10月，灰窑、登田高级农业生产合作社合并为第五管理区。1960年3月，灰窑为第八生产大队，辖7个生产小队。1961年1月，大划与金鸡分治，灰窑仍为第八生产大队。1983年4月，更名为灰窑村。

人文特色

全村农业生产以大田水稻、小麦、油菜种植为主，生产水平处于中等。由于地处西河沿岸，新中国成立前后，以烧制石灰为主要经营项目，本地居民农闲时节下河坝捡石灰石卖给石灰窑，挣钱补贴家用。改革开放后，采筛砂石由人工采筛发展至机械作业。2000年后，引进砂石生产成套设备，分筛砂石和碎石制砂，带动了本地建工、建材行业的发展。

孙家渡位于登田村5组、6组交界的西河上，系孙姓布施义渡，建于康熙初年，创办人孙鳌，有水田30亩，新中国成立后，为灰窑村1组集体资产。2006年，市交通部门实施渡改桥后封闭。

2017年征地拆迁后，村民就业主要向二、三产业转移，全村现有劳动力人口940人，绝大部分实现了新的就业。

基层组织

灰窑村基层党组织于20世纪50年代建立，2019年，建立了村级党支部，下设3个党小组，有党员47人，其中，男党员33人，女党员14人。村民议、监事会有村民代表53人，议事会代表29人，其中监事会5人。村建有共青团支部1个，有本村青年团员28人。村妇代会、治保会、调委会、民兵等组织健全。

公共服务

2012年，村征地拆迁后，村委会办公迁至场镇天竺街1号。党群服务中心建筑面积620平方米，建有村卫生室1个，配置了宣传栏、村务公开栏。组建有一支30余人的文艺宣传队，常年开展各种社区文化活动。

村农协主席

郑吉廷（灰窑村） 简吉轩（大有村）

村贫协主席

彭志成

历任村党支部书记

郑清庭（1958—1959） 余吉成（1960—1962） 陈开学（1963—1965）

陈子凡（1967—1968） 杨春和（1969—1971） 郑海成（1972）

杨春和（1973—1981） 程朝俊（1982—1994） 陈金生（1995—1998）

孙兆洪（1999—2000） 李桂芹（2001兼一年） 黄玉书（2002—2006）

余术全（2007—2013） 肖永刚（2014—2019.12）

历任村主任

郑清庭（1952—1959） 简吉轩（大有村1952—1954） 陈子凡（1955—1957）

余吉成（合并1958—1966） 陈子凡（1967—1968） 孙汉中（1969—1971）

杨春和（1972—1972） 孙汉中（1973—1991） 陈金生（1992—1995）

郑宪金（1995—1996） 陈金生（兼，1997—1998） 孙建伦（1999—2001）

周 林（2002—2004） 余术全（2005—2006） 简 玉（2007—2019.12）

划石村

划石村地处大划镇中心区域，以场镇为中心呈南北带状地形，西北稍高，东南低，地势较为平坦。东靠黑石河，白马河自北向南穿境而过，是大划镇人民政府所在地和经济文化中心，以及场镇居民集中居住区。

基本情况

划石村东靠黑石河、白马河与崇镇村、石桥村相邻，南与净居村、白果村相接，西邻灰窑村、登田村，北接德寿村，其地理坐标为北纬30°35′6″、东经103°43′41″，海拔495米。全域辖区面积约2.79平方千米。村域内有怀华公路、崇双货运大道、成温邛快速路穿境，各组均通达水泥路面，交通十分便利，距崇州城区7千米，距成都市城区30千米。

全村现有耕地面积1225亩，其中承包土地1123.98亩，共分设有19个村民小组。目前尚有1组、2组、9组、12组、13组、15组和3组部分属农业区，8组、16组、17组、18组、19组、3组和10组部分属场镇区，已有4组、5组、6组、7组、11组、10组和14组部分为征地拆迁区，征地面积计564.57亩。全村现有居民户1138户，户籍人口3168人，域内居民集中安置区民心南苑、民心北苑有居民200余户，1000余人，新堰小区98户，500余人，以及迁来场镇居住的非本村户籍居民600余人。常年外出经商务工人员约300人，有来自全国各地务工流入人员16370人在域内居住。

建置沿革

据崇庆县志记载：清末民初属东二甲、南一甲交汇处，因境内建有"中华寺"而名中华村。中华寺前黑石河、白马河交汇处有一磐石，仙人划之，故称"大划石""大花枝"，划石村即由此而得名。民国二十九年（1940），分乡定保，建立大划乡，改名为划石保。1950年，全乡15个保改建15个农协分会。1952年建村时，名为中华村（亦叫划石村）。1958年，中华村高级农业合作社与黄金村高级农业合作社合并为八管区。1960年2月，大划、金鸡合并，称大划人民公社，管理区更名为大队。1961年1月，恢复原大划乡管理委员会，改为九大队。1961年下半年，分治为第九和第十二大队（九大队辖8个小队，十二大队辖7个小队）。1983年4月，九大队改名为划石村，十二大队改名为黑铅村。2005年5月，划石村与黑铅村合并为划石村。

黑铅村即原黄金村，因有黄姓大家族（今14组、15组）而得名。民国二十四年（1935），大划建立东岳联保和净居联保，即有黄金村保。1950年11月，大划乡15个保改建15个农协分会。1951年8月，15个农协分会改为15个村，第七农协分会更名为黄金村。1958年与划石村合并为八管区。1983年4月，十二大队命名为黑铅村，直至2005年并村。

自然资源

划石村地处场镇周边，地域较小，是大划的政治、经济、文化中心，也是大划居民集中区。2012年后，随着崇州工业区拓展，尤其是捷普企业的入驻，带来大量流入人口，有利于发展商贸服务业，促进产业发展。由于区域紧靠黑石河、白马河，又有八支一斗、二斗及拦坎堰斗渠贯穿全境，水资源丰富，现有1200余亩耕地，主要种植水稻、小麦、油菜以及林木花果。约有80余亩土地用作食用菌生产，其品种主要有木耳、平菇、金针菇、羊肚菌等，年产20余万斤。近年来，随着城镇化的发展和环境治理的要求，关闭了域内排放不达标的养殖企业，仅有农户少量家养猪、鸡、鸭、兔畜禽产品。

人文特色

在划石村域内3组、16组，有民间筹建的庙宇——中华寺和药王庙。新中国成立前在本地均有一定的名气，20世纪五六十年代被毁。90年代，由民间人士带头重建，两座庙宇会期分别为每年农历三月十二和四月二十八。村成立了村民舞蹈队、运动队，有坝坝电影放映点1个，村民聚集区活动广场3个，并配置了休闲、运动器材。村民活动中心的图书室、阅览室、老年活动中心、康复中心全天开放。每年举办农民艺术节、村民运动会，丰富人民群众的文化生活。

基层组织

20世纪50年代，建立起党支部，2018年，建立了村级党委，共有党员112名，分设3个党支部，共计12个党小组。有村民代表63人，议事会代表49人，其中监事会5人。村建有共青团支部1个，有本村青年团员30人。村妇代会、治保会、调委会、民兵等组织健全。2016年以来，获得崇州市级以上的表彰20余项。

公共服务

村场镇区域全面通电、自来水、天然气、光纤网络，农村区域有线、无线通信全覆盖，各组各户绝大多数通水泥路，有过境公共交通车50班次以上。域内有大划镇中心小学、大划卫生院、成都农商银行、自来水厂、天然气站，以及公立小学1所，公立幼儿园1所，私立幼儿园1所。配套建设有村日间照料中心1所，80余平方米村卫生室1所，标准化村"两委"办公及党群活动中心面积1600平方米。

村农协主席

张子清（划石村）　　张明远（何家村）　　羊子清（黄金村）

村贫协主席

张子清（划石村）　　杨淑芬（黑铅村）

历任村党支部书记

严志清（1959—1960）　　廖海廷（1960—1961）　　王炳田（1962—1970）

李志庭（1971—1977）　　谢世文（1978—1983）　　严朝君（1984—1988）

何树成（1989—1993）　　谢金全（1994—1995）　　郑国全（1996—1998）

严朝楷（1999—2004）　　谢红勇（2006—2019.12）

黑铅村

付文泉（1956—1959）　　任子成（1962—1965）　　李泽明（1966—1971）

羊治良（1972—1998）　　沈群芳（1999）　　　　　王树明（1999—2005）

历任村主任

徐惠彬（1951—1953）　　万久成（何家村1951—1956）　　严东海（1954—1961）

李志庭（1962—1971）　　谢世文（1972—1977）　　何树成（1978—1980）

严朝君（1981—1985）　　何相元（1985—1987）　　谢金全（1988—1993）

郑国全（1994—1995）　　严朝楷（1996—1998）　　谢红勇（1999—2006）

陈春秀（2007—2019.12）

黑铅村

杨明坡（1950—1951）　　任子成（1952—1960）　　李泽明（1962—1965）

彭淑芬（1966—1971）　　杨永清（1972—1982）　　羊富荣（1982）

陈世贵（1983—1987）　　张伙明（1988—1991）　　陈世贵（1992—1997）

王树明（1999—2000）　　宋加忠（2001—2005）

净居村

基本情况

　　净居村地处大划镇西南，东邻划石村，南接白果村，西界西河与集贤乡相望，北靠灰窑村、划石村，其地理坐标为北纬30° 34′ 13″，东经103° 44′ 4″，海拔491米。全村地形几呈不规则四边形，地质为灰色冲积土，东北地势高，西南偏低，地势平坦。全村辖区面积1.94平方千米，全村有耕地面积1887亩，实际耕种1247亩。辖14个村民小组，居民户706户，户籍人口2128人，其中男性1029人，女性1099人，16岁及以下259人，少数民族8人（其中藏族5人，回族2人，苗族1人）。现征地拆迁6个村民组，拆迁户数232户，723人。域内有泉水河和八支二斗渠、三斗渠贯穿全境，水资源丰富。村内净白路、蜀南大道通达华怀路。

建置沿革

　　据崇庆县志记载：净居村清末民初属南一甲、南二甲，因地域内有净居寺而得名。民国二十四年（1935），净居、三元属净居联保。民国二十九年（1940）至1949年，三元为第五保，净居为第六保。

　　1950年11月，三元和净居分别为第五、第六农协分会。1951年8月，第五农协分会改为三元村，第六农协会分会改为净居村。1957年，三元第十农业生产合作社和净居第十二、十三、十四农业生产合作社转并为净居高级农业生产合作社。1958年10月，净居高级农业生产合作社合并为第六管理区。1960年3月，净居为第六生产大队，辖10个生产小队。1961年1月，大划与金鸡分乡建政时，净居为第十生产大队。1983年4月，更名为净居村。

自然资源

净居村地处大划镇之西南，现有1组、2组、3组、4组、8组、9组、10组、12组为农业生产区，主要种植水稻、小麦、油菜、果蔬、食用菌及苗木花卉。2012年，引入灵瑞园林有限公司，流转1组、2组、3组、4组、10组土地400余亩，建立苗木花卉生产基地，5组种粮大户陶卫东流转200余亩为粮食生产基地。全村现有食用菌种植大户10余户，种植面积120余亩，生产规模达300余万袋，年产各类鲜菇300万公斤以上。全村有劳动力人口1249人，除部分农耕或就近务工外，常年有200余人外出务工经商。

人文特色

在新中国成立前，域内有净居寺庙宇一座，并设有私塾，传授孔孟儒学和佛道。1950年，拆除庙宇，修建大划仓库，至2000年前后，均为大划地区及集贤部分公粮收储点。后因改制，处置给个人开办养殖场，现已关闭。近年来，随着乡村治理的深入，村内成立了村民舞蹈队和运动队，村民聚集区建起2个健身广场，并配备健身器材。村民活动中心的图书室、阅览室、老年活动中心、日间照料中心、康复中心全天开放。每年举办农民艺术节、运动会等文化体育活动，丰富群众的文化生活。2018年1月，崇州市妇联和市法院联合在净居村成立"杨婷工作室"，为妇女提供法律服务和法律援助。

基层组织

20世纪50年代，净居村基层党组织成立。2018年，建立了村级党总支，现有党员55人，分设2个党支部，6个党小组。村民议事会、监事会有村民代表51人，议事会代表43人，其中监事会5人。村建有共青团支部1个，有本村青年团员34人。村妇代会、治保会、调委会、民兵等组织健全。

公共服务

净居村全面普及通电、光纤网络、有线、无线通信，全村各组多数通水泥路。配套建设有村日间照料中心1所，村卫生室1所，标准化"两委"办公及党群服务中心588平方米。

村农协主席

华吉廷（净居村）　王亦知（三元村）

村贫协主席

李正其

历任村党支部书记

董泽如（1957—1959）　严玉良（三元村1957—1959）　程国良（1960—1961）

董泽如（1962—1965）　严玉良（1966—1977）　李正其（1978—1979）

董泽如（1980—1981）　黄福明（1982—1991）　黄泽云（1992—1994）

沈子华（兼1995）　　　　徐平元（1996—2007）　　　　蒋文富（2008—2013）

曹　洪（2014—2019.12）

历任村主任

程敬林（三元村1952—1961）　　李正其（1952—1957）　　严玉良（1962—1965）

张泽文（1966—1967）　　　　张清明（1968—1970）　　张泽文（1971—1977）

严玉良（1978—1982）　　　　李茂群（1983—1994）　　杨成久（1995—2001）

石体强（2002—2006）　　　　郑守刚（2007—2019.12）

特色工作

2018年1月31日，崇州市妇联和市法院联合在大划镇净居村举办"杨婷工作室"授牌仪式。工作室调解员由巾帼法律志愿者杨婷法官担任。工作室倾听妇女群众的呼声，反映妇女群众的意愿，围绕妇女群众的维权需求，以保障妇女权益为目的，以法律服务和法院援助为重点，创新服务载体，提高服务能力，为妇女群众提供便利、优质的维权服务。

白果村

基本情况

白果村位于大划镇西南，东邻三江镇古泉村、舒桥村，南接大邑董场镇鹤林村，西界西河与大邑董场镇龙凤相望，北靠净居村、划石村，其地理坐标为北纬30°33′28″，东经103°43′57″，海拔488米。全村几呈三角形地形，地质为灰色冲积土，北部地势高，南面偏低，地势平坦。辖区面积2.764平方千米，有耕地面积2286.4亩，辖16个村民小组，有居民户数745户，户籍人口2591人，其中，男性1278人，女性1313人，少数民族6人（藏族1人，佤族1人，回族1人，瑶族1人，羌族2人），有青壮年劳动力1641人。村内净白路、蜀南大道接华怀路，跨西河陈家渡大桥通达大邑，村内组道全部硬化，直通居民林盘院落，距场镇中心2.5千米。

建置沿革

据崇庆县志记载：清末民初，属南一甲、二甲，因境内有千年白果树而得名。民国二十四年（1935），白果、汪墩属净居联保。民国二十九年（1940）至1949年，白果、汪墩分别为第九保、第七保。

1949年12月21日，白果、汪墩分别为第九农协会分会、第七农协会分会。1951年8月，第九农协会分会改为白果村，第七农协会分会改为汪墩村。1958年10月，白果高级农业生产合作社属第九管理区，汪墩高级农业生产合作社属第七管理区。1961年1月，白果、汪墩为第十一生产大队，辖11个村民小组。1983年4月，第十一大队更名为白果村。

自然资源

全村16个组均为农业生产区，主要种植水稻、小麦、油菜、玉米、黄豆、红苕、果蔬、食用菌及苗木花卉。域内有养殖水面700余亩，主要养殖鲤、草、鲢、鲫四大家鱼。2010年后，引入自然之源、万丰农业、桐鑫生态、甲丰实业等公司，流转2组、3组、4组、5组、8组、10组、12组、13组、16组土地600余亩，建立苗木花卉生产基地，原大划镇渔场改制及6组、7组、8组部分面积，由蜀南农业观光有限公司建蜀南湖水上运动公园，总占地面积800余亩，水面面积达600余亩。全村植被覆盖率达60%以上。村组建有白果农业生产合作社，耕作面积840余亩，并配建有烘储中心1座。全村现有食用菌种植大户5户，种植面积10余亩，生产规模达30余万袋，年产各类鲜菇30万公斤以上。

人文特色

白果村域内4组、16组有一株千年白果树，参天耸立，枝繁叶茂，已成为白果村的一张名片。近年来，随着乡村旅游的兴起，村内开办起竹茗苑、太明苑、桐鑫苑、蜀南晓筑等"农家乐"，形成了以赏银杏、观垂钓、游蜀南湖、乘游艇、坐飞机、品农家风味鱼为一体的农业旅游观光圈。白果村地处西河、白马河交汇处，村民先人从事江河捕捞历史较久，土地改革后，成立了渔业生产合作社，组建专业打鱼队，以鸬鹚渔网捕捞为业。60年代，始建鱼塘养殖并辅以稻田放养。1985年，大划兴建精养鱼池，并试行稻田养鱼，年产商品鱼200万斤以上，有"鱼米之乡"之美誉。现尚存有渔船20余只，7组村民沈汝君养有12只鸬鹚，传承鸬鹚捕鱼技艺。

村民聚集区建有6个健身广场，并配备健身活动器材。成立村民舞蹈队和运动队，每年举办农民艺术节、运动会。村党群活动中心的图书室、阅览室、老年活动中心、日间照料中心全天开放。

基层组织

20世纪50年代，成立党支部。2018年，建立了村级党委。现有党员70人，分设2个党支部，5个党小组。村民议事会、监事会有村民代表68人，议事会代表55人，其中监事会代表5人。村建有共青团支部1个，有木村青年团员43人，村妇代会、治保会、调委会、民兵等组织健全。

公共服务

白果村全面普及通电、光纤网络、有线、无线通信，全村各组多数通水泥路。配套建设有村日间照料中心1所，村卫生室1所，标准化"两委"办公及党群服务中心588平方米。

2010年，崇州工业区大划征地拆迁，在4组、16组开办了1座公益性墓园，为本镇居民安葬先人提供便利。

村农协主席

晏子清（白果村）　杨青山（汪墩村）

村贫协主席

杨青山

历任村党支部书记

程吉安（1956—1960）　沈明安（汪墩村1957—1961）　徐碧如（1960—1961）

程国良（1962—1971）　夏子成（1972—1977）　　　　唐云清（1978—1985）

刘文清（1986—2006）　徐晓斌（2007—2012）　　　　王道忠（2013—2019.12）

历任村主任

程子良（1952—1961）　彭青云（汪墩村1952—1961）　程映全（1962—1971）

程国良（1972—1977）　徐德明（1978—1982）　　　　刘文清（1983—1984）

唐云清（1985）　　　　徐继良（1985—2003）　　　　徐水泉（2004—2006）

徐晓斌（2007—2012）　王碧成（2013—2019.12）

场镇社区

基本情况

场镇社区地处大划场镇区域，其地理坐标为北纬30° 336′ 13″、东经103° 43′ 32″，海拔495米。域内有街道17条，怀华公路、崇双货运大道穿越其间，白马河、黑石河交汇后，沿东南穿镇而过。社区居民委员会办公地址位于顺河街168号，距崇州市中心区约5千米。

社区所辖主要是划石3组、4组、5组、8组、10组、16组、17组、18组、19组和崇镇11组、12组之街道及机关、企事业单位、非农居民，辖区面积约1.5平方千米，共有10个居民小组、居民户216户，人口295人，其中男性176人，女性119人，外来务工经商流入人口3万余人。

域内有青年公苑一期、二期和成温邛快速通道、成蒲铁路拆迁安置点，以及民心南苑、民心北苑、戚家苑、新堰小区等拆迁安置点，安置居民近千户。

建置沿革

2000年10月，经崇州市人民政府批准，建立大划乡场镇居民委员会。2001年10月，大划撤乡建镇。2002年10月，批准成立大划镇场镇社区。2003年8月28日，正式选举场镇社区居民委员会。办公地址初期设在大划镇人民政府内，2011年，迁至顺河街168号。

人文特色

场镇社区域内，有镇政府机关、派出所、税务分局、成都农商银行、中心小学、卫生院等机关事业单位，是大划镇经济、文化、政治中心。场镇街道沿街铺面主要开设超市百货、餐饮、粮油副食、诊所药店、酒店旅社、网吧、书店、服装鞋帽、腌卤食品、通信器材、物流快递、五金机电、建材、汽修、汽车和电动车销售、化妆美饰、美容美发等。建有综合农贸市场4000余平方米，停车场2处，900余车位。域内的崇镇观、中华寺常年香火鼎盛。社区成立有村民舞蹈队和运动队各1个，每年举办艺术节、运动会等文化活动。健身广场3个，并配备健身器材。社区活动中心的图书室、阅览室、老年活动中心、日间照料中心、康复中心全天开放。

基层组织

2000年，建立起党支部。现有党员28人，3个党小组。居民议事会、监事会有议事会代表27人，其中监事会5人。社区有共青团支部1个，青年团员36人，社区妇代会、治保会、调委会、民兵等组织健全。

公共服务

场镇社区全面普及通电、自来水、天然气、光纤网络、有线、无线通信，所有街道路面硬化，两边植树绿化，路灯明亮。建成了灰窑路、画江大道示范街区，有过境公共交通车50班次以上。域内有大划中心小学、大划卫生院，公立幼儿园、私立幼儿园各1所，成都农商银行、大划派出所、综合文化站、农技服务站、邮政所、税务分局、变电站、自来水厂、天然气站等国家行政机关及企事业单位。配套建设有划石村日间照料中心1所，村级卫生室4所，标准化"两委"办公及党群服务中心240平方米。

历任社区党支部书记

朱应良（2000—2010）　李　杰（2011—2019.12）

历任居委会主任

付文敏（2006—20012）　谢忠民（2013—2019.12）

（罗天林　执笔）

第八篇　人物

第一章　人物传

　　佘仰山（1871年—1951年4月）　名洛书，崇州市大划镇净居村11组人，清末秀才。辛亥革命后任四川省议员。民国十三年（1924），与罗元黼、王紫鱼等担任编纂《崇庆县志》工作，任崇庆县立中学国文教员。民国十八年（1929）至民国二十年（1931）间，在本乡白鹤寺（余家庵）开馆教学。民国二十一年（1932），由县人刘莲舫介绍，租佃县城大北街刘氏宗祠（原县生资公司地址）作校址，开办应世学校，聘请张汉卿、陈唐安、王南溪、倪琢之4人为教员，佘仰山任校长，兼授成年班国文课。

　　应世学校开办初期，在宗祠两边厢房内各设少年班1个，大殿设成年班，进大门横6间为学生宿舍，大殿天坝为操场，大殿后房4间为教师宿舍，大殿左后宅为饭厅厨房，右后宅为仓房厕所，共有学生百余人。学校经费全由学费收入开支。成年班每人每学年交学费米2石，少年班每学年交学费米1石，按市价折款缴纳，家庭贫困者酌情减少。

　　少年班每班约有学生15名，不在校食宿，成年班约20名，大多住校，学制无期限。少年班设国文、习字、算术、英语、国术等课程；成年班设国文、应酬文、习字、养生学等课程。少年班国文内容有《三字经》《百家姓》《增广贤文》《幼学琼林》《龙文鞭影》《声律启蒙》等。习字先用蒙字书写，然后再用九宫格练习。算术、英语采用当时小学教材，国术教南派僧门的基本功和拳术器械等。成年班国文内容有"四书""五经"，应酬文主要是公文程式、祭文、墓志铭、尺牍（书信）、启事、契约、合同等。习字分草书、楷书、临摹各家碑帖，养生学以道家修养方法为主，其讲解书籍有《黄庭经》《悟真篇》等。

　　应世学校每年按习俗于农历腊月十六后放年假，次年正月十五后开学，无暑假，年中只有端午、中元、中秋各放假一天。农历八月二十七学校有祀孔活动。每逢佳节，学生均须备办礼物向老师拜节。端午节，老师则购折扇或书或画并加题款，分赠学生留作纪念。

该校自开办以来，深受社会好评，生源不断。后来，因校址发生问题，加之当时教育当局未能承认其学籍，以及"五四"运动新文化的蓬勃兴起，文言文渐为白话文所代替，习古典文学者逐渐减少，应世学校于1938年停办。

随后，佘仰山回乡，于净居寺开馆办私塾，常年有学生四五十人，聘请张汉卿、牟月秋、牟遂久、蓝启杲等任教员，直至新中国成立。县、乡人称之为"乡贤先生"。

（摘选于《崇庆县文史资料选辑》第六辑）

胡中堂（1887—1958） 字万章，人称胡二道士（因排行第二），崇州市大划镇德寿村6组人，民国时期曾任崇庆县道教会会长。幼读私塾，略有旧文学基础，16岁拜本县白道长为师，诵习各种道经、道仪、教理等，同时习道教的箫、笛、鼓、钹、铙、胡琴、唢呐等多种乐器。中年后，已熟稔经忏和各种仪范程序，取得了"高功师"职称。后来广收门徒，传道授业。四川省剑阁县举办大道场，邀请"僧""道"两家"打对台"（亮出自家本领对赛）、做法事（做、念、唱、奏等多种表演），并在全县城内张贴对联竞赛，胡应邀参演，由于文词欠佳而失败。回家后拜佘仰山、沈鉴湖为师，研习古典文学，攻词章、对联、书法，日有精进。书法除楷、隶之外，尤长钟鼎，后因右手负伤，改习左书。臻晚年虽人书俱老，而字迹苍劲，古拙浑厚。

戴春山（1894—1972） 清光绪二十年生，三江乡（今三江镇）人。幼年双亲去世，12岁便拾柴火谋生，18岁跟菜贩卖菜，21岁到饭馆帮工，以后做过麻线买卖，36岁仍孑然一身。

1933年春，戴春山到川陕革命根据地南江县谋生，时值红四方面军总部驻扎于此。他带着卖苦力用的一根扁担、两个箩筐参加了红军，分配做炊事员。不久，随部队参加二万五千里长征。1937年5月，随部队开赴山西，9月，参加著名的平型关大战。此后转战豫、鄂、鲁等省，抗战胜利后，又参加解放战争。1947年8月，因病离开前线，进入山东省莱芜疗养院休养，不久，进入院部文化学校学习。他在人民军队奋斗19年，在炊事岗位上从一而终。一次，机关领导找他谈话，准备提拔他，他执意推辞，仍潜心炊事当好班长。在疗养院期间，帮助有困难的同志看护孩子。1949年1月，他加入中国共产党。

1951年7月，复员到大划乡参加农业生产，并任大划乡第一任党小组长。他把政府发给他的生产和生活补助粮2万斤，除了留下自己必需的之外，悉数借给困难农户，后来索性无偿资助。而他自己却非常节约，1956年，政府要安排他到峨眉红军疗养院休养，他婉言谢绝。他曾经添置了一套衣服，舍不得穿。1972年6月，戴春山因脑溢血病逝，那套衣服仍然崭新如初。县领导亲自主持追悼会，将其骨灰盒安葬于烈士墓园。

（摘选于1991年版《崇庆县志》）

简绍良（1914—1943） 大划镇简家林（灰窑村6组）人，家中排行老大。因为家里穷，父母将其送到成都水井街学裁缝。在那里，他被抓壮丁，从此随部队走上抗日战场，成为远征军71军87师260团1营3连上士排副。1942年5月，中日两军对峙于怒江两岸。1943年，简绍良在一次战斗中牺牲，时年29岁。他的战友匆匆将他掩埋于云南施甸县太平镇乌木村一个半山腰，并立碑铭记。2014年，墓碑上"71军""殁于癸未年""成都"等字样依然清晰可辨。

徐惠彬（1915—1988） 又名肖洁贞，女，汉族，中共党员，崇州市大划镇划石村8组人。徐惠彬出身贫寒，13岁当了童养媳，结婚不久丈夫去世，她一人拖着女儿艰难生活。新中国成立后，她参加了土地革命和社会主义建设。1952年1月，加入中国共产党，同年调乡政府工作，先后担任过乡长、副区长、区妇联主任，乡、公社党委副书记、社长，县新华书店"革委会"副主任、副经理，县妇联常委以及县政协、县人民委员会委员等职。20世纪五六十年代，被选为四川省第一、二、三届人民代表大会代表。

1950年，徐惠彬毅然把自己的独生女儿送去参加了中国人民志愿军。1953年，徐惠彬被评为军属模范。同年10月，她参加了第三次中国人民志愿军赴朝慰问团。1952年至1955年，她先后收留老红军、复退军人、孤寡老人共8人，组成了一个特殊家庭，受到省、地、县领导的赞誉，《四川日报》作了专题报道。1955年至1956年，先后被评选为省、全国军属模范，并两次出席全国烈军属、革命残废军人、复员退伍军人社会主义建设积极分子大会，受到毛泽东主席、朱德总司令、谢觉哉部长的亲切接见和勉励。1958年，被评为省、全国妇女积极分子，两次出席"全省妇女积极分子代表大会"。在此期间，她先后被评为县、省劳动模范。1958年，徐惠彬率先办起了全县第一个"幸福院"——大划敬老院，为全省办敬老院开创先导，老百姓都亲切地称呼她为"徐妈妈"。

"文化大革命"期间，徐惠彬遭受迫害，身心受到摧残。粉碎"四人帮"后，她带病坚持工作，其优良品质在全乡、全县、全省广为流传。

张布伦（1918—2014） 大划镇石桥村3组人，黄埔军校合川分校第十七期政治专业毕业。抗战时分配到国民革命军驻重庆新编25师独立团任上尉连级文书，一年后，升任少校团干事。20世纪40年代初，日本对重庆实施了惨绝人寰的大轰炸。连日的执勤，加上战时物资供应紧张，张布伦染上疾病，回到成都休养。

等到身体恢复，在乡人举荐下，他担任了大划乡示范中心校校长。2年后，辞职前往重庆，试图归队，然而，部队已更换驻地。他再次返回黄埔军校，校方安排他担任督察科少校科员，负责管理印章。抗战胜利前夕，他离开黄埔军校，回到成都。

新中国成立前夕，中共地下党员找到张布伦，希望通过他去策反国民党士兵。张布伦凭着在国民党军队任职时的人脉关系，冒着生命危险，到国民党部队，在士兵中宣传共产党政策。1949年，张布伦组织并参加了新编12军起义，任独立旅处长。他把具有3个团兵力的起义部队带到新津县花园场接受改编。由于贡献突出，张布伦经解放军代表提议，任新12军军部参谋长。

新中国成立后，张布伦在政府安排下成为扫盲老师，每天教群众识字、念书，获温江地区嘉奖。2005年，抗日战争胜利60周年之际，四川省黄埔军校同学会给他寄来了慰问信、荣誉证书和纪念勋章。同年底，崇州市委统战部工作人员印下他的手印，送至大邑县安仁镇建川博物馆，和众多参加过抗战的黄埔军校学子的手印一起，被收入"抗战老兵手印碑林"。

邵吉康（1925—1953） 1925年出生于大划乡石桥村3组一个农民家庭。幼时读过3年私塾，稍长后进入一家餐馆帮工，学习厨艺。

1951年7月，邵吉康积极响应祖国"抗美援朝，保家卫国"的号召，加入中国人民志愿军，随部队赴朝参战。在部队上，他被分配到炊事班，负责战士的生活。1953年4月12日，邵吉康在给战士送饭时，遭遇子弹袭击，在送往战地医院途中牺牲。

1953年5月8日，邵吉康被中国人民解放军50军直工科批准为烈士。

（摘选于《崇州英烈》）

张水娇（1927年9月18日—2019年2月19日）　家住崇州市大划镇灰窑村5组（原籍香港），男，汉族，中共党员。1927年9月18日出生于香港新界船湾乡黄圩滩村，父亲打鱼、母亲耕种，有弟兄二人，16岁上学，1944年下半年，17岁的张水娇被校长介绍到船湾乡政府当了一名通讯员。1945年1月，张水娇在香港九龙加入新四军，先后投入惠阳、珠江战斗。同年8月，张水娇奉命前往位于山东省的中国人民解放军第三野战军四团二营机枪连。1945年10月至1948年11月，随部队参加了海丰、鲁南、孟良崮、济南、淮海、南京、无锡、上海等战役，先后从战士升为副班长、班长，并荣立个人三等功。1949年4月，张水娇被批准为中国共产党党员。1952年，调到山东日照市培训学习。1955年11月，升任副排长，调至中国人民解放军0514部队，驻扎于崇庆县（今崇州市王场军区）军营。

其时，大划镇拥军模范徐惠彬作为中国人民志愿军慰问团第三分团的一员，和慰问团成员一起，慰问驻防于崇庆县王场乡（今崇州市王场镇）的解放军部队，正在这个部队服役的张水娇结识了徐惠彬，并在徐惠彬的热心帮助和撮合下，于1957年10月，和营区附近一位姑娘喜结良缘。

退役后，经徐惠彬介绍，张水娇到大划镇灰窑村5组安家落户，参加农业生产劳动。60多年间，张水娇辛勤劳动，生活俭朴，从不居功自傲，从不向党和人民伸手，保持着共产党员的优秀品质。2019年2月19日，因病辞世，享年92岁。

王友全（1936—1957）　1936年出生于崇庆县大划乡德寿村3组一个贫农家庭，家中有1个哥哥、2个姐姐。8岁发蒙读书，因家境困难，读完初中便辍学在家。

1956年3月，婚后不到半年的王友全报名参军，成为中国人民解放军0546部队9支队3连战士，随部队入藏平叛。

1957年10月，王友全随队去消灭盐源县匪患。10月29日，王友全在剿匪战斗中牺牲。

1957年11月15日，王友全被中国人民解放军0546部队批准为烈士，遗体安葬于拉萨烈士陵园。

（摘选于《崇庆县文史资料选辑》第十二辑）

杨白泉（1937—2012）　笔名白泉，男，汉族，崇庆县大划乡黑石村19组人。毕业于邛崃师范学校，原系崇州市供销社主任科员。工艺美术师，曾任崇州市美术家协会常务理事、副秘书长、市政协书画院画师，崇州市晚霞诗书画摄影协会常务理事、国画分会会长。其作品《鱼满新塘》《葡萄》等在四川省首届财贸系统书画展中荣获优秀奖。《钟馗误醉图》入选全国首届财贸系统书画展，《胜似春光》入选《中国美术书法界名人名作博览》，《鱼满新塘》入编《中日现代美术通鉴》，《秋趣图》入编《国际名家书画精品选》，《大鱼满新塘》入编《回归颂》等书画典籍。作品销往香港、泰国、新加坡、马来西亚等国家和地区。《鱼满新塘》在中央电视台书画频道多次展播。他教授国画、素描、水粉，带出了曾德志、朱德安、夏铭见等上百名弟子，并主持出版了师生合作的《莹海画集》，出版了期刊《五彩人生》。2012年3月28日，因病去世，享年75岁。

李进良（1937—2017） 崇州市大划镇白果村3组人，男，汉族，1937年12月4日出生，曾任白果村3组组长。1983年底，调大划乡渔场工作，任副场长。1989年，被评为成都市劳动模范。2011年，李进良退休。2017年5月14日，因病逝世，享年80岁。

陶润琴（1938—1959） 1938年出生于崇庆县大划乡黑铅村（今崇州市大划镇划石村16组）一个贫农家庭，家中有3个哥哥、3个姐姐。年少时，因家中贫困，读完小学后即辍学在家，帮着父母做农活。

1955年3月，陶润琴积极响应号召，参加了中国人民解放军，成为中国人民解放军0254部队的一名战士，随部队进驻西藏。

1957年初，陶润琴随部队剿匪，他和战友们一起克服了种种困难，英勇作战。1959年1月24日，陶润琴和战友共同负责转运伤员，途中遭遇土匪袭击，包括陶润琴在内的16名人员全部牺牲。

1959年1月31日，陶润琴被中国人民解放军0524部队批准为烈士。

（摘选于《崇州英烈》）

郑子全（1938—1960） 1938年出生于崇庆县大划公社五管区（今崇州市大划镇灰窑村2组）一个贫农家庭。

1958年3月，郑子全应征入伍，成为中国人民解放军3644部队140支队战士，随部队进入西藏剿匪。1960年7月19日，郑子全所在部队奉命到昌都地区剿匪。战斗过程中，郑子全为掩护战友，中弹牺牲。

1960年9月9日，郑子全被中国人民解放军3644部队批准为烈士，遗体长眠于巴塘县烈士陵园左区1排11号。

（摘选于《崇州英烈》）

张志明（1943—2019） 四川省崇州市大划镇划石村2组人，男，汉族，生于1943年3月1日，大专文化，中共党员。1971年6月参加工作，历任大划公社企业会计、粮食种子员，大划公社党委副书记，"革委会"副主任，管理委员会主任，乡党委书记，后调任怀远镇党委书记，市农业局党组成员、副局长，市总工会党组成员、副主席，直至退休。2019年1月18日，因病经医治无效去世，享年76岁。

在大划工作的20年中，张志明为发展社会各项事业做出了极大的贡献。1982年，规划建设宋大路，改建划石大桥。1983年、1984年和1986年，利用市财政资金和世界银行淡水养鱼项目贷款，率领大划干部、群众修建精养鱼池350余亩，使大划成为拥有千亩精养鱼池养殖水面的鱼米之乡。结合卫生村、文明村建设，掀起农房建设热潮，使广大农民居住了几十年的低矮破旧茅草房改建为水泥瓦房、小青瓦房、楼房。

他在抓农房建设的同时，着手启动场镇建设，结合崇双路建设场镇段改道，规划建设通达街，拓宽划石、大划大桥，1986年，规划新建杨柳街。

他重视基础教育，加大教育投入，改造中小学危房，撤并登田小学、德寿小学，迁址新建登田小学，新建中小学教学楼和图书阅览室、实验室，设立教师奖励金，在大划形成了尊师重教的良好氛围。

1988年，坚持公平竞争和民主评议原则，落实"评""管""用""帮""评三户，奔小康"活动，提高了农户文明水平，增强了农村基层组织的凝聚力和战斗力。

2000年5月，领导协调建立健全大划乡工会联合会，建立大划乡建工建材工会联合会、大划乡水产养殖工会联合会、大划乡食用菌种植工会联合会、大划乡个体工商业者工会联合会、大划乡个体行医者工会联合会等新经济组织。

郑守云（1953—1975） 1953年出生于崇庆县大划乡（今崇州市大划镇）净居村7组一个农民家庭。8岁进入大划小学读书，毕业于三江中学。

1973年1月，郑守云应征入伍，成为中国人民解放军7833部队的一名战士，随部队来到贵州省龙里县。在部队加入共青团组织，成为一名合格的共青团员。70年代，响应国家号召，郑守云同战友们一道开荒造田，白天在山上忙碌，夜里不忘学习。

1975年2月2日，郑守云到贵州省龙里县的一个偏僻小镇执行任务。在执行任务过程中，郑守云为了保护人民利益，献出了他年仅22岁的生命。

1975年2月7日，郑守云被中国人民解放军7833部队批准为革命烈士。

（摘选于《崇州英烈》）

第二章 人物简介

王安策 崇州市大划镇登田村11组人，男，汉族，1927年4月出生。1943年，加入远征军新一军学生教导总队通讯队，曾参加八莫、南坎等战役。1958年，毕业于南充师范学院成都私立南虹艺专图工科学系，从事教师职业。2015年9月，获得抗战胜利纪念章和证书，现居住于成都市锦江区拱背桥街25号。

佘仲伦 崇州市大划镇崇镇村19组人，男，汉族，生于1931年3月19日，中共党员。1939年3月至1947年，先后于本村周青云家、九家碾和净居寺张汉青家私塾就读，16岁后在家种田为生。1951年1月至8月，任万寿村农民协会文书。1951年9月至1954年1月，担任万寿村财粮工作。1953年5月，参加中国共产党。1954年，调乡上担任民政工作。1956年4月至1960年10月，任大划乡党总支、大划公社党委组织委员。1960年11月至1961年7月，任白头公社党委副书记。1961年7月至1962年9月，任王场公社党委副书记。1962年9月至1967年2月，任大划公社党委书记。1971年6月至1973年8月，任大划公社党委副书记。1973年8月至1982年1月，任大划公社党委书记。其间，1970年6月至1973年7月，任大划公社革命委员会副主任；1973年7月至1980年9月，任"革命委员会"主任。1982年1月，调崇庆县任农业局副局长，水电局水产公司经理、督导员等职务。1992年1月，退休回乡。

羊庆文 崇州市大划镇崇镇村1组人，男，汉族，生于1937年5月24日，中共党员。新中国成立前，就读于羊祠堂私塾。1950年，于关帝庙小学三年级插班读书。1953年，毕业于大划乡第一小学校。1953年9月，任合作社会计。1957年至1958年9月，任高级合作社支部书记。1958年10月至1961年5月，任大划公社红专学校校长兼"五四"青年养蜂场场长。1961年6月至1965年5月，担任大划公社一大队支部书记。1965年5月，调大划公社工作，任公安员、党委委员、副书记。1972年3月，调崇德公社任党委副书记。1980年3月至1981年2月，任安阜公社党委副书记。其间，1980年9月至1981年2月，任安阜公社管委会主任。1981年2月至1983年3月，任道明公社党委书记。1983年4月至1985年2月，任三江乡党委书记。1985年2月至9月，任崇庆县城市建设委员会主任。1985年10月至1987年12月，任崇庆县城乡建设环境保护局局长。1988年，任崇庆县监察局局长（其间，1993年1月，任县纪委副书记）。1997年6月退休。

胡文华 男，汉族，四川省崇州市大划镇德寿村7组人，生于1942年2月22日，中共党员。1959

年，毕业于崇庆县第一中学。1959年至1978年，在四川省委办公厅机要处工作（其间，于1959年7月至1960年6月，在中央办公厅机要学校学习）。1978年后，在四川省委办公厅任办公室副主任、主任。1994年，任四川省政协办公厅副秘书长。2002年退休（正厅级）。

黄玉聪　崇州市大划镇划石村14组人，男，汉族，生于1943年12月1日，崇州市大划镇中心小学教师。1981年，被评为温江地区优秀体育教师。1982年2月，被《四川日报》、四川人民广播电台、《四川体育报》《四川教育》评为四川省优秀体育教师。

周永明　男，汉族，四川省崇州市大划镇德寿村8组人，生于1944年，中共党员，大校警衔。1967年，毕业于西南农学院（今西南农大），同年，参加中国人民解放军，1970年，加入中国共产党。在部队中曾任宣传干事、组织部部长、主任、团党委常委。1983年以后，在武警四川总队先后任支队政治处主任、副政委，支队党委常委、纪委书记、政委，总队副政委、党委常委，曾当选为中共重庆市第六届、第七届党员代表大会代表。

（摘选于2004年版《崇州市志》）

夏铭见（夏杰忠）　生于1945年12月3日，重庆合川市人。70年代，定居四川省崇州市大划镇德寿村4组。现为崇州市美术家协会会员、理事，四川省老年书画研究会会员、北京当代环球书画院名誉副院长、新加坡中央美术馆特聘画家、中国国际现代艺术研究中心高级研究员、中国书画艺术院终身院士、国家一级美术师、中国当代艺术名家。自幼酷爱书画，曾授教于国画大师周北溪，现以画猴专长，有"金猴妙手"之称，被授予"当代艺术名家"荣誉称号。2008年，作品入编《中国奥运书画大典》。2010年，作品入编《世界艺术家中国专号》。2011年，作品入编《中国传世名作收藏与鉴赏》。2013年，海峡两岸文化交流展作品获金奖，并被台湾行政院收藏。2010年，作品《同住此山中》《五代封侯》相继在青岛、北京成功拍出。

（摘于中国国际新闻杂志社2016年12月《人民艺术》）

张远谋　崇州市大划镇石桥村9组人，男，汉族，生于1946年，1966年崇庆中学高中毕业后，回乡务农。1970年8月，大划建立合作医疗站，担任大划公社三大队医疗站"赤脚医生"。1983年10月，入成都中医学院函授部学习，1987年10月毕业，分配于大划中学校任校医，至2006年9月退休。2001年，大划乡成立个体行医工会联合会，被选为工会联合会主席。2016年，《华西都市报》（华西传媒集群WMG）主办，四川省卫生和计划生育委员会指导的第三届"榜样中国·我心中的名医"暨四川省首届"寻找基层好医生"大型公益评选，张远谋被评为"十大人气名医"。崇庆县第九届、第十届人大代表。

万德兵　崇州市大划镇划石村5组人，男，汉族，初中文化，崇州市里辉实业有限公司董事长。1993年，创建里辉石棉瓦厂，后发展壮大为崇州市里辉实业有限公司，该公司成为四川最大的石棉瓦生产基地。崇州市第十二届政协委员。

邓志强　崇州市江源镇邓公村人，男，汉族。1989年，任崇庆县大划乡中心小学工会主席，被成都市人民政府授予"成都市教育系统模范"光荣称号，后调任崇州市江源镇中心小学副校长。

石世君 崇州市大划镇净居村2组人，男，汉族，中共党员。1950年12月出生，初中文化，建筑工程师职称。1972年，在大划建筑公司工作。1979年，率队到云南双江县从事建筑工程承包。1988年至2003年间，承担双江县扶贫点工程建设，并于1989年至2003年，任双江县政协委员。现任大划建筑安装工程公司董事。

张世康 崇州市大划镇石桥村10组人，男，汉族，生于1951年4月，中共党员。1993年3月至1995年3月，在四川行政财贸管理干部学院函授营销专业学习，大专文化，高级工程师职称。1970年，在大划建筑队参加工作从事建筑行业。1983年起，任大划公社建筑队队长，大划建筑公司经理、党支部书记，乡企管会主任、企业党总支书记、大划镇党委委员、大划建筑公司董事职务。中共崇州市第九届、第十届党代表。1988年，被评为成都市"优秀共产党员"。

柯友明 崇州市羊马镇大土村7组人，男，汉族，生于1952年12月26日，中共党员，大专文化。1969年11月，应征入伍参加中国人民解放军，至1975年4月，在第二炮兵8310部队服役（其间，1970年6月入团，1971年10月入党），1975年5月，退伍回乡务农。1975年10月至12月，在安阜公社工作。1976年1月至1977年1月，在县委"三分之一"工作队工作。1977年2月至1979年7月，在四川省水利电力学校读书。1979年8月至1980年11月，在雅安地区汉源县水电局工作。1980年12月至1995年3月，在大划乡政府工作（其间，1981年4月至12月，任乡公安员；1982年1月至1983年10月，任大划乡党委副书记；1983年11月至1991年12月，任大划乡乡长；1992年1月至1995年3月，任大划乡党委书记）。1995年4月至1998年4月，调任三江镇党委书记。1998年5月至2005年10月，任崇州市农业委员会副主任。2005年11月至2010年，任崇州市农发局正局级调研员，直至退休。

在大划工作15年间，柯友明在乡镇企业的发展、建筑公司升级、学校普及九年制义务教育和高标准扫盲工作，崇镇、石桥村农业开发区开发中做了大量的工作。

严加彬 崇州市大划镇划石村10组人，男，汉族，1955年2月9日出生。1993年3月至1995年3月，在四川行政财贸管理干部学院函授营销专业学习，大专文化，高级工程师职称。1970年，在大划建筑公司工作，历任技术员、施工员、项目经理、董事长等职务。2000年至2001年，其主管承建的高新供电局住宅工程项目荣获"芙蓉杯""天府杯"奖。2000年，出任成都天祥房地产开发有限公司副董事长。2002年9月，任执行董事（法定代表人）。2008年3月起，兼任崇州天顺置业有限公司法定代表人、总经理。崇州市第十六届、第十七届人大代表、常委，崇州市工商联合会第十二届、第十三届、第十四届副主席。

王志鹏 崇州市三江镇双池村人，男，汉族。1956年出生，大专文化，中共党员。1980年，温江地区农业学校毕业。历任江源乡政府团委书记、副乡长，崇德乡政府副乡长、党委副书记（其间：1985年9月至1987年7月，在成都市第二党校政治专业学习），县农贸办主任科员，廖家镇政府党委副书记、镇长，大划乡党委书记、崇州市农工办副主任、市农发局调研员等职务。2016年11月退休。其主政大划期间，规划建设政府综合办公楼、党员培训中心，规划新建天竺街、金华街、新欣街，硬化通达街、立申路，完成镇集体企业改制及乡基金会的清整关停兑付。

徐德成 崇州市大划镇石桥村2组人，男，汉族，生于1956年8月，中共党员。1994年8月，于四川行政财贸管理干部学院函授营销专业毕业，大专文化，高级工程师职称。1973年12月，在大划建筑公司工作,先后任公司技术员、助理工程师、工程师、总工程师。2001年,晋升为高级工程师。其所设计和施工的云南临沧地区农垦局、中心支行、住建局、双江电力局、双江县百货大楼等建筑工程项目成为该地区标志性建筑。2014年至2016年,任建筑公司党支部副书记。

陈俊林　崇州市大划镇崇镇村22组人,男,汉族,生于1957年11月4日,初中文化,建筑工程二级建造师职称。1976年,在大划公社农机站翻砂车间工作,后任采购员至1981年。1982年起,从事建筑工程施工项目,先后于大划建司、侨台建司、亚辉建司任项目负责人。2008年后,成立锐兴租赁有限公司,任法人代表至今。现为崇州市第十八届人大代表。

严　海　崇州市大划镇划石村10组人,男,汉族,1964年5月9日出生,中共党员。1986年1月,重庆建筑工程学院工业与民用建筑专业毕业,大专文化,高级工程师职称。1986年8月参加工作,历任崇庆县大划建筑公司预算员、施工员、项目经理、项目负责人、副总经理、总经理。2001年后,任大划建筑工程公司法人代表。先后担任崇州市建筑协会会长、崇州市个体私营劳动者协会副会长、成都市建筑业协会副会长。2006年10月,被评为质量兴市工作先进个人。2018年1月,被崇州市个私协评为"2017年度优秀副会长",6月,被评为2017年度优秀共产党员。2010年,获"灾后重建先进个人"光荣称号,并被评为成都市劳动模范。2018年12月,被授予"优秀民营企业家"称号。

王泽华　男,汉族,崇州市大划镇崇镇村6组人,生于1965年2月20日。1981年7月,高中毕业,参加中国人民解放军空军。现为海军航空兵大校军衔,驻大连基地。

舒　斌　崇州市三江镇舒桥村2组人,男,汉族,生于1965年7月5日,崇州市大划镇中心小学教导主任,小学高级教师。现任大划镇中心小学校党支部专职副书记。1984年9月担任少先队总辅导员以来,建立健全了少先队干部的组织管理和培养制度,组建了少先队鼓号队、红领巾广播站,主办了少先队《火炬报》,并分学期按计划定时组织开展了丰富多彩的大、中、小队活动。1988年,该校被命名为少先队"红旗大队"。同年,他所撰写的少先队工作经验《风筝带着我的理想——记一次少先队大队活动》一文,发表在《学校管理》创刊号上。1991年8月,共青团四川省委、省教委授予他"四川省优秀少先队辅导员"称号。

孙兆平　崇州市大划镇灰窑村3组人,男,汉族,1966年5月21日生,高中文化,民营企业大划砂石场总经理,大划镇砂石资源规模化开采营销第一人。曾与四川省第三建筑工程公司合作,研制成功碎石砼的材料组合,极大增强砼的结构强度。崇州市第十七届人大代表。

游　刚　崇州市大划镇登田村11组人,男,汉族,生于1967年9月。四川省乡镇企业函授学院工业企业管理专业毕业,大专文化,经济师职称。1987年9月,创建大划畜产品加工厂,任厂长。1993年12月,创建成都强申水泥有限公司,任董事长、总经理。1995年,创建成都立申实业有限公司,任总经理、董事长。2007年12月,创建成都隆腾鞋城投资开发有限公司,任总经理、董事长至今。2018年7月,组建四川正为投资集团有限公司,任董事长、总裁。崇州市第九届、第十届、第十一届人大代表、常委,成都市第九届、第十届、第十一届人大代表,崇州市工商联合会第八届、第九届、第十届、第十一届主席、会长。

徐晓斌　崇州市大划镇白果村4组人,男,汉族,生于1969年11月18日,中共党员。1996年6

月，毕业于四川省委党校函授学院经济管理专业，大专文化。1994年9月至1998年3月，任崇州市大划建筑公司项目经理。1998年4月至2007年3月，担任大划镇白果村党支部副书记。2007年3月至9月，任白果村党支部副书记（主持工作）。2007年9月至2011年9月，任白果村党支部书记、村委会主任。其间，2011年7月，被成都市委授予"优秀共产党员"称号，同年8月，被公开招录为乡镇公务员，任大划镇党委委员，次月当选为大划镇人民政府副镇长。2014年，调崇州市总工会工作。

朱幼彬 崇州市大划镇石桥村12组人，生于1970年1月30日，男，汉族，中共党员，大专文化，成都甲丰实业有限公司董事长。2010年，组建成立蜀南湖农业观光有限公司，建造蜀南湖，为大划镇打造农业旅游观光项目作出了贡献。崇州市第十七届、第十八届人大代表。

王　岳 男，汉族，崇州市大划镇登田村5组人，1971年10月出生。1994年12月加入中国共产党，1993年7月参加工作，成都体育学院体育教育专业毕业。历任西南交大峨眉分校学生工作部政治辅导员，西南交大峨眉分校团委副书记、机电系团总支书记，西南交大峨眉分校团委副书记（主持工作）、团委书记、大学生旅行社副总经理，西南交大峨眉分校土木系党总支书记，丹棱县人民政府副县长，中共丹棱县委常委，中共丹棱县委常委兼工业集中区管委会主任，中共丹棱县委常委、县人民政府常务副县长，眉山市政府金融办公室主任（其间，2009年10月任党组书记），眉山市经济和信息化委员会党组书记、主任，中共眉山市岷东新区党工委书记，中共仁寿县委副书记，县人民政府副县长、代理县长。2019年11月，当选为仁寿县人民政府县长。

罗　建 崇州市大划镇石桥村9组人，男，汉族，生于1972年2月14日，中共党员。2014年9月至2007年6月，在四川省委党校函授学院农村经济管理专业学习，大专文化。1999年12月起，历任石桥村村委会委员（会计），石桥村党支部副书记、村委会主任，石桥村党支部书记，大划镇党委委员。2016年6月，被公开招录为乡镇公务员，任大划镇人大主席团专职副主席。中共崇州市第十三届党员代表大会代表。

罗永泰 崇州市大划镇石桥村2组人，生于1975年1月14日，男，汉族，冰奇步鞋业有限公司董事长。1996年9月，经营生猪定点屠宰业务。2004年3月，组建成都华泰皮鞋厂，任厂长。2008年5月，创建冰奇步鞋业有限公司，任董事长。崇州市政协第十三届委员会委员。

张　涛 崇州市大划镇石桥村10组人，男，汉族，生于1975年12月15日。1997年7月，毕业于四川工业学院工业与民用建筑工程专业，大专文化。2008年，被评定为高级工程师。2005年至2008年，于大划建筑工程公司担任项目经理，2008年，任副总经理。2017年，当选为崇州市政协第十四届委员会委员。

张勇刚 崇州市大划镇石桥村5组人，男，汉族，生于1976年6月7日，初中文化，四川刚毅科技集团有限公司董事长。2003年，在三江镇建简易厂房，生产微耕机和农机配件，2004年，在大划镇石桥村5组新建厂房，成立刚毅机械厂，生产手扶拖拉机及部件、配件。2005年，扩建厂房，新增微耕机系列产品的生产与销售。2006年，再次扩建厂房，新增轮式拖拉机、农用挂车的生产与销售，正式挂牌成立了成都市刚毅机械制造有限公司。2009年，崇州市工业园区新厂落成。2010年至2013年，先后通过了ISO9001质量认证、中国强制性产品认证制度，注册名称变更为四川刚毅科技集团有限公司。

夏国栋　号乡野画匠，1987年3月生，大划镇德寿村4组人。受其父亲夏铭见影响，自幼酷爱绘画，常年随父专研工笔国画，很多作品被香港明星、企业家、海内外华人华侨及外国友人收藏。现为四川工笔熊猫画家、国家二级美术师、四川巴蜀书画院画师、四川东方张大千艺术研究中心研究员、崇州市美术家协会会员。2018年，其作品《中华瑰宝》被大韩民国通佛教永久收藏。作品《天伦之乐国之瑰宝》被国内著名企业家、大慈善家曹德旺先生收藏。2019年，作品入选四川省首部官修图志《大熊猫图志》。

第三章 人物表

表8-1 英名录

表8-1-1 红军战士名录

姓　名	性别	民族	出生年月	参军时间	备注
戴春山	男	汉族	1894年	1933年	1972年逝世

表8-1-2 抗日战士名录

姓　名	性别	民族	出生年月	参军时间	备注
简绍良	男	汉族	1914年	1942年	1943年阵亡于云南
黄茂钦	男	汉族	（不详）	1942年	
周万林	男	汉族	1919年11月20日	1942年	
程子舟	男	汉族	1919年9月2日	1942年	
蒋子英	男	汉族	（不详）	1942年	
焦青山	男	汉族	1920年7月	1943年	2002年病逝
蓝重钦	男	汉族		1944年	2008年病逝
王安策	男	汉族	1927年4月	1943年	现居成都市锦江区
张水娇	男	汉族	1927年9月	1945年	2019年2月逝世

表8-1-3 革命烈士名录

姓　名	性别	时　间	部队
邵吉康	男	1953年4月，抗美援朝战争中牺牲	志愿军50军直二科战士
王友全	男	1957年10月，平叛牺牲	解放军0546部队战士
陶润琴	男	1959年1月，在西藏牺牲	解放军0254部队战士
郑子全	男	1960年7月，在西藏牺牲	解放军3644部队战士
郑守云	男	1975年2月，在贵州执行任务时牺牲	解放军8733部队战士

表8-1-4 抗美援朝志愿军名录

姓　名	性别	出生年月	住　址	生存状况
程应全	男	1924年12月20日	白果村5组	已病逝
罗钰钿	男	1936年11月13日	崇镇村9组	
杨建明	男	1933年6月27日	石桥村1组	已病逝
冯金龙	男	1928年2月2日	崇镇村14组	已病逝
阙青云	男	1928年8月22日	划石村17组	已病逝
刘洪发	男	1933年6月21日	崇镇村13组	已病逝
李治清	男	1927年1月24日	崇镇村15组	
徐伏全	男	1935年1月8日	德寿村10组	
张玉廷	男	1933年10月17日	登田村1组	
郑海成	男	1932年7月15日	灰窑村4组	已病逝
严绍清	男	1930年10月22日	灰窑村6组	
杨孟和	男	1928年5月23日	灰窑村9组	已病逝
杨子清	男	1933年11月14日	划石村8组	已病逝
程国良	男	1932年3月7日	白果村2组	
李泽明	男	1933年3月25日	划石村14组	已病逝
李家彬	男	1935年12月24日	崇镇村6组	已病逝
简世发	男	1935年11月20日	登田村7组	
简世昌	男	1933年4月20日	石桥村1组	
张永忠	男	1933年2月7日	石桥村7组	

续表

吴栋成	男	1932年7月6日	德寿村11组	已病逝
郑锡舟	男	1935年3月19日	灰窑村4组	已病逝
简绍奇	男	1929年7月17日	灰窑村6组	
徐伏安	男	1933年12月24日	白果村9组	
简孟超	男	1937年5月9日	石桥村1组	
李茂清	男	1933年12月8日	崇镇村14组	已病逝
王构成	男	1928年11月5日	崇镇村10组	已病逝
简绍彬	男	1933年9月1日	登田村1组	已病逝
陈开旭	男	1926年11月13日	灰窑村4组	已病逝
李世成	男	1929年12月23日	划石村2组	已病逝
石宪金	男	1934年3月15日	净居村2组	
徐志良	男	1940年4月6日	净居村5组	已病逝
王昌明	男	1934年2月14日	石桥村18组	
王玉成	男	1920年11月4日	崇镇村11组	已病逝
傅文全	男	1935年6月1日	划石村18组	
万玉成	男	1933年5月14日	划石村5组	已病逝
简成章	男	1935年7月1日	德寿村15组	
魏德轩	男	1928年2月28日	划石村18组	已病逝
张子清	男	1936年4月7日	白果村11组	
舒玉明	男	1934年5月11日	划石村2组	已病逝
李长银	男	1927年10月11日	划石村5组	
罗栋良	男	1933年4月10日	德寿村21组	
李世平	男	1932年6月25日	石桥村16组	
张 青	男	1927年12月20日	石桥村6组	
李瑞清	男	1927年10月29日	崇镇村25组	已病逝
徐德安	男	1932年4月1日	净居村5组	已病逝
蒋树成	男	1927年4月24日	白果村5组	
徐 容	男	1933年1月14日	净居村11组	已病逝
程国良	男	1932年5月27日	白果村5组	
李云贵	男	1931年2月7日	德寿村2组	已病逝
简明元	男	1928年12月15日	登田村7组	

徐志良	男	1934年5月16日	白果村1组	已病逝
沈海良	男	1925年8月16日	白果村7组	已病逝
李澄波	男	1927年3月7日	石桥村1组	已病逝
徐九林	男	（不详）	场镇居民	
徐　超	男	1924年11月14日	净居村5组	已病逝
张文才	男	（不详）	净居村8组	已病逝
张永成	男	1933年12月4日	净居村3组	已病逝
严玉良	男	1934年6月24日	净居村1组	已病逝
倪伙明	男	1933年1月1日	净居村3组	已病逝
徐海清	男	1936年3月26日	净居村2组	已病逝
张克祥	男	（不详）	石桥村7组	已病逝
王兴明	男	1933年5月6日	崇镇村10组	已病逝
舒海春	男	1928年11月10日	崇镇村6组	已病逝
严东海	男	1926年12月10日	划石村7组	已病逝
罗玉成	男	1920年12月10日	崇镇村9组	已病逝
李发成	男	（不详）	白果村15组	已病逝
钟一安	男	（不详）	场镇居民	已病逝
周万安	男	（不详）	划石村18组	已病逝
杨志杲	男	1936年12月5日	划石村8组	已病逝
万庆刚	男	1936年11月27日	划石村4组	已病逝
王启清	男	（不详）	石桥村14组	已病逝
王兴顺	男	1928年11月20日	石桥村14组	已病逝
李世轩	男	（不详）	石桥村16组	已病逝
李茂松	男	1932年8月11日	崇镇村15组	已病逝
石玉江	男	（不详）	净居村2组	已病逝
杨国文	男	（不详）	划石村8组	已病逝
彭永清	男	1933年11月5日	崇镇村6组	已病逝
张银治	男	1935年	划石村8组	退伍后在十九冶工作至退休，2005年病逝于上海

表8-2 　　　　　　　　　　　　　　先进模范人物名录

序号	姓　名	性别	时　间	工作单位	模范称号
1	黄玉聪	男	1982年	大划小学	四川省优秀教师
2	舒　斌	男	1991年	大划小学	四川省优秀少先队辅导员
3	李素芬	女	1984年	大划小学	成都市优秀班主任
4	王春玉	女	1987年	大划乡中心小学	成都市基本普及初等教育任务先进个人
5	邓志强	男	1989年	大划乡中心小学	成都市劳动模范
6	郑国华	女	1991年	大划乡中心小学	成都市优秀教师
7	何淑群	女	1993年	大划乡中心小学	成都市优秀教师
8	张世康	男	1988年	大划乡建筑公司	成都市优秀共产党员
9	李敬良	男	1989年	大划乡渔场	成都市劳动模范
10	徐晓斌	男	2011年	大划镇白果村	成都市优秀共产党员
11	严　海	男	2017年	大划乡建筑公司	成都市优秀共产党员

表8-3 　　　　　　　历届市（县）党代表、人民代表、政协委员名录

表8-3-1　出席历届市（县）党员代表大会代表名录

届次	时　间	人数	代表姓名
一	1956.6		
二	1960		
三	1971		
四	1978.12		
五	1984.1	3	张志明、柯友明、赵　兰
六	1987.2	7	张志明、李玉坤、王秀英、印明春、张世康、张金全、彭会英
七	1990.2	6	张志明、王桂芳、王秀英、张康林、张世康、郭小英（下派）
八	1993.1	2	柯友明、伍洪全
九	1997.12	5	王志鹏、张世康、王建华、罗天林、赵　兰

续表

届次	时间	人数	代表姓名
十	2002	9	熊继红、杨文全、邓　文、陈海云、沈群芳、赵　兰 王忠良、陈　玲（下派）、冯平光（下派）
十一	2007	7	杨文全、谢红勇、邓　文、朱幼林、苟发辉、张世康 杨仲强（下派）
十二	2012	9	黄　进、陈　翔、谢红勇、罗　建、赵　兰、陈　刚 宋建兴、杨仲强（下派）、宋志斌（下派）
十三	2016	8	华　斌、闫　斌、陈文雅、宋丽华、王道忠、付文敏 谢红勇、杨火清（下派）

表8-3-2　出席崇州市历届市（县）人民代表大会代表名录

届次	时　间	人数	代表姓名
一	1954.7	1	徐惠彬
二	1966.12	1	徐惠彬
三	1958.5	1	徐惠彬
四	1961.6	5	徐惠彬、徐学成、杨子成、刘碧华、张述林
五	1963.4	7	徐惠彬、张述林、陈敬林、戴春山、杨子成、张秀英 蒲先志（下派）
六	1965.12	1	徐惠彬
七	1990.2		
八	1993.1		
九	1980.11	11	伍淑群、苏代珠、张远谋、王秀英、杨清明、李庭福 赵　兰、张志明、严玉良、李敬良、谢汝南
十	1984.2	7	张志明、印明春、李国琼、苏代珠、张远谋、李敬良 游万银
十一	1987.2	7	柯友明、张远谋、赵　兰、何友元、李国琼、李敬良 苏明亮（下派）
十二	1990.2	5	柯友明、何友元、赵　兰、李敬良、蓝光照
十三	1993.1	3	柯友明、张康林、赵　兰
十四	1997.12	6	江庆军、杨淑群、王忠良、赵　兰、游　刚 周水全（下派）
十五	2002.	6	熊继红、杨文全、王小梅、赵　兰、万德兵 周水全（下派）
十六	2007.	12	杨文全、周正祥、唐　勇、赵　兰、呼志彬 黄　进、宋建兴、曹　洪、孙兆平、严加彬、朱幼彬 周水全（下派）
十七	2012.	7	黄　进、宋建兴、曹　洪、孙兆平、严加彬、朱幼彬 周水全（下派）
十八	2016.	8	华　斌、宋丽华、曹　洪、庞　敏、朱幼彬、陈俊林 屈世樑（下派）、陈德全（下派）

表8-3-3 历届政协崇州市委员会委员名录

届次	时 间	人数	代表姓名
一	1957.2		
二	1959.12		
三	1963.4		
四	1965.12		
五	1980.11		
六	1984.2	1	刘志仁
七	1987.2	2	刘志仁、李玉坤
八	1990.2	2	刘志仁、张康林
九	1993.1	2	游 刚、伍洪全
十	1997.12	2	万德兵、王建华
十一	2002	2	万德兵、邓 文
十二	2007	2	万德兵、邓 文
十三	2012	3	罗永泰、万红云、陈 刚
十四	2016	2	张 涛、陈文雅

表8-4 专业技术人员名录

表8-4-1 建筑公司高级工程师名录

姓 名	专 业	姓 名	专 业
陈友恩	工民建	骆红银	工民建
严 海	工民建	李 廉	会 计
刘宝清	暖 通	谢君德	经 济
胥朋林	电 气	张士康	工民建
王少华	电 气	张 涛	工民建
严加彬	工民建	文晓林	工民建
王德贵	结 构	徐德成	工民建
孙伟林	工民建		

表8-4-2　建筑公司工程师名录

姓　名	专　业	姓　名	专　业
周树良	电　气	张福全	工民建
罗艳玲	工民建	罗艳均	工民建
陈建康	结　构	罗　君	电　气
王　宸	市政工程	刘勇兰	市政工程
李　俊	建筑工程	万　婷	工民建
李　洋	建筑工程	曾巍威	道桥
王　祥	工民建	张昌文	工民建
胥怀文	工民建	黄忠伟	工民建
杨坤翰	工民建	晏　星	工民建
陈开健	工民建	王长春	工民建
周　骥	园　林	王文彬	工民建
杨婷婷	工民建	赵尚云	园　林
石世君	工民建	徐建君	工民建
郑必辉	工民建	尹贵华	工民建
余　勇	工民建	徐泽君	工民建
李玉良	工民建	沈凤斌	工民建
沈凤君	工民建	罗中华	工民建
付宏伟	工民建	陈　星	工民建
严　勇	电气安装	杨华忠	电气安装
晏学伟	电气安装	杨　杰	电气安装
王青松	电气安装	晏　超	工民建
付　勇	工民建	王　健	工民建
吴永洪	工民建	陈俊林	工民建
严　勇	工民建	赵应康	工民建
吴　彬	土木工程	蒲应书	电气安装
陈　旗	工民建	杨开良	电气安装
刘　兵	工民建	吕龙江	工民建
李国伟	工民建	张秀娟	水利水电

续表

朱保勇	工民建	赖 峰	工民建
郑 宇	工民建	严红伟	工民建
唐洪彬	工民建	黄孟刚	工民建
李仁财	电气安装	郑尚兵	市 政
杨 毅	市 政	文 雍	工民建
周 蓉	市政工程		

表8-4-3 大划中学一级教师名录

陈学文	蒋文林	胡文甫	陈海云	李树良	贾玉萍
文茹玉	蒲仁和	宛永贵	张远谋	范克毅	李沛成
杨庆华	胡瑞炘	蒲万源	谢汝南	黎俊海	陈银秀
何国辉					

表8-4-4 大划乡小学高级教师名录

黄玉聪	郑国华	杨金良	林照文	罗加玉	伍瑞华
赵玉书	杨正邦	杨仲和	杨成元	付秀英	文玉芳
何桂英	佘明英	王学琴	何淑群	黄淑群	赵子清
徐德云	刘洪琰	宋克勤	张素芬	胡文松	冯学清
王春全	刘俊华	张长秀	王加玉	佘桂英	张学彬
简茂祥	周学茹	程书贤	杨兴如	陈勇德	舒 斌
罗秀芬	付 勇	杨玉华	李华清	彭玉芳	李显军
喻 龙	张 坚	何洁玲			

表8-4-5 乡村医师名录

姓 名	科 别	姓 名	科 别	姓 名	科 别
李楚英	（灸疗）	罗云安	（中医内科）	陈世昌	（骨伤科）

续表

曹　斌	（中医外科）	杨志军	（西医内科）	佘仲文	（中医内科）
沈小南	（儿科）	罗福田	（西医内科）		
罗月安	（西医内科）	杨栋勤	（中医外科）	杨栋成	（中医外科）
李德清	（西医内科）				
杨　珍	（中医内科）	胡金泉	（牙科）	刘志全	（西医内科）
李志猛	（中医内科）	何友君	（中西内科）	胡文运	（西医内科）
陈志全	（中医内科）	胡顺清	（中医儿科）		
孙晓冬	（针灸）				
孙敬堂	（皮肤科）	孙光泰	（皮肤科）	孙长虹	（皮肤科）
陈子昌	（西医外科）	简夕华	（西医内科）		
文寿廷	（中医内科）	王开贵	（中西内科）	彭松友	（西医内科）
彭　良	（西医内科）	文成忠	（中医外科）	李茂堂	（西医内科）
沈华学	（中西内科）	严朝良	（中医理疗）		
蒋松廷	（眼科）	蒋银松	（眼科）	孙月武	（中医内科）
何　壁	（外科）				
程太平	（中西内科）	周国华	（骨伤科）	陈云丰	（中医内科）
张远谋	（中医内科）				

表8-4-6　乡村兽医师名录

罗志文	罗文华	简绍清	胡知白	陈　勇	严栋良	严　格
郑守华	严水泉	赵　东				

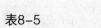

表8-5   民间能工巧匠人员名录

表8-5-1 泥工名录

张绍清	周绍安	王志远	罗 文	黄克华	张远福	李松廷
张学如	张康明	李玉成	王子清	张国权	黄友良	胡啟忠
胡啟坤	胡文跃	高永福	付克君	付建康	孙树全	黄德忠
杨绍良	何世良	唐树成	宋继池	佘德全	李青山	黄玉祥
黄玉书	严志学	余 刚	杨德全	黄绍华	余明久	徐克江
潘子成	潘子华	严树良	严孟良	徐建明	邓福成	胡啟学
孙文清	张树云	舒朋成	陈德明	黄玉碧	杨学明	刘建文
张泽松	杨加林	芶志福	彭继海			

表8-5-2 泥塑匠名录

舒金山	程子清	程国荣	张小梅（女）	付水全
肖 勇	潘文俊			

表8-5-3 木工名录

焦子清	焦绍明	彭光明	戚克云	张克成	杨廷福	刘伯清
杨廷松	杨廷德	杨国成	蓝茂廷	何昌玉	陈志彬	张仁甫
李蒙如	付青山	付青云	李学成	刘双全	余明礼	余玉龙
李云贵	李廷富	张学伦	张国清	王吉山	王文清	王元清
孙光兴	王月辉	周志明	陶树成	陶青云	陶茂成	陶志明
陈世全	张庆云	张志成	宋继明	杨青山	王崇德	万绍成
谢世轩	刘晓廷	黄德超	张茂全	郑克成	郑子流	杨孟良
杨孟旭	程太国	程太全	蓝旭成	吴玉良	何子清	赵维强
李文秋	杨子成	李治清	彭宪章	李世如	张水志	张小林
张木全	张跃明					

表8-5-4　其他能工巧匠人员名录

雕刻匠	徐子清	张慎履	张慎江				
解　工	李栋成	廖清云	王炳林				
石　工	刘茂堂	马云炳					
漆　工	李　刚	胡建清	戚清和	王秀君	严茂英		
篾　匠	王玉顺	王全福	徐石明	李南山	李栋良	吴绍清	戚茂成
	杨志成	李廷章	焦银山	杨国轩	何明清	程绍清	
铁　匠	罗茂清	蒋永清	蒋永丰	杨志昌	杨志强	陈学林	杨志彬
	胡文良	任志全	罗月生	张国伟	刘仁俊	罗建成	杨志伟
厨　师	舒吉安	陶树成	舒德安	王伯清	叶绍云	孙绍成	王树林
	杨志熙	周青云	彭吉庭	李春庭	简锡田	何　良	朱玉章
	周友明	杨火明	徐平清	胡启元	徐福林	王南清	王春明
弹花匠	王兴顺	陈水清	谢加兴	王仲明	王天炳	徐平德	

表8-6　　　　　　　　　　　长寿老人录（90岁以上）

姓名	性别	年龄	户口所在地	代理人姓名
马惠清	女	102	大划划石桥村1组	
张黎元	男	90	大划镇石桥村12组	张乐孟
张志高	男	95	大划镇德寿村	魏光全
杨淑珍	女	95	大划镇通达路1号	
邱道先	女	91	大划镇通达路1号	向学兰
王炳生	男	92	大划镇石桥村19组	王桂良
李国藩	男	90	大划镇石桥村18组	
李惠明	女	91	大划镇石桥村18组	陈志林
高淑华	女	90	大划镇石桥村17组	李代康
王淑芬	女	90	大划镇石桥村16组	李代龙

刘永琳	女	99	大划镇石桥村13组	蓝中乐
兰少和	男	93	大划镇石桥村13组	兰 前
张亿成	男	90	大划镇石桥村10组	张永彬
张子元	男	91	大划镇石桥村10组	夏康云
罗旭珍	女	96	大划镇石桥村10组	康术英
张 青	男	91	大划镇石桥村6组	张远其
张德顺	男	98	大划镇石桥村6组	张应良
陈月英	女	90	大划镇石桥村4组	张远祥
张学良	男	90	大划镇石桥村4组	张维清
王吉清	男	91	大划镇石桥村1组	王寿喜
张济川	男	91	大划镇净居村8组	张其昌
王玉贞	女	93	大划镇净居村7组	蒋 勇
张海民	男	92	大划镇净居村9组	兰 秋
张淑英	女	91	大划镇净居村9组	张泽伟
廖英华	女	93	大划镇净居村13组	舒 玲
周庆丰	男	91	大划镇净居村4组	周万清
万会芳	女	91	大划镇净居村8组	余秀贞
徐润群	女	90	大划镇净居村9组	张泽羊
杨志良	男	90	大划镇净居村4组	杨加轩
王学清	女	92	大划镇净居村6组	胡素英
刘启明	女	92	大划镇灰窑村8组	孙召勋
蒋秀英	女	93	大划镇灰窑村5组	杨绍翔
孙玉英	女	92	大划镇灰窑村5组	郑 惠
冯玉华	女	90	大划镇灰窑村5组	杨加良
胡兴元	男	92	大划镇灰窑村4组	胡志伏
王玉华	女	90	大划镇灰窑村3组	陈淑华
李淑芬	女	92	大划镇灰窑村3组	孙照海

续表

焦玉珍	女	94	大划镇灰窑村9组	杨进全
马素英	女	94	大划镇灰窑村4组	陈开松
余志成	男	95	大划镇灰窑村3组	余健康
宋登泽	男	97	大划镇划石村12组	宋加玉
秦淑君	女	97	大划镇划石村12组	张玉兰
孙瑞清	男	93	大划镇划石村8组	
陶茂成	男	90	大划镇划石村16组	陶茂成
黄子华	男	90	大划镇划石村15组	张春秀
刘息秀	女	90	大划镇划石村15组	张淑君
朱子成	男	91	大划镇划石村14组	严静川
黄淑媛	女	93	大划镇划石村14组	杨天
鲜淑芬	女	93	大划镇划石村12组	张世德
李长银	男	91	大划镇划石村5组	
罗秀英	女	91	大划镇登田村11组	游玉文
王吉山	男	95	大划镇登田村8组	王桂昌
简明元	男	90	大划镇登田村7组	简应强
李素英	女	97	大划镇登田村7组	简小林
雷淑英	女	93	大划镇登田村5组	张永清
张绍文	男	92	大划镇登田村5组	张素云
张淑群	女	92	大划镇登田村5组	王家智
李义	男	90	大划镇登田村4组	印军
黄友为	男	90	大划镇登田村4组	黄启
潘韵娴	女	94	大划镇登田村3组	康军
李素华	女	93	大划镇登田村2组	杨平
张国明	男	92	大划镇登田村2组	张成学
王素英	女	91	大划镇登田村1组	廖素云
蒋淑英	女	93	大划镇登田村1组	严朝春

彭玉芬	女	95	大划镇德寿村10组	陈仁金
王玉英	女	95	大划镇德寿村3组	王金文
李旭青	女	93	大划镇德寿村10组	李素兰
刘永昌	男	93	大划镇德寿村15组	孙碧群
杨绍林	男	97	大划镇德寿村18组	杨水泉
杨淑芬	女	93	大划镇德寿村18组	张 江
何术英	女	92	大划镇德寿村21组	罗元军
孙玉芬	女	91	大划镇德寿村19组	廖学君
王淑华	女	92	大划镇德寿村18组	杨建康
杨建中	男	91	大划镇德寿村18组	杨志良
何长云	男	90	大划镇德寿村15组	何志茹
徐明兴	男	91	大划镇德寿村13组	徐水全
黄茂英	女	92	大划镇德寿村13组	徐金全
廖沅清	男	90	大划镇德寿村12组	胡泽忠
盛秀云	女	90	大划镇德寿村10组	孙国明
陈树堂	男	91	大划镇德寿村10组	陈仁金
孙志明	男	90	大划镇德寿村10组	孙玉良
张克成	男	91	大划镇德寿村9组	张国忠
周淑群	女	90	大划镇德寿村9组	王永全
季莲英	女	90	大划镇德寿村7组	赵玉英
李庆忠	男	92	大划镇德寿村5组	李文滔
李淑芳	女	91	大划镇德寿村4组	李德君
李云富	男	91	大划镇德寿村2组	李建明
李学琴	女	90	大划镇德寿村1组	付水泉
张玉书	女	90	大划镇崇镇村21组	刘东利
谢松廷	男	90	大划镇崇镇村19组	谢学成
侯玉莲	女	91	大划镇崇镇村16组	谢友志

李治清	男	92	大划镇崇镇村15组	刘秀英
王店华	女	94	大划镇崇镇村14组	李建群
赵仲英	女	97	大划镇崇镇村13组	张 坚
焦淑英	女	99	大划镇崇镇村13组	高玉英
舒玉良	男	92	大划镇崇镇村11组	
王宪章	男	90	大划镇崇镇村6组	罗文丽
王玉芳	女	90	大划镇崇镇村6组	周福全
舒牟氏	女	95	大划镇崇镇村5组	姚淑英
焦俊清	男	90	大划镇崇镇村3组	焦 涛
戚海云	男	92	大划镇崇镇村2组	赵会茹
苟文佑	男	90	大划镇白果村3组	
雷学如	女	90	大划镇白果村15组	沈文忠
蒋树成	男	92	大划镇白果村5组	蒋德昌
徐海山	男	93	大划镇白果村16组	徐 东
严秀清	女	94	大划镇白果村9组	夏仲成
徐王氏	女	95	大划镇白果村1组	徐凤英
彭徐氏	女	96	大划镇白果村13组	彭玉芬

（丁志学　执笔）

第九篇 杂志

崇庆县大划乡农家经济状况调查（摘录）

许纯熙著　肖岩整理

　　作者开宗明义，以中国数千年来以农立国、农业实为国家之命脉，农民土地是国家主要财富之来源，而农业收入则为国家经济基础，农产品为输出贸易之最重要的部门立论，农民福利则应为国家施政对象，推论出要复兴民族、建设新中国，要想彻底明了与解决中国的社会问题，自当着眼于农村。由于作者自小生长于农村，又对农村发生兴趣，自然也成为他作此调查研究的初始动机。

　　对于为何要作出调查，作者认为要复兴农村，解放农民的先决条件必须要用科学的方法搜集农民的生活资料，并加以详细的分析与研究，然后将全部的农村生活予以整理，寻找彼此关系相连之处，方有头绪可寻，改良事业的计划才有根据，困难问题的解决才有凭借。其次，抗战以来各个阶层受到影响而产生变迁，作者亦想借此机会来窥知农民生活的变化由来。此调查以农村经济方面为主，以家庭为单位来知晓两个方面：一是全家各项收入是多少？二是各项支出是多少？

　　作者调查的范围，以大划乡所辖者为限，而以大划场及其关系的家庭为主。他的调查对象，是借一位在场上居住，有一定社会地位，同时与各方关系熟悉的人来帮忙做介绍工作，再由在该中心小学任教的朋友杨君，并以该小学学生家庭及他们介绍的亲朋家庭为主，做了100余家的调查。至于调查方法，乃按照调查目的所拟定的表格，包含110多个问题，采用选样调查的方法，在这100多个住户中，做了个别的家庭拜访，最终完成了这个调查的目的。

　　在那个时代，个人要做这样较大规模的调查，难度之大可想而知。所幸的是，作者许纯熙有得天独厚的"地利"与"人和"：一是因为走亲戚的关系，从小即在大划随时往来；二是他的妻子雷永伟也是大划人，成亲前后十几年常来常往，去了也爱在场上坐茶馆，直接和间接都认识了不少的人。在调查开始后，作者随同表弟谢世俊到几户同宗及亲戚家做采访，对要了解的问题逐一询问。接着，又通过保国民学校的学生，深入到7户家庭进行调查，最后，再请大划乡乡长简瑞林协助，将中心小学校校长介绍给他，由该校学生带领他回家向家长做经济调查。由于是层层通过熟人介绍，并由他们代为说明调查缘由，使被采访者没有戒备防范心理，更不会觉得是要抽丁纳税，而是作为学术研究之用。再由作者详细讲解，获得他们的理解之后，才开始逐一询问，将他们的答复一一填入表格之中。同时，又蒙大划乡中心小学教师杨君甘做"志愿者"，协助调查了20余家，又在中心小学中、高年级学生中统一发放表格，由学生按表中所问填入答案。由于填表者年龄较小，缺乏经验，有些填写项非调查所需要，发出的50多张调查问卷，仅有24张可用，但也实在难能可贵。

当然，民国时期的中国，社会调查作为一种新兴学科，就是在文化程度比较高的中层社会人士中，也很少有人了解其意义和作用，更何况这些目不识丁的乡村农民，因此，免不了要遭遇到许多难以沟通的困难。无论调查人如何不厌其烦地向他们解释，被调查人仍然难以明白这类调查的目的，尽管有当地人士的协助与说明，但仍会发生各种怀疑与忧虑。究其根源，是乡下人最怕动到他们的财产，而调查中关于财产的内容又特别多，他们生怕就此会产生增税或捐税的事情，所以，往往会惊异地反问道："这样子刨根问底，到底是想要做啥子哟？"有些贫穷家庭以为是来放赈的，就故意将实际情况说得更穷些，期待能得些吃的或是穿的，也有些人以家贫为耻辱，为了顾全面子，就将生活状况夸得很好，因而他们的回答都不够准确。

令调查者最头疼的，尤其是中国人习惯性的"模糊思维"和"模糊语言"，对于数字缺乏精准概念，"几十个""几百""差不多"之类，是惯用的回答方式，问他几千元，回答也是几千元，将问题重述一次，而他们则认为是满意的回答。关于家中所用各种物品的数量和用费，平时都不注意，至于家庭记账一事更是极少有，从来都没有把费用正式记录过。这些家庭用度确实简单，他们最爱说的是："今天有钱今天用，明日有钱明日用，有钱多用，无钱少用，反正是过穷日子，哪里知道多少哟！"或者更简单地说一句："弄点吃点。"因此许多家庭的经济细账，是要经过调查者一样一样地推算才能得出，这是非常耗费时间和精力，也是很麻烦和头疼的事情。尤其是四川在抗战期间实行"兵役法"，大量青壮年不断被征走上前线，在此期间，当一提及人口便被主人家怀疑又要"抽丁"，人口数目更难准确获得。这些问题，在调查工作开展时，可以说是天天都会遭遇的"常态"了。

据大划乡于民国三十四年（1945）的统计，当时全乡共有20保，住户2237家，人口15474人（男8325人、女7149人），平均每家为6.9人（男3.7人、女3.2人），全乡总面积约为247平方千米，每平方千米人口密度为62.75人。明末张献忠之乱和清兵入川，本地原住民几乎被屠杀殆尽，现住人口多系湖广迁移而来，以广东者居多。在被调查的100个家庭中，共有人口470人，在场上与乡下均以4口之家为最多，乡下最大家庭有12口人。其相差原因，是乡村多系农家，场上多系经商，但场上家庭也有乡下家庭的分支，或母子年老幼者都在乡下居住。这些家庭中大多是夫妇子女同居，其次为父母三代同居，弟兄或四代同居者极少，场上的三代同居比乡下的少，这是由于大划乡普遍都比较穷，富家都到城里去了，所以大家庭的维持颇不容易，只要能谋生就各奔前程，弟兄分离而单独居住了。

在作者调查的100家中，有副业者，场上6家，乡下18家，除了在场上开店当铺主，就是做小贩（如贩麻）、堂倌和学徒。乡下则推鸡公车、织布、做泥工和小工等。男子离家在外谋生的极少，大多为壮丁被征服兵役。

较能说明20世纪40年代末乡村产业情况的，在调查的100家中，自有产业者较少。在场上50家中，有田产者计8家，最多是80亩，8家田产的总数为267亩，平均每家仅占5.3亩；乡下50家中，有田产者计14家，最多为150亩，14家田产之总数为471.2亩，平均每家为9.4亩。此100家中并无大地主。但据本乡人说，大划乡有一个姓易的地主，全家人口在30人以上，有田产700余亩，因距中心场镇较远未及调查。自有土产的，在场上的50家中，计有8家，最多的为9亩，8家土产之总数为26亩，平均每家占0.52亩；在乡下50家中，自有土产者计16家，最多者为10亩，此16家土产之总数计52亩，平均每家为1.05亩。

几千年来，主要产业除了土地就是房屋。场上50家，自有房屋的计25家，房产最多的是15间，而有3间者最多，25家有房屋总共有145间，平均每家2.9间；乡下的50家中，有房屋的为24家，最多的为24间，24家房屋的总数为179间，平均每家3.6间。

无田而租田耕种的佃农，场上仅2家，但他们是原本住在乡下的佃农，分出住于场上营商，一部分人仍留在乡下耕种，只是赶场期时来场上，非场期时仅留一人在场上看守。在本乡佃土耕种者，场上50家中计5家，乡下50家中计10家，最多为15亩。本乡租佃房屋者，在场上比较多，计有32家，乡下则比较少，其原因乃乡下在租佃田地时，随之附有住所，而专租房屋是很少的事，故仅6家（其中场上3家，乡下1家为自有房屋而佃租别人者）。在调查对象中，借贷当物都很少。作者推测，系他们为了尽量降低生活水准，以自己的生产来维持基本生活，所以借贷当物都很少。有一家农人生活难以维持，调查者问他为什么不做小生意，他答复无本钱。问他为什么不借呢？他说：谁愿意借给穷人呢？同时邻居都很穷，哪里有钱借出来？

在调查到田租、地租、房租时，一是三者连同租出较多，难以单立。再是当时币值飞涨，每石黄谷折合法币100万元左右，每石小麦时价170万元左右，每石菜籽160万元左右，且在作者写成论文之时，当初调查的物价数字已失效，动辄以百万为单位，数字太长，不便制表填写。据100家收入调查，乡下50家中，主要收入为农家，占68%，次为商工界。在农家最高之收入额为2.5亿元法币，但系地主，拥有150余亩田，可获谷300余石，以市价200万元计，可获以上收入。其次为商家，最多额为3600万元。

大划场的居民主要食品是大米。在调查的一年中，在场上吃大米最多的以当时每石200万元计，是1200万—1400万元，而乡下最多的为1800万—2000万元。场上最少的在200万元以下者有5家，乡下在200万元以下者有2家，而最普通的米费，场上是200万—400万元，在100家中占40%；乡下仍是200万—400万元最多，在100家中占24%，乡下米费多于场上，其原因是工作的不同及乡下家庭较大的缘故，故米费亦有差别。此外，麦面食用者不多，场上50家中仅有3家，乡下50家中有13家，而且还是利用自产的麦子。至于为什么吃麦面的人少，答复"吃麦吃不饱，吃了烧心"。可见大、小麦虽在川西一直都有种植，但人们还是不太接受，除了青黄不接时偶做代食品，更多的是做饲料之类其他用途了。

本乡所吃肉类为猪肉、牛肉、羊肉3种，而以猪肉为最多，大多数家庭除在新年、端午、中秋、七月半四大节用肉外，每月初二、十六，也是用肉的日期，俗称"打牙祭"。在100家中只有1家因为信奉回教不吃猪肉，其余99家都吃猪肉。在场上有7家、乡下有13家吃牛肉，牛肉虽比猪肉便宜，但大多数人认为有腥气，且味道不及猪肉，同时，还有一种不道德和残忍的心理病及迷信观念（即人死后有可能变牛做马）。吃羊肉的家庭和时间则更是少之又少了。

至于蔬菜，则更是几乎没有买菜的家庭，都是自己栽种，仅有一两家地主家有蔬菜费用支出，也是偶尔增添或品尝新鲜时令蔬菜而已。一般家庭普通吃的主菜，大多如萝卜、莴笋、芹菜、白菜、青菜、辣椒等。

本乡百姓所吃的盐，多系黑色块盐（非精制盐），每斤价12500元，场上的人家人口少，用盐也少，乡下则用盐多，因为要做豆瓣、晒酱、咸菜等。另外，劳力的人需盐量大一些，有时无菜，即以盐代菜下饭。

农家煮饭和猪食的主要燃料是柴，取暖有用木炭也有用柴的。柴的种类繁多，有青冈、松柴、杂柴及茅柴等，用斤或用捆计算，每捆大小不一，最普通是4万元一捆。场上有21家无柴费，乡下有38家无柴费。100家中，大多数只买一部分的柴，用来补充烧自家农作物秸秆之不足，有的家庭根本不买或无钱买，终年靠拾取枯枝草柴来做燃料，贫穷家庭的妇女小孩，常年多做此项工作。

粮税就是上"皇粮"，杂税就是交"国税"。纳粮出款本来国家有明文规定，多少田地应纳多少粮税及多少杂税款，但是各地方实行起来则各有不同。本乡的粮税则分田地之好坏而有差异，普通一亩规定要纳粮税2—2.5斗，杂税则包括省、县公粮及积谷和地方杂款，大概每亩田纳杂税在1—1.2斗。上项税款大都指地主而言，一般佃农亦有很少税款的缴纳，这种田赋征实的现象，也是战时的特殊现象。对所出的国杂税大多数家庭是含糊不明的，他们常提到的是修路、乡公所提公费、队丁食谷、小学教师米贴，商业上有公会费。由此可知，乡下的老百姓只知道出钱出米，政府要就拿，他们有句俗语"出钱为公德"，而毫不知道纳税的内容，更不知道政府拿去的钱如何开支。

在农村中除极贫家庭外，对于一年中的四大节都会尽力庆祝，最重要的是新年，其次是中秋节，端午节次之。过年费大多数为肉、面、酒、纸、鞭炮及其他敬神用的物品。在这100家中，每家均有年节费，富庶之家必杀两三头肥猪，将肉加以熏或腌，用以享受。所以，在场上过年费最多用到500万元的有3家，乡下500万—1000万元的有1家，耍灯的鞭炮费都相当惊人，他们过年费都用到四五石米之多，系地方筹措。场上最少的过年费是20万元，最普通的为100万元左右；在乡下最少的过年费是30万元，最普通的仍是100万元左右。当然若以30万—1000万元来作比较，贫富差距就相当巨大了！

几千年来，中国乡村从来都是人情社会，平时的待人接物和亲友礼仪的交往应酬费，在100家中，场上与乡下均有用到500万—1000万元的，富有者甚至保有春酒的习惯，以招待地方长官或亲戚朋友。

酒费也是一项较多的支出，乡下吃酒的人特别多，这大概是由于要出劳力的原因。虽然调查者曾遇到好几家都在吃酒，但大都是有酒无菜的"冷单碗"。在场上赶场的人，亲友相会不管有事无事，大家就相约到酒馆吃酒，之后又到茶馆坐坐，谈天说地、扯家常、理是非，或借此交涉些事情。作者认为，这或许是他们辛苦工作后所得到的松闲，或精神上的快乐及生活上的调剂吧！

结婚是每个家庭的大事。调查期间，在场上的50家无婚费支出，在乡下有两家，一家是2000万元，另一家是4000万元左右，这其中的用费多半是酒席和衣饰等。嫁妆在乡下亦有3家，2000万—

300万元的有两家，还有一家仅用去500万元。

尽管大多数家庭都不富裕，但对酬神也不敢轻慢。除祭家神外，其他的雷祖会、观音会、佛祖会、灶王会，一般家庭都会有所表示。场上50家中，有9家无此项支出，乡下50家中，则仅5家无此费用。此外，对于慈善施舍，不管多少，还是有1/3的家庭会愿意"贡献"，如场上有施舍费的计15家，金额在1万—1.5万元；乡下计19家，在1万—8万元。

在调查的100个家庭中，大多数民间借贷的月息为大2分，就是1万元每月有2000元的利息。其次为"敲敲利"，即以1万元借出，每日由借者还400元，一月后本利还清为12000元，仍为大2分息。在场上有2家有此项支出，计200万元、400万元各1家；乡下50家中亦有2家，计20万元、400万元各1家。

在100个家庭中，有学生53人，大学8人、高中3人、小学31人、私塾11人。在学费方面，小学用钱最少，大学、中学用于此项的开支，以当时200万每石的谷价计，每年总在2000万元左右。

综合而论，大划乡这100个家庭的支出，可分为食品、衣服、燃料、粮杂税及杂项等项。在场上的50家中，家庭主要的支出为食品，占56.49%，衣服占7.4%，租佃费较少，仅占4.65%。若拿杂项占19.03%来看，大划乡的经济情形尚不算坏，因为每家除了用于食品外，尚有余钱来分给杂项支用。但就100家全年收支盈亏而论，亏者总在多数，他们尽量节约，只能维持现状，在没有办法时，即用其他杂粮或离家为佣补其不足。在场上50家中，盈者占12%，亏者占22%；在乡下，盈者占10%，亏者占38%。大体而论，场上的家庭经济情况比较相近，乡下的经济状况就颇为悬殊了。

作者经过对当时农村社会生活不振的调查，提出了七条改良之见：一是改进农业技术；二是利用荒地扩大农场；三是提供生育节制以减轻人口压迫；四是减少农村各项苛捐杂税；五是兴办农村各种公益事业；六是发展交通，改进运输；七是提倡事业，振兴水利，减少灾荒，运用合作制度等。但要解决中国农村问题，作者认为首先要重视政治的清明，社会得以安定，上述诸法方能顺利进行。同时，应特别动员社会工作人员深入农村，实地推行，否则难有成效。

（摘选于《崇州文史资料》第三十一辑）

开创全省先例的崇州第一所敬老院

大划敬老院位于石桥村15组原李林泉大院，最初叫五保幸福院，是1958年在四川省民政厅厅长干玉梅和崇庆县委（今崇州市，下同）的具体指导下成立的崇庆县第一所敬老院。政府把全乡40多名无依无靠的"五保"老人、孤儿和残疾群众组织在一起生活，并配备院长、会计各1人和2名工作人员。《四川日报》报道说，它为全省建立敬老院开创了先例。1958年9月1日，崇庆县委批转政法党组的调查报告，要求各乡仿照大划经验，争取国庆节前将所有"五保"人员集中生活。巧合的是，同年12月10日，中共中央八届六次会议《关于人民公社若干问题的决议》提出：要办好敬老院，为那些无子女依靠的老年人（"五保"户）提供一个较好的生活场所。为此，相关部门随即将大划五保幸福院改为敬老院。1958年底，崇庆县各乡镇以大划为榜样，共开办敬老院26所。

1953年，徐惠彬被评为军属模范，同年10月，参加第三次中国人民志愿军赴朝鲜慰问团，和许多志愿军战士坦诚交流，感知他们的英勇和大无畏牺牲精神。回国后，仅1952年至1955年，徐惠彬先后将不同姓氏的8名老红军、复退军人和孤寡老人收留身边，组成别具一格的八姓之家，受到省、地、县领导赞誉。时间一长，徐惠彬萌生了创建幸福院的想法，和当时的党委书记协商、上报后，受到了四川省民政厅和崇庆县委、县政府的大力支持。

大划敬老院鼎盛时期，人员多达200余人。院内种植水田24亩，闲时竹编、养蚕、打麻纱、绞挂面、喂猪等，老人们的生养死葬、衣食住行及理发、医药等开销全部免费，而且每月还按实际情况给每个老人发给零花钱。敬老院老人，另外由生产队每年每人付给黄谷480斤、人民币30元、菜油3—5斤，衣服1套。老人们经常摆谈说：要不是共产党，我们的骨头早就打得鼓响了。

（摘选于1991年版《崇庆县志》）

"七七"剧队成立了

1938年，我县农村中几所单级小学的教师（平均年龄不到25岁），有白衣庵小学的杨湘海，何家庵小学的罗英寿、张纯如，东岳庙小学的蒲泽柱，王石桥小学的余孟勋，净居寺小学的魏鸣岗，道明乡宗梁庵短期小学的周硕才，大划乡小学的罗天仞、岑晓雯等，基于爱国热情，为宣传抗日救国的道理，首先在教学中增加抗战教材，继而几度商量组成了抗日救国宣传队。鉴于7月7日爆发的卢沟桥事变，取名为"七七"剧队。后来，参加剧队宣传活动的还有小学教师方志孝、肖石洲、王杨韩等。

剧队一成立，便接着一连串具体问题：

剧本哪里来？

能买就买，不能买就自己编写。

戏剧怎样演出？

能者为师，互教互学，边演边学，独立思考，集体演出。

经费在如何解决？

自己掏腰包（当时小学教师每月工资仅能糊口）。

化装衣物和布景用具问题如何解决？

在哪里演出就在哪里借，用后归还。

剧台问题。

尽量利用现有"万年台"（演川剧的台子），必要时镶拢几十张学生书桌，或几张农民打谷的拌桶就是剧台。

就这样，一个充满爱国热情但物质基础极端匮乏的宣传队——"七·七"剧队就活跃起来了。

教师在抗战期中的主要职责是教学，剧队成立之后，在不影响教学的前提下，利用休息时间，积极排演戏剧节目，其中有：

话剧：《枪毙汉奸》《王保长的嘴脸》《大后方的麻木青年》《农民血》；

歌剧：《流亡三部曲》《松花江上》《河边对口曲》；

川剧（新戏旧唱）：《骂倭》《姑苏泪》《应征》；

曲艺：《金钱板》《莲花闹》《双簧》《哑剧》。

这些节目，都富有强烈的抗战内容，题材来源于当时的报纸杂志，有的故事由演员用戏剧的形式表现出来，全部台词由演员随机应变，灵活运用（有点像当时的文明戏），但内容必须是抗战的。如《王保长的嘴脸》是揭露国民党的保长以派壮丁为名，向老百姓敲诈勒索、劫取钱财的丑恶行径。又如《骂倭》（川剧）描写一位中国军队的抗日排长不幸受伤被俘，在敌人面前坚贞不屈、痛斥敌人侵略罪行的英雄形象。

节目排练成熟，正式演出。为了不耽误学生的学习，教师们利用节假日，先在各自的学校中，以开"恳亲会"的名义，招徕观众，当场演出。然后，又利用附近场镇的赶集日期公演。剧队不论在任何地方演出，从来不收取观众一分一文，在学校演出时，还为观众备有茶水和坐凳。

虽然节目远不及所谓的"阳春白雪"的艺术水平，但由于它宣传抗日主张，鞭挞了卖国求荣的汉奸、发国难财的贼子贰臣，深受广大群众的热烈欢迎，从而"抗日则生，不抗日则死"的观念，深入人心，"七七"剧队在一定程度上成了我县抗日救国的宣传队。

从1938年到1942年的五年中，"七七"剧队先后演出了50多场，观众计七八万人。

有一次，在净居寺小学演《流亡三部曲》歌剧，不少观众流出了悲愤的眼泪。有的甚至还送食品给台上扮演"流亡人"的演员，可见情之切，意之深。台下响起了"打倒日本帝国主义"的吼声，台上的演员和工作人员深受感动，也振臂高呼"打倒日本帝国主义"。

观众与演员的心，融合在一起，抗击侵略者的决心也交织在一起，整个剧场充满了同仇敌忾的气氛。

有一次，在大划乡万年台上演《王保长的嘴脸》的话剧时（当时大划乡第一保保长就姓王），台下有观众说："我们的龟儿子保长，就是这个鬼样子。"

总之，剧队反映着人民的心声，人民通过剧队演出的节目，看到了民族和国家的危急，从而积极地投入了救亡图存的抗日救国运动中。

"七七"剧队曾经起到过强烈反抗日本帝国主义的疯狂侵略、积极宣传抗日的作用，但它毕竟是自发性组织，没有强有力的领导，又无经济基础，后来，随着教师的调动，工作地点的变更，"七七"剧队解散了。

虽然，"七七"剧队从成立到解体的时间不算很长，但是，可以看作我县人民反抗日本侵略的一个里程碑，剧队所进行的活动，是全县人民顽强反抗侵略者的一个不可磨灭的组成部分。

（摘于《崇州抗战烽火的记忆》 作者 陈超文 罗英寿 张纯如）

同志会暴动

1911年6月，四川保路同志会暴动。大划黄金村（现划石村15组）人黄树藩应江源贺相成（邓公举人）邀约，召集数百人于9月18日在金马河三渡水芦苇丛中伏击清军，把巡防军阻在东岸。当时李银山、沈步云、文殿云、乌方子等三四十人围击巡防军有功，被留驻县城。

成都"9·7"血案后，崇庆知州薛宜璜奉赵尔丰令，率队至城隍庙严禁保路协会开会，然而，县中各区同志会已纷纷举旗声讨赵尔丰。10月7日，同盟会会员黄树藩等在州城举事，逼薛交出印信，夺得政权。于当日凌晨以西湖举火为号，召集四方同志军入城，直抵州廨，毁狱轰署，人心大快。

州中同志军议定，分东南西北中五军，由张仕义、黄树藩、孙泽沛、黄步云、马光耀任统领，划区防守。后来，赵尔丰派兵攻打新津同志军指挥部，途经崇庆，中军马光耀不战让路。

11月2日，新津失陷，崇庆形势急转直下。11月14日，官军籍没黄树藩家，薛知州卷土重来，要"剪除同志军暨发起者诸人"，悬赏捉拿同志军首领。27日，大汉四川军政府成立，蒲殿俊任都督。驻州清军和薛宜璜撤走，同志军光复州城。12月8日，省城兵变，尹昌衡平乱后出任新成立的四川军政府都督。不久尹重编陆军，孙泽沛部编为第二镇第五标，孙任标统（后改为团长职称）。张仕义部编为州保安军，由张统领。其他三路同志军被遣散。薛宜璜复任崇州知州，省军诛杀黄树藩、黄步清父子，马光耀被捕后自杀。

（选编于1991年版《崇庆县志》）

兰茂延

民国三十年（1941）8月6日出版的《新新新闻》第八版刊载：崇庆县大划场绅民兰茂延，深明抗战建国、杀敌效国之大义，送子参军，特请求乡公所呈报县府予以嘉奖。大划乡中心学校为加强抗敌情绪，于10月30日在该乡表演抗敌话剧，以期唤醒民众。排演节目计有《黎城一角》《最后关头》等，观众三四千人，并举行"一元购机"捐款运动，成绩极佳。

（选自《崇州文史资料》）

周炳文火烧王石桥

周炳文，原籍崇庆县三江镇杀猪坎人，行伍出身，国民革命军"护国军"营长。奉命率部镇守松潘县一带，部队改编，兵员不足，加之受内部排挤，有衔无兵又无权，愤然率残部返回三江镇，重举大旗，增募兵源，只望东山再起。周的声势举动，被东二甲总保兼崇庆县东门联防队大队长张明清（别号幺贡）察觉，张误认为周炳文在三江镇抽棚子（集聚土匪）、摆摊子闹事。民国十一年（1922）冬，张明清带领团丁几十人到三江镇杀猪坎捉拿周炳文，因走漏风声，捉捕未遂，周炳文与张明清却因此结下了梁子。周怀恨在心，伺机报复。经侦访得知张明清是大划王石桥张家林人，张姓在当地是大族人家，张本人有钱有势，与崇庆县（知县）县官有密切往来勾结。于次年8月14日，探得逢赶大划枝，张带领团丁三四十人赶场去了，家中毫无戒备。周炳文带领四五十人，头缠红巾，身背大刀，手持啄啄火、火铳等，直扑王石桥，将张明清家团团围住，跟着进屋与张明清家人说明来意：第一是与张大队长借5支"汉阳造"用一用（因事先探得张有5支"汉阳造"），第二是来找张幺贡借千把块大洋给弟兄伙打牙祭。张明清全家老小吓得目瞪口呆。内中有一长工张五师灵泛，趁人不防，潜出大门，一口气跑到大划枝街上，在陈家茶铺内找到张明清。张明清即命张五师"吹洋号"集合人马，自己则先带贴身团丁10多人跑步赶回王石桥。周炳文提前探得消息，便将手下弟兄伙兵分二路，一路先去用柴草引火点燃王石桥的桥楼子，借此将张明清的团丁阻于黑石河西岸，另一路仍然返回张家林，凡是张姓宅院全部放火烧毁。哪知张明清所带团丁均系本地人，地盘熟，已从王石桥下面的"朱氏埝"涉水登岸，一时枪声大作，喊声连天。枪战约半个时辰后，张明清的人越来越多，周炳文寡不敌众，即令弟兄伙分两路撤退，一路沿黑石河到张板桥、兰家林，再在张明清的老丈屋点燃几处房子，想趁张带人去救火之际，好脱身撤走。周炳文带五六个兄弟伙突围至王石桥场口孙姓药铺内，店里只有一个捡药老头，周炳文问老头屋里有没有小轿子，老头答曰有，周说：给你50块大洋依我三件事——第一，轿子的上下帘要关好、关严，路上若有人问，就说是送亲戚家的"月母子"；第二，路上若有人盘问，要捞轿帘看，你一定上前阻止，说"月母子"难产才三天，捞轿帘怕冒风；第三，要把我送过"代王坟"。老头件件依从，周炳文坐在小轿里，几个弟兄伙轮流抬着，由捡药老人护送，等张明清的团丁扑灭余火，再来搜查时，周炳文早已逃得不知所踪了。事后清点，火烧30多户，计烧毁民房100多间，桥楼1座。后捡药老人亦被店主开除。

（沈汝清口述　严志华　程长发　宋永忠整理）

戚家桅杆

戚家桅杆位于崇镇村2组、3组之黑石河西南岸河湾，沿河湾分布有3个林盘，以戚姓居民为主，区域面积约460亩，故人们称此地为"戚家湾"。清初湖广填四川时，戚氏祖先由湖北孝感迁移至此。戚氏祖先戚声铭，曾在崇林县（今温江与郫县交界处）县衙任职，其子戚维藩、戚荣（崇庆县县志有记载）为文举人，故竖木桅杆2根，位于今崇镇村4组（下戚家湾），新中国成立时毁。康熙年间（约1699），戚荣之子戚汝云，中武举，竖石桅杆2根，位于现崇镇村2组（上戚家湾）。1964年，自然风化倒塌1根，目前仅存1根。

戚氏家族排行为：声、维、如、绍、汝、天、庭、光、克、学、启、发。

戚家湾自古以来名声远扬，仅在入川三代时间，就有几名功名显赫的优秀人才，并取得"文武世家"的美称。戚氏后人，秉承"国家当先，鞠躬尽瘁，勤劳朴实，宽以待人"的戚氏祖训和家族文化至今。

（崇镇村提供资料 胡文甫 罗天林整理）

李桅杆

地处于石桥村李家林（现石桥村15组、16组、17组李家大院），有木桅杆2根、石桅杆2根。

经考：

木桅杆，系李代福（李氏第十一代孙）之先人李鸿峦父子2人（进京赴考，惊驾被斩）中文举时所立，公社化破"四旧"中被拆毁。

石桅杆，系李锡川于清初中武举，在李祠堂处（现石桥村15组）竖立1根，18世纪中期，李元昇（字庆元）中武举竖立1根（现石桥村16组、17组处）。此2根桅杆于1964年末被拆除，用作修李家碾（石桥村15组）之石料。

（胡文甫 搜集整理）

净居寺

净居寺碑文：清康熙初，吴三桂据蜀称大周，其孙世藩洪化元年重建，康熙十年补葺，有松关道人心融碑文云：

昔周穆王西巡，登昆仑山，遥望白毫瑞映光相拂人，顾问左右曰：是何祥乎？大史对云：臣闻西方有神，其号曰：佛缘化己晕而晦迹归真，今斯瑞相，殆其是与文逮汉明感梦，声教流传西域，东华融会一宇将，非大圣之垂降，其就能开信于万几哉，厥后腾兰，二大德自葱岭应机而来，达于京都闻之，帝阙始到白马寺，于雒阳表之，中夏自天子王侯咸信之，至于间阎小民，莫不钦风格，化其归心者十室而九焉，于是海内名山列刹相望，钟鼓铿锵，遗文间出，充轫区宇，遥源濬波约而不竭，佛教西来，于斯为盛，崇庆之南域二十余里，有古迹，名净居寺者，蜀之望刹也！虽无镂石而里人相传到宋淳期间，远自青城发脉迤逦而来，近联雾岭烟霞，回环保障，宝月澄霁，遥瞻大峨之岭，庆云舒彩。目盼瓦屋之顶，锦水双江、渔火交映。若非古迹祇园乌得，诸梵备美，奕崇地之驻脉也！襄因蜀贼煽虐燎原，逆焰壁阁灰飞，惟遗故址，瓦砾森然，幸嘉州二禅圆启、圆钟两支南游卓锡，于此目击荒凉之状，共叹昔之精蓝，今为荆棘也！倘不因斯旧址踵而新之，恐后湮没尽为犬兽蹄马迹之场矣！于是发愿苦行艰心，自种力食，谒本州绅庶众善共议斯举，鼎建大雄绀殿左右廊庑、山门兼塑金姿保相，宗风衍派。古刹维新，钟鼓复震于一方，香火重光于万世，厥工告成索余为记，余自恨不才，岂可以蠡见测海固二僧之恳，掇向所谕者，书以授之，镌诸碣石，永垂不朽！

净居寺：坐居于今大划镇净居村3组地界。该寺在大划庙宇中是具有代表性的建筑。寺庙坐北向南，总面积10余亩，四面围墙，正中殿宇3所，大小天井4个，三叠水山门，庙门两旁有古桂2株，高一丈有余，枝繁叶茂，树形美观。整个寺庙殿宇都是台阶式的，后殿高而前殿低，最后的大殿还建有经楼。殿楼耸峙，巍峨雄伟，柱大且圆，兼有雕刻塑造，栩栩如生。殿堂地面全为斗方柴砖铺设成斜纹。各殿宇的建筑都为花脊爪角，绘凤描花；左侧一院是和尚住持的禅房、斋堂、柴房等，对门有万年台一座，精舍俨然，幽静宜人。

注：此文系净居寺碑记，文无停顿，标点系编者所注。1950年改建为大划仓库。

（胡文甫　搜集整理）

文物出土

1987年1月25日，万寿村3组李水全家建房，挖出古代青铜器共4件，送县文管所。1996年5月21日，在成都市博物馆，经国家文物鉴定专家鉴定确认为战国错金银青铜带钩，属国家一级文物。原名错金铜带钩，战国时期生活用品，长23厘米，重443克，形状略呈"S"形，鸭首，凹形折沿成匙状，中心有圆钮，凸面腹部微凹，阴刻勾连窃曲纹，采用错金银工艺填充，凹陷处形成美丽图案，至今光彩熠熠。其余3件分别为：

铜斤　形态特征：銎孔长方，两端从中斜折，略呈六角形，銎部有折弦纹，刃宽9.3厘米，呈圆弧形。1993年3月23日，经四川省文物鉴定专家鉴定为二级文物。

铜钺　形态特征：銎孔为椭圆形，刃部圆形，钺身与刃部相递加宽，整个钺形如同一袋子，谓巴蜀袋形钺。1993年3月23日，经四川省文物鉴定组鉴定为二级文物。

铜剑　形态特征：剑锋呈三角形，钝尖，剑身收分较小。剑身与茎之间无饰，茎呈扁圆形，下小上大。1993年3月23日，经四川省文物鉴定组鉴定为三级文物。现存于崇州市文博馆内。

（摘于崇州文史资料及文管所档案）

第十篇 大花枝文征

第一章 文案卷宗

三江镇人民政府、大划乡人民政府
联合勘定的行政区域界线协议书

　　根据崇州市政府《关于勘定乡镇行政区域界线工作实施意见的通知》（崇府发〔1998〕28号）的精神及崇州市勘界办公室《关于下达1998年乡级边界线及三交点勘定任务的通知》（崇勘发〔1998〕2号）要求，双方乡（镇）勘界领导小组及村、组负责人在对所辖乡级边界线进行实地踏勘的基础上达成共识，无异议，并于1998年6月18日在三江镇会晤，达成协议如下：

　　一、组织领导

　　由三江镇与大划乡勘界领导小组共同组成联合勘界领导小组，负责双边乡（镇）间边界线的全面勘界工作。

　　二、本段乡级边界线起止点及长度

　　边界线涉及双方共7个村22个组，起于三江镇群舸村3组与江源镇文观村7组及大划乡石桥村10组之三交点，止于三江镇西江村12组与大划乡白果村7组及大邑县董场镇合林村之三交点，两三交点之间边界线长度为7.42千米。边界线标绘在四川省测绘局出版的1：10000和1：5000地形图上。标绘精度符合技术规定要求，作为本协议书的附图。

　　三、边界线走向说明

　　三江镇与大划乡接壤的行政区域界线总长约7.42千米。边界线起点为三江镇、江源镇、大划乡边界线交会点，终点为三江镇、江源镇、大邑县董场镇边界线交会点。

三江镇、江源镇、大划乡三乡镇边界线交会点位于三江镇祥铜村3组与江源镇文观村7组及大划乡石桥村11组接壤处的田坎上。图解平面直角坐标：x=3377，y=35381419。东距辉何寺25米，西距小路转弯处145米，北距水渠转弯处91米。

从三江镇、江源镇、大划乡三乡镇边界线交会点起，界线向西35米，折向北35米，折向西82米，折向南偏东南50米，折向西北105米至水渠中心线，界线顺水渠中心线140米，折向西偏西南40米，折向南偏东南125米至小路转弯处，折向南35米，折向西偏西南40米至水渠，顺水渠中心线25米，折向西偏西南55米，折向北偏西北200米，折向西南235米至黑石河东岸，横跨黑石河20米，再由黑石河西岸起，向西北顺鱼塘边线205米至小路，折向西50米至水渠，折向西北顺水渠30米，折向西偏西南170米至小路，折向南偏东南顺小路145米，折向西偏西南50米，折向东南30米，折向西偏西南50米至水渠，顺水渠中心线60米，向西偏西南123米至大路，折向北顺大路左侧125米至水渠交汇处，横跨大路15米，折向西偏西南顺小沟中心线80米至大桥，折向西北顺小河中心线915米，折向西190米至另一小河中心线，折向西北顺小河中心线520米至白马河中心线，界线顺白马河中心线3440米至三江镇、大划乡、大邑县董场镇边界线交会点，边界线总长度为7420米。

三江镇、大划乡、大邑县董场镇三乡镇边界线交会点位于三江镇西江村12组与大划乡白果村7组，大邑县董场镇合林村11组交界处的白马河中心线上，图解平面直角坐标：x=3381820，y=35379289。北偏东北距晏林190米，东北距小路交叉口120米，西距水渠入水口50米。

四、骑界的永久性建筑，如公路、水渠、河流、高压线铁塔等，应由双方共同护理，永久保存。

五、边界线两侧的插花地、飞地，以崇州市土地详查资料为依据，其所有权、使用权及其他资源权属保持现状不变。

六、边界线两侧的竹木林地及居民的零星生产、生活活动及设施均维持不变。

七、本协议书和附图经双方乡（镇）人民政府签字盖章，报崇州市人民政府审查批准后生效。

附件：
三江镇人民政府和大划乡人民政府联合勘定的行政区域界线协议书附图。

三江镇人民政府（盖章）　大划乡人民政府（盖章）
代表签字：雷泽全　　代表签字：杨文全
一九九八年六月十八日

大划乡与集贤乡（大集线）行政区域界线勘定工作总结

根据省、市有关勘界指示精神和崇州市政府《关于勘定乡镇行政区域界线工作实施意见的通知》（崇府发〔1998〕28号）通知精神，在市勘界办公室的具体指导下，在大划乡、集贤乡党委、政府的重视支持下，两乡（镇）勘界工作领导小组于1998年7月22日签订了《大划乡与集贤乡行政区域界线联合勘定实施方案》，按照商定的计划安排，双方本着尊重历史、尊重现实，有利于安定团结、资源开发、经济发展，坚持从实际出发，实事求是，顾全大局，互谅互让的原则，经过共同努力，在有关部门的支持配合下，完成了两乡（镇）之间2.56千米的行政区域界线的室内外核定、图上作业及资料的汇总、整理工作。1999年5月联合勘界工作基本结束。

一、主要做法

大划乡与集贤乡行政区域边界线涉及双方5个村13个组。边界线由北向南从大划乡、集贤乡、崇阳镇三乡镇交会点起到大划乡、集贤乡、大邑龙凤三乡镇交会点止，全长2.56千米，为平坝区。

（一）勘界准备工作

行政区域界线的勘定工作是我国有史以来的第一次，政策性强、技术要求高，为了保质保量地完成大划集贤边界线的勘定工作任务，准备工作是前提。根据市政府要求，于1998年7月成立了联合勘界领导小组，组长由勘界双方领导小组组长担任，两乡镇勘界办抽调技术骨干组成联合勘界工作组，做到人员落实；其次是两乡镇勘界办组织双边乡镇村、组干部分别进行边界线情况摸底调查，为实施联合勘界取得第一手资料；三是落实好勘界用车和通信工具，做好物资准备；四是由市勘办代购涉及边界线双方的最新1∶10000地形图，收集复印土地详查资料，为联合勘界做好资料准备工作。

（二）确定边界线

在确定大划乡与集贤乡的行政区域边界线工作中，其中大划乡、集贤乡、大邑龙凤乡三乡镇边界线交会点在勘定崇大线中确定。1998年7月18日大划乡、集贤乡、崇阳镇三乡边界线协议书和附图在集贤乡签订。按照国家勘界规定确定边界线的原则和核定边界线的标准，双方商定采取到实地核实定界的方法定界。首先，在摸底调查的基础上，参照国土详查资料，双方勘界办一同进行实地草图勾绘，最后全线贯通，双方代表在底图上签字。1998年7月两乡镇正式签订了边界线协议书及附图，由于边界线走向清楚，无争议，双方商定不埋设界桩。

（三）成果资料整理

在勘界过程中，双方严格按照高标准进行汇总整理、起草、打印足够数量的有关文件。地形图封面、接图表、卷皮、目录，按高标准打印，并按规定进行立档归卷。

二、几点体会

（一）领导重视是关键。勘界工作是政府行为，关系到双方的切身利益、政策性强，技术要求高，需要双方的密切配合，为此，必须加强领导。两乡镇政府先后分别成立了勘界领导小组，抽调得力人员，多次召开勘界工作会议，研究部署勘界工作，把勘界工作列入议事日程。

（二）坚持质量第一，向政府负责，向子孙负责。勘界数据准确。禁得起上级勘界部门的检查，禁得起历史的检验。

1.认真确定边界线，做到图、实地、文字说明相一致。

2.成果资料的整理坚持高标准。勘界成果资料不仅要求文字准确无误，用语确切、规范，同时图面是否美观、整洁，字体是否工整，同样是质量问题。我们严格遵照技术规定要求，做到了规范化、标准化，保证了所有资料的整体质量。

（三）两乡镇勘界办和沿线的村、组干部密切配合，团结协作是完成勘界任务的根本保证。在联合勘界中，两乡镇勘界工作人员克服重重困难，沿线踏勘，实地解决问题，认真整理成果资料，为勘界做了大量的工作。

三、存在问题

勘界工作是有史以来的第一次，政策性强，技术要求高，涉及面广，工作量大，双方勘界办工作人员缺乏经验，在实际工作中与上级要求还存在一定差距，工作有反复修改等现象。

大划乡人民政府（盖章）　集贤乡人民政府（盖章）

一九九九年五月十日

中共大划镇委员会第三次代表大会报告（摘要）

黄　进

5年来，共化解乡镇债务400余万元，完成投资2.3亿元，工商税收4000余万元，城乡居民人均纯收入从2007年的5230元增至2010年的7200元。年终目标考核靠后的乡镇跃居为先进行列，2010年荣获成都市"大调解"等2个先进集体称号，获崇州市综合目标考核先进集体等7个光荣称号。主要体现在以下5个方面。

一、积极参与抗震救灾，顺利完成灾后重建

1.抗震救灾工作

"5·12"汶川特大地震发生以后，共安置来自汶川、什邡、绵竹、都江堰、鸡冠山等地受灾

群众600余人，并为受灾群众进行心理抚慰，引导帮助他们克服灾后恐惧心理，重拾生活信心和决心，对有就业愿望的受灾群众提供技能培训，为受灾群众就医和子女入学提供便利；完成了全镇查灾核灾工作，按政策规范发放救灾物资。在抗震救灾中，获得了市委、市政府"抗震救灾先进集体"荣誉称号。

2. 灾后重建工作

镇党委将灾后重建项目列入重要工作议程，实行领导分头负责，定期汇报工作，确保灾后重建全面完成。完成了14户倒塌房屋重建和184户受损农户房屋的加固维修；政权设施建设、派出所、救灾仓库、大划小学、农技服务站、综合文化站、乡镇公立卫生院、老年大学办公大楼已经交付使用。

二、农村工作"四大基础工程"稳步推进

1. 农村土地综合整治。实施土地整理项目2个，改善了道路和农田水利基础设施建设，实现新增耕地2400余亩，新增耕地率10.88%，农民集中居住200余户，集中区内完成"1+13"公共服务设施配套。

2. 农村产权制度改革。完成了农村土地承包地、农村房屋及宅基地的确权颁证工作，并且顺利通过了崇州市和成都市的检查验收。为把农村资源变资本，盘活农村生产要素，"还权赋能"于民，以及土地规模化经营打好了铺垫。

3. 村级公共服务和社会管理改革。在成都市率先开展村级公共服务和社会管理改革融资试点工作，融资170万元，白果村基础设施进行了全面的整治修缮。试点成都市第一个以流转土地向银行作抵押贷款的成功案例：崇州万丰农业开发有限公司在白果村流转土地，利用取得的土地经营权向成都市农商银行抵押贷款240万元。率先启动在场镇社区，参照村级公共服务和社会管理改革实施场镇管理和基础设施建设。

4. 农村新型基层治理机制建设。基本形成村民议事会、村民委员会、村民监事会"三会"合治的村级治理模式，使村级事务得到了群众的肯定和认可。

三、重大产业发展势头强劲，重大项目工作推进顺利

1. 重大产业发展。以蜀南湖现代农业观光园为依托，成功引进新广为、灵锐绿化、万丰农业、集创科技、创翼航空等公司，计划总投资10.5亿元；以四川省最大金针菇产业基地——大划镇金针菇产业园为载体，净居菇业、庆林农业计划总投资2亿元，提档升级食用菌加工厂，建立标准化大棚，以"公司+专业合作社+农户"的形式。

2. 重大项目推进。崇双货运大道征地拆迁及安置点建设项目，征地拆迁工作已全面完成，安置点建设工作正在进行中；成都第二绕城高速大划过境段征地拆迁及安置点建设项目，征地拆迁安置工作正在进行中；富士康配套产业园征地拆迁有序、规范进行，没有发生一起越级上访事件和群体性事件。

四、社会事业全面发展，基础设施建设有序推进

1. 民生工程。为17户贫困户修建"安身工程"房，建房总面积达1000余平方米。组建大划镇老年大学，成立了老年腰鼓队和老年骑游队，丰富了老年人的精神文化生活。大划敬老院集中入住270名农村"五保"老人。实施农村"三改"工程，修建农村户用沼气池500余口。

2. 人口计生工作。全面兑现独生子女父母奖励金、奖励扶助金、特别扶助金。实施"三结合"帮扶36户，投入帮扶资金7万余元，带动帮扶户320户。积极开展"三查一治"工作，累计为7万余人次提供"三查一治"服务。

3. 就业社保。动员城乡居民6300余人参加城乡居民养老保险，参保率达96%以上，700余人完成征地农转非入社保。开展多种技术培训，为11000余人次提供培训，帮助80余人创业成功并争取创业贷款400多万元，实现农村富余劳动力新增转移1000余人，城镇新增就业100余人，动态清除零就业家庭，全镇实现充分就业。

4. 基础设施建设。实施大划镇场镇综合改造项目，投资近亿元，完成了污水处理厂、全镇污水管网、供气供水管网改造，对场镇段白马河两岸的打造及场镇两侧人行道的改造。

五、大力发展基层民主，制度机制保障有力

1. 换届选举工作。镇党委对预任村班子成员进行认真考核、考察，结合广大群众、党员的意愿，按照"思想政治素质好、带富能力强、协调能力强"和"有觉悟、有能力、有威信"的总体要求，在2010年下半年，完成全镇村级"两委"干部换届选举工作，群众参选率达90%以上。适时调整优化村干部队伍结构，大胆选拔经济能人进入村干部队伍，本届村级班子实现了年轻化、知识化，整体结构得到优化。

2. 制度机制保障。镇党委班子认真贯彻执行《廉政准则》，增强拒腐防变意识，认真执行民主议事制度，坚持集体领导与分工负责相结合，凡重大问题严格由党政联席会议集体讨论决定并落实。

未来五年，我们主要有以下三个机遇：一是富士康配套园区扩张至我镇，必将使大划区位优势更加明显；二是"第二绕城""成蒲快铁"以及崇双货运大道穿境而过，必将使大划交通运输更加便利；三是场镇社区的旧城综合改造项目，必将使大划发展环境更加优化。

今后五年我镇党委工作的指导思想是：以邓小平理论和"三个代表"重要思想为指导，深入贯彻落实科学发展观，以打造成都·崇州经济开发区生活服务配套区为主导，以社会主义新农村建设为主线，以"兴三产、聚民心、促和谐"为总体目标，重点突破、统筹发展为基本原则，实现大划经济社会跨越式发展。

按照成都市建设"世界现代田园城市"发展定位和我市建设"西部轻工名城、田园宜居之都、山地旅游高地"的奋斗目标，未来五年的总体发展布局是：着力形成"一主、一带、三支点"，优化要素资源配置，形成以"一主"为龙头、"一带"作支撑、"三点"统筹推进、相互促进的村镇空间发展格局。

一主：密切"种产销研"，做大做强"净居菇业"食用菌产业园。目前，大划镇以四川省最大金针菇产业基地——大划镇金针菇产业园为载体，已成功引进净居菇业、庆林农业，还将提档升级食用菌加工厂，建立标准化大棚，以"公司+专业合作社+农户"的形式，全面推动食用菌和绿色蔬菜种植，实现标准化、规模化、集约化发展。

一带：突出高端打造蜀南湖乡村休闲旅游产业带。蜀南湖是一个大型人工湖，水域面积330亩，碧水澄清，风景迷人，周边自然景观独特。大力整合各种资源，加快蜀南湖乡村旅游产业带开发打造，提升"崇州生态后花园"休闲、宜居品牌。目前已成功引进了新广为、灵瑞绿化、万丰农业、集创科技、创翼航空等公司，计划总投资10.5亿元，将建设集农业观光、老年颐养、休闲为一体的"一三"融合的休闲农业观光园区。

三支点：一支点就是展现生态美景，打造"崇州生态后花园"休闲宜居新品牌。努力构建"田林共融、生态共享、和谐共生"的生态美景。依托成都第二绕城高速、蜀南湖、西河、黑石河和白马河水域地带，着力打造乡村旅游、休闲观光、自然生态等高品位第三产业。

二支点就是深化"一三融合"，提升"崇州生态后花园"生态农业新水平。充分利用大划丰富的水域资源，发展特色品种渔业养殖，建成川西第一生态渔乡。用好农村土地承包经营权确权颁证成果，优化农业资源配置，使之成为农民调整产业结构，致富增收的有效途径，推动全镇现代生态农业升级发展，提升全镇现代生态农业发展的活力。

三支点就是有机结合工业园区，努力打造"城市副中心"城镇。目前，富士康中心园区已在大划镇建成，大力盘活商贸业发展，积极为第三产业发展服务，将大划镇打造成为名副其实的工业园区生活服务配套区，实现当地群众增收致富，使广大群众真正从富士康配套项目中得到实惠。

2011年9月16日

大划镇人民政府
第四届人民代表大会报告（摘要）

华　斌

五年来，我镇成功创建国家级生态镇，项目工作、"三农"工作、平安创建等多项工作多次荣获上级表彰。2011年、2012年、2015年，我镇均跻身崇州市年度综合目标考核先进乡镇行列。预计2016年，全镇财政收入2500万元，是2011年的3.73倍；农民人均可支配收入15507元，是2011年的2.1倍；镇域一、二、三产业比由2011年的5：4：1优化至2016年的2：5：3。

（一）镇域经济实力显著增强。工业实现迅猛发展。围绕崇州电子信息产业园建设，完成征地拆迁6500余亩，有力保障了捷普等电子信息产业龙头项目落户我镇。2016年，镇域电子信息产业产值预计达74亿元，实现了从零起步，赶超跨越发展。探索推广农业共营制，新组建土地股份合作社6个，新增以王湾仲犁为代表的家庭农场5家，新增"万丰菌业"等农业产业化企业3家，农业适度规模经营面积达9500亩，白马河土地股份合作社粮食烘储中心建成投运。服务业实现加速发展。围绕场镇1.5万名外来产业工人的"衣食住行用"，场镇新增餐饮、商场、旅店、网吧等服务业主体216家，农村新增私人订制为代表的乡村酒店、"农家乐"6家，加勒比水上娱乐项目1个。

（二）城乡面貌日新月异。编制了《大划镇总体规划》《德寿村村庄规划》《白果村村庄规划》，城乡建设逐步规范。青年公寓一期建成投用，二期加快建设。城镇危房改造有序推进，城镇建成区面积扩展至2.26平方千米，较2011年增长24%。打造了李家大院、宋家林、王家林等示范院落5个，提升了民心苑、戚家湾、小渔村3个农民集中区公共服务配套设施，城镇带新村发展格局初步形成。"二绕""三通道"建成投用，成蒲铁路完成主体建设，与成都中心城区"半小时交通网"基本成型，大划交通主节点区位凸显。新建、改建农村道路25.7千米，基本实现"组组通"水泥路目标。修缮黑石河、白马河病险河堤7.2千米，新建生产、生活提灌机井35口。实施了城镇截污管网、城镇亮化、节点绿化工程。深入开展"七乱""四清"治理，完善城镇停车线、红绿灯、隔离栏等交安标线和设施158处，配套了果屑箱、垃圾房、花箱等环卫设施500余处。淘汰关闭直排养殖场75家，完成黑石河干渠、七支二斗、支、斗、农渠清淤83千米，完成泉水河、李家堰等黑臭沟渠治理12千米。

（三）民生事业协调发展。脱贫攻坚精准推进。德寿村脱贫攻坚取得阶段性成效。23户精准脱贫户预计较上年增收4160元。实施"阳光爱心助学""困难大学生圆梦"工程，帮扶困难学生236人次。实施农村特困家庭"安居工程"8户。对160余户低保家庭实施动态管理。为662户残疾人家庭提供了个性化服务。年均培训农村劳动力3000余人次，年均向二、三产业转移就业11000余人次，实现了由劳务输出乡镇向劳务输入大镇的转变，群众就业增收渠道更加畅通。农村合作医疗参合率常年保持99%以上。办理失地农民养老保险2020人、城乡居民养老保险9753人。完成机关事业单位养老保险制度改革。完成大划公立幼儿园建设。镇公立卫生院软硬件建设上新台阶，与成都市第五人民医院、成都市中西医结合医院等5家市（县）级医院开展双向转诊、对口协作和远程会诊，完成"1+9"镇村标准化医疗卫生体系建设。建成标准化村（社区）活动中心9个、群众文体广场15个。建成老年人日间照料中心4个。

（四）社会大局平安稳定。强化治安防控体系建设，在全市首批实施"雪亮工程"。政警村企联动，集中开展打黑、禁毒、扫黄等专项行动，高压打击违法犯罪。积极开展企业安全生产标准化建设，落实企业安全生产主体责任。加大建筑、食药品、危化品、烟花爆竹、消防、防汛、道路交通等领域隐患排查、整治力度，杜绝了重特大安全生产事故。探索实践了村组议事会、基层社会协商、网格化管理等基层治理新实践。筹集资金近2亿元，化解征地、拆迁、失地农民社保等领域遗留问题7个。

（五）政府建设得到加强。镇政府自觉接受人大、政协代表及社会各界监督，累计办结人大代表、政协委员建议、提案14件，满意和基本满意率达100%。完善政府法律顾问制度，严格依照法定权限和程序行使权力、履行职责。服务型政府建设持续深化。扎实开展"走基层""结对心连心·我们在一起"活动,班子成员带头深入村组林盘,年初问需承诺、年中问责践诺、年末问效评诺,持续推动干部作风转变。推动镇政府便民服务中心、村(社区)便民服务站规范建设、规范运行,方便群众办事。严格执行"八项规定","四风"问题整改取得明显成效。加强农村"三资"管理,创新成立农村产权和公共资源交易中心,规范项目招投标和审计工作。

未来五年,我镇经济社会发展的指导思想是:高举中国特色社会主义伟大旗帜,全面贯彻党的十八大和十八届三中、四中、五中、六中全会精神,以邓小平理论、"三个代表"重要思想、科学发展观为指导,深入学习贯彻习近平总书记系列重要讲话精神,认真贯彻落实中央"五位一体"总体布局和"四个全面"战略布局、省委"三大发展战略"、成都市委"157"发展总体思路、崇州市委"135"发展总体思路,牢牢把握城市功能核心区、工业配套服务区、经开区拓展区发展定位,统筹推进经济、政治、文化、社会和生态文明建设,高标准建设"产城一体、宜业宜居"活力大划。

主要奋斗目标是:到"十三五"末,经济总量、质量效益和综合竞争力持续提升,主要经济指标增幅保持在全市第一方阵。地区生产总值年均增长10%以上,财政收入年均增长8%左右,固定资产投资年均增长15%左右,城镇居民和农民人均可支配收入年均增长10%以上。九年制义务教育普及率达到100%。农村人口参加新型合作医疗制度达98%以上。消除农村绝对贫困人口。为实现上述目标,我们必须牢牢把握以下重点工作。

(一)提升产业层级。加快推进3.7平方千米经开区拓展区征地拆迁,为电子信息产业项目落地作好要素保障。推动城镇商贸服务业、乡村旅游业提档升级发展,提升工业配套服务水平。集中连片推进高标准农田建设,深化拓展农业共营制,大力发展特色鲜明、生态安全的都市现代农业。

(二)提升城乡品质。根据城市功能核心区、工业配套服务区发展定位,按照"产城融合、特色鲜明、配套完善、功能完整"要求,推动大划城镇与中心城区同规划、同建设、同管理,全方位融入中心城区。以土地整理、川西林盘保护、示范院落打造为抓手,加快幸福美丽新村建设,加强城乡环境综合整治,大力改善农村人居环境,打造"全域旅游、全业旅游、全域景区"示范区。

(三)提升民生保障。坚决打赢精准脱贫攻坚战,实现"两不愁、三保障""四个好"目标。积极推进全民参保,进一步扩大养老、医疗、失业、工伤、生育保险覆盖面。实施"教育质量提升计划""医疗卫生提升计划""文化体育惠民工程""养老服务惠民工程"。

(四)提升基础设施。实施泗维路、灰窑路等经开区拓展区骨干道路建设。实施"二绕""三通道"互通立交建设。实施"村道加宽、组道联网、生产道路加密"建设。加大黑石河、白马河治理力度,加大农田水利设施建设、修淘力度。抓好电力电信设施线路、供排水管网、污水处理厂建设。

(五)提升基层治理。深化"法治大划"建设,促进政府依法办事、企业合法经营、群众守法自律。深化"平安大划"建设,严打违法犯罪,妥处矛盾纠纷,狠抓安全生产。深化"和谐大划"建设,落实好社会协商、村民议事、网格化治理等基层民主创新,抓好"雪亮工程",提升基层治理系统化、民主化、智慧化水平。

2017年要重点把握以下五个方面。

（一）突出项目攻坚，在加快经济发展上奋力突破。工业上，全力攻坚征地拆迁，保障经开区重大项目、基础设施建设用地。强化以捷普、南平铝业为重点的工业配套服务，以优质高效的服务保障企业在大划安心生产、员工在大划安逸生活，推动企业在大划扩产放能，产业在大划做大做强。服务业上，承接青年公寓二期建成入住人口红利，加强对外宣传和项目招引，推动2—3家场镇商贸、餐饮、娱乐服务企业提档升级。挖掘蜀南湖、黑石河、白马河流域景观资源，新发展戏水、休闲、"农家乐"特色旅游项目2—3个。农业上，全力推进3100亩高标准农田建设，统筹改造农田、道路、沟渠、配套设施。深化土地股份合作社规范化建设，扶持发展生态安全、优质高效的观光农业基地2—3个。

（二）突出优城美乡，在加强城乡建设上奋力突破。完成青年公寓二期建设。启动"三通道"安置点建设。有序推进场镇危房改造20户。启动实施场镇白马河大桥危桥重建、白马河德安路危桥重建工程。完成老崇双路场镇段、通达街等9条街道路灯安装和升级改造。实施场镇主要街道、主要节点绿化提升、店招店牌规范和环境整治。包装德寿村、崇镇村、石桥村土地整理项目，实施林盘整治1—2个，硬化村组道路15千米。加大土地、规划建设巡查执法力度，严厉打击违法建设、盗采砂石。巩固治污成果，严肃查处养殖场排污、企业排污。

（三）突出惠民利民，在改善民生福祉上奋力突破。全面完成德寿村脱贫攻坚、23户精准脱贫户脱贫。实施阳光助学工程，资助困难学生36人以上。实施安居工程，资助困难群众住房改造1户以上。支持学校、幼儿园、卫生院、卫生站提档升级。新建群众文体活动广场2个。组织开展镇、村（社区）群众文体活动10场次以上。加强劳动保障工作，实现动态消除"零就业"家庭，实现新农合医疗参保率99%以上，实现农村低保应保尽保。高度重视安全生产工作，认真落实好"一岗双责、党政同责、企业主责"。落实好民政优抚政策，做好残疾人、留守儿童关爱工作。抓好4个老年人日间照料中心运营监管。启动大划污水处理厂建设。

（四）突出共创共享，在完善基层治理上奋力突破。加强和改进流动人口管理服务工作，认真落实一标三实、网格化治理、红袖套制度。抓好"雪亮工程"建设投运。深化政警企村四方联动。加大矛盾纠纷化解和群众诉求处理力度，全力维护社会稳定。加强普法宣传教育。认真落实村民议事、民主协商制度，引导群众在村级公共事务、院落林盘整治中自主决策、自主管理、自主监督。

（五）突出务实高效，加强执行力建设，严格目标管理，强化责任追究，确保政令畅通。加强政务公开，推广"互联网+政务"。把群众利益作为根本出发点，定期开展民情家访，及时掌握真实情况。深入落实"八项规定"，坚持勤俭办事，大力建设节约型机关。严格执行党风廉政建设责任制，加大政府项目资金监管力度，加大对违法违纪问题查处力度。

2016年11月24日

大划镇党员积分制管理实施方案（摘要）

通过党员积分制管理，用奖分和扣分对党员的能力和综合表现进行量化考核，以此调动党员积极性，引导广大党员立足自身岗位做合格党员、当干事先锋。特制定如下实施方案。

一、指导思想和目的

以严肃党内政治生活、加强党员管理为目的，推进基层党组织"双强六好"示范建设、"品质崇州·党员示范行动"、农村基层党建"七大提升工程"、农村基层党组织建设基本标准90条。通过党员积分制管理，激励先进、鞭策后进，夯基固本、激发活力，努力造就一支信念坚定、素质优良、纪律严明、作用突出的党员队伍，为建设"产城一体、宜业宜居、活力大划"提供坚强组织保证。

二、基本原则

坚持围绕中心、服务大局，分类指导、逐层推进，动态管理、注重实效，贴近实际、民主公开的基本原则，以推动科学发展、促进社会和谐、服务人民群众、加强基层党组织建设为出发点和落脚点，切实增强广大党员党性意识、责任意识，不断提高党组织创造力、凝聚力和战斗力。

三、适用范围

大划镇全体共产党员（含入党积极分子及预备党员）。

年老体弱、长期病卧、身体残疾、丧失劳动能力及因其他特殊情况不能发挥先锋模范作用的党员，根据本人意愿，填写不参加积分管理党员审批表，并经党支部填注意见，报镇党委审批后，可不参与积分管理。

四、主要内容

（一）积分方式及分类标准

1. 积分设置。党员积分按年度100分计算，分基础分70分、任务分10分、项目分10分、民主测评分10分。

2. 积分构成。一是基础分（70分）：按照党章规定的党员基本义务和党组织对党员的基本要求，党员围绕遵纪守法，参加三会一课，参加固定党日，主动缴纳党费，联系服务群众，带头发展经济，热心公益事业7方面进行赋分。基础分采取扣分的办法，对照内容和标准逐项进行扣分，扣完为止。二是任务分（10分）：按照党员个人岗位职责和承诺事项进行赋分，明确和细化党员年度岗位目标任务，每月分别赋5分。根据评诺情况、履诺完成情况，计算出任务分。三是项目分（10分）：对党员超额完成年度任务、有突出贡献、见义勇为或获得镇级以上表彰、表扬的，酌情奖分，奖满为止；四是民主测评分（10分）：年度民主评议根据等次按比例折算。

3. 积分方式。党员年度积分计算方式为"党员积分=基础分值+任务分+项目分+民主测评分"。

4. 党员定级标准。对年度积分达到90分以上的党员可评为优秀党员；80—89分的党员可评为合格党员；60—79分的党员可评为基本合格党员；60分以下的党员可评为不合格党员。有下列行为之一的，直接认定为不合格党员：（1）侵占集体资产或挪用集体资金的党员；（2）因与职务行为有关的错误而受党内严重警告处分期间的党员，受撤销党内职务、留党察看处分期间的党员；（3）参与"法轮功"等邪教组织、非法组织的党员；（4）有其他违法乱纪行为的党员；（5）工作上有重大失误，经媒体曝光，在全镇造成重大影响的党员。

（二）积分管理

1. 制定积分标准。党员实行分类管理，制定积分标准，科学合理设置积分项目，细化评分办法进行扣分赋分。

2. 严格积分登记。各党支部要严格按照镇党委统一制定的党员动态积分登记卡（附件2），指派专人负责，根据考核积分标准进行登记填写。基础分在年初一次性记入积分登记表，并按月汇总积分。支部每月10日前将上月情况汇总报镇党委备案，镇党委审核后，支部在本级范围内进行公示，实行动态管理，接受群众监督。

3. 搞好民主评议。党支部严格按照镇党委年度党员民主评议办法要求，组织开展评议，及时折算党员得分并上报结果，在一定范围内公示，接受党员群众监督。

五、操作流程

积分制管理工作从2017年7月起开展，以党支部为单位具体实施，基础分为70分。主要操作流程分为10个步骤。

1. 确定记录员。党支部召开党员大会推选记录员，记录员由综合素质高、思想品德好，为人正派、办事公道的党员担任，无特殊情况，一般不得随意调整。记录员主要负责党员日常考勤考核、工作情况收集、台账填写、积分公示、上报等日常工作。

2. 党员申请。党员月底填写党员积分申请表，汇报本月岗位工作任务完成情况，并由分管干部签注意见（是否完成、完成质量）后交送记录员汇总。

3. 考核登记。记录员每月收集登记党员日常考核考勤、履行义务和工作任务完成情况，填写党员积分台账（党员每月减分、奖分统计表，附件3、附件4）。

4. 支委会初评。各党支部召开支委会，依据个人申报情况、分管干部审核意见、记录员考核结果，提出每名党员上月积分初步意见。

5. 党员大会评定。每月第一个星期五，党支部向党员通报支委会提出的党员上月积分初步意见，由党员评议通过。对有异议的，进行复议。

6. 公示登记。记录员将党员上月积分情况进行公示，接受干部职工群众及服务对象的监督。若有异议的，要重新进行审定。无异议的，记录员将积分情况在积分卡、积分台账上进行登记。

7. 上报备案。记录员将党员上月积分情况（附件3、附件4），在每月10日前上报镇党委备案，接受审核。

8. 年底评议。每年年底，由镇党委组织以支部为单位开展党员民主评议。评议结果分为"优秀、合格、基本合格、不合格"四个档次，分别按100%、90%、85%、80%的比例对党员年终积分进行折算（汇入全年其他分值），折算后的结果即为党员年度积分。

9. 评定档次。支部依据党员年度积分确定党员年度定级格次。对年度积分达到90分（含）以上的可评为优秀党员；80—89分（含80分）的可评为合格党员；60—79分（含60分）的可评为基本合格党员；60分以下的可评为不合格党员。

10. 积分核查。支部按要求建好台账，接受镇党委对党员积分管理的核查。

六、结果运用

1. 对优秀共产党员，建立台账进行登记，优先推荐参加市级以上各类评先树优活动并给予适当物质奖励。

2. 对当年晋升两个等次的党员，推荐参加镇级评先树优活动。

3. 对基本合格的党员，取消参加评先树优资格。

4. 对不合格党员，取消一切参加评先树优资格，列入帮扶教育对象，由镇党委指派人员进行"一对一"帮扶教育。如果没有正当理由，连续6个月不参加党的组织生活，或不缴纳党费，或不做党所分配的工作，按自行脱党予以除名。

5. 考评积分作为吸收预备党员和预备党员转正的重要依据。预备党员当年度积分低于80分的取消预备党员资格，入党积极分子当年度积分低于60分的不得列为当年的发展对象。

七、措施要求

1. 统一思想，提高认识。实行党员积分制管理，是一项党员管理的创新举措，通过制定评分细则和打分，将党员的考核工作纳入日常化，便于党员自我约束，自我检查，自我提高，使党员明确自己应尽义务和工作职责，化宏观为具体，能使党员评议工作更具操作性。

2. 加强领导，搞好组织。为了切实搞好党员积分制管理工作，各支部要切实加强领导，成立党员积分制管理工作机构，认真吃透方案精神，严密组织实施，切实激发党员内生动力。

3. 紧扣考评，严格程序。党员积分制管理，坚持与年度目标任务考核有机结合，凸显工作实绩，对成效明显的党员充分肯定，同时也为后进党员树立标杆。优秀党员要继续巩固先进，发挥样板作用，增强示范效应；合格党员要对标对表找差距，制定提升措施，着力补强"短板"；基本合格党员要制定转化措施比学赶超。

4. 加强考核，建好台账。党员积分管理是考核党员日常工作优劣的标准，运行情况、党员积分总体情况将纳入各支部目标考核重要内容，各支部及每一名党员要认真学习、对实施意见精神要吃准、吃透，严密组织、积极参与，记录员等要及时对有关登记表进行记录，建好台账，确保党员积分管理工作有效开展。

2017年7月10日

关于2017年度重点工作任务完成情况的报告

市委：

2017年，大划镇认真贯彻落实市委、市政府战略部署，围绕"西控"部署和建设生态宜居的现代田园城市的目标，积极配合城市建设和重点项目落地，坚持党建引领，注重问题导向，着力"四高"推动，勇于机制创新，土地清腾、综治维稳、环境保护等工作有序推进。

一、创新方式高位推动，要素保障取得阶段成效

围绕市上下达的重大项目任务，成立工作专班，组建攻坚团队。将基础设施建设、民生服务事项、重大项目完成与经开区"五位一体"总体规划融合成"一张图"，整合多方力量，实施挂图作战。在完成要素保障工作中，创新推行自主搬迁"一三五七"（一中心、三公开、五原则、七步骤）工作模式，征拆分离贯穿始终、三公开取信于民、"五原则"顺应群众、"七步骤"规范流程；党委书记示范率带，坚持"五个必须"，召开林盘会、院坝会、恳谈会等宣传自主搬迁政策100余次，收集问题诉求200余个，凡涉及农户、入驻企业、施工单位切身利益的问题，做到"有求必应、有事必出、出必有果"，解答疑惑、解决问题率达100%；坚持党委统揽、三方实施、村（社区）党组织及群众监督的方式开展工作，攻坚克难、迎难而进，顺利完成500余户1600余人的房屋搬迁工作。

二、担当作为高点定位，城镇品质有力提升

一是精准规划。按照"高标准、高品位、大手笔"的要求，重点围绕"产业兴旺、生态宜居、乡风文明、治理有效、生活富裕"总要求，按"四宜"特色小镇定位做好镇域规划调整和顶层设计。二是精致建设。严格落实社区发展治理"八大工程""五大行动"部署，大力实施整治行动，完善特色街区、北街小巷等基础设施和公共配套，增绿添彩、塑造美丽和谐宜居场镇。三是精细管理。认真落实"一标三实"网格化管理和"红袖套"三级响应应急机制，深化农民集中区"1+3+2+N"治理机制，持续实施"雪亮工程"和"七乱"治理工程，构建人防、技防、物防为一体的城镇管理立体防控体系。四是精确督查。持续打好大气、水、土壤污染防治"三大战役"，严防死守、严查实督，严厉打击明令淘汰和禁止发展的能耗物耗高、环境污染严重、不符合企业发展政策的"三无"企业、小散乱作坊等，确保天蓝、地绿、水清。

三、公共服务高速推进，基础设施不断完善

集中有限的资金，加大力度推进镇域基础设施建设，做到项目落在哪里，配套保障就跟到哪里。一是基础设施变化大。自筹资金70余万元建设打造标准化农贸市场，完成道路硬化约4000米，

新增、翻新绿化面积8400平方米，新增路灯200余座，农村街面提质升级，新增村（社区）垃圾车18辆，改造美化垃圾中转房12座，拆除670余座水塔（箱）；规范化农民合作社面积增至11000亩，同比增长16%，划石村和石桥村均被四川省委、省政府表彰为"省级四好村"。二是综合配套跟进快。为有效满足今后发展需要，结合社区发展治理总体部署要求，邀请公安、交通、水务等单位对场镇建设基本生活配套进行研究规划，目前"划江大道"工程正在实施中，场镇环境、特色街区、背街小巷等治理成效明显。三是治安环境体系强。实施"雪亮工程"，建立了镇级立体防控视频监控指挥中心运行体系，在全镇重要路口、人口密集区域、居民住宅小区74个点位，安装治安监控探头89个，成立治安巡逻工作队，深入街区开展专项整治活动，协助公安严厉打击违法犯罪行为，维护社会秩序，营造良好环境。

四、以质为根高效服务，无缝对接整体联动

一是主动对接。认真对表市委、市政府重大决策部署，当好经开区"服务员"，建好经开区"后花园"，坚持党建引领、党员带头，抓组织强堡垒，抓学习强素质，精心谋划安排，主动对接、靠前指挥，以工匠精神高标准完成各项重点任务。以提高群众幸福指数为出发点，将自主搬迁作为群众共享改革发展成果的着力点，清腾土地1700余亩，搬迁了500余户农房、3家企业和26个作坊，要素保障工作有序推进。二是精心服务。随着捷普、南平铝业等电子企业的不断发展，常年入驻企业青年员工达32000余人，带来了流动人口激增、服务网点激增、遗留矛盾激增、维稳压力激增等问题，突出"四强"（即强机制、强队伍、强震慑、强调处）工作措施，攻克了"外口多、矛盾杂、拆迁难"等问题，为辖区群众及产业工人提供了良好的社会治安环境，"平安镇"建设经验被人民网刊载。三是诚心解难。致力于解决被腾退群众的后顾之忧，抓紧抓实土地清腾善后事宜。建立"一户一档"，实现了拆迁户信息化管理；及时发放过渡安置费，保障了拆迁户顺利度过过渡期；针对群众提出的居住、入学等难题，及时协调主管部门，帮助260余户联系租房，为380户解决了子女上学问题。为解决失地农民的就业问题，与市人社局联合开办了10次就业培训会、5次失地农民专场招聘会，实现灵活就业、就近就业2300余人。

2017年12月22日

大划镇2018—2019年蓝天保卫战冬季战役方案

为贯彻落实省、市关于2018年大气污染防治工作系列部署，深化细化"铁腕治霾"和"650工程"措施，有效保障秋冬季重污染天气应对，促进全面完成我镇环境空气质量年度目标任务，根据《崇州市2018—2019年蓝天保卫战冬季战役方案》，结合我镇实际，制定本方案。

一、行动目标

通过实施《大划镇2018—2019年蓝天保卫战冬季战役方案》，确保我镇冬季战役期间（2018年11月20日至2019年2月28日）PM2.5平均浓度同比下降10%以上，即PM2.5平均浓度达到96.3微克/立方米以下，重污染天数同比减少；确保完成成都市下达的2018年度空气质量目标：PM2.5低于54微克/立方米，优良天数率达到65.3%。

二、基本思路

坚持问题导向，突出加强工业、机动车、扬尘"三大污染源"治理，加强散煤销售和使用管控，加快清洁能源替代，巩固"散乱污"整治成果，加快推进重点行业生产企业超低排放，实行绿色调度，持续开展挥发性有机物综合治理，完善重型柴油货车和非道路移动机械监管，严格施工工地及道路扬尘管控，强化渣土运输车监督检查，有效应对重污染天气，严格督查问责，深入推进冬季战役。

三、行动措施

（一）巩固"散乱污"整治成果

1. 建立"散乱污"企业动态管理机制。持续推进"散乱污"企业清理整治，巩固既有成果，实行台账管理和动态更新，做好"防新增、防反弹"工作。2018年12月20日前，各村（社区）完成新一轮"散乱污"企业排查工作，按照"三个一批"的原则，实施分类处置。

牵头领导：王涛

责任单位：环保办、各村（社区）

2. 全面推进"散乱污"企业分类处置。对依法关闭类企业，实施"两断三清"，不具备"三清"条件的，应采取集中封存设备、原料、产品等措施，使其不再具备恢复生产条件；对整改规范类企业，严格按照环保备案要求实施全面整改，在未完成整改工作前，应当停产整改；对调迁入园类企业整合搬迁期间，应当停产待迁。

牵头领导：王涛

责任单位：环保办、各村（社区）

3．属地全面核查环保备案中涉气企业污染处理设施安装、使用、运行及达标情况，对未按备案要求安装污染防治设施，未正常使用污染防治设施，未有效收集废气，排放不达标的企业，上报市环保局依法立案调查并整改规范，整改期间，应当停止生产。

牵头领导：王涛

责任单位：环保办、各村（社区）

（二）深化工业污染综合治理

1．严格燃煤污染控制。高污染燃料禁燃区内严防散煤复燃，开展专项巡查检查，严禁销售和使用环境保护部《高污染燃料目录》（国环规大气〔2017〕2号）中第Ⅲ类界定的高污染燃料。

牵头领导：罗建、王涛

责任单位：经发办、环保办、各村（社区）

2．全面实现成型生物质锅炉烟气稳定达标排放，完成崇州市细心洗涤有限公司成型生物质锅炉烟气在线监测系统安装工作，未达标排放的，按照《中华人民共和国大气污染防治法》立案调查并责令停产整改。

牵头领导：王涛

责任单位：经发办、环保办、德寿村

3．强化重点行业VOCs排放达标治理。引导重点行业企业按照《成都市挥发性有机物分行业治理技术指南》要求，依据排放废气的风量、温度、浓度、组分以及工况等，选择适宜的技术路线，鼓励采用多种技术组合工艺（低温等离子体技术、光催化技术仅适用于处理低浓度有机废气或恶臭气体，采用活性炭吸附技术因配备脱附工艺或定期更换活性炭并建立使用台账），确保稳定达标排放。

牵头领导：王涛

责任单位：环保办、各村（社区）

（三）推进移动污染源专项治理

强化非道路移动机械监管。按照成都市《关于加强和完善施工现场非道路移动排放监管的通知》（成环发〔2018〕342号）要求，严格落实施工现场非道路移动机械备案及标识管理制度。

牵头领导：萧钧铭

责任单位：群工办、环保办

（四）强化工地及道路扬尘综合治理

1．强化施工工地、砂场及混凝土搅拌站扬尘管控。各施工工地责任单位严格按照《成都市人民政府办公厅关于进一步加强全市工地管理规范工地施工的通知》（成办函〔2017〕221号）、《成都市城乡建设委员会关于印发〈成都市建设工程文明施工标准化技术标准〉的通知》（成建委〔2017〕100号）等系列文件要求，设置扬尘防治设施，强化工地清洁降尘管控措施。

牵头领导：萧钧铭、王涛

责任办所：群工办、各村（社区）

2．动态更新各类施工工地项目清单。群工办须建立和完善全镇各类施工工地项目清单，实现月更新。

牵头领导：萧钧铭

责任单位：群工办、各村（社区）

3. 强化对渣土运输车辆监督检查。强化对渣土运输车辆的监督和检查，严查严处《名录》内运输车辆各类违法违规行为；针对《名录》外车辆非法在我镇从事渣土运输的违法行为，对驾驶员、运输公司及关联工地施工单位进行相应处罚。

牵头领导：黄斌、萧钧铭、王涛

责任单位：综合执法中队、群工办、各村（社区）

4. 加大道路、行道树及绿化带的清扫、高压冲洗、喷雾作业频次，保持道路不起扬尘（预测气温达到或低于0℃时除外），另根据大气污染防治指标及时优化作业范围。

牵头领导：王涛

责任单位：整治办、各村（社区）

（五）强化面源污染

1. 强化露天焚烧巡查。做好大春秸秆禁烧和冬季落叶、垃圾禁烧工作，通过网格化监管和黑斑倒查机制，压实相关办所和村（社区）责任。

牵头领导：罗建

责任单位：农技站、各村（社区）

2. 加大面源污染管控力度。针对春节前后城区烟花爆竹燃放（派出所）、宗教祭祀活动（民政办）、腊肉熏制（整治办）等面源污染行为，分别开展专项行动，加强宣传，倡导绿色、文明的生活方式，确保各项禁燃措施落实到位。

牵头领导：马春彦、黄斌、王涛

责任单位：派出所、民政办、整治办、各村（社区）

3. 强化汽修行业VOCs排放管控。群工办再次对全镇汽修行业进行梳理，并实时更新台账，严格查处露天喷涂等违法行为。开展宣传培训，积极推进汽修行业使用低（无）VOCs含量原辅材料和产品。汽车修补漆鼓励使用即用状态下VOCs含量不高于540克/升的产品，其中，底色漆和面漆不高于420克/升。

牵头领导：萧钧铭

责任单位：综合执法中队、群工办、各村（社区）

4. 加强餐饮油烟检查力度。2018年12月31日前，各村（社区）完成餐饮油烟专项检查全覆盖，实现油烟净化设施正常运行、定期清洗；对露天烧烤开展专项整治，并持续巩固整治成果。

牵头领导：罗建、王涛

责任单位：经发办、整治办、各村（社区）

（六）有效应对重污染天气

1. 根据成都市、崇州市重污染天气应急预案制定大划镇重污染天气应急预案。

责任单位：环保办

2. 强化重污染天气应急管控。根据成都市重污染天气的预测、预判，及时响应我镇应急管控措施。应急响应期间，各村（社区）加大巡查力度，确保本辖区各项应对措施落到实处。

责任单位：环保办

四、严格问责

环保办会同目督办对冬季战役期间大气污染问题巡查不力、整改不到位的单位和个人进行通报，纳入年度环境目标考核扣分情形，并移交镇纪委实施追责问责调查。具体包括以下几种情形：

1. 我市督查发现清单外的"散乱污"企业或已取缔"散污"企业死灰复燃情况，累计达到2起及以上的，扣减该村（社区）目标分，并移送镇纪委。

2. 督查发现环保备案中涉气企业存在违法行为且属地未上报环保办的，累计达到2起及以上的，扣减该村（社区）目标分，并移送镇纪委。

3. 露天焚烧、烟花爆竹燃放、宗教祭祀活动、腊肉熏制、露天（无证）喷涂、餐饮油烟、砂石行业等面源污染监管情况，被四川省、成都市、崇州市等上级单位督查发现问题并通报1次及以上或我镇本级督查发现问题3起及以上，扣减村（社区）目标分，并移送镇纪委。

五、保障措施

1. 组织保障。强化组织实施和统筹协调。镇目督办对本方案落实情况进行全面督查，对相关办所、村（社区）履职不到位的进行通报。

2. 技术保障。加大对网格员大气污染防治技术培训，全面提升业务能力，明确职能职责，逐步提高网格化监管能力和水平。

3. 宣传保障。建立宣传引导协调机制，统筹做好秋冬季大气污染防治宣传工作，通过微信群、农信通、LED显示屏、入户宣传等方式广泛开展秋冬季大气污染防治科普宣传、重污染天气期间的信息发布；引导群众攻坚行动期间低碳生活，提倡绿色出行，形成人人关心、人人参与大气污染防治的社会氛围。

2018年12月12日

关于成立大划·捷普"共享社区"综合党委的请示

市委组织部：

为深入推进大划·捷普"共享社区"建设工作，不断优化社区治理体系，加快构建区域党建新格局，我镇联合捷普科技（成都）有限公司，拟设立大划·捷普"共享社区"综合党委，拟设书记1名、副书记3名、党委委员5名。

具体人员名单如下：

书　记　雷文全　大划镇党委书记

副书记　戴金福　大划镇党委副书记、纪委书记

　　　　　戴新辉　捷普科技（成都）有限公司党委书记

　　　　　曾柱骞　成都崇州经济开发区副局级组织员

委　员　艾　晰　大划镇党政办负责人

　　　　　张　宇　大划镇派出所所长

　　　　　李　杰　大划镇场镇社区党支部书记

　　　　　余阳霈　大划镇卫生院院长

　　　　　袁　帅　捷普科技（成都）有限公司党委办公室主任

办公室设在大划镇党政办。

中共崇州市大划镇委员会

2019年5月17日

大划镇2016—2019年工作主要成效

一、助力智能应用产业建设

征拆分离强化土地要素保障，创新"一三五七二"自主搬迁模式。自2017年始，完成灰窑村、德寿村、净居村自主搬迁工作，清腾土地4100余亩，做好已清腾土地管护。同时解决了涉及成温邛快速路、明湖雨污管网等9个项目2671人拆迁遗留社保问题。项目建设推动产城融合发展。2012年以来，围绕富士康配套项目、捷普科技、福蓉科技等建设，以及园区道路、管网、能源、电力、污水等40余个项目实施，先后完成涉及5个村31个组2450户8750余人的搬迁工作，完成用地保障8500余亩，已安置群众7225人，保障经开区项目顺利推进。

二、夯实产城融合基础

完善基础设施。打通灰窑路断头路，联通经开区到大划的"主动脉"；场镇主干线画江大道改造及配套管网工程基本完工；场镇区域污水管网截污并管顺利完成。

改善城镇风貌。完成通达街、天竺街等8条街道风貌整治；场镇5个主出入口节点打造及场镇段河渠实现增绿添彩；新增3个大型停车场，停车总容量近4000辆，场镇交通秩序进一步规范。

提升管理水平。以"雪亮工程"为载体，落实人防、物防、技防措施，组建169人的综合管理队伍，实现场镇立体防控全覆盖，对捷普周边实施24小时专项管理，确保平安有序。

三、助推美丽宜居城镇建设

人居环境不断优化。交通畅达，构建路网体系99千米，新建智能应用产业功能区、场镇综合配套服务区路网13.7千米；完成1141户户厕改造，打好环保"三大战役"，深入开展"七乱""四清"治理；全域达标创建"三美"示范村，成功创建成都市文明乡镇；建立河长制组织体系，开展污染源全面排查。

四、强化社区发展治理

统筹推进"五大行动"，焕发居民参与社区治理活力。建成大划·捷普"共享社区"，创新"一领四联三融合"机制，增加硬件设施，丰富服务业态，延伸政务服务，搭建共建共治共享平台；常态化"走基层"，完成阳光新堰、民心苑等3个示范小区建设和5个村（社区）亲民化改造，组建2个社区治理示范点自治组织。管理有序、服务完善、环境优美、治安良好、生活便利、人际关系和谐的生活场景初步呈现。

五、工作计划

总体思路：持续深入贯彻落实市委市政府重大决策部署，立足全市产业发展布局，在镇域"智能应用产业功能区、场镇综合配套服务区、黑石河沿线农业生态发展区"建设中强统筹、提质效，谱写"创智小镇·花香大划"新篇章。

加强产业功能区建设保障。深化征拆分离自主搬迁模式，加强政策宣传引导，完成剩余土地清腾工作；启动富士康、捷普等11个项目的2800余人安置任务，确保2020年春节之前顺利入住；加快土地报批和施工手续办理进程，对手续齐备的项目，根据工作情况，适时启动保障性施工，项目工作专班全力做好220千伏变电站、中水回用、明湖路等10余个项目的服务保障工作。

提升建设管理服务水平。加快场镇改造，完成小三线下地、雨污管网、绿化、公厕等基础设施建设和公共配套，统筹规范民房改造，优化城镇整体形象；拓展共享社区成效，推动"三个全域"工作，高水平推进社区"微更新"，全域创建达标社区、示范社区、示范小区；落实"一标三实""红袖套""雪亮工程"三级响应应急机制，构建社会治安立体防控体系，为产业工人和辖区居民提供量体裁衣式服务，实现场镇改造与功能定位、民生诉求深度融合。

全域推进产业融合发展。深化"四改六治理"工作，加大违法排污的治理打击力度，提升打造一批特色林盘、示范院落；优化场镇业态，推动购物、餐饮、娱乐等生活性服务业提档升级，打造区域商贸中心；围绕黑石河生态长廊，挖掘"两河一湖"生态资源，建好亲水休闲基地；因地制宜规范发展都市现代农业，培植家庭农场、特色种植等新型农业经营主体，促进三产共生演进。

（源于镇政府公示栏）

第二章　媒体留存

用"人造水面"养绿萍

雷仕忠　张德明

崇庆县大划公社六大队五生产队社员利用"人造水面"放养美国细绿萍，收到了很好的经济效果。

原来，五生产队32户社员，在家里三合土院坝上砌了总面积2.4亩的"人造水面"，放养水浮莲、水葫芦做养猪青饲料，美化环境。可是，这些水生饲料喜热怕寒，十月份以后就停止生长，不能自然越冬，只有来年四月气温升高时才能重新放养。这样，"人造水面"有好几个月白白空在那里。去年秋后，生产队干部听说美国细绿萍怕热喜寒，产量高，营养好，猪爱吃，就从外地购回一批浮萍，分给社员在"人造水面"放养，受到社员欢迎。社员徐继忠去年十月下旬用一个只有4厘面积的"人造水面"放养细绿萍，到今年春天捞鲜萍1300多斤。

（原载1981年5月19日《四川日报》）

党委书记在家里

陈光明　雷仕忠

在川西平原，崇庆县黑石河岸边，一个翠竹掩映的庭院里，有一户庄户人家，男女老少37口人。这家人长年累月热热闹闹、和和气气，成为方圆二三十里有名的和谐团结的大家庭。这是大划公社党委书记佘仲伦的家。

佘仲伦家有五弟兄，他为长。上有父母，下有子侄。他常想：家庭是社会的一个细胞，只有家庭团结、和谐、进步，才有助于推动社会主义革命和建设，自己是党的基层干部，要用社会主义思想道德教育家庭成员。他尊老爱幼，用节省下来的钱补贴家里，供养弟弟读书，给父母买些好吃好用的东西；对待侄儿侄女也像自己的儿女一样，热情关心教育；弟兄之间、妯娌之间，难免发生意见，佘仲伦总是同他们商商量量地去解决。

那是1977年，幺兄弟要结婚了。有一天，父亲笑眯眯地说："仲伦，你们几弟兄，为长的四个结婚时都简简单单地过了。这回你幺兄弟结婚，我想办几桌酒席，热闹热闹，也了了我的心愿。"二兄弟也在一旁帮腔。

佘仲伦一听，沉思了起来：大办酒席，铺张浪费不应该，影响也不好。如果不让步，父亲和弟弟能同意吗？他轻言细语地开导他们："幺兄弟结婚，爹爹和兄长关心是应该的，可是，不能在办酒席上做文章。勤俭节约是我们劳动人民的本色！今天我们的日子好过了，不能忘掉旧社会过的苦日子。"

一席话，说得家里人开了窍，后来不声张、不收礼、不摆酒席，一家人高高兴兴地为幺兄弟办了喜事。

佘仲伦说："一个共产党员，无论在家里，还是在外面，都应当模范地执行党的政策。"1978年，他的一个弟媳无计划怀了第二胎，他苦口婆心地开导弟弟："实行计划生育是关系到我们国家和民族兴旺发达的一项重大措施。我是共产党员，更应带头响应党的号召。像我们这样的家庭，如果不带头实行计划生育，将会给全公社带来什么样的影响呀！"

弟弟的思想通了，佘仲伦又找母亲去做弟媳的工作。弟媳做了人工流产手术后，佘仲伦又和父母商量，把弟媳安排在家，一边休息，一边照料小孩。弟弟和弟媳高兴地说："我们大哥做事情，处处都想得很周到。"

为了搞好家庭的劳动致富，佘仲伦积极支持自己的爱人挑重担，为发展家庭副业出力。去年春节，他父亲召开了家庭会，研究养猪积肥的问题。会上，几弟兄、几嫂子七嘴八舌地议论开了。有的说，家里人多，劳力不足，要多养猪多积肥；有的说，又要出工，又要养猪，顾得了这头，顾不了那头，干脆留个人在家里养猪。可是，留谁在家里干这又脏又累的活路呢？大家都感到难于开口。这时，佘仲伦的一个弟弟开了腔：干脆由他们几嫂子轮流着来，一人喂一年，这样才整得巴适。这个意见得到大家的赞同。然而，在哪个来开头第一年的问题上，又把大家给难住了。几嫂子你盯我一眼，我看你一眼，没有人开腔，本来热闹的家庭会冷场了。

佘仲伦经过一番思考，便冒了一句："依我看，今年就从你们大嫂开始，你们看怎么样？"这话正合大家的意，就这样定下了。佘仲伦知道，他的爱人虽然没有表示什么反对意见，但心里是不大乐意打头炮的。家庭会结束后，佘仲伦就开导他的爱人，要她为妯娌之间做好榜样，吃苦的事要抢着干，并帮她出主意、想办法，千方百计养好猪。就这样，他爱人承担了养32头猪的重担，为全家增加了2000多元的收入。

（原载1982年第四期四川《支部生活》）

稻田养鱼出新招

雷仕忠

1983年5月20日，参加原温江地区稻田养鱼现场会的行家们来到崇庆县大划乡崇镇村11组一块秧母田旁边，从田里捉了九尾活蹦乱跳的鲤鱼，用秤一称，共一斤九两，平均每尾二两多。许多人说，过去稻田养鱼，尽出"麻麻鱼"（指鱼小），这一下可以养出像样的鱼卖了。

崇庆县过去稻田养鱼，放养晚，起捕迟，不仅和晒田、施化肥农药有矛盾，而且遭暴雨洪水，逃鱼现象严重。1980年，农民先把水花鱼苗放入秧母田养成大规格鱼种，栽上水稻后再转入本田继续放养，躲过了暴雨洪涝灾害，产量提高。但是，到六月下旬起捕，每尾鱼只有一两左右，不宜做商品鱼出售，只得转入池塘放养。

今年4月，崇镇村11组45户农民在村主任王志祥带领下，学习研究乡内外稻田养鱼经验，在24亩秧母田内改放水花鱼种为放养隔年鱼种8000尾。王志祥在七分秧母田中放养300尾总重量为二十斤五两的隔年鱼种，到5月20日，平均尾重由投放时的七钱增加到二两四钱，大的每尾重达四至五两。现在，他们已把这批鱼转入大田放养，到六月下旬起捕时，尾重将进一步提高。

（原载1983年6月29日《四川日报》）

大划"蜀州"牌音响健身球远销深圳

雷仕忠

健身球是我国的传统健身佳品，源于元代，到明清开始兴盛。从事健身球运动，能预防疾病，对防治中老年人的常见病能起到一定的辅助作用；脑力劳动者从事健身球运动，能提高思维能力。崇庆县大划乡机械配件厂生产的"蜀州牌"音响健身球为空心，内装有音簧，在手中转动两只以上的这种健身球，能发出高低不同的两种音乐，优雅悦耳，有益身心健康，散步、聊天、下棋、看书、思考问题、看电视等都可以锻炼。现在该厂月产"蜀州牌"音响健身球3000多套，近销成都、重庆等地，远销深圳，供不应求。

（原载1985年12月28日《四川日报》）

昔日打工仔　今朝科技郎
万德兵研制出彩色波形瓦

　　建筑房屋单一、易损的房盖瓦将被一种色彩斑斓、经久耐用的新型瓦代替。崇州农民万德兵研制的这种特种彩色波形瓦最近经国家专利局审查，被受理专利。

　　农民出身的万德兵12年前开始到西北、云南等地打工，在给老板生产石棉瓦、磷镁瓦和同各地用户广泛接触过程中，他逐渐发现，用于房屋盖顶的石棉瓦、磷镁瓦、玻璃型复合瓦、玻钢瓦等虽各有优点，但或含致癌物、或渗水、或抗冲击力差、或寿命短，都各有各的缺陷。几年前，万德兵着手研制新型屋顶瓦。他用打工挣得的积蓄进行试验，并筹集经费办起了以磷镁为原料的建筑产品生产厂。不久，他生产的室内装饰板获得了成都市建筑装饰材料博览会优秀产品称号，研制经费也越来越雄厚。经过上千次的试验，一种以氯化镁、石英砂等为主要原料的特种彩色波形瓦问世了。据技术监督部门和有关专家论证，该产品价格与一般房盖瓦相当，但抗冲击力强，导热系数低，几何尺寸标准，可根据用户需要加工成天蓝、粉红、金、黄等各种颜色，不裂口掉色，不漏水渗水，寿命比一般房盖瓦高，可重复使用。去年12月18日，崇州市保险公司经考察后，决定从1995年起对特种彩色波形瓦进行保险。（韦雨雪）

　　　　　　　　　　　　　　　　　　　　　　　　　　（原载1995年1月7日《四川日报》）

沈汝君——老鸹林的捕鱼人

走进老鸹林

　　"咕、咕、咕……"刚进沈汝君的竹林坝，就听见几条鱼老鸹（鱼鹰）在欢叫，随行的村支书刘文清说："老沈家到了。"

　　"沈汝君，有两个记者想看一下你的老鸹打鱼，在家没有？"刘文清大声地喊道。

　　"在家，是哪个？请进来！"一个中年妇女正在给鱼老鸹喂食，一边放下手中的小鱼，双手在围裙上揩来揩去，一边热情地招呼我们坐。她就是沈汝君的爱人周学清。

　　老沈笑嘻嘻地从屋里出来，饱经风霜的脸上刻下了道道皱纹，却透出一股川西汉子的灵气："唉，现在鱼太难打了，今天上午整了半天，只有几斤鱼，简直是'耗子舔米汤——糊不了嘴'哟。"

　　沈汝君住在崇州市大划镇一个叫"沈老鸹林"的村子里，世代以老鸹捕鱼为生，到他这里已是十一代传人了，其父沈海成今年已年逾古稀，仍然随儿子一直风里来，雨里去，钻激流，过险滩，住河坝，宿林滩。讲起老鸹捕鱼的风光岁月，他便眉飞色舞。

这个村因为世代居住着以老鸹捕鱼为生的沈姓人而得名，但现在，村里沿用鱼老鸹捕鱼的村民只剩沈汝君父子了。从父亲手里接过打鱼船，干上祖祖辈辈从事的职业，沈汝君有说不清、道不明的情结。况且读大学的女儿沈宇坚信，有朝一日，老鸹捕鱼将是旅游文化十分重要的一部分。

捕鱼人生

在人们的记忆中，鱼老鸹捕鱼浪漫无比：清清的河面上，打鱼人驾着小木船顺河而下，飘荡的船舷上停着三五只鱼老鸹，还有两三只在船的左右两边游来游去，时不时一个猛子扎下水，不多时便叼着一条鱼浮出水面。打鱼人伸出竹竿一捞，鱼老鸹就稳稳地站在了竹竿上，渔人熟练地从鱼老鸹嘴里取下鱼，鱼老鸹又扑打着翅膀在河面上漂荡……

其实，捕鱼人的生活却很艰辛。就拿沈汝君来说，12岁那年，他就开始跟着父亲外出划船捕鱼跑滩口。沈汝君第一次出门打鱼的情景就像发生在昨天。当时，他正在家里烧火做饭，父亲从外面回来，像往昔出河一样悄无声息，扛起小船就顺着院东的路径直往外走。走过灶房的时候，扭过头说了一句："走，跟我一起去打鱼。"沈汝君知道父亲在对自己说话，马上把火钳一搁，背起渔篓往屋外的白马河边走去。

沈汝君告诉记者，以前的船并不是真正意义上的船，而是楠竹扎成的筏子，捕鱼人外出捕鱼的时候穿着草鞋，披着蓑衣，戴着斗笠。运气好时，可捕到几十斤鱼；运气不好时，仅有一两斤。遇到连绵的雨天，河水陡涨，捕鱼人只好坐在屋里望着河水出神，只盼着老天早日放晴。

沈汝君说，捕鱼的人一年四季总有几个月在外漂泊。累了在河边搭个简易的棚子，三块石头架一口锅，舀来河水就做饭，豆瓣海椒下饭算高档，啃筷子（吃饭无菜）也是常事，一忙起来一天吃一顿两顿的时候多得很。

老鸹宝贝

在沈汝君的眼中，老鸹是个宝贝。这并不是因为老鸹每只价值两三百元钱，而是由于世代相传，渔民和老鸹已经结下了深厚的情谊，即使在公社化的时候也不例外。那时候所有私人的老鸹都要交公。到了捕鱼期，集体就指定几个捕鱼好手一同结伴外出捕鱼，算工分。捕完鱼回来，又把老鸹交回集体统一管理。十几只老鸹放在林滩中间，只有三四人专门看管，三五天洗一次澡，冷了要防寒保暖，热了又要防暑降温，生怕有个闪失。

实行农村家庭联产承包责任制以后，集体的十几只老鸹也通过抓阄的形式分到几个渔民手中，沈汝君家分了两只。他说，老鸹十分金贵，比我们人都吃得好，猪油、豆腐、鱼虾是它们的主要食物。要是母老鸹孵出小老鸹就更加宝贵了，一只母老鸹一年最多下三四只蛋，十只蛋只能孵出两三只小老鸹，便算是运气好了。

老鸹孵化季节，无法外出的老人担负起照顾母老鸹的重任。他们把鱼肉切得细细的，端到母老鸹面前，一点儿一点儿喂。一天要喂三四次。小老鸹出壳后，要用炉火保暖，温度不能过高。老人们常常日夜守候着小老鸹，比照顾自己的孩子还要细心。沈汝君的母亲是当地照顾老鸹孵小老鸹的高手，不仅周围的渔民，连大邑、双流、新津、蒲江等地的捕鱼人也经常慕名前来请教技艺。

难舍老本行

由于各方面的原因，现在河里的鱼渐渐稀少，再加上池塘养鱼的越来越多，捕鱼的营生似乎走到了尽头。自1998年以来，老鸹林用老鸹捕鱼的人一年比一年少，现在只有老沈父子俩仍在干老本行，其他渔民都改行干了别的。

沈汝君也想过改行，他说一家人全指望老鸹捕鱼挣点钱，供女儿上大学。现在，养鱼老鸹的成本比以前贵了些。过去每年禁渔期间都会划出喂鱼区，让老鸹捕鱼进食。从去年起，喂鱼区又取消了，禁渔期全靠买鱼喂老鸹。沈汝君的确不想改行，因为他从小听得最多的就是老鸹的叫声，看得最多的就是父辈捕鱼的身影，梦得最多的就是老鸹捕鱼，自己风里雨里干了几十年，每只老鸹就像自己的孩子，要想一下子搁下这门手艺，离开与自己朝夕相处多年的老鸹，他真的舍不得。

老鸹捕鱼在川西

时下，在川西坝上，用老鸹捕鱼的捕鱼人仅百余人了。这一数据是成都市渔政部门专家提供的。据说，在20世纪70年代，仅在温江、双流、崇州、都江堰、大邑、金堂、新津等县市，用老鸹捕鱼的就有上万人。三十年过去了，老鸹捕鱼的人数急剧下滑，滑到了现在这种局面。究其原因，主要是经济发展了，环境却恶化了。川西坝上的多数河流干涸，河水变污发黑，哪还有鱼类的生存空间。鱼资源的减少甚至消亡，迫使许多捕鱼人纷纷改行。于是，鱼老鸹家族也跟着没落了。

在人们的记忆中，鱼老鸹捕鱼是记忆芯片上的一道独特的乡村风景线，是儿时童年生活情景的"内存"。虽然老鸹捕鱼仍然在川西各县市存在，但兴盛的局面已难以再现。保护并利用这一资源已成了当下的燃眉之急。（记者　戚琰　贾洪国　文乔渝）

（摘于2004年10月27日《今日崇州》风情版）

张远谋，你咋这么红
一家三代都找他看病："让我们感觉很踏实"

从7月13日开通五大推荐渠道以来，本报热线电话、网页以及微信等五大推荐渠道，收到了关于同一个人的200多条信息。

这些信息都来自成都市崇州大划镇，大家都在为一名基层医生点赞，他的名字叫张远谋。

7月19日，在成都市崇州大划镇的一个诊所内，记者见到了正在把脉的张远谋。从医近四十载，从最初的赤脚医生，到现在自立门户开起诊所，只要在大划镇上说起"张远谋"三个字，大家都会竖起大拇指。

不过，对于"名医"这个称号，这位"人气爆棚"的医生却有些不好意思："我只是在做一个医生应该做的事。"

除了春节全年无休　每天为四五十人看病

上午不到8点，大划镇杨柳街上，一个不起眼的铺子外就排起五六个人。"最近肠胃有点不舒服，请张医生帮我看看。"

这里就是张远谋的诊所。一张木桌，几把木椅，一个百子柜，整个诊所整洁而简朴。木桌旁边，戴着眼镜的张远谋一边把脉，一边仔细询问患者的病情。前往看病的人不断，直到中午12点半，他终于送走了上午的最后一位患者，准备休息一下。

从1996年开诊所以来，除了过春节，张远谋几乎没有休息过一天。由于年近七十，在家人再三的软磨硬泡下，他终于把每天的问诊时间，从十小时缩减到了六个半小时。尽管如此，每天还是有四五十人找他看病。

"一天不摸脉，就感觉浑身不对。"在女儿张乃禹眼中，父亲是一个闲不住的"工作狂"，"每次进药，都是他亲自去。"

半夜下乡看病　路太黑掉进排水沟里

在开诊所前，张远谋是一个赤脚医生。1966年，高中毕业的他回到了老家大划镇石桥村，从那时起，他便跟着村上一位姓杨的老中医学医。后来，他也成了一位赤脚医生。那个时候，在石桥村的乡间小路上，常常会看见背着一个小药箱的身影。"那时连自行车都没有，全靠用脚走。"半夜摸黑下乡，对于张远谋来说是常有的事。有一次，村上五队有村民生病，家人跑到医疗站找到张远谋。虽然已是半夜，他二话没说，提上药箱跟着病人家属就走。路上没有路灯，张远谋一个没注意，掉进了路边的排水沟里，好在并无大碍，他站起来，继续前行。

石桥村的党支部书记罗建是第一个推荐张远谋的人。大概十岁的时候，罗建曾患过肾炎，在当地医院输液治疗一段时间后，效果不太明显。常常找张远谋看病的父亲提议找这位中医试试看。

"我的病就是张医生治好的。"罗建说，现在，他的孩子身体出现不舒服，他第一个想到的也是张远谋："张医生不仅医术好，而且对病人很关心，说话轻声细语的，让我们感觉很踏实。"

三个子女承父业　最大愿望是弘扬中医

在同行何友君眼中，张远谋一直是一个好学的人："即使已经是全村有名的医生，他还是不断地在学习。"1983年，张远谋考上了成都中医学院（成都中医药大学的前身），更加系统地学习中医，成为镇上第一个考上医师资格证的中医。后来，在镇上开了第一个中医诊所。

"小时候，每天都不怎么看得到父亲，但只要一说我父亲是张远谋，看到很多人崇敬的目光，我们还是很自豪的。"张远谋的三个子女都走上学医的道路，除了在诊所帮忙的大女儿张乃禹外，还有一个女儿在崇州市红十字医院当医生，儿子则是一名中药药剂师。

对于患者们送上的"名医"这个称号，张远谋却有些不好意思："我只是在做一个医生应该做的事。"他说，自己最大的愿望，就是通过努力，将中医国粹发扬光大。

（选自2015年7月20日《华西都市报》）

大划镇小学校：小空竹抖出大健康

小空竹抖出大健康，崇州市大划镇小学校"空竹进校园"再引关注。2月23日，四川省空竹协会会长廖述兵一行前往该校调研，指导空竹运动开展。

廖述兵一行观看了学校孩子们的大课间活动及抖空竹表演。参加表演的同学大展身手，金龙绕腿、金蛛盘丝、空竹绕花线、空竹上爬、空竹高抛……五颜六色的空竹在孩子们娴熟的耍弄下，飞舞出一道道漂亮的弧线，精彩纷呈，获得热烈掌声。同行指导老师也展示了精湛的抖空竹技巧，并对学校体育教师和孩子们作了耐心、细致的指导。"小空竹抖出大健康"，"抖空竹"这一古老的民族体育运动，必将在大划小学校园内再次焕发出新的魅力。

（原载2017年2月24日"中国网·四川"）

一领四联三融合　努力推动形成共建共享新型社区发展共同体

崇州市委组织部　代旭

崇州市聚焦产业需要和民生需求，将公园城市建设与社区发展治理有机结合，把共享理念植入服务改革和发展治理，打造大划·捷普"共享社区"，探索"一领四联三融合"工作模式，努力营造良好的国际化营商环境。

"党建领航"聚合力。按照关联度大小、协作关系强弱，整合区域内各类党建资源，成立由大划镇党委、捷普（成都）党委、经开区党工委、驻区党组织等组成的"共享社区"综合党委，引导区域内各类党组织突破条块壁垒，构建合作共治、共建共享的新格局。

"四联支撑"筑和谐。围绕事务联议，以区域化党建为纽带，创新"1+3+X"基层治理模式，建立社企双向联接、双向融合、双向互动机制。围绕资源联享，设立"一中心三站"为一体的共享服务圈，社企党组织双向签订"服务协议""服务承诺书"，实现产业工人、社区居民服务与需求的精准对接。围绕治理联抓，在生产生活区、场镇街巷开展分类治理，充分发挥社区干部、社区民警、"红马褂"志愿者队伍等力量，引导党员、工人、居民主动参与基层治理，推动社、厂、街"三区"互联互动、协同共治。围绕活动联办，以"文化管家"为载体，依托新市民培训中心、社企微党校，常态开展联谊活动和"五助"行动，带动工人居民相互沟通、增进融合。

"三项融合"促发展。构建新型社区共同体，促进社企联动、区域协同，推动社企文化融合。建立和谐友善的邻里关系，提振共建共享活力，推动新老市民融合。共创社企互促共赢新局面，助力企业稳步发展，推动发展治理融合。

（原载2019年7月18日"人民论坛网"）

崇州市大划镇积极建设"共享社区"

随着共享经济的发展，共享自行车，共享充电宝，甚至共享汽车涌现在我们的生活中。近年来，共享社区逐渐风行，正逐渐成为未来居住生活的一种趋势。

2013年，捷普科技（成都）有限公司落户大划镇，员工人数4万余人。公司员工以年轻人为主，他们的工作节奏快，需求也更加多样化；捷普科技生活区的公共服务配套不足、员工居民融合互动不够、社区治理方法单一等痛点难点愈加凸显，大划镇针对这一问题，紧跟时代潮流，打造了大划·捷普"共享社区"。

"我们旨在通过共享社区建设，破解党群服务与员工需求之间供需失衡，产业工人与居民人际关系陌生，信息技术与'放管服'社会综合治理公共服务融合不够，区域内人口容积率增大、配套不足、社会综合治理压力大等方面的问题，通过共享社区为纽带，构建和谐美好社区。"大划镇党委书记雷文全介绍道。

创新管理和服务手段　共享创建便利的生活

为了更好地建成共享社区，大划镇专门成立了大划·捷普共享社区综合党委，创新了"一领四联三融合"工作机制。"就是通过建强综合党委，搭建合作共治平台，落实事务联议、资源联享、治理联抓、活动联办四大举措，最终促进社企文化、新老市民、发展治理的'三大融合'。"大划镇党委副书记戴金福说。

共享社区便在这一工作机制的指导下应运而生。共享社区综合党委根据产业工人多层次、多样化需求，专门成立了服务社区的共享社区综合服务大楼。

在一楼的社区工作站，热闹非凡，来往办理事务的人络绎不绝。大划镇下沉了包括办理居住证、社保等政务服务事项6类32项，通过组团服务、数字服务、代办服务、预约服务、错时服务等方式，实现了服务与需求的精准对接。

"我们以前办理居住证，需要经过捷普公司内部证明、镇流管办审核、公安派出所审批办理，

3个机构办事地点分散，办事费时费力，工作站设立后，我们的员工就可利用工作间隙，到站一次性咨询办理。"捷普科技相关负责人介绍。

自从工作站设立后，员工和周边居民不仅实现了"只跑一次"的目标，还极大地增进了政府与居民的情感联系，增强了对政府的信任。据统计，工作站设立以来，累计为捷普员工和大划居民办理政务服务1100余项次，便民咨询服务2000余次。

在一楼大厅，除了设立工作服务站，还设立了医疗卫生室、群团驿站、创客服务厅等服务站，二至四楼则全部用于设立图书馆、职业技术培训、心理辅导、武术舞蹈培训、琴棋书画等功能场所，这些服务和娱乐休闲场所不仅服务于广大职工，周边的居民均可享用，充分体现了共享的特点。

充分利用空间和资源　共享搭起情感的纽带

共享社区摆脱了以往传统社区只是为居民提供居住场所的特点，社区不仅要为居民提供可居住的场所，更要为居民营造怡然自得、温馨舒适的整体氛围。大划镇在共享社区增设了休闲长廊、休闲亭、休闲椅等休闲设施，供居民、商家休息纳凉，不仅如此，还特别为小区增花添绿，营造了一个更加温馨舒适的家园。

综合党委为了尽可能利用现有的资源和空间，在共享社区植入了更多的生活娱乐设施。ATM机、中邮速递易邮柜、便利店、移动、电信、驾驶培训、美容美发等商店并列分布，共享书屋、共享手机充电桩、共享雨伞等共享设施一应俱全，社区内基本涵盖了社区员工所需要的生活场景。

共享社区还修建了共享俱乐部，在这里，乒乓球台、球桌、动感单车、跑步机等综合健身器材整齐排放。并且运营机制也是相当便民，员工只需佩戴好工作牌，周边居民也只需要一张共享社区活动卡，就可以自由进出，免费锻炼。

共享俱乐部建成，是大划镇与捷普公司及兄弟单位落实"事务联议"的一个重要成果。"最初我们发现员工在工作之余，拥入场镇区域，促使管理压力增大，除了年轻人充满活力等客观原因外，也反映出生活区缺乏吸引力，以前这个区域是专为企业配套的生活区，理念陈旧，配置单一，缺乏温度。于是以此为主题召开联席会，建设一个大家共同娱乐的场所，让员工足不出户就能展现活力。"大划镇相关工作人员介绍。

"以前我们的日常生活比较单一，就算打球也需要出去专门找地方，现在休闲之余，直接就可以享受体验这么多活动。"捷普科技的员工说。

"目前我们已发放三百张活动卡，覆盖场镇社区、登田村、划石村等地居民，下一步我们会继续在周边居民中推行活动卡，让更多人参与到共享俱乐部中。"大划镇相关负责人介绍。

动员多方力量参与和管理　共享构建平安的家园

共享社区坚持核心引领，着力构建"人人都是建设者，人人都是主人翁"的共建共治共享社会治理新格局。社区的稳定和安全，直接决定了居民能不能安居乐业，为了解决产业工人与周边居民人际关系陌生的问题，营造和谐稳定的氛围，大划镇积极动员捷普科技员工、周边居民自发参与社区活动，并邀请崇州市或者兄弟单位的单项爱好者进行切磋。

"我们制定了年度活动联办方案，确保月月有活动、节节有庆祝、季季有精品。"大划镇党委副书记戴金福介绍道，通过在共享社区定期举办友谊赛、表演赛等赛事，让捷普员工、居民和工作人员在运动交流中，找到共同语言，促进了新老市民感情的融合，保障了社区的和谐稳定。

据介绍，为了进一步构建平安社区，综合党委在共享社区的住宿区，采取的是"三管同步、秩序共维"：住宿区内部主要依靠公司内控延伸管理；公共区域依靠物业进行无缝对接管理；具体到每个楼栋，通过"楼栋长+党员+志愿者"三个主体积极参与自治管理。

共享社区专门设置了警务工作站。大划派出所在这里常驻2名民警，他们时刻坚守岗位，为共享社区的安全和稳定保驾护航。"警务工作站设立以后，明显可以感受到社区及周边的变化。"大划镇党委副书记戴金福说，警务工作站设立以前，部分员工之间关系比较紧张，时常产生矛盾，员工的安全感比较低。工作站设立后，加上便捷高效的服务、丰富多彩的活动，社区内打架斗殴、惹是生非等事件发生的概率急速下降，员工及居民的幸福感、获得感、安全感大大提升。

不仅如此，就在今年7月，大划镇在共享社区启动了集中整治行动，其中消防中队在共享社区综合服务中心进行了消防演练，派出所民警、治保巡逻队员、网格员等专项队伍按照行动方案，对集中居住区、出租房、娱乐场所等进行社会治安、消防安全等检查。大划镇通过团结、协调、动员全镇政法、公安、应急、处突等各方面力量，落实治安防范措施，定点定时开展大巡防，健全楼院看护、群防群治责任制，初步实现了管理有序、秩序良好、人际和谐的目标。

"自从建成了共享社区，我们的生活变得越来越便利了，也更加有生活气息和人情味了。以前很多同事自己在外面租房，现在好多都回来了，他们都宁愿住在公司。"捷普科技的一名员工感慨道。

（原载2019年8月22日"人民日报·海外网"）

表10-1　　　　　　　　　　　　　　　媒体报道一览表

序号	媒体类型	标题	作者	时间	说明
1	书报	舞龙灯　赛歌舞　大爷大妈展新颜——划石村举办第二届新农民文化艺术节		2016—01—26	《成都日报》
2	书报	大划镇迎新春文艺演出精彩纷呈		2016—01—29	《今日崇州》
3	书报	12个基层宣传优秀案例展示		2016—02—26	《今日崇州》
4	书报	大划成立崇州市首个留守儿童艺术团		2016—02—26	《今日崇州》
5	书报	对标中心城区　建设"洁齐美"场镇		2016—03—11	《今日崇州》
6	书报	"想家"计划关爱项目在大划镇启动		2016—04—08	《今日崇州》
7	书报	崇州市留守学生家安"想家"设备		2016—04—08	《成都日报》
8	书报	大划镇党员分类分层开展"两学一做"学习教育		2016—05—20	《今日崇州》
9	书报	好制度加严管理，换来土地高效益		2016—06—24	《今日崇州》
10	书报	大划镇启动"党内关怀基金"		2016—09—23	《今日崇州》
11	视频	大划镇：学习党员代表大会精神　全力建设活力大划		2016—11—01	崇州电视台
12	视频	大划镇召开第四届人民代表大会第一次会议，选举产生新一届镇人大、政府班子组成人员		2016—11—28	崇州电视台
13	书报	多举措服务新农民　公共服务提效增质		2016—11—29	《成都日报》
14	视频	大划镇：走访慰问困难群众　确保其安全温暖过冬		2016—12—05	崇州电视台
15	书报	大划镇老党员带头　为美丽环境贡献力量		2016—12—13	《成都日报》第14版
16	视频	《志愿崇州　青力青为》王英：服务基层　做一名创新拓展的志愿者		2016—12—15	崇州电视台
17	视频	大划镇：举办首届冬季运动会		2016—12—22	崇州电视台
18	视频	成都市城管委到大划镇德寿村调研慰问		2016—12—29	崇州电视台
19	书报	新春送温暖　确保困难群众欢度新年	卢海燕 邓超辉	2017—01—10	《成都日报》
20	网络	崇州大划举办"我爱成都"主题运动会		2017—03—30	成都文明网
21	书报	大划镇近日组织各村（社区）开展形式多样的"全民国家安全教育日"宣传活动		2017—05—05	《今日崇州》
22	书报	大划镇召开干部培训暨党风廉政警示教育会	卢海燕	2017—05—16	《成都日报》
23	书报	大划镇主动融入新型城镇化　"重颜值更重气质"		2017—05—19	《今日崇州》
24	书报	大划白果村创新"一元钱效应"　林盘保洁入人心		2017—05—19	《今日崇州》

25	书报	政务服务引领产业互动　精准扶贫见成效	邓超辉	2017—06—13	《成都日报》
26	书报	大划派出所破获一起重大诈骗案		2017—06—16	《今日崇州》
27	网络	石桥妇女排头兵　合作社里挑大梁	丁志学	2017—07—02	四川党建之声
28	网络	女大学生王英扎根乡村融入百姓的故事	丁志学	2017—07—03	四川党建之声
29	网络	崇州市大划镇：党员积分制管理　激发农村党员新活力	丁志学	2017—07—05	四川党建之声
30	书报	我爱故我创·培心行动　崇州市优秀工会主席风采		2017—07—07	《今日崇州》
31	网络	环保督察暖民心　利剑出鞘护绿盾		2017—08—17	
32	网络	四川崇州市大划镇机关党支部开展"合格党员"标准大讨论	人民网四川频道	2017—08—17	
33	书报	上班"不在状态"，扣3分		2017—08—18	《今日崇州》
34	网络	四川崇州市大划镇：广开言路听民意　深入村组解民忧	人民网四川频道	2017—08—25	
35	书报	大划镇多举措确保基层平安		2017—09—01	《今日崇州》
36	网络	从问题镇到平安镇　崇州大划让群众收获满满安全感	人民网四川频道	2017—09—03	
37	书报	大划镇应势而为抓综治　攻坚克难保安宁	雷文全	2017年第三期	《天府长安》杂志
38	网络	助力精准扶贫　崇州市志愿服务队开展暖冬行动		2018—01—11	四川文明网
39	书报	以大划镇为例　看我市"文化管家"服务纵深推进		2018—01—26	《今日崇州》
40	网络	崇州市开展"爱崇州我行动"学雷锋普法宣传主题志愿活动		2018—03—15	四川文明网
41	书报	思路"晒一晒"　蓝图更清晰——大划镇强化责任担当激发干部内生动力		2018—03—23	《今日崇州》
42	网络	崇州市大划镇开展"弘扬雷锋精神　助推社区治理"志愿活动		2018—03—23	四川文明网
43	网络	崇州市大划镇开展"全民参与，助推城乡社区发展治理"志愿活动		2018—04—23	四川文明网
44	网络	不忘初心跟党走　奋勇建功新时代		2018—05—05	成都志愿者
45	网络	5·4我为乡村增绿添彩林盘卫生整治志愿活动		2018—05—06	成都志愿者
46	网络	做好秸秆禁烧宣传工作，助推城乡社区发展治理		2018—05—12	成都志愿者
47	网络	自觉遵守交通法规　共同建设美丽石桥	唐大川	2018—05—16	成都志愿者
48	网络	崇州市开展"心手相牵·共享阳光"助残志愿活动		2018—05—22	四川文明网
49	网络	崇州市开展"幸福雏鹰"关爱青少年志愿活动		2018—06—12	四川文明网
50	网络	建设安全社区　营造和谐家园　志愿服务在行动		2018—06—29	成都志愿者

51	网络	崇州市开展"喜迎国庆·欢度中秋"文化惠民活动		2018—09—25	四川文明网
52	书报	大划镇:家门口开院坝会 面对面和群众交流	卢海燕	2018—09—28	《成都日报》政务服务
53	网络	"树敬老之风,促社会文明"大划镇举行重阳节文艺会演		2018—10—18	成都志愿者
54	网络	四川省崇州市大划镇石桥村主任罗杰林 用心用情做好关心下一代工作	丁志学	2018—10—19	中国火炬
55	网络	大划镇石桥村召开巾帼志愿者培训会		2018—11—01	成都志愿者
56	书报	大划镇:聚焦问题整改促和谐		2018—11—16	《今日崇州》
57	书报	《全面落实年·崇州这样干》 大划镇:做好保障推动智能制造产业发展		2018—11—17	《成都日报》政务服务
58	网络	"潜力新城,魅力大划"——崇州市大划镇		2018—12—06	晨瑶影视文化传媒
59	书报	畅通"线上+线下"路径 点亮"共享社区"建设	卢海燕 赵 航 邓 婧	2018—12—12	《成都日报》
60	书报	文体为媒,活力大划唱响和谐曲		2019—01—04	《今日崇州》
61	网络	崇州市大划镇开展关爱青少年志愿活动	唐大川	2019—01—07	四川文明网
62	书报	多彩民俗闹元宵 精彩活动嗨翻天	李卓婕 李 丽	2019—02—19	《今日崇州》
63	网络	崇州市大划镇开展"学雷锋"禁毒宣传志愿活动	唐大川	2019—02—27	四川文明网
64	网络	四川省崇州市执法局关工委联合携手同行志愿服务队关爱敬老院	丁志学 张邑波	2019—03—14	中国火炬
65	网络	崇州市执法局关工委联合携手同行志愿服务队关爱敬老院	丁志学 张邑波	2019—03—14	四川党建之声
66	网络	"艺汇白果·花舞乐动"暨大划镇白果村第一届农民文化艺术节	宋 彧	2019—04—22	四川新闻网
67	网络	我是中国娃 弘扬中国美——崇州市大划镇童馨幼儿园童心飞扬庆"六一"	丁志学	2019—05—27	今日头条
68	书报	建设共享社区 打造宜居宜业城市品质		2019—06—04	《今日崇州》
69	网络	崇州市大划镇关工委组织志愿者协同相关部门宣传禁毒	丁志学 黄兰淞	2019—06—27	关爱明天网
70	网络	四川崇州:一领四联三融合 努力推动形成共建共享新型社区发展共同体	代 旭	2019—07—18	人民论坛网
71	网络	崇州市大划镇召开集中整治行动誓师大会	丁志学 黄兰淞	2019—08—01	关爱明天网
72	网络	崇州市大划镇建设"共享社区" 一起共享社区美好	李岗稷	2019—08—19	中国网·锦绣天府
73	书报	崇州大划:共建共享新型社区,共筑政企"连心桥"		2019—08—22	《成都日报》第7版
74	书报	不忘初心,勇于开拓,成都"群众工作之家"提质增效有看点		2019—08—22	《成都信访》

75	网络	崇州市大划镇划石村开展反拐骗安全教育宣传活动	丁志学 王　英	2019—09—02	关爱明天网
76	网络	捷普科技"新家"更有温度	张世海	2019—09—04	《今日崇州》微信公众号
77	网络	崇州大划·捷普共享社区让群众感受"家"的温度		2019—09—05	四川在线
78	网络	崇州"最美警察"！你跳水救人的样子，真帅！	颜　娇	2019—09—12	《今日崇州》微信公众号
79	网络	崇州市大划镇石桥村儿童用彩笔绘出心中最美风景	丁志学 唐大川	2019—09—17	四川党建之声
80	网络	崇州市大划镇开展"携手童行·关爱童心"青少年关爱志愿活动		2019—09—17	四川文明网
81	网络	崇州市大划镇举办"庆国庆·迎重阳"文艺演出	丁志学	2019—09—23	四川党建之声
82	网络	人民日报社《民生周刊》杂志社调研我市"群众工作之家"		2019—09—29	《成都信访》
83	网络	喜迎国庆　崇州市大划镇举办形式多样的庆祝活动	黄兰淞 唐大川	2019—09—30	四川文明网
84	网络	"谁不说咱家乡好"：创智小镇　花香大划	颜　娇	2019—10—02	《今日崇州》微信公众号
85	网络	崇州市大划小学举办"吟诵中华古韵　唱响民族未来"第二届阅读节	丁志学 余加祥	2019—11—10	关爱明天网

第三章　里人作品选

乡间楹联

孙氏祠堂联

作十三篇兵书，名传宇宙；消廿一史帝制，志震神州。

横额：文昭武穆

佘仲伦家门联

门含白马腾千里；基带黑石襟三江。

横额：富庶之地

淡饭充饥瓮飧继；饥者甘食晨昏欣。

横额：平淡持家

川西民居大划镇

陈世民

成都西面，是中国西部最具竞争力的小镇——成都市大划镇，3000年文明震古烁今，平和的底色，休闲的光彩，浪漫则是穿梭于其间的精灵。鳞次栉比的高大建筑，勾勒出新兴城市的天际线，也沉淀着大划镇的实力与底蕴。近日城中热话，就是各色建筑中心的"川西民居"，独树一帜，具有艺术灵感和跨界魄力，让人印象深刻。

川西民居是展示民宿的中心区域，充分利用当地原有的林盘、肌理与历史文化，展现了川西林盘"岷江水润，茂林修竹，美田弥望，蜀风雅韵"的传统理念，让人们在沃野环抱、密林簇拥、小桥流水的院落中享受田园生活。

川西民居里宜业、宜创、宜居、宜游，四者并非简单的堆砌，而是无缝的对接和有机的融合，品牌精神无不得以淋漓体现，居住的舒适度也贯穿到每个环境空间。中国韵味与时尚艺术得到完美的体现，居住与历史、文化之间达到共同的语境上的艺术共融、契合与发展，这就是文化的力量，也是环境空间美学的完美呈现。在这个扁平化的时代，创新是保持领跑者的重要抉择，跨界是恒强者的必由之路，大划镇以非凡的文化和情怀，以及面向未来的气度，正在赢得不俗的竞争力。

50年前的大划乡"横街子"，在街口有家铁匠铺，四周墙壁上挂了些镰刀、锄头、火钳、弯刀，铁匠抡起二火锤，叮叮当当地击打，顽童在旁边喊道："铁匠铁，铁匠的鸡冠红半截。"这家铺子的铁匠是40多岁的罗铁匠。他打铁的时候，我们几个小学同学一边看，一边心里想起了家乡顽童的喊声，但不仅仅是我们晃动的少年身影，镇上有许多老房子，有考究的阁楼，一些院子里还有深井。晴朗的日子，它满身尘埃，沉默不语，对探寻的无数目光三缄其口；而落雨的夜晚，它们却淅沥有声，甚至呜咽如诉，缠绵低语，犹如穿镇而过的白马河。

白马河给我的印象是静谧而悠闲的，让人备感温柔。一条河就是一座城市的血液，同时也展现着大划的性格。

大划是个田园城市和文化古镇，既朴野，又儒雅。大划人爱风雅，有人家的地方就有花草，庭院里、阳台上，到处都是幽兰芳竹、金桂红梅。他们用自己爱美的心灵和勤劳的双手把这座田园小镇打扮得花团锦簇，成为充满魅力的川西明珠镇——永远不必怀疑他们的品位和眼光。大划人永远坚持山水、林田、河草、湿地的综合治理，打造"城在水中，楼在园中，街在景中"的独特风貌。白鹭正巍峨挺立，俯视脚下，各种上蓄下引，湿地与河连通，丰枯调剂，环境优美，水流淙淙，小鸟嬉戏……生态系统各要素和谐共生的重要理念，扎实推进生态修复的被书香浸润的"川西民居"——大划镇。

我的书屋　我的梦

龙思润

梦想，是人生的羽翼，读书是我的爱好，能拥有一间清净的墨香四溢的书屋，在悠闲的午后，手捧一本书，伴着慢慢倾斜的阳光一起沉沦，是我的梦想。书屋，可能我们人人都有，但灵魂的书屋，在于你如何去创造。你所需要的书屋，会有你自己的理由。你可以学识渊博而阅览群书；你可以为了装潢而置办群书；再者，你也可以为了消遣而读书。一个家庭没有书，就等于一间房子没有窗户，可想而知，书在日常生活中的重要性。它像一束阳光、一扇风景，不仅可以提高我们的生活情趣，而且能使我们成绩上升，有声有色。我们通过读书，可丰富知识，增长智慧，让生活过得更充实、更有意义。在书中我们还可以学习到许多生活小窍门，解决生活中遇到的小难点。它可以使我们的思想和心胸变得更宽广，学到许许多多为人处世的方法。书屋就像聚宝盆，有着取之不尽、用之不竭的宝藏，让人喜爱不已。

我们的农家书屋设在白果村村委会，房间不大，但干净明亮，虽不豪华，但是书架上的书摆放得整整齐齐，让人赏心悦目。书屋的书全部都分好类，书架上都已贴上标签，阅读很方便。书屋靠里侧的"少儿类"放了无数我喜欢的书：《少儿科普丛书》（吉林出版集团有限责任公司，姚渝丽编著）贴近我们的生活，以日常生活的事物和自然现象为出发点，告诉了我们生活中的科学自然现象，让我们真正了解自然，了解"风云变幻"的气象；《小学生励志故事朗读书》（东方出版社，滕刚编著）里面每一个励志故事，都教会了我们许多道理："不放过擦身而过的每一次机会""再破的盆里也能开出美丽的花"，它让我学会了坚强，时刻告诉自己，我能行；我还特别喜欢《小学生游记作文》（四川辞书出版社，张明君主编），它带我去游览名山胜水，欣赏美丽的湖光山色，去品味唐诗宋词，观赏精彩的中外影视，去感悟未来生活，开启心灵的大门，用自己的头脑去思考、去发现、去体悟做人的真谛，共享其中的酸酸甜甜；《青少年紧急自护手册》（中国妇女出版社，仝佟著）对我们十分有用，它告诉了我们油锅起火怎么办、与家长走散怎么办、地震中的避险技巧、发生骨折怎么处理等，当我们以后遇到一些突发状况，就不会不知所措，也能远离危险了。

农家书屋各类有用的书琳琅满目，每一次畅游书里，都妙不可言。每一本书在我的学习生活中都有不可忽视的作用。农家书屋是我学习知识的乐园，是我的知心朋友，是我的充电器，更是我的老师，教我知识，助我成才。农家书屋还教会了我一个又一个做人的道理，让我懂得一个又一个人生的真谛。我的梦，就在这里起航。

花香创智世人惊（外一首）

胡文甫

仙人点磬"大花枝"，自清建置始至今。
土肥水丰景色美，地灵人杰天下名。
改革开放硕果累，乡邑面貌与日新。
黑石昂首龙腾起，白马挺胸奋蹄飞。
与时同步砥砺进，花香创智世人惊。

绿道漫步

白马绿道千米长，亭榭吊楼堤岸旁。
人和新堰景色美，两端大桥似卧床。
花香树荣绿草茵，渗水步道健心房。
拂面清风徐徐起，清澈河底见鱼翔。
凭栏远观霞光照，品茗聊天拉家常。
歌动广场翩跹舞，乐享富康胜苏杭。

我的家乡美

刘锡成

一

大划小学中心校，尊师重教美名扬。
优雅校服迎朝阳，老师育人辛苦忙。
闻听室内书声朗，祖国花朵细培养。
党的教育政策好，花朵未来是栋梁。

二

划石支部人敬仰，为民服务记心上。
走村串户解疾苦，嘘寒问暖把贫访。
精准扶贫传帮带，共同奋进建小康。
改革开放政策好，百姓高兴暖心房。

三

政府门前滨河路，千米长街仿京都。
河堤满栽风景树，绿叶丛中叶不枯。
邀朋集友凭栏坐，谈天说地感叹多。
翻身不忘毛主席，致富不忘邓小平。

四

千年华寺驻桥头，一片净土布禅宗。
晨钟声声惊迷梦，暮鼓阵阵指迷途。
世人莫做亏心事，积德行善好善终。
陈公生期春台会，繁华经济生活丰。

五

大划场镇好地方，碧水河流万里长。
河畔人民勤劳动，油菜金黄稻麦香。
改革开放四十载，街道条条尽康庄。
楼台亭角美如画，美满生活喜洋洋。

六

环卫工人真伟大，严寒酷热都不怕，
城镇美容细心干，卫生城市做贡献。
生活环境得标准，交易乐闲人人赞，
环保工作责任大，齐抓共管你我他。

七

文井江畔碧水流，玉带缠腰几春秋？
九桥飞架东西岸，从此天堑变通途。
高铁火车绕城过，通往各市与欧盟。
"一带一路"共发展，互利互惠引全球。

八

河堤公园滨河路，绿闲古景好去处。
珍稀树种全都有，绿色环保看不够。
吸引游客好休闲，招商引资共发展。
崇州名气世界晓，外资企业来落户。

九

工业园区机器转，造出产品花样多。
通往世界五大洲，中国产品人人夸。
高质产品大提升，赢得世界争相购。
互利互惠政策好，中国经济列前茅。

十

东方巨人是我们，党是脑袋民是身。

举步跨过山和海，伸手打开幸福门。

伟大祖国伟大党，改革开放有方向。

坚强领导建小康，国强民富万年长。

爱心、耐心和责任心是转化后进生的法宝

陈　英

苏联教育家苏霍姆林斯基曾经说过："每一个学生都各自是一个完全特殊的、独一无二的世界。"确实，每个学生都有自己的特点、兴趣、情感和需要，具有不同的发展水平。要让不同的学生都有所提高，有所发展，班主任必须根据学生的个体差异，采用不同的方法做好学生的个别教育。在多年的班主任工作中，我认为作为一名合格的教师、受学生欢迎的教师，仅仅"传道、授业、解惑"是不够的，必须具备三个心，即一颗广博的爱心、一份宽容和理解的耐心，以及一颗爱岗敬业的责任心。

上学年我从城区小学交流回校，新接了我校六年级一班，教语文兼任班主任。该班有个学生叫蒋海鹏，乍一看，他长得虎头虎脑的，眼睛又大又圆，是个看起来很聪明的男孩。可是在学习方面他给人的感觉就没那么好了，上课时思想老是不能集中，做作业时动作很慢，老是磨磨蹭蹭，而且不肯动脑筋，回家作业经常不做，即使做了，也做不完整，书写相当潦草，拼音不会拼，作文不会写，我一查他五年级期末时候的语文成绩，让人大吃一惊，他居然才考了17分。于是，我找他谈话，希望他能遵守学校的各项规章制度，以学习为重，按时完成作业，知错就改，争取进步，争取做一个人见人爱的好孩子。他口头上答应得好好的，可就是"勇于认错，坚决不改"，依然我行我素，毫无长进。每次我都要被他气晕了，我的心都快冷了，多少次想想还是算了吧，或许他是根"朽木"。但又觉得身为班主任，不能因一点困难就退缩，不能因一个学习有困难的学生无法转化而影响整个班集体，我要对得起自己的良心，我要尽最大的力量去转化他！我心想，他不愿意努力学习，甘愿当差生，或许是他没有明确学习目的，没有真正意识到学习的重要性。于是，我采取了以下措施，先教育他从思想上认识到学习的重要性，让他知道以后出社会没有文化可以说是寸步难行，然后教育他树立做个好孩子的思想。我找他谈话："你想改正错误吗？想做一个讨人喜欢的孩子吗？你要怎样做才好呢？""我今后一定要遵守纪律，认真完成作业。""那你可要说到做到哟！""好！"为了提高他的学习成绩，我有空就教他读拼音，学写作文。刚开初，他特别抵触，表现得特别"抓狂"，就是不配合，还说自己从来就不会写作文。班上的班干部陈建西和严思杰也

对我说："陈老师，你就别管他了吧！蒋海鹏从读三年级起，就从来没有写过作文的，你就不要和他磨下去了。"可我偏不"信邪"，因为我觉得他不是弱智的嘛！记性也蛮不错的，应该能够动笔写的，我不能放弃他。每天，我都利用课余时间耐心地教给他写作方法，让他多读优秀作文，让他一步步尝试着写。后来，他终于肯动笔了，原来他也是会写的嘛！以前都是"懒"字在作怪呢！我借此机会在班上大肆地表扬了他，还经常夸他的作文写得好，他的脸上露出了自信的笑容。从那以后，他无论是在纪律上，还是在学习上，都有了明显的进步。当他有点滴进步时，我都及时给予表扬、激励，使他处处感到老师在关心他。他也逐渐明白了做人的道理，明确了学习的目的，端正了学习态度。为了提高他的学习成绩，我还特意安排一个责任心强、学习成绩好、乐于助人、耐心细致的女同学舒咏琪跟他坐一桌，目的是发挥同学的力量帮助他。事前，我先对这个女同学进行了一番谈话：为了班集体，不要歧视他，要尽你自己最大的努力，耐心地帮助他，使其进步。舒咏琪同学满口答应，并充分利用课余时间或课堂时间帮助他。有时，舒咏琪同学也会显得不耐烦，说蒋海鹏不太听话，不太乐学。此时，我就对舒咏琪同学说：要有耐心，慢慢来。后来，蒋海鹏同学取得进步时，除了表扬他，我还在班上讲，蒋海鹏的进步也离不开舒咏琪同学的帮助。在同学们的帮助以及他自己的努力下，他各方面都取得了不小的进步。他学习上更努力了，纪律上更遵守了，学习积极性提高了，在六年级第一学期期末考试中语文考了六十几分，为此，我感到由衷的高兴，专门给他发了一个大红包表示鼓励，他笑得嘴都合不拢了！从此，他学习劲头更足了，每天中午一吃完午饭，就坐在座位上，认真地背书和做作业，在毕业考试中，他语文成绩又提高到了75分，令我备感欣慰。

为此，我深刻地认识到，作为一个班主任必须要有爱心、耐心和责任心，才能让后进生得到提高。

一、教师要有"爱心"

教师的爱心既包含着对教育事业的执着，又包含着对学生的爱护和关怀。我们教育学生，首先要与学生之间建立一座心灵相通的爱心桥梁。教育战线上的许多优秀教师的经验也证明：没有爱，就没有教育。所以对于蒋海鹏这样的孩子，就需要我们敞开心扉，以关爱之心来触动他的心弦。"动之以情，晓之以理"，用爱去温暖他，用情去感化他，用理去说服他，从而促使他主动认识并改正错误。

二、教师要有"耐心"

耐心不仅体现在对学生的包容和谅解，还体现在平时坚持不懈的指导和帮助。特别是像蒋海鹏那样的后进生，在短时间内，很难使他们的学习产生质的飞跃。另外，这些学生的自制力比较差，在转变的初始阶段，老师稍微一松懈，他们就会马上放松对自己的要求，学习又会退回到原来的状态，这就需要我们老师有特别大的耐心，因为老师的耐心，是学生通往知识殿堂的梯子，是建立学生自信心必不可少的元素。如果我们缺少耐心，恨铁不成钢，对学生简单粗暴，就很难促进后进生的转变。

三、教师要有"责任心"

有人说，教书育人是世间一部很大很沉的字典，而"责任"是这部字典里最重的一页。教师是一种特殊的职业，它是一项良心工作。做一名受孩子喜爱的老师，爱心是基础，但仅有爱心是不够的，还必须要有高度的责任心。责任心是驱使我们干好工作的动力，责任心是一种使命感，教师的责任心主要体现在教书育人上，体现在教育教学行为的细节上。尤其是对于后进生，更需要我们教师具有强烈的责任心，去关爱他们。

我相信，只要我们每位教师能够有爱心、耐心和责任心去面对工作，面对学生，就没有提高不了的后进生。我也相信，我们教师如果把转化后进生作为义不容辞的责任，这些迟开的花朵一定会更加绚丽、更加灿烂。

传承经典文化，让经典润泽人生

周小丽

记得几年前的一个初夏，阳光温暖，让人心情甚是美好，也就在那天我有幸听到了王崧舟老师的《枫桥夜泊》。整个过程沉浸其中，走进了如梦如幻的历史隧道。诗讲完了，课结束了，可那钟声，那愁眠，那明月，在我记忆中还是那样清晰。我爱上了古诗文，源自王老师的那节课。

王老师用他对于古诗文的爱，用自己"深厚的内力"传承着中华民族的灿烂文化，同样作为教者的我们，是不是也本着一颗传承之心，让我们的学生也爱上经典呢？

《语文课程标准》中，明确指出古诗教学在小学阶段的主要目的是让学生"认识中国文化的丰厚博大，吸收民族文化智慧，关心当代文化生活，尊重多样文化，吸取人类优秀文化的营养"。教育教学的方向是让学生"能初步理解、鉴赏文学作品，受到高尚情操与趣味的熏陶，发展个性，丰富自己的精神世界"。本着课标的精神，我改变了传统古诗文教学只是会理解诗意、会背诵、会默写这些目标，注重课内外的整合，优化自己的课堂设计，让古诗文教学变得温暖、厚重。

这学期开学，学校下达了一个任务，让我第三周就上一堂校内公开课。这是我新接的班级，加之我接任这班时，立志让我班孩子爱上经典，于是，我毅然决定上一堂古诗示范课——古诗《鸟鸣涧》。

这首诗出现在"明月"这个主题单元中，古人最偏爱月，文人墨客们总是用"月"来作为吟诵的对象，根据我"学一引三"（学习一首诗，引出三首或者三首以上的诗）的教学惯例，我让孩子们在公开课前两天就大量搜集有关"明月"的诗句，告诉他们越多越好。孩子们不解地问我："老师，搜集那么多做什么？"我神秘地说："公开课那天，你会知道的。"

第三周星期三的第一节课，随着上课铃声响起，我们的展示开始了。都说"良好的开端是成功的一半"，我以中央台的大型益智类节目《中国诗词大会》中"飞花令"的视频作为开课，视频中，选手强强对决，深厚的诗词底蕴让孩子们啧啧称赞。看完视频后，借着这个兴头，我对孩子们说："现在我们也来玩玩飞花令，过把诗词瘾。现在以1、2大组为A组，3、4大组为B组，进行两两PK，在规定时间内说出含有'月'的诗句，看看哪组获胜。"听完要求，孩子们恍然大悟，看来这几天所背的诗句，有用武之地了！整个游戏过程，没有冷场，诗词是一个接一个，有些是以前学过的，有些是课外搜集的。孩子们眼里满是兴奋。由于时间关系，没有分出胜负，最后以平局结束。孩子们似乎意犹未尽，但我的目的已经达到了，通过课内外诗词的整合，用现在热门的游戏方式，激发了孩子们的学习兴趣，更重要的是唤醒了他们对古诗文的热爱与追捧。

整堂课就这样在浓浓的诗意中进行着。

到了鉴赏文学作品阶段，要求学生想象诗句描绘的意境，感受诗人内心的情思，这也是本文的教学重点和难点。现在的学生对古诗文的兴趣越来越淡，或许是古诗文距离现代社会年代久远的原因，学生与古诗文的心理距离太远，没有产生情感的共鸣，很多感受都是注入式，没有体现真正的自我感受。因此我通过自读、师生配合诵读等方式朗读《鸟鸣涧》，让孩子们感受诗的节奏和味道，并让他们用一个词来形容这种感受，体验这种属于自我的感受，不谋而合，他们都说出一个字："静"。紧接着我问："诗人用哪些事物写了'静'？那是怎么一幅画面？"在引领学生找到品诗的独特感受时，我也照着王老师在上《枫桥夜泊》时用的一个独门绝技，就是让学生把自己空出来，实际是在教学生心无杂念。人在心无杂念的时候读诗最容易入情入境，也最容易品味出诗的意境。虽有东施效颦之嫌，但还是有一定的效果。

最后，在悠扬的古乐声中，孩子们带着自己的感受和作者的情思，齐诵《鸟鸣涧》。课堂至此，无论是深度还是广度，基本达到了课标的要求。课后，孩子们告诉我："老师，原来古诗还这么美！真好！"听到这句话后，我知道，经典的种子已经在孩子们心中萌芽了。

后来，我也以多种经典诵读和学习活动方式加以辅助，现在我班张翔宇和廖渝航等几个孩子，已经会背诵几百首古诗词，而且记忆力超好的张翔宇，还开始向《诗经》发起"进攻"了。看着他们的转变，感觉自己做了一回布道者，将中华经典文化在孩子们身上得以传承。希望在今后的学习生活中，孩子们能与经典同行，让经典润泽他们的人生。

课外阅读指导，让阅读之旅有效而美好

周小丽

苏霍姆林斯基说："带孩子走进书时，真正的教育才开始。"课外阅读不仅对学生的学习有着重要作用，对学生的道德素质和思想意识也有重大影响。《新课程标准》提出："要重视培养学生广泛的阅读兴趣，扩大阅读面，增加阅读量，提高阅读品位。提倡少做题，多读书，好读书，读好

书，读整本的书。"

可现实的教学中，部分老师执着于应试教育，认为课外阅读就是课堂教学之外，学校教育之外，不是学校教育的事情。这种错误的理解，让学校变成了沉闷的地方，学习也变成了沉重、单调的"苦差事"。他们也忽略了课外阅读的重要意义——不仅能帮助学生提高阅读能力，更重要的是，还能从优秀书籍中吸取营养，开阔视野，提高审美情趣，从而陶冶自己的人生。

如何加强课外阅读指导，让课外阅读有效呢？我市教培中心在课外阅读方面进行了深入研究，通过赛课、优质课展示、讲座等方式，为我们搭建了一个良好的学习平台。我在其中也获益不少，再加上自己的摸索实践，得出了自己一点浅薄之见。

一、为学生课外阅读提供优秀书目

选择优秀的读物，是课外阅读的基础和前提。很多孩子对于读什么样的书非常盲目，出现了读的书质量不高，或者买了之后觉得"不合胃口"丢弃一边的现象。此时，作为教者的我们，首先应在推荐优秀课外读物上用心，要把契合学生年龄特点、符合学生认知规律的精品书籍推荐给学生，贴近《新课程标准》的要求，选择贴近学生、富有时代特色的作品。在每期开学的家长会上，我都会把自己精心选择的阅读书目推荐给家长和学生，让他们有针对性地选择自己喜欢的书目。其次，对课文进行拓展阅读是指导学生课外阅读的好时机。如在教学完课文《迟到》后，我会推荐林海音的《城南旧事》，再次进入小英子梦中的城南，感受那淡淡的哀愁、沉沉的相思；在学习了《和时间赛跑》后，我会推荐林清玄的散文集，让他们继续感受大师清新隽永的文字……这样结合课文的推荐，很容易引起学生的求知欲，很好地调动学生的阅读积极性，让课外阅读与语文课文的学习相得益彰。

二、开展多样的班级读书会

在老师的推荐下，学生知道了读什么，却不知道怎么读，这时我就以班级为单位，有计划地开展读书活动，开展多种形式的阅读指导课，让学生会读，从而增强学生的阅读兴趣，培养良好的阅读习惯。首先，初读指导课必不可少。教师可指导学生从封面切入，激发学生的阅读兴趣；也可读目录，感知课文大致内容；读作者和自序，感受艺术价值。通过教师的指导，学生了解了作者，知道了内容梗概，领略了推荐书的艺术魅力，从而有效并且有兴趣地读下去。其次就是共读一本书。这是班级读书非常有效的一种方式。每期我都会推荐一本书，让全班学生共读，可以同学之间共读，也可以是亲子共读。学生的生活经验和关注点不一样，对于书本的感受和理解自然也是多元的。我就利用这个契机开展班级阅读分享交流会，在交流中，学生会更关注自己在阅读时没有注意到的地方，让阅读更加深入有效。

三、阅读成果展示，让学生感受阅读的成功与乐趣

学生读完书，那他们到底读得怎么样？怎样进行检验呢？展示他们的阅读成果应该是一种非常有效的评价方式，可以通过班级读书会、手抄小报、墙报、写读后感、写征文等方式，不断地激励

学生，让他们感受到读书的乐趣，进一步激发他们读书的热情，从而养成良好的阅读习惯。

致力于学生的终身发展，课外阅读指导任重而道远，作为教育者的我们，需要做的还有很多。教育无痕，静等花开。

常回家看看（小演唱）

陈世民

甲（唱）：一路不停地走，一路不停地望。

乙：师兄，今天啥事那么高兴哦？

甲：我要回家看妈妈。（又唱）常回家看看。

乙：现在的年轻人，竞争大，压力大，空巢老人太多太多。

甲：唉，平时回家看望老人的时间太少太少了。

乙：是呀，每一代人都生活得不容易，做儿女的要多回家，陪陪父母，做父母的并不需要儿女们的钱财，需要的是关爱，需要的是陪伴。

甲：师兄，现在很多歌词，都唱出了父母们的心声，也唱出了儿女们的真实思想，太容易引起共鸣了。

乙：嗯嗯，每次一想到我爸爸，我就想到《我的父亲》那首歌。我妈老汉都80多岁了，只要他们身体好，我就开心。天下做父母的，每天都盼望儿女回家，尤其是逢年过节。

甲：但是他们心头这样想，嘴上却说"哎呀，年轻人，工作忙，事情多，就不要回来，好好忙你的工作"。

乙：是是是，他们越是这样说，我们做儿女的，心头就越是感到难过啊！

甲：所以，我们平时才更要多抽时间回家去看看，多陪陪他们，这才是为人子女的本分。今天是国庆大假，在座的父老乡亲，我们生活在这个年代，美好的环境，幸福的家园，我们共同的心愿，祝天下父母平安幸福，健康长寿！

乙：走、走、走，回家去了。

书画作品

（一）杨白泉作品

1		
2	3	4
5	6	7

1　九如图
2　黛玉
3　秋趣图
4　胜似春光
5　多寿图
6　钟馗误醉图
7　峨眉天下秀

（二）夏氏父子书画作品

夏铭见书画作品

山水情（捐赠成都市美协）

华夏奇珍
（新加坡中央美术馆收藏）

白荷

同住此山中

三猿图

鼠趣图

夏国栋书画作品

国之瑰宝（载《大熊猫图志》）

中华国宝（香港梁小龙收藏）

谐和（香港陈惠敏收藏）

中华国宝（韩国通佛教曹溪宗收藏）

中华国宝

（三）张慎履书画作品

书法

母女情深　　　　　　　花蝶图　　　　　　　山水图

云雾山中（壁画）

第四章　客籍作品选

第一节　楹联诗词

中华寺土地神庙联

种玉原因土德厚；生金本为地恩深。

西蜀南湖正门联

水光淡荡通南海；鹏翼扶摇起北溟。

（刘旭东撰　古鸣清书）

西蜀南湖背面联

文井横流平川邀白马；飘风直上碧落驾青鸿。

横额：水天形胜

（刘旭东撰　古鸣清书）

大划采风行（六首）

孙和平

千年银杏

古树年年青复黄，南湖北水几沧桑。

三千世界多寒暑，好供黎民乘乘凉。

乡 里

恁般云下遍桑麻，车驾归来噪暮鸦。
五岭三湾一条路，七沟八里九人家。

春 游

又是春风又是花，嫣红姹紫日西斜。
牧童一曲山歌调，老眼昏花思念妈。

红 梅

又梦家山一树梅，冰天雪地绽春晖。
我今头白三千尺，犹恨当年不得归。

有感于大划地名之悠悠千古

郡县千年建置风，擘画今尚见初衷。
神州带砺山河壮，南北东西四望中。

五律

乘兴送来迟，窗间雀踏枝。
相期总无尽，梦雨涨秋池。
云汉惊逢此，山川违久思。
轻车鸣笛处，明月出墙时。

大划石

周啸天

大划名传石不留，夸娥负去几千秋。
昨夜麻姑贴耳语，曾窥风动小瀛洲。

注：大划石，崇州乡名。石为仙人点化，今不存。世间飞来石，或称风动石。

大划诗词（三首）

潘融春

春到大划

纵目满春光，村民喜若狂。

桃腮初欲抹，柳眼恰微张。

蜂吻黄花蕊，燕巡罨画房。

埋头剪诗韵，田野入苍茫。

浣溪沙·大划诗会

诗友相邀会一堂，慕名新镇好风光。层林叠翠百花香。

采撷烟霞编雅趣，接连辞藻谱华章。仅凭笔意足辉煌。

鹧鸪天·大划采风

放眼划城美且都，竹摇楼影鸟惊呼。菜花锦簇黄金似，麦浪葱芜碧玉如。

梅蕊放，柳条舒，南湖银杏两妍姝。这般景色撩人醉，梦笔也难描画图。

大划抒怀

陈柏青

畿郊磐石何处寻？仙踪觅难步履频。
白马飞飞排空来，黑石层层奔流去。
登瀛桥头绿林染，平畴尽处红楼隐。
小镇花香浸远道，新城创智拔地起。

十六字令（三首）

陈柏青

一

大，一马平川海无涯。云帆挂，长棹戏波涛。

二

花，磐石开划竞芳华。香成阵，一缕透九霄。

三

枝，临风玉树溢美姿。非独秀，新城更壮丽。

大划风采颂（并序）

周　英

　　应聘参与编纂《大划镇志》，得以走进一个石头开花的故事，邂逅一段创智新城的传奇，感触颇多，心潮难平，故赋此调以记。

玲珑大花枝，缤纷创智城。
仙家点磐石，后辈承初心。
南湖漾诗意，梅林浸芳芬。
崇镇听道法，净居唱梵音。
历尽凡尘劫，雨霁日月新。
广场添春景，溪桥钓闲情。
共享促和谐，社区溢温馨。
妙手绘锦绣，异彩耀古今。

春游大划镇

彭　庸

仙人划石岂寻常，圈定鱼米大划乡。
黑石河边春拥树，蜀南湖畔鸟寻芳。
桃花与我争留影，菜籽迎蜂巧散香。
改革春风仙笔画，添诗添画添楼廊。

踏莎行·大划镇一瞥

彭　庸

　　花影摇红，蜂声绕翠，涟漪如笑多妩媚，大花枝有大花枝，盛唐风景游人醉。

　　才建层楼，旋栽月桂，园林小镇人民绘。新时代改旧风云，新工厂待英雄辈。

大划印象

胡正祥

其一

借得韶音懒抚弦，阴阳成道鹤鸣山。

仙人一划石盘裂，白果千秋宾客怜。

把酒谈梅歌盛世，围桌舞墨绘新篇。

蜀州史页容回味，初顾南湖即入禅。

其二

三水两湖可纳天，徐家银杏越千年。

花香小镇迎诗客，创智新城起舰船。

大划由来多紫气，文江从未少炊烟。

而今老马思琴鹤，寻得梅花卧雪寒。

大划采风（四首）

冯平光

一

崇州何业助兴邦，捷普三分第一强。
西蜀由来藏虎豹，初心不负记韬光。

二

人称划石叶扶疏，隐忍千遭化劫余。
百二河山运何似，应同老树发新株。

三

龙门山水泛崇光，润泽南湖锦鲤长。
钓客何知文井事，掏河卅载忍饥荒。

四

白石河边花正红，文江紫气郁江东。
诗书翰墨钟大划，不惧炎蒸自比工。

大划行（二首）

王　刚

一

时当盛夏苦骄阳，大划行来胜故乡。
想是崇州怜我意，清风一路送阴凉。

二

罨画池清记陆游，当初只愿老崇州。
忆君千载同银杏，笑我中年竟白头。
大划吟来堪勒石，南湖钓起可呼牛。
凭栏恍见江东客，异代诗心付唱酬。

访大划镇（外二首）

郭定乾

仙人大划石留名，望镇千年纪耦耕。
一自春风吹遍后，溪花野草也欣荣。

观大划镇南湖钓者

十里平湖宝镜光，持竿只是为鱼忙。
无人更效磻溪叟，空向烟波钓夕阳。

徐家白果树

百丈擎天耸绿云，亭亭如盖荫徐村。
雷轰电击偏难死，傲立楼头看晓暾。

题大划镇徐家白果树（外三首）

孟大川

千秋银杏树，苍翠正年轻。
笑看凡尘客，几人百载生。

步郭定乾先生韵

葳蕤生沃土，千载伴徐村。
阅尽人间苦，犹言大地恩。

附：郭先生原诗
银杏高千尺，昂首看徐村。
历尽风霜苦，新沾雨露恩。

大划印象

一

八面来风路纵横，万民接福业欣荣。

南湖波涌春潮急，点化成金好梦生。

二

大仙点化变城区，百凤来仪恋市衢。

创智拓宽兴业路，花香四季展新图。

大划采风（外二首）

黄德友

车过小草屈腰羞，两侧枝条似水流。

早别成都晨树鸟，顺风送我到崇州。

神仙点醒大花枝，捷普西江入凤池。

正是人和新气象，登楼一步一奔驰。

参观古树

坐罢兰堂起韵时，高光洒进显春诗。

恰如静树依吟鸟，好比欢歌送葆颐。

环游南湖

柳下微波泛五光，银鸥紫燕互交扬。

南湖水影群鱼戏，东海浪平独鹤伤。

飘叶迎人知去处，凉风伴客尽余香。

云天镜印弯江月，好比盘龙落野塘。

题南湖

邓丽宏

微波粼粼荡旧梦，苍苔深处柳含烟。
双鸟相啼槛外去，风静尤有钓人闲。

南湖吟（二首）

周永席

一

南湖长堤绿葱葱，花香鸟语人欢乐。
眺望龙门莽苍苍，高楼栉比阡陌涌。

二

西蜀胜景迎诗客，爽风阵阵雅兴浓。
天蓝水绿银杏古，泼墨挥毫农家乐。

小镇重游（外二首）

赵治金

车行小镇不识途，老街最留幼时踪。
绿水流响翻旧岸，争问李桃带春风？

注：采风会址乃原大划中学，余曾于此就教。

南湖摄景

一鉴清水静若无，晴光照影录画图。
红鳞未识青蓑笠，哪待新钱满酒壶。

徐白果树

粗干虬枝动晓天，一晕青舒绿自然。
那年已流惊名在，又借新风出围范。

赞银杏

赵文孟

汉唐明月照庭苔，徐翁植杏盼幸来。
既往冰霜烙程印，阅尽浮华本自在。
感同身受寒风苦，展臂伸枝蕴蓬莱。
秋放金蝶舞丰收，春织青纱任君裁。

划石花开（四首）

陈鹏宇

一

诗意盎然大划场，花团锦簇鹰低翔。
三江两湖美如画，一禾千顷鱼米乡。

二

石头开花日日新，姹紫嫣红竞芳春。
冲天香阵透九重，誉满西川话振兴。

三

大花枝美夜未央，雀噪虫鸣争相唱。
拨开柳丝放眼望，银河倒悬地重光。

四

花开石头坚如磐，坐拥天府创智城。
莫须仙人再点石，兴邦更有大划人。

大划赞

罗曼华

千古奇石江中盘，仙人点化成美谈。
八村星罗聚宝地，十万豪杰非等闲。
德寿传承礼仪乡，灰窑划石登良田。
千年银杏结白果，干净宜居引凤鸾。
如玉镶嵌蜀中蜀，纵横八荒四海连。
对望青城映绿水，大划金山俏家园。

大划寄情（外二首）

孙永恒

大划比邻好地方，捷普投资实力强。
筑巢引凤财气旺，纳士招贤富客商。
路顺线通灯火灿，花开水乡柳枝扬。
呼风唤雨领头雁，展翅高飞万里航。

白马河绿道散步偶感

依依翠柳列河边，蝶舞蜂飞花正艳。

岸绿水清环境美，天蓝气净艳阳鲜。

生机勃勃歌盛世，岁月悠悠颂泰安。

春去秋来周复始，老当益壮享余年。

观　荷

夏风拂水绿荷塘，仙子徐来扮靓妆。

清骨淤泥而不染，却留娇艳向朝阳。

这是温馨的牵手
——致大划街道共享社区

胡正祥

冬天留下的伤口

已经不疼

我对故乡的深深眷恋

委托给了大划悠悠的白云

爱着这方热土

爱着舍不得离去的一群年轻人

共享，曾有痛点凸起

温馨的语言

在寒冬腊月的风风雨雨中

把阵痛的人心抚平

快节奏的作风

成为现在和将来的必然趋势

这是最温馨的牵手

阳光，已洒满街道楼亭

捷普与大划街道

手牵手，永远并肩难分
对春天的承诺
责任，早已重于巍巍昆仑

共享，如一根长长的感情纽带
串起一颗颗火热的心
从此，花儿不会再哭
天空的星星不会再次蒙尘
共享社区
始终只有一个季节，那就是春

既然你来了
不可能再做一个漂泊流浪的人
大划街道共享社区
用她的大度，用她的温暖
让你枕着花朵而居
让你聆听另一个春天的故事

不同的方言
在捷普汇成一首歌，高亢抒情
这里没有乡愁，一枚小邮票
成了崇州最美好的记忆
当童声唱响，白鸽放飞
她就是歌唱故乡无瑕的声音

南湖（外一首）

杨雅可

我敞开宽阔的胸怀
等了你多少年
快来吧，乘舟划向我的心海
滴了千年的泪

溢满湖堤
岸边翠柳飘逸
把我的相思
飘向远方

千年银杏

岁月长河，你流淌了千年
坚持地守望着天空一片云朵
毕生的情融入脚下土地
爱的初心，绿荫了
一代代子子孙孙
你守望着我
我守望着你
风雨中，你我
肩并肩前行
共同去把远方的
姑娘找回

大划印象

郑　斌

远去了白马秋风
远去了划石仙人

年少时走过的登瀛桥仍在
桥头的石狮已老
年少时赶过的万寿场依然
横舟的野渡已湮
外婆家的林盘已成老照片
儿时的玩伴已两鬓霜染

幽深的葡萄园

破落的老茶馆

几把铜茶壶还在述说陈年旧事

孤独的老茶客已散

净居寺的晨钟悠远

黑石河的故事代代流传

西蜀南湖旭日升

沉舟侧畔有千帆

画江大道蜀南晓筑

加勒比水上乐园欢歌喧

盛唐园林树影婆娑花香溢

小康之镇兰庭盛宴群贤酣

明湖夜月圆

万家灯火哪等闲

千岁银杏发新枝

划石再添文创案

高速、快铁已通衢

捷普科技创智新城宏图显

"大划石"神话重现

"大花枝"迎风招展

游西蜀南湖

杨春秀

湖堤的香樟挥着手

知了，却栖身麻柳

把季节藏在，此起彼伏的

"热啊，热啊……"

南湖的阳光

随意布施一点，够了

从黄桷树叶子的缝隙穿过

抖落在我的脚背

有窃窃私语的声音

三五只白鹤掠过湖面

吵醒了，午休的鱼儿

随着涟漪一圈圈地荡开

芦苇丛里闪出了斗笠，还有

水面上的浮漂

成群的野鸭还正忙

风还是来了

不紧不慢，恰好

花香大划之歌

罗曼华

川流不息的大马路

纵横相连

迎着晨曦的阳光

大数据翻滚在云端

神奇的捷普科技

装扮着创智家园

腾飞的文教事业

百业兴旺，开创宏业新篇

澎湃激情的白马河

碧波蓝天

迎来和煦的春风

追求着可持续发展

奋斗的大划人
撸起双袖加油干
承载着人民的重托
砥砺前行，我们豪气冲天

这就是我们的创智新城，盘古开天
这就是我们的花香小镇，启航扬帆
这就是我们的鱼米之乡，福满人间

三月的戚家湾

胡正祥

阳春三月，久雨初晴
天空就如一块蓝布
被洗得干干净净
戚家湾，一个清静的地方
白云走过
也想带走一缕粉妆的梅魂
白玉兰，比佛前的莲花雅洁
蜜蜂也会在花前沉醉
想来的，结队而来
却没有一个人愿意离去
戚家湾哟，一不小心
你就成为了蜀州亮丽的风景
黑石河边，燕去燕又回
明年的今天
我想听一朵绽香的梅花
讲述一个企业一个街道的故事
当温柔的雨淋湿春的裙
就会滋润出一片崭新的土地
戚家湾
我好想永远睡在你的怀里……

第二节　散文杂记

关于崇州"大划"地名之我见

孙和平

崇州城郊有地名"大划"。此之划，是计划、规划、区划、行政区划等词与概念的词源所在、根基所在。其深厚的历史文化内涵，在全国地名、全省地名中，都是极为稀罕，十分宝贵。何也？此地名得来于古老的民间神话故事传说，因此，它遗存了中国最早的军事建置、行政建置的古老文化形态。

有了这个所谓"划"的词根、词源，源远流长，才逐渐产生并形成了后来我们所见到的行政区划的建置。因此，大划这个地名，值得崇州人、大划人自豪，充满文化自信，也需要我们珍惜这个地名，保护这个地名。

说到这里，我可以透露一下，我个人正在策划向国家民政部提出建议，设置国家保护地名录，以及省、市、自治区保护地名录。

崇州其地，历史文化古老而神秘。由大划其名，联系崇州的历史文化来看，不是偶然现象。首先，崇州其地，已有4300多年的建置历史，这是崇州的老资格，值得骄傲自豪。第二点，崇州是老子思想的创立发扬之地。因此，老子之后的1000多年后的汉代，张天师张道陵，千里寻根，来到崇州一带地方，发掘老子思想根源，修炼成道。这也是值得珍视的文化。

西蜀南湖白果村

胡正祥

四月的第一天，下午。与书香崇州陈老师一行三人驱车去大划街道白果村采风。车出东门，沿怀华路南下约10千米，穿过题写"西蜀南湖"4个大字的牌坊几百米，便到了白果村。

　　车过牌坊，映入眼帘的是双车道柏油村道旁的行道树：桢楠与香樟。经过一夜小雨的洗涤，新发的嫩黄色树叶犹如新生的婴儿，生机勃勃，惹人爱怜。田里的油菜已经结荚，麦苗翠绿苗壮，看来又是一个丰收年。

　　大划街道西蜀南湖白果村，因为一棵千年白果（银杏）树而得名。过去这棵白果树叫"徐白果树"，传说由徐姓先人所栽种，至今约1000年。来到树下，给人的感觉是沧桑和震撼。树高约30来米，树围要六七个成年人牵手才能环抱。树顶粗壮的枝干已枯死，而底部苍老的树干却又生长出大大小小不等的几十上百株新树。老的、新的树枝上，被前来膜拜的善男信女们挂满了红绸，应该是为天下苍生祈愿、祈福。

　　忽然间，在这宁静的村子里有了吟诗的冲动：

　　西蜀南湖白果村，林盘翠色画难成。

　　千年老杏披红带，幽处犹留南北人。

　　白果村与三江镇、净居村及大邑县合林村相邻。有村民小组16个，有745户，计2500余人。重点打造林盘文化，恢复几近灭绝的鸬鹚捕鱼文化。集休闲、餐饮、垂钓、水上运动于一体，入驻预高师飞行大队，并修建小型机场。

　　当村干部带我们一行人进入林盘，我们便被林盘的原汁原味深深陶醉。入眼的是灰墙黛瓦，蔷薇在篱笆上吐香。竹林深处有鸟儿鸣叫，垂柳枝头有燕子翻飞，让人心旷神怡。一阵微风吹过，几枚香樟树叶掉落在脚下，残留着冬天里被霜雪浸染的红。

　　是的，经历过寒冬的白果村人，最懂得、最珍惜春天的温暖。有那棵千年白果树的秉性和品格：大度、善良、不屈。任风吹雨打，任岁月沧桑，不屈的永远是白果村村民们挺直的脊梁。

　　来到白果村的首家"农家乐"——竹茗园，搬一把椅子，泡一杯绿茶坐下。鱼塘边有几位垂钓者的眼睛不盯着水面上的浮标，而是在一旁有说有笑，看来垂钓的不是水底的鱼，而是人生与情怀。

　　与村干部交谈得知：白果村再也不用靠天吃饭，他们修建投入运营了粮食烘储中心，每天可处理150吨粮食。成立农业合作社，优化苗木栽种等等，人均年收入14000余元。当然，前路尚曲折，白果村正在谋划全新全生态的发展。

　　南湖，是近20年间取砂石而形成的人工湖。水深十多二十米，水质清澈，水面面积近千亩，是市上规划的水上运动公园。非常期待，在某一个盛夏，在宽阔的湖面荡着小舟，看蜻蜓飞舞，听小女孩唱歌。然后，躺在湖边的树荫下，做一个儿时的美梦。

　　天色将晚，却不舍对着白果村道一声再见。绿的草、绿的水、绿的树、绿的油菜、绿的麦，已存入我记忆的空间。明年，我一定会再来。

葡萄园茶馆随笔

邓丽宏

低矮的棚户，破败而萧索，这应该是这座城市的老茶馆里最破败的一个。

漆黑的灶台上，三两把铜壶冒着热气，铜壶里的水不停翻滚，冒出阵阵白烟，而我总感觉它翻滚出一种萧索、一种寂然的破败。

一位中年残疾女子款款而来，她向大家介绍，葡萄园茶馆已经开了很多很多年，她告诉我们，这一任的老店主刚走100天。

我终有所体会，终明白这萧索之气是从何而来，这岁月变迁里的葡萄园，是这人生短短几春秋。

百年前，这里是不是也有一座精致的庭院，我想它应该有一个诗情画意的主人，而葡萄园就是这个宅子的后院。那时，它不曾荒芜，四时静好，花开满园。

我试图在心中构想出它的样貌，却费了不少心劲，因为如今的葡萄园没有一棵葡萄藤，它只剩下这道尚未被摧毁的拱门。从它精致的样貌，看得出当年主人的雅致与情怀。在这道拱门之后，茶老板用青砖堆砌出一道走廊，供茶客喝茶打牌，消遣时光。

当一切都湮没在岁月的长河里，时光抖落厚厚的灰尘，这里应该有着很多动人的故事，但，终究被说故事的人带进了一垄黄土。

一壶水煮尽了悲欢离合，阴晴圆缺。曾几何时，或者这里的老茶客，幽幽讲述起关于它的传说，一切难以猜想，无从谈及。

有风穿堂而过，棚子里有些发霉腐败的味道。就像很多故事早已作古，我们却想要一本正经地从泛黄的书卷里查阅它的影踪。满心的好奇，好奇这扑朔迷离……

人来人往的茶馆，曾经就是一个江湖，而江湖有一天也老了。岁月变幻如飞刀，江湖里的人也早就不在了，关于它的故事，随了清风，随了黄土……多像江湖里那首诗：天下英雄出我辈，一入江湖岁月催。宏图霸业谈笑间，不胜人生一场醉。提剑跨骑挥鬼雨，白骨如山鸟惊飞。尘世如潮人如水，只叹江湖几人回。

既然江湖无人能回，大抵不如一场醉来得痛快！人生何其短暂，那不如活得潇洒快意一点。禁得起岁月变迁的不是建筑，而是代代的人心！

这一生何其短暂！你看这天上云朵聚散随缘，人生离合亦是如此，花开花落自有时，但也正是因为这种短暂，才逼迫我们去努力追寻人生的意义，让有限的生命，焕发出无限的花光。如今断壁残垣的葡萄园，如同那些消逝的生命与故事，都曾存在于岁月的惊鸿一瞥里，那么美丽，也那么孤独。写首小诗纪念一下葡萄园吧，在它彻底湮没在时光的碎影里之前，用这样的方式把它留在心底：

忘却乾坤皆宿业，铜壶煮尽悲与欢。

满头霜雪全不悟，此辈误作写茶吟。

园外须史风竹定，断壁空留平无垄。

人生自古不满百，翰墨枯冷旧梦残。

你知道葡萄园的故事吗？你来讲给我听，我有酒，你有故事。我拿酒换故事！可好？你细细道来，我备好酒好菜，你来讲故事，我来写故事。乾坤不过一壶好酒，日月没入一盏清茶。江湖里，我是一个写故事的人。而我写的故事里，我最不喜欢写遗憾……

一位香港抗日老兵和崇州大划镇的不解之缘

丁志学

张水娇——四川省崇州市尚且健在的抗战老兵之一。近日，在大划镇灰窑村党支部书记肖永刚引领下，笔者有幸拜访了租住于崇阳街道金鸡万人小区的老人家。

刚一交谈，惊叹于老人家不同于川西的口音，好些话不是很明白，幸得他的儿媳时不时地充当翻译。

90多年前，张水娇出生于香港新界船湾乡黄鱼滩村，父亲打鱼、母亲耕种，养育弟兄二人。16岁那年，父母省吃俭用送他去乡上小学念书。当时的小学校长是位进步人士，常给学生们宣传革命道理。在其生动形象的讲解下，张水娇和同学们知道了"九一八"事变，知道了日本侵占东三省，残害中国人民的累累罪行。学生们因此而热血沸腾，巴不得马上参战，保家卫国。

1944年下半年，经校长介绍，17岁的张水娇到船湾乡政府当了一名通讯员。1945年1月，张水娇在香港九龙加入新四军，和战友们一起，先后投入惠阳、珠江战斗。同年8月，张水娇奉命前往位于山东省的中国人民解放军第三野战军四团二营机枪连。从1945年10月到1948年11月，先后跟随部队往来奔波，参加了海丰、鲁南、孟良崮、济南、淮海、南京、无锡、上海等大大小小的战役，由于机智灵活、骁勇善战，职务从战士升级为副班长、班长，并荣立个人三等功。

1949年4月，张水娇被批准为中国共产党党员；1952年，调到山东日照市培训学习，军事技能大大提高。1955年11月，张水娇升任副排长，调至中国人民解放军0514部队，驻扎于崇庆县（今崇州市王场镇，下同）军营。一个香港人，何以安家落户于崇庆县大划乡八大队（今崇州市大划镇灰窑村）5组呢？这不得不提到20世纪50年代轰动一时的拥军模范——徐惠彬。

徐惠彬，人称"徐妈妈"。1954年3月，徐妈妈作为中国人民解放军慰问团第三分团的一员，和慰问团成员一起，慰问驻防于崇庆县王场乡的解放军某部。正在这个部队服役的张水娇有缘结识徐妈妈。交谈中，徐妈妈得知他正和营区附近一位姑娘自由恋爱，便热心地充当介绍人，问他愿不愿意落户大划（今大划镇）。1957年10月，二人喜结良缘。张水娇从部队退役，也如愿安家落户到今天的崇州市大划镇灰窑村5组生活至今。

改革开放，香港回归。张水娇及其家人多方面打听、寻找香港的亲人。2017年8月，崇州市外侨办联络成都市外侨办港澳处，积极帮助其香港寻亲。张水娇的儿媳及其孙女终于远赴香港探亲，得知亲弟弟早已移民英国。就在笔者采访的3月8日上午，张水娇告诉我们，他的侄儿已经从英国来到成都，下午就会到崇州看望他了。

亲人欢聚，终得圆满。离家几十年，第一次和侄儿见面，张水娇及其家人的心情难以尽述。然而他最感激的还是崇州恩人徐妈妈，感激崇州这片热土接纳了他，感激党和政府让他享受到了老兵待遇，感激当地领导时不时地到访、慰问。

天降奇石　仙人划之
大划小学石画教学结硕果

丁志学　余加祥

大划小学位于崇州市大划街道，白马河、西河、黑石河穿境而过，河里石头众多。据传"大划"得名，是因白马河中华寺处有一大化石，仙人点而化之。既然学校与石头有如此不解之缘，学校关工小组于2017年确立"金石文化"为学校文化，认为每个孩子都是未经雕琢的纯朴石头，耐心"雕琢"，必能"化石成金"。

跨入校门，两间不锈钢钢化玻璃结构的房屋特别引人注目，墙面周围陈列着大小不一的石头画，有人物、风景、动物，像货架上的商品。冉彬副校长介绍："这是我们新修的石画工作坊。石画作品还参加过崇州、成都及四川省的成果展呢！"

校长、关工小组长李友全从学校办学理念谈到石画发展历史，以及今后规划。他说："只要对学生有益，我们都尽可能去做。学校创办'金石之光'电视台，让学生展示自己；读书活动、品格教育着眼于学生终身发展。但石画教学，算是一种巧合吧。"

2018年9月，一位老师在"学校群"发了几张图片，说这是在石头上画出来的。群里老师们觉得太神奇了！通过了解，大家认识到这就是石画。一部分教师很感兴趣，试着开始学习。

石画，具有观赏性、艺术性和收藏性，可以把最美、最值得回忆的影像留在石画里，如钻石般恒久隽永。学习石画，稍微有点美术功底就行。一次行政会上，李友全校长提出了以石画为载体，体现学校金石文化的构想，大家一致赞同。老师们积极响应，从捡石、选石，到石画图片搜集，再到查阅石画资料进行创作，短短两个月，每位教师都上交了石画作品。2018年12月，在大划小学开展的石画大赛中，王泳梅、罗丹、谢香梅等一批美术功底强，石画创作细腻、生动的教师脱颖而出。

2019年3月，学校成立了罗丹、王泳梅"石画工作室"，开展石画教学的研究与探索。刚开始，学生兴趣浓厚，好奇心、新鲜感很强，迫不及待想大显身手。然而，石画的学习与创作，还需要耐心、细心与恒心。一件石画作品不是一下就完成的，从石画的选材，石头的清洗、晾晒，到打底、设计、作画、凝固，很多孩子没听明白就开始画，刚开始出现了很多残次品，甚至衣服、课桌上会涂上颜料。教师不得不再次讲解、指导，细化每个教学环节。一节课下来，老师要清洗作画工具、打扫教室、收拾学生未完成的作品，常常身心疲惫。

当然，也有让老师欣慰的。孩子们每一次完成作品，都非常兴奋！这些作品不但饱含着他们的心血，还是他们才艺的展示！在一次又一次的练习中，他们感悟到"金石文化"中的稳健、坚韧、朴实等精神内涵，并逐步在生活中外化于行，提高审美情趣，陶冶道德情操。

2019年5月，学校结合金石文化，依托石画教学，申报了成都市级课题"农村学校石课程的开发研究"，并于8月成功立项。课题组确立了教学大纲、编写了石课教材，开始在全校开展石画教学。

2019年9月，大划小学师生石画作品参加崇州市艺术节展示；10月30日，石画作品代表崇州市参加成都市乡村少年宫成果展；11月，参加了四川省乡村少年宫成果展，这些石画深受社会好评。

2019年底，大划小学利用崇州市委宣传部下拨的乡村少年宫专项经费15万元，修建了约160平方米的石画工作坊。工作坊分为选石坊、画石坊、赏石坊三个功能区，现已投入使用。目前，大划小学石画工作坊在王泳梅、罗丹两位坊主的带领下，石画作品越来越多，特色越来越明显。

作为石画工作坊坊主的王泳梅老师，连续两个月在家自学石画。因为王老师教学一年级，在校要随时监管学生，只能放学回家后学习。下班回到家已将近6：30，忙完家务，辅导完孩子作业才可以静下心来查阅资料或者作画。周末，她和丈夫一起去河边捡石头、选石头，然后搬回家，常常要大半天。石画工作坊另一位坊主罗丹老师说："很忙很充实。"一次上完石画课，正是午餐时间，孩子们离开石画工作室，罗老师清洗作画工具，打扫教室，收拾好学生未完成的作品，不知不觉错过了午餐。看看时间已近下午1点，而13：20又是罗老师的辅导课，没办法，就到校门外买了一包方便面。

六·一班程嘉欣本来就爱好美术，经过努力，她和几个同学合作的石画作品《安居乐业》，顺利参加了崇州及成都市乡村学校少年宫成果展。她说："参加成都市少年宫成果展时，我们几个同学现场作画，当时又紧张又激动，旁边许多叔叔阿姨在看。"

"那你们家长支持你们吗？"

一位家长说："当然支持了。花不到啥钱，免得天天回来就晓得玩手机、看电视。"

六·二班张琴瑞雪说："石画让人遐想，握着手中的画笔，把一块又一块不起眼的石头变成石画，真的很神奇！"六·二班王月影说："有一次，我的一个石画作品《大熊猫》快完成了，我奶奶走进屋，自作主张在大熊猫眼睛上涂了几笔，把我的画毁了，我差点气哭了！"

从罗老师那里了解到，孩子们的作品在学校、社会展示，这是对他们最大的认可，也是他们不断学习的动力。

近两年的探索实践，大划小学的石画教学初显成效。但由于场地、资金、石画专业人才的制约，高端精作品、大型作品较少。李校长表示：学校将努力克服各种困难，扬长避短，积极为学生搭建"闪耀自己"的平台。

以文化促进和谐宜居　用文化建设魅力大划

强　罡

习近平总书记在党的十九大报告中指出，满足人民过上美好生活的新期待，必须提供丰富的精神食粮。要完善公共文化服务体系，深入实施文化惠民工程，丰富群众性文化活动。

而随着经济建设和社会发展的卓有成效，物质基础的不断夯实，人民群众对精神文化的要求也在不断提高。如何更好地开展基层文化活动，满足群众的文化需求，为和谐社会奠定坚实的基础，成为摆在基层政府面前的一道思考题。在崇州市大划镇，结合当地实际情况，依托现有资源配置，发挥群众参与积极性，以文化促进和谐宜居，用文化建设魅力大划的发展方向，正逐渐清晰和明朗起来。

促和谐文化服务到村到户

今年的重阳节，对于大划镇石桥村的许多老年群众来说，过得格外地不同。往年年轻人们忙着把长辈接走吃饭，或者提着东西到家中探望，镇政府和村委会也会组织上门慰问。而今年，老年人们在家里"待不住了"，纷纷走出家门，走上了舞台。飘逸灵动的民族舞，节奏轻快的现代舞，哪里还是那些做惯了农活，习惯了柴米油盐的阿姨婆婆们，分明就是一群具有专业水准的演员。

随着经济建设取得明显成效，城乡差距在不断缩小，一体化协同化发展成为主流。在大划镇的乡村，村民们腰包鼓了，日子好了，对生活也有了更多的追求，精神文化方面的需求也在不断增加。

针对这一情况，大划镇立足镇情民情，把构建社会主义核心价值观体系作为工作的根本，以群众性精神文明创建活动作为工作的载体，依托崇州市"文化院坝"建设和"文化管家"模式，把文体活动办进了村，把文化培训放在了组，把文化服务送到了户，让群众对日益丰富的文化生活真正获益、满意。

在石桥村，通过自己上网跟着视频学习，这些普遍接近60岁的村民自编自演了不少精彩的舞蹈节目。村民家的院子里，村子边的空地，都成了他们的练习场地。做完了农活，吃过了晚饭，送走了小孙子，都可以约上同伴跳上一段。大划镇政府为她们请来了专业的指导老师，帮她们组织起了比赛和交流活动，按照她们的要求提供相应的文化服务。文化从自娱自乐变为了集体参与，从简单的广场舞变得更有艺术感和文化感，提升的不仅仅是活动的品质，更是村民自己的满足感。

在充分利用现有政策和资源的基础上，大划镇积极配合市文旅局，把"文化管家"延伸到村，技能培训进村入户，走到村民身边，不仅让村民感到了政府对他们的重视和关心，更让政府收获了群众满满的感谢和欢迎。在大划镇的9个村（社区），形成了一本各不相同的"文化菜单"，"一村一品"文化服务活动开展得红红火火、有声有色。服务到家入户的理念，拉近了彼此的距离，进一步增强了群众的获得感与参与感。

"不仅让老百姓的生活条件变好，也要让他们生活的品质更好，生活内容更丰富。"大划镇分管文化工作的人大主席宋丽华说，不少基层群众反映，现在一个月的文化活动，几乎相当于过去一年的内容，不仅群众对文化服务本身满意，也促进了基层工作的开展，真正形成了和谐的氛围。

创宜居文化活动做出特色

平坦的水泥路，齐全的健身器材，温馨的农家书屋，月月有活动，周周送服务。在大划镇，无论是场镇还是村落，配套设施的完善，基础条件的提高，城乡差距的缩小，共同塑造着大划的美丽新形象，也让大划人民经历着由农民向市民的转变。

在大划镇的村、社区，文化活动丰富多彩，却又各不相同。符合群众实际需要，能够在群众中进行推广是它们的共性，而形式、种类、途径的不同，则完全根据周边情况"定制化"提供。

"除了舞蹈，我们还根据村民的需求不同，提供歌唱、合唱、美术、曲艺等多种技能培训服务。"大划镇事管中心主任徐小玲一项项介绍着为村民准备的文化服务"套餐"内容，购物定制、餐饮定制、旅游定制，而在大划，文化服务同样也可以"定制化"。

大划镇文化"大"管家陈琼不仅负责着以大划为中心的周边区域文化技能培训和活动开展，也有着崇州市体育舞蹈协会会长的专业背景和资源储备。她和她手中专业的培训团队，每周定期在大划镇的村、社区开展活动，或对群众进行指导，或组织节目排练，或策划文艺演出，老年街舞队、儿童艺术团、老年合唱团、腰鼓队，几乎每个村、社区都建立起了自己的舞蹈队，有的还根据兴趣爱好的不同，拥有类型各异的几支队伍。

近年来，大划镇提出"宜业宜居，宜创宜游"的发展理念，在这个总目标的指引下，文化活动、体育健身都成了"宜居"环境营造的重要组成部分，把"宜业""宜创""宜游""宜居"紧密地结合了起来。一方面，大划镇在春节、端午、重阳等传统节日期间，积极组织开展文艺演出和联欢会，烘托喜庆的节日氛围。另一方面，广泛在各村开展文化娱乐、全民健身、兴趣培养等主题活动，月月有活动，季季有精品，形成城乡一体化和谐发展，全体大划人携手创造宜居环境的氛围。

到今年已经举办了四届"蜀南杯"运动会，倡导健康生活，吸引群众广泛参与，不仅项目设置有群众基础，而且参与程度高，兼具一定的观赏性，已经成为大划的一个品牌活动。而类似"爱我大划——从阅读开始"这样的主题活动，不仅利用了现有的文化资源，还结合了大划特色工作的推进，既有特色和亮点，又接地气。

育魅力文化服务　树立大划理念

随着捷普集团等几个崇州市重点项目的落地和投产，大量的周边农民选择了进厂务工，在大划镇的几个村、社区，不少年轻人都过上了忙碌的打工生活。田里的人少了，白天村里也渐渐冷清了下来，还在上学甚至更年幼的孩子只能拜托父母照看，这样的留守儿童越来越多，孩子们的童年如何健康、安全地度过，成为摆在大划镇政府案头的课题。

针对孩子们年龄小、课余时间较多、好奇心强等特点，大划镇把文化服务从成年群众拓展到了儿童，组织起了留守儿童艺术团，办起了儿童课外兴趣班，开展丰富多彩的培训和活动，悄然形成了对儿童关爱的温暖氛围。

"以前老是担心小孩儿放学以后乱跑，现在知道他跟着老师学画画，安全问题解决了，兴趣也培养了。"和爱人都在工厂上班的李欣对这样的政策很满意，"解决了我们的一个大问题。"

建设和发展新大划，让城市宜业宜居，不仅仅是一句空洞的口号，它需要在群众中树立一个牢固而明确的理念，社会和谐，城乡宜居，才能形成大划独特的文化，创造新时期大划的魅力。而通过文化服务，这样的魅力无疑有了一个更温柔的主旋律。

儿童的问题解决了，年轻人的工作落实了，大划镇又把服务的对象聚焦在了老年群体上。大划镇党委书记雷文全提出了"老年人是小家的定海神针"的关键。在他看来，老年人稳定了，群众的小家就稳定了，小家稳定了，社会的大家就和谐了。

正是在工作中坚持，在社会中树立了这样的"大划理念"，大划镇的文化服务效果不断提高，相关工作推进不断加快，体系更为全面，机制更加灵活，群众参与越发积极，全镇和谐宜居的氛围也越来越浓厚。

大划，正通过做好文化服务，用最基本的"文化"为抓手，以最简单的"服务"为理念，走出了一条让群众满意、受群众欢迎、为群众喜爱的发展道路，和谐宜居成了大划的真实写照，也成了大划的品牌与魅力所在。

第三节　曲艺小品

社区书记的晚餐

傅　安

演员：

大划·捷普共享社区综合党委社区书记郭某——简称郭

郭的母亲——简称母

捷普退休工人刘大爷——简称刘

捷普工人小李——简称李

（郭书记家的客厅）

母：（端菜上）这天都黑了，怎么还没回来？

郭：（上）妈！还没吃饭吧？

母：你还知道回来？你看都几点了？

郭：妈！这几天我们"共享社区"工作比较忙……

母：忙，忙，忙，就你这个书记忙，你爸爸住院都10多天了，你去看过几次？

郭：上个星期天，我不还去过吗？

母：那也算去啊？坐了没5分钟，就跑到其他病房去看你们社区的病人去了。

郭：那时，我爸不是睡着了吗？

母：唉！我看你是被"共享社区"把魂勾走了。对了，我让你给你爸取点钱，取了吗？

郭：取了。

母：取了多少？

郭：500。（伸手比"5"）

刘：（笑着上）嘿，郭书记，我正在看《新闻联播》，忽然就停电了。咋回事嘛？我天天都要看《新闻联播》，这下看不成了，真是急死人了。

郭：噢！刘师傅，你先别急，我给电工打个电话，让他到您家看看。

刘：可我的《新闻联播》又看不成了。

郭：刘师傅，你别担心，我马上送您到"共享社区"去看。那里有全天开放的群众空间，有大屏幕电视。还可以健身、下棋、聊天、喝茶、听讲座、唱歌、跳舞，热闹得很哈。

刘：这么好的地儿，收钱不？

郭：不收钱！这是社区特为大家创建的共享家园！

刘：啥功能都有？

郭：都有！温馨舒适的家园嘛。

刘：那我马上去看看。

郭：刘师傅，我送您过去。（搀扶刘一起下）

母：（送到门口，又回身拿衣服，想送给郭）郭子，郭子……哎！又没影儿了。为了这个"共享社区"，他简直忙得成天屁股不沾板凳。

郭：（上）妈，我回来了。唉！这个刘大爷，是捷普的退休工人，前年，为抢救集体财产，把脑袋摔坏了，留下了健忘后遗症。这样的老人，咱社区不关心，谁关心？

母：哎呀，你们这工作真不好干，大事小事都得管，张家长李家短，孙家的筷子周家的碗……

郭：妈，你可不知道，自从捷普企业在我们这儿落户生根，一下子就给我们这里注入了极大的生机，几万个就业机会，几万人的吃、喝、拉、撒，如果我们的配套服务跟不上，那就是个很大的问题。前几年，咱们社区困难多，捷普科技生活区的公共服务配套不足、员工居民融合互动不够、社区治理方法单一、拆迁修路配合不到位，许多工作都开展不下去。

母：那现在呢？

郭：现在？您不是看到了吗？我们建起了"共享社区"，多漂亮！外面绿草鲜花，窗明几净，大厅里，除了距离群众最近的服务站，还设立了医疗卫生室、群团驿站、创客服务厅，二至四楼还有免费服务群众的图书馆、职业技术培训、心理辅导、武术舞蹈培训、琴棋书画等功能场所。现在捷普的职工和社区的群众，没事儿就往那里跑，看书、上网、培训、学习、娱乐、交流、健身，和美幸福。对我们的工作也更加支持了，这确实让我充满了成就感！

母：好了，好了，别骄傲了，快点吃饭，吃完饭好去医院看你爸。

（郭下，母收拾屋子）

李：（上）郭书记在家吗？

母：唉！又有人来了！（有点不高兴）郭子，有人找你。

郭：（上）小李啊，你好啊！

李：好好。书记，谢谢您！（欲下跪）

郭：（扶）小李，你这是干吗呀？

李：郭书记，谢谢您！我和老公都是外地人，在捷普打工赚钱。去年，您帮我们在"共享社区"一站式办理了务工、社保、医保等手续。前段时间，我老公忽然生病住院，您又在社区网络上帮我们办理了住院手续，出院后，又帮我们办理报销手续。您让我们这些外乡人，就像在自己家乡一样，备感温暖，感激不尽。

郭：小李，这点小事，是我们应该做的嘛。

李："共享社区"还为我们提供了免费的医疗服务和社区微基金救助，为我老公看病，解了燃眉之急！

母、郭：应该的，应该的。

李：您还陪我在手术室外等了一宿。

母、郭：应该的，应该的。

李：您还号召社区居民，给我家捐了5000块钱。

母、郭：应该的，应该的。

李：今天您又给我送去500块钱。

母：应该的，应……啊？

郭：不，不，不，小李，那钱……

母：（把郭拉一边）给你爸取的钱，你是不是把它……

郭：哎，我说，那钱是我妈让我送给你的……

李：（拉住母手）谢谢您，阿姨啊，你们全家都是好人哪。

母：啊……姑娘，你别这么说，这钱，放着也是放着，再说了，一人有难，大家支援，咱们这儿好多干部，都是这样的嘛。

李：就是嘛！我们好多工友都说，咱们的"共享社区"真是好！干部把员工和居民当亲人，工作人员把员工和居民当朋友。许多人有困难就找社区干部，有事情办就去社区窗口。咱们同工段的小陈，亲身感受到社区干部的温暖和社区服务的周全，今年春节回家，一下子就动员了六七位朋友，一起来捷普上班。贵阳的小蔡，在社区领导的帮助下，在这里找到了对象，安了家。"共享社区"各项服务齐全、周到、体贴、快捷、方便，不管遇到啥子事情，不管到哪个窗口办事，都能得到满意的解决。

郭：过奖了！过奖了！我们还做得很不够，还要不断地进行改进。

李：（突然耸耸鼻子）咦！这是啥气味？

郭：哎呀，我都忘了！（跑下）

母：哎！我们家小郭啊，还没吃上饭呢！

郭：（垂头丧气）算了，不吃了！

母：咋呢？

郭：菜全煳了！

母、李：啊？！（完）

大划赞（三句半）

傅　安

锣鼓叮咚敲起来，人逢喜事乐开怀，这次该谁展风采，我们来！
过了旧年是新年，我给大家拜早年，如果谁敢不鼓掌，捣蛋！
今天说个三句半，说得不好多包涵，我们目的止一个，点赞！
众人都把大划赞，团结一心向前看，各条战线不一般，典范！

营商环境建设年，上下齐心加油干，面对机遇与挑战，不怕难！
怎么服务功能区，社区发展咋治理，快速公路要开通，是难题！
班子建设形势好，理论根底打得牢，注重团结和严律，威信高！
领导班子领头雁，与时俱进谱新篇，产城融合是什么？看重点！

创智小镇定位高，花香大划前景妙，营商环境怎么样？很好！
绿色经济样板区，开拓创新出高招，引进企业真不少，税高！
项目攻坚要挂图，细化服务做保姆，会商机制保项目，真酷！
电子信息升级啦，服务有了规模啦，都市农业增产啦，发啦！

城镇管理结硕果，成绩花开一朵朵，化解难题有办法，真不错！
项目征地不好干，精准施策抓在前，耐心解释来疏导，解民怨！
自主搬迁走在前，耐心教育是经验，建了一个变电站，发电！
社区治理事繁乱，大事小事不能乱，服务工作要靠前，别慢！

一领四联三融合，四精四有新举措，找准问题补短板，办法多！
"共享社区"不得了，医疗失业和养老，老弱病残有依靠，哈哈笑！
月月都要有活动，节节都要有庆祝，季季都要有精品，很便利！
群团工作走在前，青年团员带头干，巾帼英雄非等闲，半边天！

文化活动搞得好，琴棋书画健身操，强身健体展才艺，颜值高！
环境建设走在前，誓把垃圾连根铲，地区处处换新颜，更美好！

人居环境真叫行，社区服务配套全，城乡面貌都改观，太好了！
人人都是建设者，人人都是主人翁，民生福祉全增进，真贴心！

党风廉政看纪检，党纪条规抓得严，反腐倡廉抓源头，制度全！
新年制定新目标，任务再翻也不高，只要大家齐努力，步步高！
为了今天联欢会，我们辛苦来准备，听说演好有奖励，发红包！
节目就演到这儿，腾出时间给同伴儿，后边节目更好看。咱撒飘！

齐心谋发展　共建新家园

王荟源

打起竹板响连天，崇州迎来了大发展。
大划人好福气，赶上了千载难逢的好机缘。
十九大，看得远，深入改革谱新篇。
别的问题先不谈，农村改善最当先。
声声号召响耳畔，又想起父老乡亲含着热泪来期盼。
各级政府树信念，下定决心克难关。
要把这居住环境来改变，敢叫它地覆天翻换新颜。

崇州市，立标杆，城乡统筹谋发展。
工业拓展先行区，积极探索走在前。
创智花香美大划，幸福生活乐无边。

说拆迁，道拆迁，大划始于零九年。
确保项目要落地，与民商量齐征地。
几个村组意愿强，多次申请要拆迁。
大划镇，齐动员，党群干部有争先。
早出晚归少睡眠，把大好的政策来宣传。
大划政府顺民心，积极上报群众意。
探索出——征拆分离、自下而上、阳光透明的好拆迁。
部门乡镇齐努力，自主拆迁仅用了120天。
比原计划还提前了15天。

说拆迁，道拆迁，宣传解释是首先。

监督透明贯始终，把握环节重关键。

环节一是拆迁政策必须清。

拆迁政策必须清，

村干代表地头间，三方公司打配合。

走村入户面对面，百姓清楚明其间。

二是实物调查必须实。

实物调查必须实，

一把尺子量到底，国土审计检察院。

还有镇村干部和3名议事组成员参与到其间。

过程明细全签字，结果公示还7天。

三是公开算账必须明。

公开算账必须明，

工作组，设村组，每户公开现场签。

转变以往旧观念，接受监督很透明。

四是法律顾问必须有。

法律顾问必须有，

顾问参与为把关，群众咨询再不难。

拆迁过程全指导，人人脸上乐开颜。

说拆迁，道拆迁，一三五七来比肩。

一三五七？

征拆分离贯始终，透明公开有三言。

五个百分百确认，七个步骤来开展。

说拆迁，道拆迁，突出群众是关键。

干群关系一团和，政府工作人人赞。

三方公司来实施，干部群众齐监管。

拆迁公开又公正，满意信任树心间。

签订生效组单位，倒房打款立即现。

丢项落项给你补，其他谁也不敢添。

一样的地一样天，政策方针不会变。

中国梦，在眼前，群众愿望要实现。

今天拆迁为明天，展望未来向远看。

大划镇，迎巨变，百姓心中都期盼。

众志成城一条心，全镇携手肩并肩。

齐心协力谋发展，共建美好新家园，共建美好新家园！

美丽共享家（小品）

杨 禹

人物角色：

　　周父：即将退休。一生清廉，脾气不好，原则性极强。

　　周母：喜欢跳广场舞，有点市井，爱贪小便宜。

　　女儿：周晓丽，崇州姑娘，自强、独立。

　　未来女婿：小胖，外地来崇州捷普上班的"崇漂"。

开场：

　　（周父坐在沙发上看报纸，喘着粗气。妻子周母跳着广场舞上）

　　（广场舞音乐起。周母跳着出场。）

周母：（跳舞）动次、打次，动次、打次，动次、打次……

周父：哎呀，什么动次、打次的。你要跳到蜀州广场去跳，在家里折腾什么啊？

　　（周母一惊，没想到周父在家，周母想展示一下自己的排练成果）

周母：你个老东西，不是说今中午和老同事一起聚会，不回来吃饭了吗？

周父：吃什么饭？气都气饱了。

周母：呦，谁不开眼，把您惹生气了？

周父：你说这些人，干了一辈子革命工作了，怎么到最后时刻就把持不住了呢？

周母：又谁找你安排工作啊？

周父：还不都是那个老夏，非要把他儿子介绍到我们单位来。我不答应，他就说我是什么"猪鼻子里插大葱——装象"。

周母：都是老同学，你就帮人家一次嘛！

周父：不帮，这是原则问题。

周母：你就是马上退休了，闲得慌！

周父：走、走，跳你的广场舞去！（周母下）和你过一辈子，就是组织对我最大的考验！（气愤下、回内屋）

　　（晓丽拽着小胖上，小胖拎着礼物，慢慢地走在后面）

晓丽：你快点。看你长得五大三粗的，怎么那么㞞呢？

小胖：我怕。

晓丽：你怕什么？

小胖：我是外地户口？

晓丽：外地户口怎么了？

小胖：你爸他能看上我吗？

晓丽：我看上你就行了。

（开门进家，让小胖坐沙发。小丽电话突然响了）

晓丽：喂，好的，我马上来。亲爱的，你先坐一会，我去取快递。

小胖：（哭求）你别走，我害怕。

（小胖依依不舍，看着晓丽出去，手足无措地坐在沙发上。这时候周父正好出来拿报纸，小胖听到有人，身子缩到椅背下面。周父走到茶几旁，拿起报纸就坐下，正好坐在了小胖身上）

周父：哎呀呀，你是谁呀！

小胖：叔叔……

周父：你是怎么进来的？

小胖：我是……（把礼品放到周父面前）叔叔好。

周父：哦……原来是你小子啊，动作够快的啊！中午他老子托我走后门找工作，让我给回绝了，下午儿子就来了。你看我怎么收拾他。

小胖：叔叔，您认识我？

周父：少来这套。回去告诉你爸，这事我不同意。把这些东西拿走。

小胖：为啥啊？叔叔。

周父：你没照过镜子吗？不知道自己几斤几两吗？你觉得你够资格吗？

小胖：是，我知道我条件不好……

周父：我们是有底线，有原则的，能力不够，是不能录取的。

小胖：叔叔，我现在正在"共享社区"里参加技能培训。未来我还打算参加成人高考。

周父：那我还是不同意。

小胖：叔叔，您为什么不同意啊。

周父：非得要我说出来吗？

小胖：您说。

周父：你思想有问题。年轻人办事不靠真本事，就知道靠送礼？

小胖：我思想有问题？叔叔，我是"共享社区"的志愿服务者，定期到养老院去做义工的。再说送礼，这不是"规矩"吗？

周父：你……好吃懒做，体虚无力。

小胖：我上个月还参加了"共享社区"的篮球赛，我还拿了MVP呢。

周父：P什么P！我说一句，你顶一句，你存心跟我叫板是不是？

（周母唱着走进门）

周母：呦，家里来客人了啊？

小胖：（立马站起）阿姨好。

周母：你是？（周母看了看小胖，又看了看礼品，再看到周父漆黑的老脸，以为小胖就是来送礼的）哎呀，孩子快坐，喝点水不？

小胖：阿姨，我不渴。

周父：哼！

周母：呵呵，没事，别害怕。你叔叔他就那样，有什么事跟阿姨说。

小胖：阿姨，我今天来，其实就是想来表达我的一份心意。

周母：（指着礼物）心意收下了。

周父：我不用你表达，拿着你的东西，离开我的家。

（小胖吓得拿起东西准备跑，晓丽上）

晓丽：爸，哎？你们这是怎么了？

小胖：你爸不同意，让我走。

晓丽：爸，你凭什么不同意？

周父：我怎么可能同意？跑到我家里来搞歪风邪气，还想贿赂我。

晓丽：谁行贿了？这是您未来女婿给您二老的见面礼。

周父：女婿又怎么了？女婿的贿赂我也不要，女婿……

周父、周母：女婿？

晓丽：他是我的男朋友，是您未来的女婿。

小胖：（无奈）好尴尬。

晓丽：这不马上过年了吗？小胖想提前登门拜见您二老，可你看我爸他这唱的是哪一出啊？

周父：（愣愣地说）他不是来找我帮忙介绍工作的？

晓丽：人家自己有工作。

小胖：我在捷普公司上班。

周父：他说他还在接受技能培训……

晓丽：那是他参加了"共享社区"技能培训班，是专门为捷普等大型公司培训人才，输送新鲜血液的。

周父：那他怎么不跟我说实话啊？

小胖：叔叔，我之前一直听晓丽说，您希望她找一个本地的男孩子，可我是个外地人。

周母：什么本地的外地的，只要是愿意留在崇州，一起共同努力建设崇州的都是好孩子。

周父：你阿姨说得对。我看出来了，你是个好孩子，是我们崇州的好女婿。你们的事，我同意了。

晓丽：谢谢爸，谢谢妈。既然你们同意了，我们明天就去领证，过完年就结婚。

周父：那可不行。

晓丽：爸！

周父：我是说过完年就结婚太仓促了，来不及安排酒店啊。

小胖：这个您不用担心。我们"共享社区"为了活跃我们产业工人的业余活动，享受健康文化生活，新建了一个体育场，我们打算就在那办婚礼。也算是给我们的"共享社区"增添喜气。

　　周父： 不过……你要想把我女儿娶走，还得答应我一个条件。

　　晓丽： 爸，你怎么又来了？

　　周父： 叔叔快要退休了，你们"共享社区"有没有什么岗位，让我也发挥下余热？

　　晓丽： 当然有了。我们"共享社区"坚持"共享、共建、共治"的理念。

　　周父： 共治？

　　小胖： 就是联合"政、企、社、警"进行治安防范共同治理。您啊，就可以当我们的志愿者。

　　周父： 我也能当志愿者？

　　晓丽： 当然可以。"共享社区"的精神就是"人人为我，我为人人"。

　　小胖： 没错，无论是外地来的新崇州人，还是土生土长的老崇州人，让我们跟随"共享社区"的理念，一起建设"富强崇州"，享受"美丽崇州"，维护"和谐崇州"！

　　群："共享社区"，我爱崇州！

（胡文甫　整理）

附　录

新型冠状病毒肺炎疫情防控

2020年1月21日，新型冠状病毒肺炎疫情在国内流行。按照省、市各级应对公共卫生突发事件一级响应部署，大划街道启动重大疫情应急预案机制，在党组织引领下及时成立应急、救护、排查等8个小组。1月24日以来，全街道组织动员75名机关干部、190多名村组干部、300多名党员、40多名医护人员、25名公安干警，以及社会组织、志愿者服务队等3000余人次，出动车辆330台次，对22.48平方千米辖区进行了拉网式排查，4次走访林盘192个7787户26764人，走访企业660余次，实行了居民小区封闭管理，限制居民随意流动。街道、村社区干部取消春节休假，全力投入防疫工作。

捷普企业来自全国各地的数万员工春节后要返厂复工，防疫形势严峻，街道党工委成立"产业功能区+职能部门+街道+企业"的防控工作专班，一企一策制定保障复工方案，推迟新员工招募计划，严格管控和筛查返厂外地员工，在主要进出口设立体温监测点，要求企业实行"日报告"制度，按照"一人一档"原则，建立企业职工信息台账，并与专班实行信息共享。督促公司对返厂员工实行划片式居住管理，预设临时留观居住室434间，按规定对重点人群进行居家观察。坚持"两点一线"管理模式，严防死守，确保员工安全返厂，企业2月8日顺利复工复产。实现了大划无新型冠状病毒肺炎病例发生。

截至4月15日9时，捷普公司34500名员工和6212名外包服务商顺利返厂复工，复工率达100%。与去年同期相比恢复产能100%，第一季度实现产值18.5亿元，2020年产值预计达135亿元。捷普（成都）科技有限公司疫情防控方案被列为捷普集团全球样板方案。疫情防控和复工复产受到中央、省、市等各大主流媒体多次专题报道。2月27日，央视新闻客户端用40分钟时间，通过现场直播形式，向全国人民全程报道捷普公司疫情防控和复工复产情况。2月28日，《中央电视台新闻联播》以捷普公司为主线，报道我省重点企业复工复产情况。3月12日，中央电视台中文国际频道专题报道捷普公司复工复产情况，为崇州奋力夺取疫情防控和经济社会发展双胜利鼓舞了士气，树立了标杆。

2020年11月，大划街道办事处被四川省政府表彰为"四川省抗击新冠肺炎疫情先进集体"。

大划街道村（社区）区划调整

2020年5月20日，按照崇州市镇村体制改革的要求，大划进行了村（社区）体制改革，崇镇村、德寿村、登田村、灰窑村、划石村、场镇社区、净居村、白果村举行村（居）民代表大会，投票通过各村（社区）建置调整方案，经市人民政府审批后，调整村（社区）为：崇镇社区、德寿社区、划石社区（划石村和场镇社区）、大有社区（登田村和灰窑村）、白果社区（净居村和白果村），石桥村不变。调整后的村（社区）组建了临时社区党组织和工作委员会。

后　记

　　《大划镇志》的编纂工作从2018年启动至今，历时近3年，历经5次增删修改。三个春秋寒暑，凝聚众多采编人员的心血。志书出版问世，真可谓"成如容易却艰辛"。

　　在整部志书的编纂过程中，编辑部人员分工明确："自然地理""经济""人物""杂志"篇由罗天林负责搜集整理或执笔；"大事记""建置沿革""政治""文化"篇由胡文甫负责搜集整理或执笔；"社会风土""人物"篇由王虎、丁志学负责搜集整理或执笔；电子文档由黄润兰、简双双负责并搜集整理图片；"媒体留存"篇由徐小玲负责搜集整理，形成志稿的基础资料。

　　各篇目资料的审定把关也非常明确："自然地理"篇由罗天林负责；"政治""建置沿革"篇由黄樟先审，后由雷文全审定；"经济"篇由冯义成先审，后由邓建福审定；"大事记""人物"篇由焦绍文、陈志刚、沈国祥先审，后由戴金福定夺；"文化"篇由徐小玲先审，后由熊艳菊审定；"社会风土"篇由王虎先审，后由马春彦审定；"村（社区）概况"篇由各村（社区）书记、主任负责。各篇审阅后，统交罗天林主编纂成初稿，再交特邀主编周英，根据"众手成志，一支笔统"的原则，统一文风，统一风格，使之浑然一体。最后，由本志顾问陈柏青从志书体例角度，再度打磨，再度把脉，方送中国文史出版社付梓。

　　上下同心，共铸鸿篇。现借出版之机，对鼎力支持和关心我们修志工作的各级领导、诗人作家和耆老俊彦表示感谢。他们是：韩邦彦、林圃、杨火清、马灵、李建刚、周明强、袁建、孙和平、周啸天、严文新、雷仕忠、陈丽、潘融春、刘旭东、傅安、曾仪、彭庸、袁志广、胡正祥、冯平光、王刚、郭定乾、孟大川、黄德友、邓丽宏、周永席、赵治金、赵文孟、陈鹏宇、孙永恒、杨雅可、郑斌、杨春秀、罗曼华、王荟源、杨禹、郭迎伟、秦志伟等。

本志断限后，百年罕见的新冠肺炎疫情暴发，大划域内各级十分重视，全力投入疫情防控工作，为社会稳定和经济发展奠定了坚实基础，受到四川省政府的表彰。加之村（社区）体制改革，行政村区划调整，历史意义久远，为此，特附记于后。

修志工作工程浩大，由于工作的疏漏，采编的不足，编纂水平有限，难免有不妥或错误之处，有待出书后予以纠错勘误，使之完善。

编辑部

2020年10月